Love Unknown
The Life and Worlds of
Elizabeth Bishop

ELIZABETH BISHOP

未知的爱
伊丽莎白·毕肖普传

南京大学出版社

［美］托马斯·特拉维萨诺 著　杨东伟 译

雅众文化　出品

一如既往地献给艾尔莎，

以及

伊丽莎白·毕肖普学会的诸位朋友和同事

……确实，朋友，

我听说，你的主人赐予你的

恩惠多于你所知。留意最终。

洗礼泉只用来，把旧的变新：

大锅可以软化，那太坚硬的：

荆棘可以敏锐，那太迟钝的：

只是努力修复，你所毁坏的。

因而应当欢呼，尽情赞美他

一周中的每日，每时，每刻。

他愿意你崭新，温柔，敏锐。

——乔治·赫伯特《未知的爱》，选自诗集《圣殿》（1633 年）

目录

序 曲

　　伊丽莎白·毕肖普的一生是一个伟大的故事。这是一个年轻
女孩儿的故事，8个月大时父亲死于布莱特氏病，5岁时母亲因
精神崩溃而不得不与她永远分离。这也是一个女人的故事，她与
羞怯以及自我怀疑搏斗，与酗酒以及严重且持久的自身免疫疾病
搏斗，与性别所造成的障碍搏斗，而且，正如艾德里安娜·里奇
（Adrienne Rich）所指出的那样，还与她的同性恋性取向带来的
"局外人的目光"[1]搏斗。这个故事的核心内容是一个失去双亲、饱
受虐待而且在与世隔绝的环境中长大的年轻女孩，如何通过坚定
的努力，让自己成为一名世界旅行者，并成为令人难忘的诗歌创
造者。

　　这个伟大故事的内部潜隐着藤蔓交织且错综复杂的小故事——
毕肖普与著名作家、艺术家和其他创作者之间的故事，以及与世界
各地许多鲜为人知的朋友及恋人之间的故事。探索毕肖普与文人、
名流、视觉艺术家、音乐家、当地人、旅行者、学生、学者、医生
以及政治家之间的关系网络，以及她与当时几乎不为主流文化所
瞩目的同性恋群体的交往，能够将20世纪中叶她在三大洲游历穿

1　艾德里安娜·里奇：《局外人之眼》，《波士顿评论》第8期，1983年4月，第
16页。

梭的生命轨迹更加鲜活地展现于读者面前。毕肖普14岁时就开始创作自我探索的书信，它们生动、有趣且复杂。她后来的诗歌、散文和信件也异常清晰地描绘了她从3岁开始的早年经历。家庭记录也清晰地描摹了毕肖普3岁以前的生活画面。即使毕肖普没有成为享誉世界的诗人，她的人生经历也值得我们去探究，因为它展示了一个与众不同的人与逆境抗争的一生。然而毕肖普确实将自己变成了一位真正伟大的作家，她留下的记录令人信服地讲述了一位独特的充满创造力的艺术家如何诞生以及如何造就。毕肖普在接受采访时经常自嘲地坚称，她的生命图景是一系列纯粹的意外造就的结果。但她早熟的少作无比清晰地表明，从十几岁开始，她就已经清晰地勾勒出一个将旅行、爱情、友谊、独立、观察和写诗置于首位的人生规划。从青春期开始，伊丽莎白·毕肖普一直坚守着这份规划的基本大纲，而作为一个作家与个体，她也充分掌控和享受这份规划。

研究了毕肖普生命和艺术40余年之后，我眼中的伊丽莎白·毕肖普是一个温和而坚定的个人主义者，她的行动和选择始终以勇于接受风险为标志，她对细节有着敏锐的洞察，还有着典型的不动声色又顽皮的幽默感。毕肖普是一位坚持不懈地与身体和情感重负作斗争的女性，而这样的重负他人可能难以承受。然而，尽管存在着诸多不完美，她仍然创造了充满智慧、活力、勇气、献身和持久艺术成就的一生。正如她的朋友兼门生詹姆斯·梅里尔（James Merrill）观察到的那样："正是在伊丽莎白的小屋里……我看到了令我心驰神往的日常生活……它有着随意的契诃夫式的样态，对琐事和有趣的惊喜敞开自我，甚至对令人痛苦的惊喜也保持敞开，今天是一阵哭泣，明天是一顿野餐。"在梅里尔看来，"伊丽莎白比我认识的任何人都更有生活的天赋和诗歌的天赋，这一直是我追寻的理想"[1]。毕肖普作品中反复出现的最著名的意象之一是彩虹，而她自己无疑也是光谱般全方位地看待生活。她对生命中的种种经历都保持敞开——无论这些经历是令人困惑的、痛苦的、有趣的，还是令人振奋的，这种开放的态度仍然是她人生和艺术的主要魅力之一。这些特质至少一定程度上也解释了为什么毕肖普会对她的作家同行产生深远而持续的影响，以及为什么她对读者的吸引力会与日俱增。

批评家们一致认为，毕肖普一生致力于旅行，很大程度上是为了寻找"家园"。然而，旅行并不仅仅是为了寻求安全感或栖身之所，也是对奇遇、冒险和发现的探索，对友谊和永恒之爱的探索，对艺术素材的探索，也许最重要的是对自由的追寻——这种追索也根源于她充满丧失、孤独和束缚的童年。毕肖普在她最著名的诗作《一种艺术》中沉痛又略带反讽地赞美"失去的艺术"，这种"艺术"很大程度上与她寻找生活以及寻找艺术紧密相关——这样的艺术需要邂逅、评估和低调的顿悟，而这些都大量绽开于她的作品之中。

毕肖普以完全自然且迷人的方式在深度和轻盈之间取得了平衡，这种神奇的技艺帮助她的读者以崭新的方式看待世界。正如1979年她去世后不久梅里尔所言："我喜欢她的全部作品都以人的生命为尺度；没有神谕式的放大，没有踩着高跷让自己的视野更开阔。她不需要那样。她的聪慧与仁慈事实上已经完全足够。"[2]然而，她诗歌的轻盈以及一以贯之的人性尺度并不妨碍她的深刻。另一

1　詹姆斯·梅里尔：《诗歌领航员》，美国诗人学会，1979年12月。
2　詹姆斯·梅里尔：《诗歌领航员》。

位朋友兼门生弗兰克·毕达特（Frank Bidart）在她去世15年之后说道：

> 毕肖普的一生，特立独行，看似边缘，实则堪称典范。她戴着面具，但强烈地拒绝成为除她自己以外的任何人，像X射线一样揭示了20世纪文化的矛盾和愉悦。她生命根源上的悲剧正是她艺术成就的根源。[1]

　　这些独特的品质曾经被低估但现在广受赞誉，大卫·奥尔（David Orr）2006年在《纽约时报书评》上宣称："没有什么能与一位伟大艺术家的影响力相提并论，而20世纪下半叶，没有任何领域的美国艺术家比伊丽莎白·毕肖普更伟大。"[2]梅·斯文森（May Swenson）在写给毕肖普的一封信中首次详细解读了她1955年出版的诗集——这本诗集后来赢得了普利策奖，她在这封信中欣喜若狂地赞美道："无须幻想——敢于看到和说出事物的真实面目，这是我想要获得的解放，正如你已经拥有的——但我想你无须尝试，你就是这般观看、成为你自己。"[3]

　　这本传记希望将毕肖普的生命与艺术演绎成一场持久而错综的以语言对抗沉默并最终获胜的搏斗——在这场抗争中，她的作品即使根植和生长于孤独、痛苦及丧失之中，却始终坚韧不拔，充满令人惊异的活力。当一种传记式的洞察被敏锐地引入，她的许多最难

1　"书封推介语"，载加里·方丹、彼得·布拉佐编：《怀念伊丽莎白·毕肖普：一部口述传记》，新泽西州新不伦瑞克：罗格斯大学出版社，1994年。后文简称《怀念伊丽莎白·毕肖普》。

2　大卫·奥尔：《粗粝的宝石》，《纽约时报书评》，2006年4月2日。网页，访问日期：2013年3月12日。

3　梅·斯文森1955年8月24日与29日致毕肖普信，华盛顿大学图书馆。

捉摸或最神秘难测的诗歌就开始变得近乎透明，而当我们见证了她的作品所经历的这些搏斗，见证了她经由独特的艺术炼金术提炼和转化的这些搏斗，她的诗歌魔力则会越发强劲。作为一名艺术家，她伟大的核心在于她对童年经历无与伦比的重新创造。

第一章　在两个世界之间

　　1914年6月25日晚间，3岁的伊丽莎白·毕肖普亲眼看见了塞勒姆大火，她将终生铭记这一事件。大火在黑暗中肆虐，席卷了马萨诸塞州历史悠久的港口小镇塞勒姆近250英亩的土地，将两万多居民的家园烧成了废墟。大火迫使数百名塞勒姆居民乘坐小船穿过帕尔默湾，逃往对岸相对安全的马布尔黑德。

　　就在那里，马布尔黑德海滩附近，伊丽莎白与刚刚丧偶的母亲格特鲁德·布尔默·毕肖普（Gertrude Bulmer Bishop）以及她父亲的家人同住在一座避暑别墅里。毕肖普在她死后才出版的诗作《酒徒》（"A Drunkard"）中回忆道，随着海湾对岸的火焰越烧越高，"天空是明亮的红色；一切都是红色：/外面的草坪上，我母亲的白色裙子看起来像/玫瑰红；我的白色亮漆婴儿床也是红色"，她看着载满逃难者的船只抵达海滩。然而，马布尔黑德的居民自己也并不感到安全，因为"红色的天空满是飞舞的尘埃/煤渣和煤屑"，许多市民正在用水管冲洗屋顶，防止自己的房子也燃起熊熊大火。

　　在这混乱的场面之中，这个在户外寻找母亲的孩子，发现母亲和许多邻居正在给塞勒姆的难民送咖啡和食物。她寻求关注和安慰，但呼声无人理会。毕肖普后来只记得第二天清晨，她和母亲在海岸线上散步时，母亲严厉地斥责了她。当这个孩子出于好奇，从"散落着煤渣，黑乎乎的灰烬——/ 奇怪的东西……吹过水面"的海滩上，捡起一个女人的黑色长棉袜碎片时，她母亲厉声回应道："把它放下！"[1] 母亲对她好奇心的斥责引发了毕肖普深深的尴尬和内疚，这种感受会在她此后几十年的记忆中久久回荡，但后来也仅重现于一首深刻的自我探索之诗中。这首诗将这段经历与她周期性酗酒的问题关联起来，毕肖普去世的那一刻这首诗仍然静静地放在她的书桌上。

1914 年的大火发生时，毕肖普的母亲格特鲁德心理健康状况脆弱。三年前，当婴儿伊丽莎白 8 个月大时，格特鲁德的丈夫去世了，此后她的情绪紊乱发作得更加激烈。火灾发生两年后，毕肖普 5 岁时，格特鲁德精神崩溃，从此一蹶不振。毕肖普一直被母亲令人不安的叫喊声所萦绕，"一声尖叫，一声尖叫的回声"，正如她在 1953 年的故事《在村庄》（"In the Village"）中所披露的那样，这尖叫声标志着她母亲的精神崩溃。这尖叫成了毕肖普内心世界的一部分，它"来到这里，永远活着——声音不响亮，只是永远活着"[2]。毕肖普将继续遭受这些痛苦以及早年其他创伤性丧失的折磨——这些丧失如此极端，如此令人难忘，以至于她后来对她的朋友、同为诗人的罗伯特·洛威尔（Robert Lowell）说："当你为我撰写墓志铭时，你一定要说我是世界上最孤独的人。"[3]

---

1 伊丽莎白·毕肖普：《伊丽莎白·毕肖普诗选》，纽约：法勒、施特劳斯和吉鲁出版社，2011 年，第 317—319 页。后文简称《毕肖普诗选》。

2 伊丽莎白·毕肖普：《毕肖普散文选》，劳埃德·施瓦茨编，纽约：法勒、施特劳斯和吉鲁出版社，2011 年，第 62 页。

3 毕肖普 1957 年 8 月 15 日致洛威尔信，《空中的言辞：伊丽莎白·毕肖普与罗伯特·洛威尔通信全集》，托马斯·特拉维萨诺与萨斯奇亚·汉森尔顿编，纽约：法勒、施特劳斯和吉鲁出版社，2008 年，第 225 页。后文简称《空中的言辞》。

然而，如果我们想要理解毕肖普在个人生活与诗歌创作中向世人展示的复杂面貌，就必须理解毕肖普性格的另一面。对她来说，虽然频繁遭受创伤的过去尤为鲜活，但毕肖普也格外专注于当下。1970 年秋，年近六旬的毕肖普来到哈佛大学任教，年轻的诗人凯瑟琳·斯皮瓦克（Kathleen Spivack）注意到，"她的眼睛里流溢出一种令人惊讶的青春活力"。斯皮瓦克还发现，现实中的她和自己所期待的这位年长诗人的声誉相匹配的"'毕肖普女士'严肃的公众形象截然不同"。在哈佛大学的第二年，毕肖普在她位于布拉特尔街的小公寓的门厅里摆了一张乒乓球桌；打乒乓球有助于她手臂关节炎的恢复。斯皮瓦克回忆起他们每周的乒乓球比赛，"伊丽莎白在桌子的一侧奔来突去，迷人的脸庞全神贯注，嘴唇噘起，因自己刁钻的击球而放声大笑"[1]。晚些时候，客人来吃晚饭时，他们会围坐在乒乓球桌旁，此时的乒乓球桌上已经没有了球网，而是被端庄地铺上了一块桌布。正如毕肖普的朋友、哈佛的同事门罗·恩格尔（Monroe Engel）所观察到的那样，毕肖普的公寓里没有足够的空间同时摆放乒乓球桌和餐桌，所以她选择了前者，因为她宣称："你可以在乒乓球桌上吃饭，但你不能在餐桌上打乒乓球。"[2]

据她的学生乔纳森·加拉西（Jonathan Galassi）说，毕肖普在大学课堂上"几乎是任性地表现出老式礼节"[3]。她直呼学生的姓氏，这种做法在 20 世纪 70 年代初的美国高等教育中几乎已然绝迹。然而，在一些可能需要更多礼仪的时刻和场合，她自己会毫不歉疚地我行我素。毕肖普将举止得体、随性以及放肆地不拘一格杂糅在一

---

1 凯瑟琳·斯皮瓦克：《与罗伯特·洛威尔及其交游圈同行的岁月》，新罕布什尔州黎巴嫩：东北大学出版社，2012 年，第 98—99 页。
2 《怀念伊丽莎白·毕肖普》，第 285 页。
3 《怀念伊丽莎白·毕肖普》，第 285 页。

起，这一点在她的诗歌中也有所体现，就如同她看似矛盾地将恰到好处的精准与独特而朴素的超现实主义变体融会贯通一样。她将后者称为"日常生活中总是更成功的超现实主义"[1]。这些自相矛盾的特质，再加上她永不熄灭的年轻的好奇心，以及她的机智和幽默——已故诺贝尔文学奖得主谢默斯·希尼称之为"不动声色的、愉悦的品质"[2]——帮助她吸引了广泛而众多杰出的朋友，其中许多人还成为她挚爱的通信人。这些幸运的人源源不断地收到毕肖普寄来的敏锐而富有启发性的信件，这些信件现在被广泛认为是 20 世纪最光彩熠熠和最重要的书信之一。

1970 年，毕肖普开始在哈佛大学教授写作和文学，次年秋天，她搬进了哈佛广场背面布拉特尔街一间紧凑的公寓，那时她已经是一个经验丰富的旅行者。此前的二十年里，她大部分时间都居住在巴西，在那之前和之后，她曾在加拿大、法国、基韦斯特、墨西哥、华盛顿特区、西雅图和旧金山等地长期居住，不时在缅因州沿海、科德角、纽芬兰、西班牙、北非、托斯卡纳以及（最常去的）纽约格林威治村等地停留。甚至在格林威治村，她有好几年都保留着国王街上的一个"阁楼"，当作自己的临时寓所。但现在，在她生命的最后十年里，毕肖普回到了家乡。她居住的布拉特尔街的公寓，距离马萨诸塞州伍斯特主街 875 号的住所（现已不复存在）以东仅 40 英里，这里是她第一次开始呼吸的地方。在伍斯特的希望公墓里，毕肖普的骨灰与她出生于加拿大的母亲以及出生于伍斯特的父亲的遗体一起，安葬在坚硬的花岗岩墓碑之下，这处葬身之所位于毕肖普出生之地以北几分钟路程的地方。然而毕肖普的"去而

---

1 《毕肖普散文选》，第 414 页。
2 萨姆·利思：《诗行间的爱》，《观察者》，2008 年 11 月 19 日。

复返"却是一段漫长而变故频发的旅程。

1911 年，也就是毕肖普出生的那一年，伍斯特是一座繁华、繁荣、稳步发展的工业城市，是新英格兰地区仅次于波士顿和罗德岛普罗维登斯的第三大中心城市。毕肖普家族在伍斯特这个共同体中扮演着耀眼的角色，但毕肖普本人对这座城市的印象并不美好。安妮·史蒂文森（Anne Stevenson）最早撰写关于毕肖普的批评性著作，毕肖普后来在给她的一封信中声称，自己在伍斯特只与祖父母一起度过了令人痛苦的几个月。8 岁到 16 岁之间，毕肖普每年的大部分时间都与一位姨妈住在波士顿附近的一个工人阶级街区。这漫长而疲惫的几个月里，她绝大部分时间都因生病而待在家里，而夏天她则和外祖父母一起住在新斯科舍省的大村（Great Village），这才让她放松下来。毕肖普对自己的国家、地区以及家族身份的认知总是复杂而多变的。她出生在美国，父亲是美国人，因此在法律上是美国公民。然而，毕肖普向史蒂文森描述自己有四分之三的加拿大血统和四分之一的新英格兰血统，因为她的外祖父和她母亲的家人一样，都出生在加拿大。然而，她的加拿大血统中也混杂着美国血统；她告诉史蒂文森："我的外祖父母，是从纽约上州过去的托利党人，乔治三世将新斯科舍省土地赐给他们。"[1]

毕肖普父亲的家族（伍斯特的毕肖普家族）和她母亲的家族（她挚爱的新斯科舍省大村的布尔默家族）在各自的社区内都受人尊重，但伍斯特的毕肖普家族是成功的企业家，更加兴旺和富裕。事实上，1907 年出版了一本书名过于夸张的著作《马萨诸塞州伍斯特县历史悠久的家庭与机构以及家谱与个人回忆录》[2]（*Historic Homes*

1　《毕肖普散文选》，第 392 页。
2　以下简称《历史悠久的家庭》。——译者注

and Institutions and Genealogical and Personal Memorials of Worcester County, Massachusetts），该书盛赞伊丽莎白的祖父约翰·W. 毕肖普（John W. Bishop）是实现"美国梦"的鲜活典范，毕肖普自己后来也说："他的故事像霍雷肖·阿尔杰（Horatio Alger）的故事一样。"[1]《历史悠久的家庭》指出，毕肖普的祖父"从出身卑微崛起成为商界翘楚"，在通往财富和职业地位的道路上汲取了"宝贵的教训"。据《历史悠久的家庭》记载，约翰·W. 毕肖普于 1846 年出生在加拿大爱德华王子岛，因此毕肖普声称自己拥有四分之三的加拿大血统。约翰·W. 毕肖普 11 岁时随家人移居罗德岛。仅接受了一年的正规教育之后，他就被安排到一家棉纺厂工作，在那里他一直努力工作到 14 岁。然后他转而从事建筑行业，据毕肖普的说法，他"背着一箱木匠工具"跑了出去。[2] 不久他就搬到了伍斯特，"以不知疲倦的精力和毅力"一路打拼。经历了一段有利的四年婚姻后，到了 1874 年，他开始了自己的事业，成了一名建筑商。在接下来的四分之一个世纪里，约翰·W. 毕肖普的生意稳步上升。"J. W. 毕肖普公司"在伍斯特维持运营中心的同时，还在纽约第五大道、波士顿和普罗维登斯开设了卫星办事处——之所以在普罗维登斯开设办事处，一定程度上是因为它邻近纽波特。《历史悠久的家庭》将毕肖普家族生意的成功直接归因于"个人因素。他工作努力，工作到很晚，他从未停止过学习和劳动"[3]。

　　J. W. 毕肖普公司确实在纳拉甘塞特湾沿岸的纽波特百万富翁街沿线建造了几座避暑别墅——或者，用《历史悠久的家庭》中更

1　《毕肖普散文选》，第 427 页。
2　《毕肖普散文选》，第 427 页。
3　埃勒里·克莱恩·比克内尔：《马萨诸塞州伍斯特县历史悠久的家庭与机构以及家谱与个人回忆录》，纽约：刘易斯出版社，1907 年，第 174 页。

准确的说法是，打造了"昂贵的宫殿"。然而，毕肖普后来回忆说，这家公司主要专注于"公共建筑、大学建筑、剧院等"，其中包括"波士顿的许多建筑，如波士顿公共图书馆、美术博物馆等"。[1]这些杰出的、至今仍受欢迎的建筑不仅因实用性和美学魅力而闻名，而且还因其结构的缜密和稳固而驰名。业内人士经常说，J. W. 毕肖普公司的大楼一直在修建。[2]

因为受教育程度有限，约翰·W. 毕肖普成了一名建筑商而非建筑师，但《建筑实录》杂志声称，他在建筑和室内设计方面的专业知识无比精深，以至于被认为是"那些大理石雕刻大师中的一员，最杰出的雕塑家可以将巴黎石膏模型托付给他，并能完全确保他会依照图纸制作大理石成品，而无须他们亲自动手润饰"[3]。尽管毕肖普一生都对布尔默亲戚们怀有最炽热的感情，但在某一方面，她仍是伍斯特祖父的孙女。约翰·W. 毕肖普对建筑形式和细节的精通，日后会映现在伊丽莎白·毕肖普对诗歌形式和语言细节的精通之中。他学会用石头建造的东西，她学会用语言建造。

毕肖普出生时，她祖父的公司正如日中天，刚刚在伍斯特市中心建成了一座最独特、最具吸引力的公共建筑：美国古文物学会的所在地。[4]该学会藏品丰富而独特，一个多世纪以来，研究美国早期历史和流行文化的学者们一直被这座位于伍斯特的索尔兹伯里街的殖民复

---

1 《毕肖普散文选》，第400—401页。
2 除了波士顿和纽约的公共建筑和教堂，以及哈佛大学、布朗大学和达特茅斯大学的大型建筑之外，毕肖普家族企业还在伍斯特建造了许多建筑，包括伍斯特军械库、柯蒂斯教堂、公共图书馆和清教徒公理会教堂。1895年，《建筑实录》杂志指出，清教徒公理会教堂"被认为是新英格兰最好的教堂"，约翰·W. 毕肖普本人至少名义上在这里做礼拜，他的妻子也虔诚地参加礼拜。
3 《建筑实录：伟大的美国建筑师系列》，1895年第1期，第113页。
4 《美国古文物学会简史》，"美国古文物学会"网页，访问日期：2015年5月12日。

兴风格的建筑深深吸引，这里距毕肖普的出生地仅两英里。这座建筑的结构如此引人注目，想来一定彰显着她父亲和祖父的思想与性格。坚固的砖砌外墙很难让人想象其内部的庄严华丽，内中是一个美轮美奂的阅览室，颇为引人注目。优雅的爱奥尼亚式柱石勾勒出大厅开放的八角形中庭，"在它宽阔的穹顶之下"[1]，光线温柔地洒落在某个心怀抱负的学者身上，他可能正坐在那里，从曾经炙手可热的期刊中搜寻美国最早几个世纪的历史遗迹和流行文化。古文物学会所在地和学术图书馆及其卓越的阅览室的宣言是：印刷文字至关重要。

伊丽莎白的父亲威廉·托马斯·毕肖普（William Thomas Bishop）曾担任 J. W. 毕肖普公司的第一副总裁。作为该公司的伍斯特业务经理，他直接负责监督古文物协会图书馆的修建。他在离家这么近的地方工作，也许是因为他刚新婚不久；在这个古文物项目建设的后期，他的妻子格特鲁德怀上了一个女孩，这是他们唯一的孩子。这座复古建筑于 1911 年 1 月中旬竣工并投入使用，[2] 距离 1911 年 2 月 8 日伊丽莎白出生不足一个月。不幸的是，这将是毕肖普的父亲亲眼看到的最后一栋完工的建筑。

威廉·托马斯出生于 1872 年，是约翰·W. 毕肖普与妻子——马萨诸塞州霍尔顿市富裕的莎拉·福斯特——所生的活得较久的四个孩子中的老大，另外有三个兄弟姐妹在婴儿期或幼儿期夭折。威廉的一个妹妹是生于 1877 年的玛丽昂·伊迪丝，后来嫁给了伍斯特的托马斯·科，育有三个孩子。不幸的是，玛丽昂和她的哥哥威廉一样，在毕肖普出生的同一年就去世了。她父亲另外的妹妹和弟

1　南希·霍尔·伯克特、约翰·B. 亨奇：《宽阔的穹顶之下：美国古文物学会的收藏和项目》，马萨诸塞州伍斯特：美国古文物学会，1992 年。

2　《美国古文物学会会刊》，第 27 期，1917 年，第 284 页。

弟是生于 1875 年的弗洛伦斯和生于 1880 年的小约翰·W. 毕肖普
（即杰克·毕肖普），弗洛伦斯终身未婚，小约翰·W. 毕肖普结了
婚但婚后无子。这个姑妈和这个叔父后来会在毕肖普的生命中扮演
重要的角色。但从伊丽莎白的立场来看，他们的生活并不总是美满
幸福。

　　女儿出生四天之后，威廉给岳父岳母写了一封亲切的信，兴高
采烈并略显自豪地说，他的妻子"奶水多得她不知道该如何处理才
好，因此我们可能会用来制作黄油。我们起初想要生双胞胎，但当
我们改变主意时，竟忘了切断一半的奶源"[1]。毕肖普对父亲的了解
大多来自她母亲的家人。毕肖普回忆说，威廉自己的妹妹弗洛伦斯
和布尔默一家都"很爱他"，觉得他"非常安静而温和"。[2] 比起参与
社交活动，他更喜欢待在家里读一本好书，但听说，当与亲密朋友
以及家人在一起时，他的羞怯感就会有所缓解，而他的女儿后来也
遗传了这种羞怯。父亲藏品众多，伊丽莎白十分珍视最终传给她的
几本书，其中就包括"1898 年圣诞节，他的两个妹妹送给他的异常
精美的（罗斯金的）《威尼斯的石头》(Stones of Venice)，以及他的
藏书票"[3]。她未曾谋面的父亲留下的任何遗物她都会终生珍藏。

　　格特鲁德的出身与她丈夫极为不同。虽然两人根脉都在加拿大
滨海诸省，但格特鲁德的根脉要更为深厚而直接。她于 1879 年 8
月出生在新斯科舍省的大村。桑德拉·巴里（Sandra Barry）写道：
"20 世纪初的大村基本保持着 19 世纪末的样子。马车仍然在土路上
隆隆行驶，油灯仍然照亮着家家户户房屋的内部（因此也照亮了毕

1　布莱特·C. 米利尔：《伊丽莎白·毕肖普：人生与记忆》，伯克利：加州大学出
　版社，1993 年，第 3 页。
2　《毕肖普散文选》，第 438 页。
3　《毕肖普散文选》，第 438 页。

肖普的记忆和想象）。"[1]毕肖普总是会生动地回忆起大村"富饶的农业世界"，那里有"暗红色的土壤，蓝色的冷杉和桦树"，还有"一条美丽的河流穿过'盐沼'流入海湾"。[2]

　　毕肖普的母亲格特鲁德是威廉和伊丽莎白·布尔默五个幸存子女中的老三。她的兄弟姐妹包括生于 1874 年的姐姐莫德和生于 1877 年的哥哥亚瑟；两个妹妹，分别是生于 1889 年的格蕾丝，以及更小的生于 1900 年的玛丽。还有一个妹妹莉兹生下来就死了。毕肖普的每一个布尔默姨妈和舅舅都在她的生活中扮演了重要角色，每一位都会在她的诗歌和故事中出现。毕肖普后来称自己为"乡下老鼠"，她深深依恋着大村这个美丽而平凡的乡村世界。她对布尔默家族的自觉认同从未动摇过。毕肖普将自己大部分的个人性格与艺术性格都归功于布尔默家族，然而毕肖普的艺术风格在她父母双边的家族中都能找到根源。她的敏感、旅行癖和谦逊与布尔默家族有着密切的渊源；同时，她的沉默寡言、她对艺术形式和结构的深刻感知以及对细节的敏锐关注也都与毕肖普家族有着重要的联系。她对阅读和沉思的热爱，对艺术的献身，以及她带着讽刺的幽默感，在双边家族中都有先例。

　　毕肖普的外祖父威廉·布朗·布尔默（William Brown Bulmer）[3]生于 1848 年，是当地制革厂的老板，性情温和、勤劳、富有公德

1　桑德拉·巴里：《记忆的艺术：新斯科舍省大村对伊丽莎白·毕肖普生命和创作的影响》，《新斯科舍省历史评论》，1991 年第 1 期，第 12 页。

2　《毕肖普散文选》，第 427 页。

3　关于伊丽莎白母系的家族姓氏需要说明的是，这个姓氏经常被拼写成"Bulmer"，但也经常被拼写成——而且总是被读成——"Boomer"。这个家族几乎总是交替使用这些拼写法。大村的马洪公墓中，一块墓碑上可能写着"Bulmer"，而临近的另一块墓碑上则可能写着"Boomer"。本传记将使用"Bulmer"，因为毕肖普晚年更喜欢这样拼写，而且她住在大村的外祖父母以及住在伍斯特的母亲都葬在"Bulmer"之名下。但是，本传记中所引用的资料如果显示为"Boomer"，则一律维持原样，不做更改。

心，是一位广受尊敬的公民。他在村子中心拥有一座紧凑的房子，像大多数邻居一样，他经营着一个小农场。伊丽莎白一直坚称威廉·布尔默是她"最喜爱的祖父母。他是个可爱的人，脾气温和，虔诚，对孩子们友好"。她还回忆说，星期天，当他在浸信会教堂担任执事时，"他传递那些募捐盘时，会迅速塞给我一颗味道浓郁的白色薄荷糖，上面写着**加拿大**（我想现在也还是这样）"。[1]

毕肖普的《给外祖父》（"For Grandfather"）是她为威廉·布尔默创作的诙谐而深情的挽歌，也是她死后发表的众多诗歌中最出色的一首。在这首诗中，她想象外祖父死后幽灵一般但又真实可感的模样，"矮胖、宽背、意志坚定／踩着张开的雪鞋跋涉"，向北极进发，她想象着"如果我追上你，亲吻你的脸颊，／你的胡茬就会像白霜／而你老派的海象般的胡须／会挂满冰凌"。这首诗以一声抗议和痛苦的呼喊收束，试图阻止外祖父无法挽回的行进："外祖父，请停下！我已经好多年没有感到这么冷。"[2] 诗中蕴含着对亲密和爱的强烈渴求，尽管现实侵扰，尽管爱的对象变得越来越冰冷，越来越遥远。

威廉的妻子伊丽莎白·哈钦森（Elizabeth Hutchinson）生于1850年，是当时颇受欢迎的艺术家和插画家乔治·哈钦森（George Hutchinson）的姐姐，尽管毕肖普"从来都不认识他"[3]，但乔治·哈钦森的作品出现在她两首著名的诗歌中。毕肖普记得她的外祖母是个有时爱发牢骚的女人。她最喜欢的一句话是半叹息地说"没人知道——"然而，正如毕肖普死后才发表的残篇遗作《祖母们》（"The

---

1 《毕肖普散文选》，第 425—426 页。
2 《埃德加·爱伦·坡与自动点唱机》，爱丽丝·奎恩编，纽约：法勒、施特劳斯和吉鲁出版社，2006 年，第 154 页。
3 《诗》，《毕肖普诗选》，第 197 页。

Grandmothers"）中犀利地指出的那样："的确如此。没人知道。"[1]
不过，在她眼中，布尔默外祖母也是一个善于观察、工作勤劳的女人，她容易笑，也很容易哭，是一个熟练的管家，始终深深爱着自己的丈夫、孩子和孙子。

图 1　毕肖普和外祖父威廉·布尔默与外祖母伊丽莎白·哈钦森，
新斯科舍省大村，1911 年

　　毕肖普的母亲曾在布雷顿角的乡村短暂地做过教师。之后，她和妹妹格蕾丝一样，在马萨诸塞州总医院接受了护士培训。1907 年，格特鲁德遇到了她未来的丈夫威廉·毕肖普，那时她 27 岁，比他小 7 岁。即便在那时，威廉的健康状况依然不稳定——几年前他因身体状况不佳而放弃了一项商业冒险——而我们有理由相信，这对夫妇相识之时，他还是马萨诸塞州总医院的病人。[2]格特鲁德年轻

---

1 《埃德加·爱伦·坡与自动点唱机》，第 170 页。
2 《怀念伊丽莎白·毕肖普》，第 2—3 页。

时魅力四射，这曾得到过毕肖普的姑父托马斯·科的证实，托马斯·科与威廉的妹妹玛丽昂结婚，他晚年时曾告诉毕肖普："你的母亲是我见过的最漂亮的滑冰运动员——当我看到她滑冰时，我也爱上了她。"毕肖普在给安妮·史蒂文森的一封信中坦言："这些零星的信息总是让我非常惊讶，因为我知道的实在太少了。"[1]

我们有理由怀疑，财富和社会地位的差距促使毕肖普家族一定程度上抵制威廉与格特鲁德·布尔默的婚姻，尤其是 1908 年 6 月 22 日这对新人的婚礼并非在伍斯特举行，而是在曼哈顿下城一个优雅的新哥特式恩典教堂，这是著名建筑师小詹姆斯·伦威克（James Renwick Jr.）的第一份重要委托。这座圣公会礼拜场高耸的拱门和巍峨的彩色玻璃窗毫无疑问与威廉对精致建筑的嗜爱相吻合。选择这样一个地点也可能意味着格特鲁德愿意脱离她卑微的浸礼会教徒出身。格特鲁德的妹妹格蕾丝当时在纽约当护士，或许是双方家庭中唯一一出席这次婚礼仪式的成员。

这对新婚夫妇在牙买加和巴拿马度完蜜月，然后返回伍斯特，威廉在那里重新开始了家族企业的工作。自这对夫妇回来之后，威廉的父母似乎就卸下了最初对这桩婚姻的冷淡——尽管这种冷淡从未完全消除。格特鲁德·布尔默·毕肖普已经远远跨越了她原有的社会地位，毕肖普在对父母早年生活广泛的研究中反复提到，她母亲焦虑地专注于穿戴，行为举止俨然一位贵妇人。这种对漂亮服饰的痴迷最终似乎已经越过了界限，变成了一种狂热，这在存留下来的病历记录中得到了进一步证实——而毕肖普本人永远也不会看到这些病历记录的内容。毕肖普后来解释过她的两个家庭之间的复杂

---

1 《毕肖普散文选》，第 429 页。

平衡，并提到了她祖父在爱德华王子岛的卑微出身："很显然，毕肖普祖父母来加拿大探亲过好几次，我记得是两次。虽然我父亲娶了一个贫穷的乡下女孩，但老一辈人还是非常相像，我认为尽管贫富有差异，他们还是相处得很好——而正是下一代（毕肖普们）让我痛苦不已。"[1] 的确如此，从以下事实中可以发现他们分享着某种共同的情感：尽管她的毕肖普祖父在汽车还是稀有时就开上了一辆由司机驾驶的汽车，尽管他可以轻松买下更宏伟的房屋，然而他和他的妻子仍然选择住在"一座杂乱而美丽的农舍，位于主街1212号，离伍斯特市中心几英里远"。农场周围总有动物出没，虽然实际的农活由一位年长的农民来做，但"祖父知道需要做什么"。[2] 毕肖普的叔父小约翰·W. 毕肖普以自己的马和狗为傲，他同样也选择与妻子梅布尔一起住在伍斯特西部边缘几英里外的一所农舍里。

―――――

毕肖普一生中最早的记录，载于她父母的一本曾经颇受欢迎的册子《我们宝贝的传记》之中。成年后的伊丽莎白一直希望将这本册子带在身边，尽管在后来的岁月里，她无疑会被这本书中后维多利亚时代感伤情调的语言和意象所逗乐。[3] 然而，这本册子仍魅力非凡。事实证明，这本册子中对于这位未来诗人生活的最初叙述，其空缺、疏漏之处与其披露的事实一样引人入胜，因为它讲述了一个精彩的故事，故事始于骄傲和喜悦，然后急转直下，走向意料之外

1　《毕肖普散文选》，第428页。
2　《怀念伊丽莎白·毕肖普》，第13页。
3　这本册子和毕肖普的大部分文档都收藏于她的母校瓦萨学院图书馆的档案和特藏中。虽然《我们宝贝的传记》通常的封面都是蓝色，但伊丽莎白的这本是豪华版。一个多世纪过去了，它曾经典雅的猩红色布封面已严重风化、褪色和磨损，引以为豪的华丽镀金标题字母的边缘也已逐渐被侵蚀。

的悲剧，而新的丧失潜伏在它的阴影和空白之间。

毕肖普出生的细节出现在这本册子的首页，手写体笔迹（此处用斜体表示）填补了传记中辞藻夸饰的散文段落之间的空白。

据此

敬告

1911 年

2 月 8 日

伊丽莎白·毕肖普

生于马萨诸塞州伍斯特市主街 875 号。

上午 10 点 45 分

来到威廉·托马斯·毕肖普夫妇中间。

就在新生的伊丽莎白的名字左侧，有一张仙女的图画，她长着翅膀、头发蓬乱，手中拿着一大束玫瑰，花束上系着一条长长的、飘动的粉色丝带。父母姓名的空白处没有留下签名，虽然婴儿出生在家中，但主治医生和护士也都签好了自己的名字。

接下来的一页，映入我们眼帘的是一幅完美的平版印刷画，画中是身着夏装、衣冠楚

图 2　伊丽莎白·毕肖普和她的母亲格特鲁德，马萨诸塞州伍斯特，1912年 2 月

楚的年轻父亲和穿着花饰居家便衣的可爱的年轻母亲，正高兴地为他们的孩子称重。"宝宝的体重"这个名目之下，伊丽莎白的体重被记录为"出生时""7磅"，很健康。到第三个月时，体重已有规律地增长至"10磅12盎司"。然后，伊丽莎白出生后的第四个月，一个不祥的音符进入了这册编年史，填补了接下来五个月的空白。那条记录写着："母亲必须／离开／和父亲一起／离开伊丽莎白／三个月。"这次离开的时间正好与威廉讣告中的评述完全吻合："他在六月中旬放弃了忙碌的工作，从那时起就逐渐衰弱。他的死因是布莱特氏病。"布莱特氏病（现在被称为肾小球肾炎）是一种令人极度痛苦的肾衰竭，当时无法被治愈，即使在今天仍然难以根治，而这种疾病迫使毕肖普的父亲和母亲去伍斯特以外的地方求医，将毕肖普交给祖母照顾几个月。10月13日，毕肖普出生八个月时，也就是和妻子结束无果之旅返回伍斯特一个月之后，威廉去世。父亲去世两个月后，伊丽莎白的体重记录又恢复了，仅增添了一条："10个月时体重17.5磅。"紧接着，"宝宝的体重"的编年记录戛然而止。对于格特鲁德和伊丽莎白·毕肖普而言，一种全新且更加艰辛的生活即将开始。

《伍斯特杂志》记录毕肖普父亲去世的讣告也粘贴在她的婴儿册子里，这仍然是毕肖普存留的为数不多的关于父亲的有形记录之一。讣告上威廉·托马斯·毕肖普的照片显示，这位身材魁梧、肩膀宽阔的男子，穿着纽扣紧扣的商务西装。他留着持重的胡须，凝视着不远处，双手紧紧地握在背后。可以想象，毕肖普如何凝视这看似自信但又素净的形象，努力解读其中的秘密。讣告开头写道："10月13日，J. W.毕肖普公司副总裁兼伍斯特业务经理威廉·T.毕肖普逝世，享年39岁8个月零8天，承包商和建筑商之中最有才干的人之一离开了，伍斯特曾因他而闻名于美国各地。"威廉根深蒂固的沉默从以下陈述中得到了证实：他是一个"自我克制的人，对自己的工作以及与他相关的公司福利怀有浓厚的兴趣"，而且"他对家庭与安静环境的热爱让他在社会上鲜为人知"。毕肖普读到这些文字时，无疑会对父亲的沉默感到亲切，正如她肯定会认同父亲是"一个博览群书的人"这样的说法。一个孩子想要了解她消失的父亲，这无可厚非。但毕肖普的亲

图 3　毕肖普的父亲威廉·托马斯·毕肖普的讣告照片，伍斯特，1911 年 10 月

戚们都各自缄默，后来也极少提及他——伊丽莎白·毕肖普一生曾被众多沉默所萦绕，这便是其中之一。然而，父亲和女儿之间的一个重要区别则隐藏在这则讣告之中：虽然父亲对"家庭和安静环境"抱以深沉的"热爱"，然而毕肖普则将成为一名著名的旅行者。

　　毕肖普母亲的婚姻虽然短暂，但她对丈夫的依恋之深毋庸置疑。的确如此，格特鲁德此后的丧偶人生（她一直活到1934年）始终沉浸在失去丈夫的悲痛之中。

　　威廉去世后的几年里，格特鲁德和她的女儿一起频繁穿梭于伍

斯特和大村之间。这种旅行，无论是乘坐火车还是乘坐波士顿与新
斯科舍省雅茅斯之间的直接渡轮，在当时都非常容易和常见，布尔
默一家早就习惯了在大村和他们称之为"波士顿州"的南部繁华地
区之间穿行。婴儿手册中的一张照片显示，1913 年夏天，2 岁的伊
丽莎白在大村的阳光下享用野餐，周围是她家人的朋友德布里塞一
家的众多孩子。拍摄于 1915 年 8 月的一张照片显示，毕肖普穿着泳
衣在新斯科舍省风化的蒂德尼什海岸欢快地玩耍，紧接着在深水中
晃动着脖子，回头对着镜头露出了灿烂的笑容。拍摄于同年 9 月的
一组四张照片中，机敏而健康的伊丽莎白直视着镜头，展现出一系
列她特有的典型情绪：起初是嬉戏，接着是极度专注，然后是严肃，
之后，当她坐在一只毛茸茸的白猫旁边时则是格外顽皮。

图 4　伊丽莎白·毕肖普，伍斯特，1915 年 9 月

———

毕肖普对母亲最早的记忆残缺不全，几乎总是充满着不确定性、紧张和痛苦。这些记忆中最深刻的是塞勒姆大火之后的海滩事件，但另一个事件则以各种不同的形式重现于她的散文中和各种未完成的诗作之中。据毕肖普回忆，1914 年夏天，她和母亲在波士顿公共花园乘坐著名的天鹅船。当她的母亲向游弋在她们身旁的一只天鹅喂花生时，这只凶猛的天鹅咬了母亲的手，鲜血从她黑色丧服的手套里涌出。《乘坐天鹅船》（"Swan-Boat Ride"）这首残诗以电报的形式风格表达了这一事件对年幼的伊丽莎白、成年后的诗人以及她的母亲带来的精神创伤，诗人总有一天会尝试着勉力接纳这一事件及其更悲惨的后果。在草稿中，她对这只"无礼的、可怕的鸟"大声喊叫，接着她承认，尽管她和她的母亲仍然"漂浮着、漂浮着……悬停"，然而对她而言，"整个池塘都在摇晃"；也许对于她的母亲而言，这件事"演变"成了"疯狂和死亡"。无论如何，毕肖普都会如实相告："我看到了那个洞，我看到了血。"[1]

这一幕另一个不那么灾难的版本出现在《衣料制成的母亲》（"A mother made of dress goods"）中，这首未完成的诗开篇就描绘了一个母亲的形象，她身着层层叠叠的寡妇丧服，我们难以辨认她的身份："母亲是一顶帽子 / 黑色帽子上一朵黑色薄纱玫瑰 / 半开着落下。"在这里，她的丧服仅有"一只长长的黑手套 / 在公共花园里 / 被天鹅咬了一口"。[2]

1914 年，格特鲁德与伊丽莎白住在马萨诸塞州时，遭遇了首次有记录可考的精神疾病发作。根据她的妹妹格蕾丝的证词，她"从

1 《埃德加·爱伦·坡与自动点唱机》，第 155 页。
2 《埃德加·爱伦·坡与自动点唱机》，第 156 页。

二楼的窗户跳了出去"。事故发生后，格特鲁德"在布鲁克林的女执事医院接受治疗，然后被送往马萨诸塞州诺伍德市莫德医生的私人疗养院"。毕肖普祖父承担了所有费用。据格蕾丝说，一进疗养院，她就"没有自杀或杀人倾向，而只是病态和抑郁。在疗养院待了大约三个月，差不多康复了"。[1]一定是在这次住院治疗之后，毕肖普在塞勒姆大火之后受到了她母亲的训斥。

1915 年，毕肖普和母亲搬到了位于大村的家中，在那里毕肖普失去了第一个表亲——舅舅亚瑟的幼子，这促成毕肖普在将近五十年之后写出了最杰出的作品之一——《新斯科舍的第一次死亡》("First Death in Nova Scotia")。这首诗探讨了一个 4 岁孩子对死亡奥秘的沉思，诗歌以孩童的语言开篇，从孩子的视角描绘了她的母亲静静地带领她哀悼逝去的表弟。这一幕的氛围具有浓郁的加拿大特色，其中诸多细节均是加拿大与英国君主制之间情感联系的见证。在那里，"在冰冷，冰冷的客厅里"，表弟亚瑟的尸体被陈列在一些彩色胶版复印画之下：爱德华的画像，那时他还是威尔士王子，旁边是他被忽视的亚历山德拉公主，还有在位的王室夫妇乔治国王和他身旁的王后玛丽。[2]

就像《给外祖父》一样，诗中的氛围是彻骨的寒冷；英国皇室成员们原本代表着一种更高贵的生命形式，胶版复印画却是对这种生命形式不太令人信服的模拟。这些都让一个试图弥合生者与死者之间界限的孩子感到困惑。这个孩子的母亲领着她面对着躺在棺材里的表弟一动不动的尸体时，此时母亲的言语温和。然而现场一片

1　格蕾丝·布尔默：《为新斯科舍医院所做之"陈述"》，1916 年。阿卡迪亚大学，新斯科舍省沃尔夫维尔。

2　《毕肖普诗选》，第 123—124 页。

寂静，无人对死亡的事实做出任何解释：

> "来吧，"我的母亲说，
> "过来与你的小表弟亚瑟
> 说声再见。"

毕肖普呈现这一场景时，她"被举起并被给予 / 一朵山谷百合 / 放在亚瑟手中"。那一刻，4 岁的她遇到的是更多的惊奇和更多难以解释的事实。表弟脸上死一般的苍白让她想起了"一个尚未着色的 / 洋娃娃"，但他头发上令人惊讶的红色则让毕肖普想到杰克·弗罗斯特曾试着在表弟头发上"画几笔红色"，然后"扔掉画笔 / 让他永远白着"。这个孩子一直在努力寻找熟悉的结论，但都不尽如人意。作为最后一根稻草，孩子生出了一个令人愉悦的幻想：她的表弟亚瑟将继续在童话王国里生活，与那些在冰冷的客厅里围绕着他的彩色身影为伴，他们都穿着"暖和的红衣与貂皮"。然而，就在这首诗的结尾处，幼小的毕肖普发现，这种抚慰人心的幻想难以为继，因为她会问自己，亚瑟要怎么去呢？"紧握着他的小百合花，/ 眼睛闭得那样紧，/ 而道路深陷雪中？"恰如格特鲁德在 1911 年被迫面对丈夫的死亡一样，她的孩子伊丽莎白也不得不面对年幼表弟的最终死亡。这一事件发生 47 年后，毕肖普在《纽约客》上发表了这首诗，将这阴魂不散的丧失之感推向了顶峰。

毕肖普确实失去了一位表弟，那是她舅舅亚瑟的儿子。不过，马洪公墓的墓碑上对他的描述，多处重要细节与这首诗有所不同。那块小小的心形墓碑表明，去世的孩子并不是亚瑟的儿子亚瑟，而是"（弗兰克·）埃尔伍德 / 梅布尔·布默尔与 / 亚瑟之子 / 死于

1915 年 6 月 29 日 / 享年 2 岁"。在《新斯科舍第一次死亡》中，毕肖普通过赋予父子俩相同的名字，来强化他们之间的身份认同。也许更重要的是，她没有将这首诗的意象聚焦于大村六月宁静的阳光里，而是集中于一个冰冷的白色世界，以此来强调死亡的残酷、终结和神秘。

这样来看，我们无法确切地知道毕肖普是否记错了她年幼表弟的名字，或者记错了他死亡的季节，或者两者都记错了——抑或是她故意改变了这些细节来创造一首更有力的诗。在毕肖普的诗歌中，这样的改动至关重要，因为她的诗歌包含了太多的事实。无论怎样，在《新斯科舍的第一次死亡》中，伊丽莎白·毕肖普将事实与想象融合在一起，温柔地带领我们走进她 4 岁时的情感世界，这个女孩儿自己面对着周遭成年人不愿解释或无法解释的丧失之谜。

第二章　乡下老鼠

1916 年 6 月，伊丽莎白 5 岁时，她的母亲被送进了一家精神病院——位于达特茅斯的新斯科舍医院。毕肖普的母亲再也没能活着从医院走出来，而毕肖普也永远不会再见到她。10 年后，毕肖普的叔父兼法定监护人杰克·毕肖普在胡桃山学校为其办理入学注册手续时，就毕肖普是否知晓她母亲的精神疾病和住院治疗相关状况做出过以下声明："这些事实伊丽莎白要么不知道，要么至多只是她自己的猜测，因为从来没有人跟她谈论过她的母亲，她自己也从未提到过她。"这些话被记录在 1926 年 7 月叔父杰克与胡桃山学校的工作人员之间的一次会谈笔录中。记录还写道："伊丽莎白的监护人非常希望不要向伊丽莎白提及这些事实。她一直以来都是一个'孤独的小女孩儿'，他期待毕肖普在胡桃山能生活得很幸福。"[1] 毕肖普本人在漫长的创作生涯中所撰写的诸多作品表明，叔父杰克·毕肖普对这个被监护的侄女了解甚少，他大大低估了年轻伊丽莎白的观察力和记忆力。毕肖普的诗歌和散文作品一次又一次地回到 1916 年夏天她母亲精神崩溃的高潮时刻——

1　鲁比·威利斯之笔录：《伊丽莎白·毕肖普的监护人提供的机密信息》，1926 年 7 月 27 日，载《怀念伊丽莎白·毕肖普》，第 29—30 页。

那一刻，她的家人们都陷入了沉默。她的作品也返回到格特鲁德崩溃之前一系列不断升级的丧失和混乱，以及紧随其后更多诸如此类更令人痛苦的丧失。这些事件都发生在毕肖普7岁生日之前。

毕肖普从未试图对这些改变她一生的事件构建连续的自传体叙事。但是，如果将她记录早年生活的散文和诗歌按照时间顺序编纂，并以敏锐的方式展开细致的探索，那么故事就会以错综复杂的细节展开，有时几乎是一个瞬间接一个瞬间地展开。现存的文献连同邻居和亲戚的回忆记录，证实了毕肖普叙述的基本内容，以及许多更令人惊讶的细节。这些记录还揭示了毕肖普的叙述中偶尔出现的一些细微矛盾或偏离事实之处。值得注意的是，尽管毕肖普有时会篡改或隐藏人物的真实姓名，但她关于自己早期经历的作品中的每一个人物，都可以追溯到某个真实存在的人。她自己也承认，虽然她压缩了时间，重新编排了事件，以便更好地服务于叙事，但她的标志性自传故事《在村庄》基本上都是事实。《纽约客》曾因严谨核查诗歌所对应的事实而闻名，毕肖普曾提醒他们注意，《在候诊室》（"In the Waiting Room"）写成于事件发生40多年后，它将1918年出版的两期《国家地理》合并为一期。[1] 尽管如此，毕肖普通过展现极具说服力的细节来书写自己的过去，实际上成了自我历史的考古学家。这个故事的核心部分，回荡着她母亲那令人难忘的尖叫声："也许，一开始它甚至并不响亮。它来到这里，永远活着——声音不响亮，只是永远活着。"[2]

---

1 乔尔·比勒编：《伊丽莎白·毕肖普与〈纽约客〉通信全集》，纽约：法勒、施特劳斯和吉鲁出版社，2011年，第319页。
2 《毕肖普散文选》，第62页。

———

1916 年春夏之交，4 岁的毕肖普和寡居且痛苦的母亲居住在大村外祖父母的家中。格特鲁德仍然穿着黑色衣服，仍然沉浸在对四年前去世的丈夫的哀思之中。回到大村后，格特鲁德的心理障碍的症状不断恶化，而她的女儿伊丽莎白——自称"长着大耳朵的小投手"[1]——则在一旁全神贯注地观察和倾听，努力想弄明白这个充满谜团的世界。1925 年，14 岁的伊丽莎白在大村写给她生命中第一个重要的朋友路易丝·布拉德利（Louise Bradley）的一封信中，将布尔默的住所描述为"一座舒适的白色老房子，它的小朝天鼻径直伸到村子广场的中央。这是一座充满好奇的房子"[2]。但也许是年轻的伊丽莎白如此好奇，因为她努力分析着她在这个由成年人统治的神秘世界里所看到的语言和手势。对她而言，这是一个充满紧张的低语和侧目偷看的世界。

格特鲁德最终崩溃之前，偶尔会离开大村，前往波士顿或其他地方旅行散心，寻求情感上的解脱。母亲外出旅行时，伊丽莎白经常被留在大村，由她的外祖父母威廉和伊丽莎白·布尔默照顾。到了 1916 年初夏，随着格特鲁德的心理状况越来越糟糕，家人们聚在一起商讨如何迎接这一挑战。毕肖普在自传故事《在村庄》中，将她永远记得的那场危机的决定性时刻戏剧化。故事的开篇，她以孩子的视角展开叙述。"那是一个炎热的夏日午后。她的母亲和母亲的两个姐妹都在那里。母亲的姐姐不久前将她（母亲）从波士顿接回家，并留下来帮忙。因为在波士顿，她的病情已经好几个月来

---

1 《毕肖普散文选》，第 151 页。
2 毕肖普 1925 年 8 月 5 日致布拉德利信，印第安纳大学威利故居博物馆。

都不曾好转，或者已经一年了。"[1] 故事中，这个孩子接下来的话记录并加强了她从这些姨妈的声音中感受到的绝望语气——现实生活中是她的姨妈莫德和姨妈格蕾丝。"尽管看了很多医生，尽管费用惊人，但她并没有好转。"这位母亲令人困惑的"离去—归来"的循环被简要地概括为："她先是带着她的孩子回到家。然后，她又独自离开家，将孩子留下。接着她又回到家。然后再次带着她的妹妹离开；现在，她又回到了家里。"如此一来，这个被留下的孩子不知道自己究竟属于谁，并对自己在当前场景中的角色始终深感不安。"这个孩子不习惯她（母亲）回来，现在正站在门口看着。"[2] 这个被困在第三人称中的孩子，是否感到自己与她唯一在世的母亲如此疏远，与自己的身份如此疏远，以至于她无法说出代词"我"？

这一家人因格特鲁德·布尔默·毕肖普的精神危机而聚在一起商讨对策，这一事件可以从毕肖普本人从未有机会阅读到的一份文件中获得更清楚的理解。1916 年 6 月，格特鲁德·布尔默·毕肖普被送往达特茅斯的新斯科舍医院精神病房，随之而来的是一份由毕肖普的姨妈格蕾丝——格特鲁德的妹妹撰写的"陈述"。毕肖普总是说格蕾丝是所有姨妈中她最喜欢的一位，认为她机敏、善良、冷静又聪颖，比毕肖普家或布尔默家的任何其他亲戚都更开明，也更乐于沟通。这份提交给医院医务主管的声明没有试图对格特鲁德进行诊断，但格蕾丝是一个训练有素的观察者，她在回答一份多页的调查问卷时描述了姐姐的行为。这份手写的答案尽管如临床诊断一般客观，却生动地描述了致使格特鲁德被送入精神病医院的一系列不断恶化的事件。毕肖普一生都观察力惊人地敏锐，显然前 5 岁

1　《毕肖普散文选》，第 62—63 页。
2　《毕肖普散文选》，第 62—63 页。

的时光里，她一定亲眼见到了这些言行，至少是目睹了其中一些片段。

格蕾丝注意到姐姐1914年的崩溃，她说格特鲁德当时从马萨诸塞州的一家私人疗养院出院时"几近康复"。但她仍然沉浸在深深的哀悼之中，情绪持续低落——很快就会更加明显。格蕾丝称格特鲁德在病发前一直"温和"且"稳定"，并描述她姐姐在丈夫去世前的几年里既不冲动、不狂热、不热情、不嫉妒，也不作对——尽管她确实无意中加上了"但非常固执"这样的字眼。[1]格蕾丝表示，她的姐姐"状态很好的时候不太虔诚。想去教堂就去。最后一次发病时，她已经变得更加虔诚"[2]。1916年3月，当她收到一份令她心烦意乱的商业票据时，情况急转直下。尽管丈夫的遗嘱为格特鲁德和女儿提供了丰厚的财务支撑，但管理遗产的责任似乎为她带来了沉重的负担，而格蕾丝将姐姐三月份的发病与她对财务状况和身体健康的焦虑急剧上升联系起来，声称这些焦虑让她在这段时间里经常"异常烦乱"。她还患有所谓的"假想心脏和肾脏疾病"，以及间歇性的宗教狂躁症。住在波士顿的格蕾丝讲述了自己对格特鲁德多次前往波士顿旅行的观察。

> 当她去波士顿旅行时，她想象着自己看到了她认识的人，想象着自己被当作罪犯监视着。在那里，她有时会异常兴奋，谈论战争、劳动平等、天主教、被绞死、被当作女巫烧死或电击致死等。[3]

---

1 《为新斯科舍医院所作之"陈述"》。
2 《为新斯科舍医院所作之"陈述"》。
3 《为新斯科舍医院所作之"陈述"》。

格特鲁德最担心的事情之一是自己可能失去唯一的女儿："一直都害怕有人会把她的孩子从她身边夺走。"颇具悲剧性讽刺意味的是，无疑正是这种可能失去女儿的焦虑导致了母女双方都不得不忍受的分离。

格特鲁德的情绪症状常常与身体症状联系在一起。她抱怨自己听不见声音，还神经性发冷，有一段时间非常虚弱。她开始想象自己被催眠，开始怀疑给她服用的药物中含有毒药。当被问及"患者是否对改变后的精神状况表示赞赏?"，格蕾丝冷静的回答强调了这种状况的悲怆："是的，有时她想知道为什么自己必须遭受这种痛苦，有时又认为她是在为别人受苦。"当被问及是否"曾有过自杀或者威胁过他人或企图对他人施暴"时，格蕾丝证实，不幸的是确实发生过这种情况："今年3月，在收到一封商业信函后，她企图用床单上吊自杀，并扼住了她母亲的喉咙。"[1]尽管格特鲁德先前性情温和而稳重，但她的早年生活中至少有一些迹象预示着未来将会出现的崩溃，因为在她十五六岁时，她父亲发现她因学校考试不及格而变得紧张和沮丧，于是就向河边走去。

毕肖普后来向罗伯特·洛威尔否认她的母亲曾经威胁过她。1957年，洛威尔根据《在村庄》创作了一首自己的诗歌《尖叫》("The Scream")。至少毕肖普不记得有过任何直接的威胁，她声称母亲对她的危险只是从"我在她消失前后无意间听到大人们的谈话"中有所暗示。她补充说，她不希望现在的情况看起来"比过去更糟"。[2]

---

1 《为新斯科舍医院所作之"陈述"》。
2 毕肖普1957年12月11日致洛威尔信，《空中的言辞：伊丽莎白·毕肖普与罗伯特·洛威尔通信全集》，第243页。

毕肖普所说的"消失"一词与她的故事《在村庄》中的情况相似：有一天，她的母亲突然消失了，毕肖普逐渐明白，她可能再也不会回来了。她的叔父杰克·毕肖普1926年向胡桃山学校当局提供的证词证实，格特鲁德被送进精神病院的情况从未向幼年的毕肖普解释过。在那个历史性的时刻，精神疾病引发的"耻辱"便是这样与恐惧、羞耻和焦虑关联在一起。从孩提时代到青春期，毕肖普一直担心母亲的精神疾病可能会遗传给她。对于所发生的一切，她没有得到任何解释，也没有机会与家人一起为共同的丧失而悲痛。相反，她所面对的是一片巨大的虚空。

尽管格特鲁德的家人竭尽全力保护伊丽莎白免受母亲最令人不安的行为的影响，但这个善于观察的孩子还是忍不住注意到了许多令人不安的事情，这就是为什么她会声称"惊愕"[1]或许是她幼年时期的主要情绪。这种惊愕的一个关键性来源是格特鲁德在丈夫去世4年后试图脱下正式的丧服时发出的尖叫——或者在另一个版本中是一连串的尖叫。故事《在村庄》的开头，毕肖普的母亲发出的或痛苦、或惊讶、或恐惧、或抗议的呼喊被轻描淡写。然而，它也无处不在，挥之不去，就像"一声尖叫，一声尖叫的回声"，至少对她来说，仍然萦绕在这个新斯科舍的小村庄。这尖叫声在她的耳朵里，也许还有其他人的耳朵里，"永远悬挂在那里"，染红了教堂尖塔上方"纯蓝色的天空"。[2]理查德·法穆拉罗（Richard Famularo）认为，创伤后应激障碍的一个特点是"创伤经历之后是反复重现或侵入性的回忆"。其中包括"可怕的梦、创伤的重演，以及对创伤

---

1 《埃德加·爱伦·坡与自动点唱机》，第150页。
2 《毕肖普散文选》，第62页。

的象征性提醒的激烈反应"[1]。在这里，尖叫成了一种象征性的提醒，在叙述者的记忆中挥之不去。事实上，在毕肖普的故事中，尖叫获得了独立的生命，不仅变成了一种声音，而且成了一种颜色——会改变它所触及的一切，对她而言是如此，对那些对这一事件有共同记忆的人来说同样如此。这种颜色总是带着淡淡的蓝色暗影："榆树上绽放的云彩的颜色，燕麦田里的紫罗兰。"写作《在村庄》时，毕肖普居住在巴西。那时她已经精通弗洛伊德的心理学，正在阅读她的浪漫伴侣萝塔·德·马塞多·苏亚雷斯收藏的大量的精神分析作品，从弗洛伊德到梅兰妮·克莱因（Melanie Klein），不一而足。6年前，她曾跟随治疗师露丝·福斯特（Ruth Foster）医生进行过一段时间的精神分析治疗，这位治疗师在她作为个体和作为艺术家的成长过程中都起到了至关重要的作用。因此，毕肖普做好了充分的准备让自己听到母亲尖叫的回声，这回声是被压抑之人的情感复归，也几乎是毕肖普对母亲突然消失感到痛苦的有形表现。同时，自相矛盾的是，这也是她让那段记忆保持鲜活的最有效的手段。

1953年的故事《在村庄》以及更早的《回忆大村》（"Reminiscences of Great Village"）——毕肖普1936年从瓦萨学院（Vassar College）毕业不久后创作的未完成的故事草稿——对这一场景的描述中，试穿衣服都是应格特鲁德的要求进行的。她试穿崭新紫色礼服的仪式——奇怪地模仿新娘试穿礼服——发生在她外祖父母家"两侧都有斜墙的宽敞的前卧室"。一个多世纪后，那个房间的墙壁仍然对称倾斜，就像毕肖普所描述的那样。自从1914年格特鲁德第一次

1　理查德·法穆拉罗：《哈佛心理健康通讯（13）》，1997年1月，第8页。

崩溃并被送进马萨诸塞州疗养院之后，她就再也没有试穿过一件新衣服。这个故事正式出版的版本中，格特鲁德的婆婆送给她一块高雅的紫色布料——依照惯例，这是一位刚刚从深深的哀悼中走出来的女性所穿的颜色。然而，随着事态的发展，格特鲁德显然对自己脱下丧服深感矛盾。值得注意的是，《在村庄》中的孩子总是将"哀悼"（mourning）与"早晨"（morning）弄混，前者是她无意中听到的一个词，但并不太理解其含义，而后者她则更熟悉，也更充满希望。

《回忆大村》的草稿杂乱无序，《在村庄》则经过了精心打磨与精简，两者在细节上出入颇大。这足以让研究毕肖普生平的学者们去比较她不同时期如何回忆这些重要的时刻，或者出于艺术的目的如何选择重塑这些时刻。毕肖普的母亲"非常消瘦"，她"完全不确定自己是否会喜欢这件裙子"，她不停地问："这件裙子的颜色适合我吗？是不是太亮了些？"接着又问："应该是黑色的吗？你觉得我应该继续穿黑色吗？"[1]

这两个版本中缝制裙子的场景都表明，格特鲁德无法应对她自己提出的告别丧服所带来的情感压力。在 1953 年的版本中，母亲日益增长的痛苦和她高潮的爆发被作了简略处理，仅呈现为简单的三个句子：

> 裙子完全不对。她尖叫起来。
>
> 孩子消失了。

不久之后，这位母亲干脆消失了，没有任何解释——尽管布

---

[1] 《毕肖普散文选》，第 62 页。

尔默家弥漫着无法言明的悲伤。不久，这个孩子（现在用第一人称称呼自己为"我"）捕捉到外祖母的眼泪落到了土豆泥中，它"味道很棒但不对劲。我想我在里面尝到了祖母的眼泪；然后我吻了她，在她的脸颊上品尝它们"。至少在毕肖普对这件事的描述中，她能够品尝到或感受到自己的家人因丧失而流下的眼泪，但这些眼泪绝不会明确被分享或被承认。从毕肖普成为作家的最初阶段到最后时刻，这种不被承认的眼泪一直是她创作的重要主题。

《回忆大村》中缝制裙子的场景被渲染得更激烈，情绪更加暴力。试穿裙子的过程中，裁缝在决定性的时刻拿起一把大剪刀"抓住多余的布料"。这个版本中，孩子的母亲（名字很奇怪，叫伊斯特）跪了下来，从裁缝手中抢走了布料。

"不，不，把剪刀拿走。格蕾丝！快让她停下来，它会流血。我会流血。"

格蕾丝试图安抚姐姐，却不被理睬。很快，孩子痛苦的母亲就大声喊道："你不能拿走我的裙子。这是我在世界上唯一的裙子。你想让我赤身裸体。它是我的，它是我的。你不能拿走它，你想让我一丝不挂。"在毕肖普对母亲的记忆中，衣服和裸体一直是核心的问题。毕肖普36岁时接受了露丝·福斯特医生密集的精神分析治疗，她为福斯特撰写了一份关于自己过去经历的详细书面报告，这一系列颇具启发性的叙述分次进行。在1947年2月24日的回忆录中，毕肖普提醒福斯特，在一个没有自来水的家庭和村庄里，她经常看着母亲洗澡。"我母亲会站在洗漱台旁边，而我记得有时我会把头垂到床脚看着她，有时我还会将头颠倒过来看。"尽管在她的记忆中，母亲非常漂亮，但她也觉得母亲受到了某种威胁，她回忆说，她注意到了"那小小的白色身体"[1]的脆弱和无助，正如未完成的诗歌《衣料制成的母亲》中一样，这里的洗澡场景也发生在大村布尔默家的同一间前屋，房屋的墙壁倾斜。这个诗歌片段可能创作于 20 世纪 70 年代，毕肖普看到了"一个赤裸的人站在 / 洗脸盆里瑟瑟发抖"。这个赤裸的、难受的人"半蜷伏着"，就像"天花板倾斜的卧室"。[2]这间卧室正是后来创伤性的制衣场景发生的地方。毕肖普曾反复描绘过母亲的样子，在她的叙述中，格特鲁德要么几乎赤裸不堪，要么是被传统的丧服包裹和遮挡着。她的母亲从未在休息时出现，也从不穿休闲装。

　　1953 年，《在村庄》首次在《纽约客》上发表时，就在大村里引起了仔细的阅读和积极热烈的讨论。几位邻居回忆起村里的铁匠马特·费希尔，以及他对孩子们的亲和，他尤其喜爱年轻的伊丽莎白。毕肖普在故事中将铁匠铺描绘成了一个充满魔力的地方，马蹄铁"像小小的血月亮在黑暗中航行"，"淹没在黑水中，嘶嘶作响，抗议着"，在这个朦胧的世外桃源，与她的母亲不同的是，所有的生物，无论是人类还是动物，都从容不迫、不慌不忙、怡然自得，包括站在一旁观看、咀嚼或吐着烟草的两个男人，以及正在穿铁蹄的马。"粪便在它身后堆积，突然又整齐。它也非常自在。它体形庞大。它的臀部就像整个棕色世界的光滑球体。它的耳朵是通往冥府的秘密入口。"这个孩子研究着这匹马，它身上有一种令人宽慰的、近乎英雄的气质，因为它的胸前和额头上都佩戴着"勋章"，"它的身体散发出的气味之云本身就是一辆战车"。

1　毕肖普 1947 年 2 月致福斯特信，瓦萨学院图书馆，档案和特藏部，档案编号
　　118.33。后文均以瓦萨学院图书馆的藏品原件为第一手参考资料。
2　《埃德加·爱伦·坡与自动点唱机》，第 156 页、第 347 页。

铁匠铺里的是公马，而毕肖普家的泽西奶牛耐莉则是一匹母马，有一次孩子带着耐莉去办事，或者更准确地说，是跟在耐莉后面，沿着一条道路来到不远处一个租来的牧场，道路两旁是熟悉的邻居家的房子，邻居们或友好或挑剔。1953 年这个故事首次发表之后，洛威尔读到它时就意识到围绕其中的悲哀背景，他谈到这个惹人喜爱的段落时说："我会为这头奶牛哭泣。"故事发表后不久，毕肖普从巴西给她的朋友基特和伊尔莎·巴克写信说："卡尔·洛威尔说，这让他想起了一片'令人回味的荷兰风景'？接着，在那之后，巴西最优秀的诗人的荷兰情妇（我从未见过她）布兰克夫人（Madame Blank，这是一个令人难以置信的名字），写信告诉我说，这多么像荷兰，还寄给我一大块荷兰姜饼：我想，奶牛一定让一些人想起了荷兰，仅此而已。"耐莉也全然自在，它就像毕肖普一个有点任性的伙伴，同时也几乎是一个朋友。耐莉的牛蹄落地时发出迷人的"砰、砰、砰、砰"，泽西奶牛继续着庄严而平静的步伐，身后留下一串芳香的圆圈，"精美的深绿色，镶着花边，边缘水汪汪的"。[1] 当耐莉到达牧场时，5 岁的叙述者想知道它是否也会在那里逗留。"有一阵子，我萌生了一个念头：干脆不回家，一整天都安安稳稳地待在牧场上，在小溪里玩耍，爬上沼泽地里松软的长满苔藓的小山丘。"但这样的幻想并没有实现，因为当耐莉游荡着去找她的牛朋友时，这个孩子发现"一种巨大的、嘶嘶作响的、闪闪发光的孤独突然出现在我面前"。[2]

《在村庄》跳过了家人将她母亲送往疗养院的这个决定。她母亲消失的事实经由孩子的推断而隐曲地呈现出来。"现在，前面的

---

1 《毕肖普散文选》，第 70 页。
2 《毕肖普散文选》，第 71 页。

卧室空着。我的大姨妈已经回波士顿去了，我的另一个姨妈也计划过一段时间去那里……前屋空着，没有人在那儿睡觉。衣服都挂在那里。"现在家里似乎没有人愿意住进这个见证了她母亲最终崩溃的房间里，尽管它是家里最好的卧室。

毕肖普的母亲被送往新斯科舍医院的精神病房，绝非没有明显的迹象。每周都有一个包裹从家里寄出。外祖母会在这些包裹里放入蛋糕、水果、蜜饯和巧克力等物品，偶尔还会放进手帕、《新约》或"日历，每天一条朗费罗语录"。毕肖普看着外祖母整理这些包裹时，注意到她是如何"用不褪色的紫色铅笔在光滑的包装纸上……写下疗养院的地址。它永远不会脱落"。当然，这种颜色与她母亲的紫色连衣裙相同。这个孩子的任务是将这个包裹送到邮局。她从周围的人那里感受到了一种羞耻感和保密感，她执行任务时不希望别人看到包裹上的地址。在故事《在村庄》中，她的旅程要经过村子里的铁匠铺，而在这段特殊的旅程中，她感到必须隐藏那个会暴露问题的地址："我远远地走在道路的一边，将包裹放在离他较远的身体一侧。"甚至当铁匠内特高兴地喊道："过来！我要给你看样东西。"她还是感到羞耻，假装没听见。毕肖普的亲戚哈泽尔·鲍尔斯后来在毕肖普外祖父母的房子里住了很多年。他在1985年回忆说，当这个故事在《纽约客》上发表之后，马特·费希尔向她证实，每当毕肖普带着包裹去邮局，"她从未在去的路上停下过。她总是在回来的路上停下来"。鲍尔斯补充道："祖父母不想让任何人看到包裹要寄往的地址。"[1]

毕肖普抵达小邮局时，发现"除了邮政局局长约翰逊先生，没

---

1 《怀念伊丽莎白·毕肖普》，第9页。

有人会看到我外祖母的紫色笔迹"。在她的叙述中，这位"年纪很大且友好"的邮政局局长向她打招呼说："你好，你好，我们又见面了。日安，日安。"仔细查看地址并称量包裹之后，他说："是的。是的。你的外祖母非常虔诚。"[1]医院记录证实，格特鲁德经常收到家里寄来的包裹，至少在她被监禁的最初几年是这样。邮政局局长的话很清楚地表明，他，无疑还有毕肖普所在的小村庄里几乎所有人，都知道毕肖普的母亲现在住在哪里。大多数人——即便不是所有人——肯定会对这一丧失感到悲伤，对格特鲁德的孩子深表同情。

　　毕肖普在40年后创作了一首《六节诗》("Sestina")，回忆起母亲消失后不久的情景。诗歌中的外祖母在"九月的雨落在房子上"[2]的时候，正努力维持一种常态的氛围，而在那里，在渐暗的光线中，祖母和她的孙儿都待在厨房里，读着农民历书上的笑话，说着笑着来掩饰她的眼泪。毕肖普在这里为六节诗发明了新的心理学与叙事学功能，这种六节诗可以追溯到十三世纪普罗旺斯的吟游诗人。在一系列六行诗节中，六个结尾词每次都以不同的顺序再次出现："孩子""眼泪""厨房""火炉""历书"和"祖母"。这些词的作用，就像《在村庄》中的尖叫一样，是被压抑者的弗洛伊德式回归。毕肖普后来注意到，她的祖母极易流泪，在这首诗中，孩子追踪着祖母咸咸的眼泪流动的痕迹，它们着魔一般在滚烫的黑炉上疯狂舞蹈，隐匿在茶水里，就像她自己用蜡笔画出的房子前站着的那个男人衬衫上的纽扣一样显眼。现在，眼泪如好奇的种子一般进入了她想象的花坛。传统的六节诗以一个"结尾诗节"收束，这是一个包含所有六个结尾词的三行诗节。毕肖普在这首诗中宣布了自己作为一名艺术家的根源性使命——将沉默和丧失转化为神秘的、音乐的、清晰的语言："是时候种植眼泪了，历书说。/ 祖母对着神奇的火炉唱歌 / 而孩子画下另一座难以捉摸的房子。"[1]

《六节诗》中的"九月的雨"将这首诗的情节设定在1916年秋天，也就是毕肖普的母亲被送往达特茅斯疗养院三个月之后，毕肖普开始了时断时续的小学和中学生涯。对于一个在加拿大长大的5岁孩子来说，毕肖普的第一次学习经历是在附近的地区学校上启蒙班（加拿大的启蒙班相当于美国的幼儿园），从布尔默家出发，走一小段路，穿过铸铁桥，经过铁匠铺和邮局，再爬一座缓坡，就来到了一栋三层高的白色圆顶建筑。毕肖普在她的故事《启蒙班》（"Primer Class"）中回忆了这段在加拿大短暂的教育经历。

她一开始就唤起了自己心中记忆的内在本质。"每当我看到一列长长的数字"笨拙的笔迹，"一种奇特的感受或颤栗，部分是美，部分是痛苦，穿过我的横膈膜"。这对她来说是一种剧烈的震惊，就像看见"一条大鱼的背鳍突然划开水面"。20年后，面对基韦斯特的送奶人、彩票销售商和酒吧老板脏兮兮的账本中出现的类似晃动不定的数字列，毕肖普可能会突然感到喘不过气来。毕肖普解释道："这种感受的真正名称是记忆。这是一种我甚至不必尝试去回忆或重建的记忆；它总是在那里，清晰而完整。"[2]对于毕肖普来说，正如她的作品不断表明的那样，记忆不仅是视觉和听觉的，它也是躯体的，也就是身体的。她用心灵的眼睛看到了记忆，并用耳朵回忆起它们，而且她也通过身体尤其是横膈膜不由自主的颤栗感受到了这些记忆。因为毕肖普一生之中极易发作哮喘，因而这一事实就

---

1 《毕肖普诗选》，第 122 页。
2 《毕肖普散文选》，第 79 页。

相当重要。在《启蒙班》中，毕肖普将这种记忆的躯体效应与她所说的"数字的夏天"联系起来。她进入启蒙班之前的那几个月里，她在外祖母的注视下，学会了在布尔默厨房的石板上写出这些神秘的数字。这对毕肖普来说是一项艰巨的任务，因为这些数字就像文字一样，既能被感受到，也能被听见、被看到。

虽然数学，尤其是高等数学，对毕肖普来说始终是一个挑战，但她很快就喜欢上了阅读，谈到她的加拿大启蒙读物时，她说："我喜欢它里面的每一个词。"在大村的学校里，她最早接触到一些难以琢磨的词语游戏，比如她将同学缪尔·麦克劳克林（Muir MacLaughlin）的名字错读成"曼努尔·麦克劳克林"（Manure MacLaughlin）。[1] 毕肖普的学校并非只有一间教室——这栋高大的木制建筑的下面两层有好几间教室——但毕肖普的老师乔吉·莫拉什确实在一间大教室里为从启蒙班到四年级的所有学生授课。据毕肖普所回忆，莫拉什小姐在课堂上颇有威严，但对待学生和蔼友善，也很尊重学生。毕肖普不仅将启蒙班与她毕生所致力于的语言奥秘联系在一起，还将其与地图的奥秘以及她对民族性挥之不去的不确定感联系在一起。5 岁的伊丽莎白旁听了高年级的地理课，她坐在教室靠后的座位上，还研究起挂在教室前墙上的地图，这些地图可以像窗帘一样拉下来。毕肖普回忆道："我想抓住它们，再把它们拉下来，用我自己的手触摸所有的国家和省份。"她尤其被自己现在居住的这片土地的地图所吸引："我得到的大致印象是，加拿大与世界一样大，不知为什么就那么恰当地融入其中，或者反过来也一样，在整个世界和加拿大，太阳总是照耀着，一切都干燥而

---

1 《毕肖普散文选》，第 82 页。

闪亮。同时，我非常清楚这不是真的。"[1]

毕肖普回忆中的"启蒙班最戏剧性的事件"[2]表面上看起来可能微不足道。然而这件事还是将我们带入毕肖普思想和性格的核心地带。16 岁的姨妈玛丽是毕肖普外祖父母晚年所生的孩子，比毕肖普的母亲或其他姨妈年纪小得多。玛丽与毕肖普同在一所学校上学，就在学校二楼一个更高的年级。玛丽的一次戏弄曾让 5 岁的伊丽莎白上课迟到了一会儿。当毕肖普听到第二次钟响，那"真正意义上的上课钟声"时，她吓坏了，因为在那之前她从未真正迟到过。她以最快的速度拼命奔跑，还能听到玛丽在她身后嘲笑。毕肖普冲进教室，"号啕大哭，扑向莫拉什小姐挺拔的身躯"。老师将她拉进衣帽间，和善地对她说，"只是迟到几分钟，真的不值得流泪，一切都很好，我现在必须去教室，像往常一样加入晨歌"[3]。这一事件中，"情感远远超出了它的原因"，这与毕肖普的诗作《地图》遥相呼应，它表明幼小的伊丽莎白在母亲无故消失之后生活在焦虑和不确定的重压之下。毕肖普在这个故事的前半部分中曾实事求是地说："我的父亲已经去世了，我的母亲在远方的疗养院。"然后又补充说："我总是在与祖母告别时要求她答应我，在我回家之前不要死去，直到我被嘲笑为止。"[4]在毕肖普心里，她最初的丧失与持续的不安以及对被遗弃的条件反射性恐惧有关。这些感觉也与她根深蒂固的内疚感和责任感联系在一起，至少迟到事件似乎表明，这种负罪感和责任感要求她在生活和写作中保持完美，或者至少看起来保持完美的状态。

---

1 《毕肖普散文选》，第 84 页。
2 《毕肖普散文选》，第 85 页。
3 《毕肖普散文选》，第 84 页。
4 《毕肖普散文选》，第 81 页。

据毕肖普后来回忆，1917年冬天，她患上了严重的支气管炎。1917年2月14日，也就是她6岁生日后的第六天，《特鲁罗每日新闻》(*Truro Daily News*)报道说："小伊丽莎白·毕肖普小姐已经病了好几个星期了，正在迅速康复。"[1]毕肖普早年的学业会因健康问题而多次中断，这是第一次。尽管如此，毕肖普还是得以重返启蒙班，完成了第一年的学业。她回忆说，她"很享受第一次接受正规教育的经历"。特别是，她发现了语言游戏能带来"艺术上的愉悦"。根据她自己的看法，"这些字母有不同的表情"，"同一个字母在不同的时间有不同的表情"。[2]最重要的是，随着她的启蒙班接近尾声，她觉得自己对"上'一年级'有了期待，还有地理课、地图以及更长、更精彩的故事"。她会留在原来的教室里，和同样善解人意的老师在一起。她会想象自己在同一所学校继续学习很多年，甚至有一天可能会掌握"那些神秘的数字"。[3]

然而，事实并非如此。1917年8月中旬，《特鲁罗每日新闻》报道说，毕肖普的莫德姨妈、莫德的丈夫乔治·谢泼德森，以及毕肖普的格蕾丝姨妈都来了，"和布默尔家族一起度过几个星期"。格蕾丝于9月5日返回纽约。一周后，就在毕肖普要和她崇拜的乔治·莫拉什小姐一起上一年级之前不久，毕肖普富有的祖父母乘坐火车到来了大村，住在村里的旅馆——埃尔蒙特之家，他们试图预订一间带浴缸的房间，却发现整个大村都没有这样的房间。对于《特鲁罗每日新闻》再次提到的"小伊丽莎白·毕肖普小姐"来说，这将是一次决定命运的拜访。《特鲁罗每日新闻》报道称，1917年

1　桑德拉·巴里：《记忆的艺术》，第33页。
2　《毕肖普散文选》，第85页。
3　《毕肖普散文选》，第85页。

10 月 11 日，毕肖普和她的祖父母在姨妈莫德的陪伴下乘火车返回马萨诸塞州。毕肖普在自传体故事《乡下老鼠》中回忆起了她这次离开新斯科舍省的情景，这个故事的草稿完成于 1961 年，但直到她去世五年后才得以出版，这或许是因为她不愿公开自己对毕肖普家族的负面评价。这份回忆录的开篇，6 岁的伊丽莎白正坐在波士顿与缅因州旧铁路上的卧铺车厢里，从大村向南前往伍斯特的祖父母家。许多年后，毕肖普愤愤不平地回忆道："没有征求我的意见，违背了我的意愿，我被带回到我父亲出生的那所房子，让我从贫穷和乡下习气、赤脚、板油布丁、不卫生的学校黑板中被拯救出来，或许还让我摆脱了我母亲家族的倒卷舌音 r。"毕肖普指出，"有了这对额外的令人惊讶的祖父母，而直到几周前，除了姓名，我对他们还一无所知，一种新的生活即将开始"，这种生活指向"一个奇怪的、不可预测的未来"。[1]

"新"祖母莎拉·毕肖普（Sarah Bishop）在毕肖普整个回忆录中都是一位情感疏远、令人敬畏的女家长，她毫不犹豫地处理掉小孙女的玩偶（"我相当喜欢其中一个或者两个"，毕肖普说），因为她"发现它们的状况全都不适合乘坐普尔曼式卧铺车厢去旅行"，取而代之的是一个崭新的、更合适的、"全然无趣"的洋娃娃，祖母坚持给它取名为德鲁西拉（"我无法忍受这个名字"）。毕肖普去世之后才发表的一首挽歌这样开篇："那些我小时候 / 那么爱我的娃娃们去了哪里？"而结尾处，她瞥了一眼他们一成不变的脸上那坚定不移的开朗："他们的坚毅我从未掌握 / 他们每一个场合都在微笑。"[2]

---

1 《毕肖普散文选》，第 89 页。
2 《埃德加·爱伦·坡与自动点唱机》，第 102 页。

毕肖普后来回忆称，她的毕肖普祖父母住在伍斯特一座狭长的旧农舍，悬挂在快速发展的城市的边缘，看上去十分阴沉。居住在里面的人——包括她的祖父母、她的姑姑弗洛伦斯、她的叔父杰克·毕肖普，以及他们的各种仆人——都显得紧张不安。有一次，毕肖普被派去祖父空荡荡的卧室里取眼镜，她在一面长镜子里瞥见了自己，并被眼前的景象吓了一跳："我丑陋的粗呢衣服，我过长的头发，我忧郁而惊恐的表情。"在祖父家，她最熟悉的是一只狗，一只属于她姑姑弗洛伦斯（故事中的名字是珍妮姑妈）的波士顿斗牛梗，它的"名字很奇怪，叫贝波（Beppo）"。毕肖普补充道，"起初我很害怕它，但它很快就接纳了我，或许是它认为在这个家里我和它处境相同"；她和它都觉得自己并不完全属于这里。贝波很多时候似乎都感到不安，毕肖普几乎将它描绘成另一个自我："它的肠胃脆弱，经常呕吐。一遇到想象中的危险，它就会紧张地跳起来，发出高亢的歇斯底里的狂吠。他那双甲状腺功能亢进的眼睛里闪着光，乞求同情和理解。"[1] 当家人觉得它"不乖"时，它就会被放逐到一个大壁橱里半小时。毕肖普曾发现贝波在弄出了"一小摊呕吐物"之后"惩罚自己"。她注意到，"以前从来没有人因为它胃炎发作而惩罚过它；这自然都是它自己的主意，是它特有的波士顿式的负罪感"。毕肖普本人也有这种负罪感，而且由于她住在毕肖普家，这种负罪感会更加强烈。

毕肖普极不情愿地转学到伍斯特之后，面临着诸多挑战，其中之一是她必须上美国的一年级而不是加拿大的一年级。这意味着她必须遵循美国的爱国仪式，这种仪式因第一次世界大战的氛围而

---

1 《毕肖普散文选》，第 91 页。

更加强烈。据她回忆："我最讨厌向国旗敬礼。如果我有胆量，我一定会拒绝。在前一年的加拿大学校里，我们每天都以《天佑吾王》和《枫叶永存》开始。现在我觉得自己像个叛徒。我当然想赢得战争，但我不想成为一个美国人。"[1]当她在家里向祖母坦白这些感受时，这位咄咄逼人又循规蹈矩的传统主妇大惊失色，她强迫孙女每天朗诵《星条旗永不落》。毕肖普回忆道，"这首没完没了的诗"，"大多数词根本毫无意义。这句'在他挚爱的家园和战争的荒凉之间'让我想起了我死去的父亲，脑海中浮现出一幅幅奇怪的画面"。[2]

毕肖普对祖父母餐桌上的气氛感到不安，这与大村布尔默家的厨房截然不同。最让她不安的是叔父杰克·毕肖普的言行，他有一天将会成为毕肖普的监护人。20 年后，毕肖普对她的治疗师露丝·福斯特医生回忆道，叔父杰克经常与毕肖普的祖父母争吵，而且经常对年幼的伊丽莎白说："有人要打屁股或鞭笞。"毕肖普回忆道，"我在餐桌上几乎不说话"[3]，因为她很害怕。

她进一步向福斯特医生回忆道："杰克叔父会一直说我为什么不笑，为什么不玩耍，等等，他在我这个年龄时是什么样子的，等等，我真的很害怕他。"马特·费希尔的铁匠铺，毕肖普与奶牛耐莉一起去牧场旅行，以及她和外祖母一起享用美味的粥早餐，这些大村里的幸福与乐趣现在似乎都遥不可及了。毕肖普补充道："弗洛伦斯姑妈也说过一些关于鞭笞的事情——他们一定很喜欢这样说话。"[4]尽管她的祖父显然并非不近人情，但他在情感方面很沉默，

---

1 《毕肖普散文选》，第 95 页。
2 《毕肖普散文选》，第 95 页。
3 毕肖普 1947 年 2 月致福斯特信。
4 毕肖普 1947 年 2 月致福斯特信。

而且作为一家成功的建筑公司的开创者，他已经养成了简洁地发号施令的习惯。毕肖普觉得这位新祖父"令人生畏"："他是另一个祖父，但我已经有了一位我爱的外祖父"。她也开始惧怕这位新祖父，尽管她记忆中大多数家庭友善时刻都与约翰·W.毕肖普有关。其中一次是祖父送给她两只金色母鸡和一只公鸡作为礼物。关于这些动物，毕肖普高兴地喊道："它们是红色的，布满斑点，长着小洋娃娃一样的红色鸡冠；那只公鸡长着长长的尾羽。"祖父家的勤杂工制作了一个特殊的鸡舍，让这些色彩斑斓的家禽更有吸引力。第二个美好的时刻是，祖父问小女孩是否愿意上钢琴课。毕肖普急切地表示同意，从此开始了漫长的业余键盘手生涯。第三个这样的时刻是在一天晚上，祖父将她抱到窗前，观看暴风雪过后路灯的光芒在树上闪烁。毕肖普回忆起这件事时说："'把眼睛眯起来，爷爷……眯紧点儿！'他照做了。"对于毕肖普来说，"这是所有阴郁时光中为数不多的不怯场的时刻之一"。[1]

当受人爱戴的家仆艾格妮丝决定返回到瑞典结婚时，毕肖普认为这是最后一根救命稻草。"当她和我吻别时，我放声大哭，紧紧抓住她的裙子和大行李箱。自那之后，情况越来越糟。首先是便秘，然后是湿疹，最后是哮喘。我感觉自己正在老去，甚至快死了。"[2]毕肖普的确病得很严重。丧亲之痛，背井离乡，备受恐吓，极度不快乐，肺部因前一年严重的支气管炎而受到损伤，毕肖普又经历了一次严重的湿疹以及医生担心可能会致命的哮喘，随后不久又出现了圣维图斯舞蹈病（现在被称为西德纳姆舞蹈病）的症状，这种病症主要表现是面部、手和脚快速而不自主地抽搐。

---

1 《毕肖普散文选》，第98页。
2 《毕肖普散文选》，第98页。

　　《乡下老鼠》中的结尾场景也在毕肖普的诗歌《在候诊室》中重现。两个文本都将毕肖普描绘成一个即将年满7岁的女孩，陪同她的姑妈弗洛伦斯（故事中是化名）来到牙医诊所，弗洛伦斯将在那里接受检查。两个版本中，毕肖普都坐在牙医的候诊室里，开始研究1918年2月号的《国家地理》杂志；两个版本的区别在于，《乡下老鼠》中的毕肖普患有湿疹和哮喘。两个版本的高潮部分都戏剧化地处理了身份危机，散文叙述表现得更黑暗且更明确："一种绝对而彻底的荒凉感笼罩着我。我感受到……我自己。再过几天就是我的7岁生日。"她补充道："我也是它们中的一员，在我结痂的身体里和喘息的肺里。'你现在在劫难逃'，有什么东西这样在说。我怎么会被骗到这样错误的境地？"而在诗作《在候诊室》中，叙述者从眩晕的影响中恢复过来，重新融入依旧熟悉的日常现实中来，尽管如此，但在精神层面，它可能已经永远地改变了。1961年的散文版《乡下老鼠》的结尾更突然，也更加黑暗："我想，这种念头，就像下坡滑行，只是更糟，很快就撞上了一棵树。我为什么是一个人类？"[1]

　　最后，毕肖普终于明白，她无法忍受在祖父母家中长久地生活下去。事实上，她的祖父后来才承认，他的妻子几乎没有养育孩子的天赋，因为他们自己的三个孩子都未能活过童年。1918年5月，也就是《乡下老鼠》结尾所描述的故事发生3个月后，7岁的伊丽莎白就被送到了她的姨妈莫德·布尔默·谢泼德森和姨父乔治的公寓里，这个公寓位于马萨诸塞州里维尔的一条工人阶级的街道上。伊丽莎白挣扎着求生和呼吸，最终被祖父家好心的司机抱进了公

1　《毕肖普散文选》，第99页。

寓。"我走不动了，"她回忆道，"罗纳德将我抱上了楼——姨妈一看到我就泪流满面。"伊丽莎白·毕肖普当时只有 7 岁，但她早年的大部分时光都在搬家和漂泊。

一路走来，毕肖普所遭遇的丧失也得到了补偿，她获得了犀利的幽默感、对语言的敏锐听觉、对自然之美的热爱、对公认意见的坚决怀疑、对自由价值的理解以及对荒谬的敏锐感知。也许最重要的是，至少对她作为一名作家的成长而言，她学会了观察、等待、倾听、坚持自己的意见，在静静地探究和吸纳周围成年人的编码语言和神秘行为时，她几乎不会错过任何事情。

第三章　我们都被弥达斯触碰过吗？

伊丽莎白·毕肖普后来会将马萨诸塞州里维尔的这个社区描述为"一个非常贫困的城镇中的中等贫困区"[1]。谢泼德森夫妇的公寓位于剑桥街 55 号一栋双户住宅之中，也就是波士顿灯塔山上镀金圆顶马萨诸塞州议会大厦东北方向六英里处，从这里能够俯瞰著名的波士顿公共花园。

这条街道陡峭，没有铺设路面。毕肖普后来回忆说，假如姨妈和姨父位于山路上的公寓的位置稍微再高一点，她或许就能从前凸窗向外眺望，瞥见波士顿海关大厦的顶端，这座大厦"当时是波士顿的地标"[2]。60 年后，毕肖普在哈佛大学任教的最后几年里，她将会住在刘易斯码头一套舒适的公寓里，里面堆满了书籍，充盈着艺术气息，塞满了手稿，她在那里享受着伊丽莎白·斯皮尔斯（Elizabeth Spires）在 1978 年的一次采访中所描述的"波士顿港的壮丽景色"[3]。只要条件允许，毕肖普总是临水而居。这套宽敞的公

1　《埃德加·爱伦·坡与自动点唱机》，第 198 页。
2　《埃德加·爱伦·坡与自动点唱机》，第 198 页。
3　伊丽莎白·斯皮尔斯：《诗的艺术·第 27 期：伊丽莎白·毕肖普》，载《伊丽莎白·毕肖普谈话录》，乔治·蒙蒂罗编，密西西比州杰克逊：密西西比大学出版社，1996 年，第 114 页。

寓是她最后的家，位于大西洋大道附近一个新装修的仓库的四楼，向北步行十分钟即可到达历史悠久的波士顿海关大厦。

然而，作为生活在里维尔的一个孩子，这样的人生梦想似乎确实很遥远。毕肖普继续忍受着哮喘和湿疹的折磨，这让她在祖父母家短暂而不愉快的童年生活更加不堪重负。此后的几年里，她继续遭受严重的自身免疫性疾病的折磨，只能偶尔去上学。十几岁时，她的生活一直近乎与世隔绝，身体好到可以外出时，就和这个种族多样的中下阶层社区里的孩子们一起玩耍，但除了阅读、思考以及锻炼自己敏锐的观察力，她在谢泼德森公寓的范围之外没有任何有意义的活动。无奈之下，毕肖普只好想方设法在室内活动，以此消磨时间。"我现在都可以画出楼层平面图了。"[1] 她后来在谈到这所住处时这样写道。她总觉得自己在这里更像一位客人，而不是一个完全属于这里的人。

————

里维尔的公寓里堆满了书，还高高地堆放着《国家地理》杂志的旧刊。或许正是在翻阅这些书刊的过程中，毕肖普第一次将陌生土地和陌生民族这些生动的意象印刻在了记忆之中。这些出现在 1918 年 2 月和 3 月号《国家地理》上的意象，将会在她后来里程碑式的诗作《在候诊室》中重现，让人如此难忘。她向安妮·史蒂文森坦言道："我断断续续地上学，但记得主要是躺在床上喘鸣和读书——我亲爱的莫德姨妈出去给我买更多的书。"[2] 毕肖普早年大部分时间都因疾病被困在这间有"小厨房"和"小餐

---

1 《埃德加·爱伦·坡与自动点唱机》，第 197 页。
2 《毕肖普散文选》，第 428—429 页。

厅"的公寓里,[1] 她发现,阅读、想象以及密切观察近在咫尺的身边事物,成了自己探索、避难和逃脱的主要手段。许多年以后,在写给罗伯特·洛威尔的一封信中,她会这样解释自己"对准确性的热情":"既然我们确实漂浮在一片未知的海洋上,我想我们应该非常仔细地研究我们遇到的其他漂浮之物;谁知道它会带来什么呢?"[2]

当伊丽莎白·毕肖普第一次来到剑桥街 55 号时,她母亲格特鲁德的姐姐,也就是那位没有子女的姨妈莫德已经 44 岁了。[3] 毕肖普在未完成但内容极为详尽的回忆录《楼下的沙利文太太》("Mrs. Sullivan Downstairs")中,将莫德描述为"矮小、忧心忡忡、紧张、害羞"的人。[4] 这份回忆录是了解毕肖普在里维尔生活的关键性材料。此时莫德姨妈已经放弃了护士的工作,专注于家务、婚姻以及丈夫乔治的需求。毕肖普后来在 1947 年 2 月向心理医生露丝·福斯特透露说:"我非常憎恨乔治姨父——他做的一切都是为了自己的舒适和享受,没有一件事情是为了其他人。"[5] 即便如此,莫德还是抽出时间阅读、画画,摆弄她的缝纫机。姨妈和毕肖普经常长时间待在一起。莫德并非一位没有天赋的画家,"缝纫活做得很漂亮",毕肖普曾深情地回忆道:"她坐在钢琴前,我们会花一个下

1　《埃德加·爱伦·坡与自动点唱机》,第 197 页。
2　毕肖普 1964 年 8 月 27 日致洛威尔信,载《空中的言辞》,第 553 页。
3　毕肖普姨妈莫德的名字时而被她的家人写作"Maud",时而又写作"Maude",并不存在明显的一致性。研究毕肖普的学者们基本上都认为毕肖普母系家族的姓氏的拼写应为"Bulmer"(而不是"Bomer"),但到目前为止,他们还没有就毕肖普大姨妈的名字的拼写达成共识。因为后来的岁月里,毕肖普更喜欢用"Maud",所以本传记也将使用这种拼写法。不过,如若引文中出现另外一种写法,则保持原文不变。
4　《埃德加·爱伦·坡与自动点唱机》,第 203 页。
5　毕肖普 1947 年 2 月 24 日致福斯特信,瓦萨学院图书馆。

午的时间唱第一次世界大战的歌曲。她拥有'美妙的女中音'，有时我们也会唱一些赞美诗——而我则在厨房里没完没了地擦铜管乐器。"[1] 几年之后，毕肖普自己也会在当地的教堂唱诗班里唱赞美诗，这段经历让她在给朋友的信中诙谐地写道："人们总是认为观众眼中的独唱者看起来深情而美好。但当你坐在她身边时，看到她在起身唱《祈祷的花园》之前从嘴里掏出一大块口香糖，你会大受震惊。"[2]

尽管姨妈的小厨房里弥漫着煤气和灯用气的味道，但"它暖和又舒适"。谈到这样的场景时，毕肖普总结道："我和姨妈相亲相爱，无话不谈，多年来我在她身上找不出任何值得批评的地方。"[3] 毕肖普对铸铁炉子情有独钟。大村厨房里外祖母的炉子是一个烧柴火的"小奇迹"（Little Marvel）。里维尔莫德姨妈的厨房里最主要的炉子是一个墨绿色的烧煤和天然气的"马吉·艾迪尔"（Magee Ideal），她"年复一年地念着"这个炉子的名字，"天气寒冷时还会时不时地摩擦它和炉子上的铸铁花朵"。[4] 新英格兰寒冷刺骨的夜晚，毕肖普经常哮喘发作，她喘着粗气时，莫德姨妈"会整夜整夜不睡觉，为我注射肾上腺素"[5]。《身体从未忘记：心理创伤疗愈中的大脑、心智和身体》（*The Body Keeps the Score: Brain, Mind, and Body in the Healing of Trauma*）一书的作者贝塞尔·范德考克（Bessel van der Kolk）博士认为，毕肖普的童年经历是"童年创伤经历的教科书式案例，这种创伤经历会导致终生的自身免疫疾病和酗酒"。根据范德考克的说法，"经历了如此大量的创伤之后，身体感觉自

1 《埃德加·爱伦·坡与自动点唱机》，第 203 页。
2 毕肖普 1926 年 10 月 16 日致布拉德利信。
3 《埃德加·爱伦·坡与自动点唱机》，第 203 页。
4 《埃德加·爱伦·坡与自动点唱机》，第 197 页。
5 《毕肖普散文选》，第 428 页。

己受到了攻击,它需要进行反击"[1]。这可能会促使身体释放过量的抗体,从而让免疫系统与自身对抗,并产生诸如她所经历的慢性哮喘和湿疹等症状,尤其是她因遭受过严重的支气管炎而导致肺部功能减弱,症状会更加严重。范德考克将毕肖普的生活经历及症状和"复杂的创伤后应激障碍"(C-PTSD)联系起来,并认为毕肖普1917年冬天崩溃的时刻以及她终生性的自身免疫性疾病都与这种障碍相吻合。精神病学家爱丽丝·米勒(Alice Miller)也提出了类似的观点,她断言,即使一个人被鼓励向周围的成年人隐瞒她的创伤来源,"患者也从未停止用(她的)病症语言向我们讲述(她遭遇的)现实"[2]。然而,毕肖普绝不允许自己的病症来定义或限制自我,她努力抗争,将沉默转化为言说——这始终是她人生和艺术的核心议题。

当年幼的伊丽莎白感觉身体足够好时,姨妈莫德有时会邀请她去一个名为"塞勒姆柳树"的高雅游乐园游玩,这个游乐园位于塞勒姆市外一小块土地上,北边的几个火车站就在那里。塞勒姆柳树公园俯瞰大海,面向贝弗利港、塞勒姆湾和大西洋。公园的主要景点之一是一个由著名制造商设计的大型旋转木马,专供各个年龄段的儿童乘骑,上面布满着精美的雕刻和彩绘动物。毕肖普关于这段经历的诗作《塞勒姆柳树公园》("Salem Willows")存留着十三份手写与打字手稿,直到1979年她突然去世的那一刻,这首已接近完成的诗仍放在她的书桌上。如果毕肖普有生之年能在《纽约客》

---

1 《范德考克博士访谈录》,2015年5月22日;感谢罗莉·戈登松安排这次采访。范德考克是马萨诸塞州布鲁克林创伤中心的创始人和医疗主管,也是国家创伤综合征治疗联盟的主任。
2 爱丽丝·米勒:《天才儿童的创伤》,露丝·沃德英译,纽约:基础图书出版公司,1981年,第74页。

编辑部看到《塞勒姆柳树公园》，那么这会是她第一次以公开出版的方式讲述她与姨妈莫德以及姨父乔治一起生活的艰难岁月。[1]

这首诗开篇就闪耀着兴奋和力量："哦，塞勒姆柳树公园，/ 在那里我骑着一头金狮子，/ 一圈一圈又一圈 / 旋转木马之王。"的确如此，旋转木马上有骆驼、大象、马和老虎等等，所有迷人的雕刻和彩绘之中，"超过其他动物 / 我更偏爱狮子，/ 我骑上它跨坐着。"她怎么会不偏爱狮子呢？——"它的木质鬃毛是金色的"，舌头"漆成红色"，而它的眼睛神奇，"棕色玻璃闪耀着金光"。[2] 然而，这只鲜亮的动物却没有真正的行动能力："它的右前爪举起，但其他爪子纹丝不动。"诗中的孩子开始意识到，虽然她想象自己是骑着旋转木马的"王"，但这木马显现的力量以及向前运动的状态只不过是一种幻觉，因为她座下的狮子和其他鲜亮的动物"一圈一圈又一圈 / 气派又悠闲地，/ 随着蒸汽风琴 / 刺耳而机械的音乐！"[3] 事实证明，诗中所有迷人的事物都不太真实。

公园中心的石膏乐师只是不能演奏乐器的"前半部分"。"跟随音乐，时不时地 / 他们会拿起笛子，但永远不会 / 靠近他们的唇边，他们几乎 / 要敲起他们的鼓，/ 他们不会 / 真的拨动支起的竖琴。"就像希腊神话中的坦塔罗斯（Tantalus）一样，他们永远无法触摸到或体验到自己无法触及的满足。"仿佛那音乐，/ 刺耳，机械，响亮，/ 阻碍着他们去尝试。"旋转木马之外"闪耀着一片玻璃般的大海"——暗示着更广阔的旅行以及探索人生的诱惑。但现在，随着旋转木马慢悠悠地停下来，这个孩子意识到自己必须回到里维尔不

---

1 《埃德加·爱伦·坡与自动点唱机》，第 164 页。
2 《埃德加·爱伦·坡与自动点唱机》，第 164 页。
3 《埃德加·爱伦·坡与自动点唱机》，第 164 页。

太令人满意的生活中去，在那里，温顺而善良的姨妈莫德掌控着全局，伊丽莎白骑着旋转木马"冒险"时，姨妈莫德一直静静地"坐着编织 / 编织，并等着我"[1]。旋转木马的木制造型以及石膏彩绘人物悬停的生命状态，似乎折射出毕肖普本人此刻被迫过着一种悬停的生活以及她此时不完整的生命状态。

　　当毕肖普在雕刻精美的旋转木马上"一圈一圈又一圈"旋转时，她的母亲格特鲁德却正在大西洋长长的沙质大陆架向东和向北不足 400 海里的地方，忍受着更为严峻的悬停状态。因为在新斯科舍省的达特茅斯，与首府哈利法克斯隔着一个深港相望，那里矗立着新斯科舍省精神病医院高大的砖砌围墙。毕肖普的祖父约翰·W. 毕肖普继续支付着格特鲁德住院期间的所有医疗费用。[2]据毕肖普说，她的祖父曾多次尝试将格特鲁德转移到美国一家私立医院，但最终都被美国移民法否决。正如毕肖普在 1964 年对安妮·史蒂文森所说："可悲的是，她在最终崩溃之前回到了新斯科舍。"毕肖普解释道："当时，女性嫁给美国公民后就成了美国公民——所以当她成为寡妇后，她就失去了美国公民身份。后来，美国不让生病的她回来，这就是为什么她不得不被送进达特茅斯的医院。"[3]

　　如果格特鲁德·毕肖普能够获准返回美国，她或许会在马萨诸塞州贝尔蒙特著名的麦克莱恩医院［这家医院后来的病人还包括诗人罗伯特·洛威尔、西尔维亚·普拉斯（Sylvia Plath）和安妮·塞克斯顿（Anne Sexton）］，或者在进步的伍斯特州立医院接受治疗。西格蒙德·弗洛伊德曾在 1909 年参观过后者——这一年，弗洛伊

1　《埃德加·爱伦·坡与自动点唱机》，第 165 页。
2　新斯科舍省特鲁罗市市政办事员 1923 年 12 月 1 日致新斯科舍省医院院长 F. E. 罗勒医生信，阿卡迪亚大学，新斯科舍省沃尔夫维尔。
3　《毕肖普散文选》，第 438 页。

德在同事卡尔·荣格（Carl Jung）的陪同下，在伍斯特的克拉克大学发表了具有重要历史意义的"精神分析五讲"，就在毕肖普祖父家以西的几个街区。出席这些讲座的贵宾中就有欧内斯特·琼斯博士，他的三卷本《西格蒙德·弗洛伊德的生活与工作》(*Life and Work of Sigmund Freud*) 完成于 1957 年，毕肖普有朝一日会如饥似渴地阅读这套书并热情洋溢地推荐给她的朋友洛威尔。[1] 弗洛伊德的精神分析学说在 1909 年的伍斯特受到了如此热烈的欢迎，但在 1916 年格特鲁德决然崩溃之时，这一学说在加拿大的外省根本不被接受，在未来的许多年里也不被认可。没有证据表明格特鲁德曾接受过任何形式的精神病学诊断或分析以及任何形式的药物治疗。[2]如果根据格蕾丝·布尔默的详细描述以及医院临床记录所载的症状来进行评估，格特鲁德现在或许会被诊断为具有抑郁症特征的严重双相情感障碍——或者用更早的说法是狂躁抑郁性精神错乱。但那时这种诊断尚未得到广泛认可，双相情感障碍的有效药物治疗——使用锂或其他药剂作为情绪稳定剂——仍是几十年以后的事情。毕肖普在 1964 年写给史蒂文森的信中反思着她母亲"可能会发生的事情"，"我们总是会想，现在的情况可能会更好一些，她可能会被治愈，等等"。毕肖普补充道："我有几个朋友，他们现在、曾经和将来都精神失常了，等等。"这些朋友就包括罗伯特·洛威尔等人，他们"非常自由地讨论这些问题，从那以后我曾多次访问过精神病院。但在 1916 年，情况就不同了。几年之后，除非你治愈了自己，否则所有的希望都会被放弃"。[3]

1　毕肖普 1957 年 12 月 14 日致洛威尔信，载《空中的言辞》，第 247 页。
2　笔者非常感谢医学博士肯尼思·戈尔丹就格特鲁德·布尔默·毕肖普的诊断情况所提供的咨询。
3　《毕肖普散文选》，第 438 页。

毕肖普的姨妈格蕾丝继续监管着格特鲁德在新斯科舍省医院的护理工作。毕肖普认为格蕾丝·布尔默是一个"积极、坚强、幽默的女人"，她活在当下。但是，尽管格蕾丝在很多问题上都很坦率，但毕肖普发现自己很难从姨妈那里获得关于母亲的具体信息，因为"作为她那样的女人，她的方法是埋葬它，不谈论它"。尽管如此，观察敏锐的毕肖普无疑还是搜罗到了母亲病情相关的重要细节，因为她向史蒂文森承认，"孩子们确实有办法偷听到一切"[1]。然而，尽管毕肖普大概能准确地猜测出母亲的病情，但对母亲命运的充分了解，也许更重要的是和母亲的家人以及父亲的家人共同哀悼这种命运，都在沉默、羞耻、焦虑和恐惧的掩盖下失去了方向。

毕肖普后来广泛阅读精神分析的相关文献，但她从未有机会研究她母亲长期被监禁的临床记录，1946年访问新斯科舍时，她试图获得这一记录，但最终未能成功。[2]格特鲁德第一次临床记录报告的时间为1916年7月6日，也就是姨妈格蕾丝·布尔默为精神病院做出陈述不到一个月之后。这份报告的结果基本向好，甚至充满希望："病人自来医院后一直表现很好，举止颇有淑女风范。"格特鲁德被监禁的早期，精神病院的看护人员观察到她在房间里阅读或做些简单的缝纫活——尽管"有时她的行为有点特别，有轻微妄想症"。即便如此，"她还是获得了'假释'，而且到目前为止一直表现很好"。几天后的一条记录指出只有"轻微的妄想"。[3]也许医护人员希望看到梦寐以求的自我治愈会真正发生。

1 《毕肖普散文选》，第437—438页。
2 达特茅斯医院的"临床记录"现在保存在新斯科舍省沃尔夫维尔阿卡迪亚大学图书馆"布尔默—鲍尔斯—哈钦森—萨瑟兰家族"的档案中。
3 "新斯科舍省医院格特鲁德·布尔默·鲍尔的临床记录"，未标注页码。档案存于新斯科舍省沃尔夫维尔的阿卡迪亚大学。

　　然而不幸的是，1916 年 9 月 18 日，医院工作人员的一次观察结果显示，格特鲁德的病情正在恶化："病人目前在 2 号病房。——她在 7 号病房或多或少有点儿破坏性。"即便如此，监禁三个月后，格特鲁德依然对自己的外表感兴趣，并写了"大量的信给她的家人……她仍然有妄想症，但不经常谈到它们"。随着 1916 年圣诞节的临近，格特鲁德在医院度过了第六个月，她变得越来越忧郁和孤僻，这也合乎情理。12 月 13 日的一条记录指出，格特鲁德重度抑郁症发作："患者的精神状况不太好。她整天坐在 1 号病房的长椅上，不与任何人说话。她现在不喜欢写信了，也不像以前那样对个人仪表感兴趣。她有受迫害的妄想。"三周后的一份观察报告不祥地指出，"她已经放弃了写信"，而圣诞节后的一项观察报告则指出，"没有任何改善"。

　　1917 年初春，格特鲁德确实恢复了偶尔给家里写信的习惯，根据医院的描述，当家人来探望她时，她"相当理性"，尽管来访的人员并不包括她唯一的女儿。毫无疑问，6 岁的伊丽莎白对她无意中听到的那种"探访"极为敏感。1917 年 7 月，医院工作人员承认，他们发现格特鲁德"非常麻烦"，她待在自己的房间里，"或多或少与世隔绝"。[1] 此后，工作人员对格特鲁德的书面报告中断了近两年。1917 年余下的时间里，没有任何记录出现，1918 年也没有。当时，家人正在就她女儿伊丽莎白的生活和未来做出关键性的决定，包括将她从新斯科舍省接走，以及将她交给她的祖父母照顾。

　　医院记录出现这种疏忽的一个原因，可能是 1917 年 12 月 6 日发生的哈利法克斯大爆炸（Great Halifax Explosion），当时法国货船

1　"新斯科舍省医院格特鲁德·布尔默·鲍尔的临床记录"。

"勃朗峰号"满载炸药和易燃材料,准备运往西线,以支持法国的战争,在哈利法克斯港与另一艘船相撞,造成了前核时代最大的人为爆炸。超过 2000 名哈利法克斯居民在爆炸中丧生,哈利法克斯数百栋建筑被毁。而格特鲁德所在的医院就矗立在港口对面的达特茅斯,俯瞰着水面,那里也遭受了大面积的破坏。格特鲁德对这些事件的反应没有被记录下来,但毕肖普本人肯定很想知道母亲在这场创伤性火灾中受到了怎样的影响。

在《乡下老鼠》中,毕肖普描述了自己在 1918 年冬天用一种"感伤的声音"告诉伍斯特的一位朋友,这位朋友也是她的同学,当她的母亲"离开,扔下我……她也死了"。毕肖普注意到,她的朋友对此"印象深刻,并深表同情",但毕肖普也谈到自己对自己"故意和刻意"撒谎的恐惧,声称这种谎言让她第一次意识到"虚假和感伤的巨大力量——尽管我那时还不知道这个词"。毕肖普补充道:"我当时不知道,现在也不知道,我是出于羞耻而说谎,还是出于对同情的极度渴望,而渲染了我悲惨的富有浪漫情调的两难困境。"[1] 当然,在这种情况下,她对同情的渴望似乎可以理解,而并非令人厌恶。

1919 年 5 月 6 日,达特茅斯医院打破了对格特鲁德的沉默,但可悲的是,临床记录提到了她的"杀人倾向",这导致她在房间里被隔离了很长时间。1919 年 5 月的报告也表明,服装对于毕肖普的母亲而言仍然是一个令人烦恼和麻烦的问题。临床记录显示,格特鲁德要求穿各种华丽的衣服,但"一旦给她任何一件衣服,她很快就会把它毁掉或扔到窗外"。格特鲁德对服装的矛盾态度,至少部

---

1 《毕肖普散文选》,第 98 页。

分原因是担心嫁给威廉·毕肖普后，她的社会地位明显上升，而威廉死后，她被留在了一个非正常的社会位置上——这与毕肖普所描述的母亲与服装之间的关系非常相似。尽管毕肖普 5 岁后再也没有见过母亲，但她还是凭直觉领会到了母亲内心对于优雅服饰的重视以及她对待服饰的矛盾心理——这种洞见与她从未有机会查阅的医院记录的一系列观察结果完全一致。医院报告还记录了令人不安的"幻听"。[1]虽然 1919 年 5 月的观察结果令人沮丧，但这是十多年来唯一关于格特鲁德精神和情绪状况的临床记录。

从 1919 年 5 月到 1920 年 8 月 31 日，间隔了 15 个月。这次报告只是指出"自上次报告以来几乎没有什么变化"，并补充说格特鲁德再次停止了给家里写信。又过了 19 个月，工作人员才写下了下一条评语："无变化。"一年后的一次观察显示，格特鲁德住在一间戒备森严的房间里，并出现了幻觉。从那时起，整个 20 世纪 20 年代，年复一年，格特鲁德·毕肖普健康状况的报告要么全部是"无变化"，要么是"自上次报告以来无变化"。[2]这些记录清楚地表明，医院的工作人员对患者的康复已经完全不抱希望。与此同时，无论是好是坏，毕肖普的布尔默家人始终拒绝让毕肖普与母亲有任何接触。

后来的岁月里，毕肖普努力用诗歌表达自己对母亲在新斯科舍医院凄凉生活的理解。这些作品中最引人注目的是一首令人回味却又支离破碎的诗作《高墙年复一年地矗立》（"The Walls Went on for Year and Year"），又名《精神病院》（"Asylum"）。[3]这首未完成的诗

1　"新斯科舍省医院格特鲁德·布尔默·鲍尔的临床记录"。
2　"新斯科舍省医院格特鲁德·布尔默·鲍尔的临床记录"。
3　《埃德加·爱伦·坡与自动点唱机》，第 281 页。

存留着多份草稿，毕肖普艰难地进入母亲的视角，表达她所能猜测到的母亲这些"年复一年"的经历。尽管如此，毕肖普肯定推断出或无意中听到了足够多的信息，从而在脑海中形成了母亲数十年来被单独监禁的画面。这首诗描绘了格特鲁德拼命研究自己被隔离的房间的每一个细节，她努力去发现一些东西——任何会让她感兴趣或能参与其中的东西："天花板看着令人生厌 / 被固定的灯具和明亮的灯光压得喘不过气 / 但地板上有一个很好的视角。/ 它们在这里稍稍升起一些，在那里下降 / 但，唉，在墙下消失。"[1] 毕肖普也明了被监禁的滋味，因为有一段时间她病得过重，无法上学，只能被关在里维尔的公寓里。毫无疑问，在里维尔的那段时间里，当她研究房间炉灶的每一个细节，翻阅成堆的《国家地理》杂志时，毕肖普已经下定决心，要过上旅行的生活。

毕肖普与外祖母在大村度过漫长的夏天，这对她下定这样的决心至关重要，也对她成为诗人以及后来的成长与人生都具有决定性的意义。在新斯科舍度夏是毕肖普家族和布尔默家族为照顾她所做的安排之一。毕肖普的身体状况通常在夏季会好一些，而且，她一直能在最佳的季节接触到大村绿意盎然的美景，因此布尔默家以及周围的环境将成为她难以磨灭的核心记忆。毕肖普从青春期开始写作，一直持续到去世，这些作品一次又一次地展示了她对故乡大村自然美景的眷恋。她永远不会忘记这里景观和海景的独特融合，也不会忘记这里宁静又勤劳的乡村生活节奏。她的作品会描绘此地的许多画面："榆树上盛开的云朵"和"燕麦田上的紫罗兰"，[2] 奶牛在附近的浸水草地上正吃着草，咀嚼着，一旁的鸢尾"脆嫩，颤颤

---

1 《埃德加·爱伦·坡与自动点唱机》，第 281 页。
2 《毕肖普散文选》，第 62 页。

巍巍"，这些画面都深深印刻在她的记忆和想象之中——几十年之后，当她在《诗》中探究舅外公、艺术家乔治·哈钦森"一个小时内，'一口气'"完成的一幅精美的小画时，这些画面以惊人的力量再次浮现在她的脑海中。[1] 她还会记得芬迪湾及其最东端的科贝奎德湾不断变化的潮汐，那里流动的海水侵蚀着大村不规则的海岸线。随着潮水的退去，芬迪湾每天会完全清空两次，只留下大片广袤的平地，"薰衣草色肥沃的淤泥 / 在燃烧的水流中"。无论是孩提时代，还是成年之后再次回乡，毕肖普都多次目睹芬迪湾的退潮和回流，当潮水汹涌而至，恢复盈满的海湾变成了一片"淤泥红"的海洋，一轮红日从海面落下。[2] 对她来说，这个安静而独特的新斯科舍社区——以及它广阔的繁花似锦的田野、尘土飞扬的道路、潮汐往复的河流、盐沼和沼泽——既是她记忆中无法挽回的丧失，也是她取之不竭的慰藉。

她季节性返乡时所栖身的布尔默家，矗立在大村河"黑暗的接缝"边上，这条河"随着每一次潮汐而深深地呼吸"。[3] 这块家族土地面朝村庄，十分狭窄，但后面的土地十分宽广，紧挨着大村河，向后一直延伸至米纳斯盆地附近的盐沼。毕肖普回忆道，"我们用谷仓上的蛇麻草藤蔓制作酵母；（我们）没有水管"，她还记得他们如何"用油灯等工具"照亮房子。[4] 油灯和铸铁炉在毕肖普后来的作品中占据重要位置，而多年以后，她在巴西生活的前些年，也会使用这些家用物品。外祖父母家的旁边，榆树"繁茂而碧绿"，屋内的草席"闻起来像干草的幽灵"，而"沿着草垫铺成的屋檐，黄

1　《毕肖普诗选》，第 196—197 页。
2　《毕肖普诗选》，第 189 页。
3　《埃德加·爱伦·坡与自动点唱机》，第 98 页。
4　《毕肖普散文选》，第 427 页。

蜂辛劳而甜蜜地在金银花藤上翻来覆去"。[1] 在毕肖普的想象中，这景象、气味和声音相交织的世界，与她在马萨诸塞州同姨妈、姨父居住的杂乱落后的半城市街区截然不同。虽然她每年夏天都会回到大村，让自己的想象力与情感保持鲜活，但她的诗歌不仅深植于大村，也深扎于里维尔和伍斯特。

据毕肖普自己说，她8岁时听到外祖母厨房里嗡嗡作响的声音，点燃了她第一次诗歌的火花。她最好的一双白鞋需要清洗，以备主日学校之用，外祖母布尔默正在把汽油涂抹在沾满污渍的鞋子顶部，并在鞋面的其他地方涂抹凡士林。毕肖普被这些声音的相互作用迷住了："我整天都反复念叨着'汽油（gasoline）/凡士林（Vaseline）'……这可能不是一首诗，但它是我的第一次押韵。"[2] 多年以后，毕肖普让三音节词"悬停"（suspension）与四音节词"理解"（comprehension）押韵。[3] 她敢于在一首诗的结尾中使用三个绕口的斜韵——"满嘴"（jawful）、"可怕"（awful）和"欢欣"（cheerful）。[4] 她大胆地让"令人惊叹的天竺葵"（extraordinary geraniums）与"杂色的油毡"（assorted linoleums）押韵，而且，在诗作《公鸡》中，她还写出了"突击驰逐/从所有泥泞的街衢/绘出兰德·麦克纳利那样的地图"（making sallies / muddy alleys / marking out maps like Rand McNally's）这样可怕但欢欣的三连韵。[5] 甚至，毕肖普在她最广为人知的维拉内拉诗《一种艺术》（"One Art"）中，让反复出现的"掌握"（master）、"灾祸"（disaster）与"慌错"（fluster）、"最末"（last）、

---

1 《毕肖普散文选》，第63页。
2 《伊丽莎白·毕肖普谈话录》，第71页。
3 《毕肖普诗选》，第87页。
4 《毕肖普诗选》，第59页。
5 《毕肖普诗选》，第37页。

"更广阔"（vaster）以及最后的"姿廓"（gesture）这样的词或短语押韵。这位早熟的8岁孩子对于自己学会了"gasoline/Vaseline"的押韵感到无比欣喜，而这只是她一生之中与语言游戏、语言实验和语言发现相纠缠的旅程的第一步。

1955年，毕肖普在诗作《教养》（"Manners"）中向外祖父威廉·布尔默深情致敬，她用更简单、更优雅的韵律序列构建了一个世界。《教养》的副标题是"给一个1918年的孩子"，以一系列完美的单音节韵开篇。当他们一起坐在"马车座位"上时，外祖父建议她"一定要记住／和你遇到的每一个人说话"。长辈的温和嘱托是在倡导一种共同分享和相互负责的美德——很快他们的马车上就开始聚集更多的路人，因为她的祖父建议，必须随时让遇到的任何人搭便车。这其中就包括"我们认识的一个男孩"和他的大宠物乌鸦，它从她的朋友威利的肩膀上跳下来，在马车的栅栏柱子间跳来跳去，但没有脱离主人的掌控。毕肖普承认，"我很担心。／它怎么知道该去哪里？"但乌鸦和小男孩还是很默契，因为只要"威利吹响口哨，它都会应答。"外祖父称赞这是一只"教养好的鸟"，只要你跟它说话，它就会回答。

但时代在变，当汽车飞驰而过，外祖父慷慨的忠告遇到了挑战，因为"尘土遮住了人们的脸"，而且"日安！"的大声呼喊再无人听见。然而，外祖父的世界很快又复归于熟悉的处事方式，他们到达陡峭的胡斯特勒山后，人与动物之间的良好礼仪仍然占据上风：他说"母马累了，／所以我们就下车步行，／就像我们的好教养要求的那样"。毕肖普的这首诗不仅是对外祖父布尔默的深情致敬，也是对她成长过程中始终信奉的社会准则的挽歌式告别。随着汽车开始取代马车，1918年这种准则已经受到威胁。未来一代的父母和祖父母不会再建议他们的孩子与路边看到的每一个陌生人说话——更不用说让他们搭便车了。

毕肖普在1947年写给心理医生的一系列信中，将她深爱的外祖父布尔默和她的姨父乔治·谢泼德森做了鲜明对比，谢泼德森是里维尔家中最主要的男性，也是这个家中最权威的统治者。乔治在大村认识了莫德，后来他们搬到了马萨诸塞州，乔治在那里成了通用电气公司的一名簿记员，薪水微薄。毕肖普在1947年2月24日写给福斯特医生的最后一封信的结尾部分，探讨了她与姨父之间痛苦的关系。这部分内容以"乔治姨父"为标题，共三页，字距紧凑。面对露丝·福斯特，毕肖普长达数页的自我剖析和探索，始终都在努力披露乔治虐待姨妈莫德和她自己的事情。毕肖普写信给福斯特时，莫德已经去世，但姨父乔治还活着。

她将乔治·谢泼德森描述为一个高大而有力的男人，她观察到，他曾有两三次打断了莫德的肋骨。"有一次我亲眼见到——他只是把她从桌子上或什么地方抱了起来，她说了一声：'噢，我的肋骨！'然后就晕倒了。"毕肖普回忆说，还有一次，姨父"拽着我的头发，将我从二楼阳台的栏杆上放了下去——一切都本着纯粹好玩的心态"。她还回忆起在很长一段时间里，乔治几乎每天晚上都会说要打她。毕肖普试图忽视这些令人不安的自言自语，然而直到她威胁要把这件事告诉毕肖普祖父后，滔滔不绝的姨父才停止——这起到了作用，因为约翰·W. 毕肖普正支付着自己的孙女在里维尔的费用，这些资金很可能占据了谢泼德森家庭收入的很大一部分。姨父攻击的对象并不局限于他自己的家庭成员。毕肖普向福斯特医生回忆道："你知道的，他是一个真正的施虐狂——对暴力幸灾乐祸，蔑视除他自己种族以外的任何其他种族，憎恨有色人种等，笃信三K党和《犹太人贤士议定书》等。"然而毕肖普的总结一如既往地颇具个人风格："比起残忍，我更不喜欢的是他那可怕的多愁善感——我想这两者经常相伴出现。他的眼里总是满含泪水，等等。"[1]

毕肖普还回忆起7岁时姨父乔治为她洗澡时发生的不恰当的抚摸事件，那时她刚住进公寓不久。"天真的我只是以为这是一次不同寻常的彻底清洗，但后来我记得我突然感到异常不舒服，并试图挣脱他。这种情况大概发生过不止一次。"她还回忆了其他一些事情，"当然是性方面的——或许是他抱着我的方式等"——随着她度过青春期，到了十四五岁，这些事件进一步升级了。毕肖普一如既往地坚称，她认为乔治姨父的行为并不完全是他的过错，她将姨父的行为与姨父自己的父母对他的残酷管教关联起来。"那位父亲显然是个老恶魔。他从不让（他的孩子们）说一句话，也不让他们问问题，他常常残忍地用鞭子抽打他们。莫德姨妈曾告诉我这件事，试图解释他为何会那样对待我。那位母亲是个老恶魔……她现在92岁了，邪恶得不能再邪恶了。"[2]

毕肖普或许是想为照顾自己的人开脱，她坚持对福斯特医生说："我不应该说和乔治姨父一起生活是无尽的地狱，因为事实并非如此，而且很多时候我都喜欢他——只是某些时候比其他时候更糟糕。"但她确实回忆起了一个特别令人难忘的场景："我一觉醒来，发现莫德姨妈跪在我床边。我想，她或许一直在祈祷。不管怎样，我假装睡着了……她可能是和我一起睡的，我不知道。"她补充道："这件事给我留下了深刻的印象，尽管我对性一无所知，但

1　毕肖普1947年2月致福斯特信。
2　毕肖普1947年2月致福斯特信。

不知怎的,我立刻感觉到那个野蛮的男人对她有些刻薄。"也许莫德姨妈是在为自己和外甥女祈祷,但正如毕肖普所说,"我的姨妈就像人们说的那样'忍受着他'",而面对丈夫,莫德的语气"总是'哦,你知道男人是怎样的'"。毕肖普在《楼下的沙利文太太》中提到,她和姨妈"无话不谈"——但她写给福斯特医生的信表明,她并没有将所有事情都告诉莫德。写给福斯特的信件还暗示,毕肖普最终确实在害羞且忧心忡忡的姨妈身上看到了一个值得批评的缺点,那就是她对丈夫过于温顺。鉴于乔治的体力及其可能带来的威胁,温顺可以被理解,但这也让莫德无法保护自己和外甥女。

毕肖普与家人就乔治姨父的行为进行的唯一一次直接沟通,是她后来对姨妈格蕾丝的一些暗示。莫德 1940 年在格蕾丝位于新斯科舍的家中去世。乔治恐吓垂死的妻子,这让格蕾丝感到非常不安,于是在莫德去世前几天,格蕾丝就把他送走了,如此一来,莫德去世时乔治并不在场。格蕾丝告诉毕肖普:"你知道,自从莫德死后,我对乔治的感觉就不一样了。"据毕肖普说,格蕾丝补充说,"她有时会想,我没有结婚是不是一定程度上是(乔治的)错——尽管我不确定她是什么意思。她是个聪慧的女人"。[1] 在这封写给福斯特医生的信中,毕肖普明确将她长期以来对男性的不信任——她的外祖父和异常温和的基韦斯特邻居、哲学家约翰·杜威除外——归咎于她的姨父乔治·谢泼德森。虽然姨父与她没有血缘关系,但乔治不恰当的抚摸无疑会被视为乱伦。

理查德·法穆拉罗博士在研究创伤后应激障碍时指出:"童年时期的创伤经历往往涉及父母或其他照顾之人的虐待,由此产生的

---

1 毕肖普 1947 年 2 月致福斯特信。

失去保护、背叛感、日常恐惧和无法抗拒的无助感可能会影响孩子后来所有的人际关系。"[1] 范德考克博士认为，临床实验表明，"乱伦受害者的身体难以区分危险和安全"。这很可能会引发严重的自身免疫疾病，因为免疫系统会对威胁"过度敏感，因此很容易在无须防御的情况下进行防御，即使这意味着要攻击身体自身的细胞"。[2] 毕肖普在进入姨父乔治·谢泼德森的家之前，就已经因遭受创伤性丧失而患有严重的哮喘、湿疹和圣维图斯舞蹈病。现在，她又背上了姨父施加于她的乱伦式情感虐待和性虐待的沉重负担。

　　毕肖普早年所经历的一系列丧失都记录在案，均无可置疑。毕肖普对姨父乔治行为的披露之所以看起来可信，是因为她的指控非常详细和具体，姨妈格蕾丝的说法也证实了这一点，再加上毕肖普努力将姨父的行为视为他自己过去创伤性经历的产物，以此来减轻他的罪行。此外，我们还在毕肖普症候式的语言中找到了佐证：即使到了 35 岁左右，毕肖普仍对男性表现出发自内心的警惕和戒备。她的男性朋友相对较少，主要是亲密的女性朋友的丈夫或伴侣，这些女性朋友在其间起到了缓冲作用。劳埃德·弗兰肯伯格（Lloyd Frankenberg）和洛伦·麦基弗（Loren MacIver）这对已婚夫妇就是其中一个例子。或许，毕肖普向露丝·福斯特披露乔治姨父的行为所产生的宣泄作用，已经让这种情况发生了重大改变。虽然毕肖普对危险世界的焦虑态度并没有发生神奇的转变，但在向露丝·福斯特讲述她与乔治的之间令人痛苦的创伤性关系的三个月后，毕肖普与罗伯特·洛威尔建立了深厚而持久的友谊。后来，她还结识了

1　法穆拉罗：《哈佛心理健康通讯》，第 8 页。
2　贝塞尔·范德考克：《身体从未忘记：心理创伤疗愈中的大脑、心智和身体》，纽约：维京出版社，2014 年，第 127 页。

詹姆斯·梅里尔、阿什利·布朗(Ashley Brown)、韦斯利·威尔(Wesley Wehr)、大卫·卡尔斯通(David Kalstone)、劳埃德·施瓦茨(Lloyd Schwartz)、弗兰克·毕达特等亲密而值得信赖的男性朋友。只要翻阅 1994 年出版的《一种艺术:伊丽莎白·毕肖普书信选》中收录的信件,就能非常简单地确认这种变化。这卷书信集的特征是,1947 年 2 月跟随福斯特进行精神分析之前,毕肖普只有很少一部分信件专门写给男性朋友,但在那之后,则出现了很多很多写给男性朋友的信。

———

毕肖普自幼酷爱阅读。从 8 岁时开始,她就孜孜不倦地学习诗歌艺术。可以确定的是,她最早的诗歌发表于 14 岁,这些作品已经显示出她对音乐的敏感,对独特细节的眼光,对传统押韵模式的把握,对节奏和韵律的出色驾驭,对机智和典故的巧妙运用,以及对比喻性语言的娴熟处理。一首较为重要的早期诗歌是没有注明日期和标题的谣曲诗,开篇的第一句是:"一次在山上我遇到了一个男人……"[1]这首至关重要却被忽视的诗在创作几十年后首次出现在《埃德加·爱伦·坡与自动点唱机》(Edgar Allan Poe & the Juke-Box)之中,现在这首诗几乎可以被视为诗人自己被禁锢在狭窄世界的一个寓言——她被祖父放逐到这个世界,被施虐的姨父统治,而且被持续遭遇的创伤性应激所引发的慢性疾病进一步禁锢在这个世界之中。虽然诗中的情感异常真实,但诸多细节被魔幻化。像许多如饥似渴的年轻读者一样,毕肖普也被童话故事所吸引,也许是因为——正如她的朋友兰德尔·贾雷尔后来所说——"故事中的食人魔如此巨大、如此强大、如此愚蠢,因为孩子眼中的成年人就是这

---

[1] 以下用《一次在山上我遇到了一个男人》指代这首诗。——译者注

样"。[1]。这首诗中占主导地位的男性人物不是食人魔，而是一个邪恶的巫师，他强大、狡诈，而且绝对无情。

这首诗的手抄本保存在瓦萨学院的档案馆，它开篇就描述了一位强大的男巫——"留着银须，披着星光斗篷／穿着尖头鞋"——他承诺要带她去一个美妙又遥远的童话王国。编辑爱丽丝·奎恩（Alice Quinn）认为这个巫师让人联想到毕肖普的祖父，但他赤裸裸的残忍似乎更像姨父乔治；因为，尽管这个巫师承诺要带她去神奇的"巴比伦或阴影之地"，但他还是把她锁在一个狭小的封闭空间里，"一间小房子"里，只有"四面墙、一扇小门和一个屋顶"。抓住受害者之后，这个邪恶的家伙高兴地咯咯笑着，诵读起了上帝的祷文，但"念错了！"——这是一个长期以来都与撒旦仪式有关的古老诅咒。然后，他没有再多说一句话，"锁咔嗒响了两声；一阵微风／呜咽了一声，然后他像雾一样消失了"。[2]

被囚禁的孩子试图透过窗户向外窥视，但她无法直接看到大自然，这让人想起丁尼生的《夏洛特夫人》——年轻的伊丽莎白肯定知道这首诗。她只能看到室内墙壁上的投影——"影子人，影子兽"——追踪着墙壁上苍白的面孔；尽管存在人的微光，但被囚禁的孩子无法与任何真正的人类同伴接触。她似乎被困在一个永远与世隔绝的循环之境，"呜咽的微风"是她唯一的伴侣。不过，也许她确实听到了墙外的人声，因为很快孩子就不确定地问："外面和风在一起的你是谁？"那"在我墙上的一大群阴影中／苍白地闪烁着"的一张脸的画面，会是一个真实的人吗？甚至有可能是一个朋

1　兰德尔·贾雷尔：《一本未读之书》，载《第三本评论集》，纽约：法勒、施特劳斯和吉鲁出版社，2011 年，1969 年，第 51—52 页。
2　《埃德加·爱伦·坡与自动点唱机》，第 5 页。

友吗？然而，门外的声音——或者只是风在呜咽？——也潜隐着一些危险。最后，这个被囚禁的人绝望地得出结论，这位潜伏在监所外面的影子朋友"最好走开"，因为她担心，如果强大的囚禁者来了，发现她暂时逃脱了他的控制和奴役，她可能会遭到报复。[1]10年后，也就是20世纪30年代中期，毕肖普创作出一系列内容广博的封闭寓言，揭示她与囚禁感以及沉默体验的持续搏斗，正是这样的囚禁感与沉默体验一直主宰着她的青少年时期。这些寓言作品包括一个模仿丁尼生的作品——诙谐的《夏洛特的绅士》，这首诗巧妙而肯定地平衡了诗中自恋绅士的喜剧观与悲剧观。毕肖普大学毕业后创作的所有有关封闭的寓言中，没有哪一首比这首令人心碎的早期谣曲诗更黑暗，或更近乎绝望。

　　这首谣曲诗不仅表达了毕肖普迫切需要同情她的朋友，也表达了她对旅行的渴望。正如未来有一天会证明的那样，当毕肖普找到满富同情心的朋友时，她会守护着他们——往往是几十年甚至一生都如此守护。毕肖普之所以能维系这些友谊，部分原因在于她那充满魅力的信件文字。她会将自己定义成那个时代最迷人的写信人之一。如果说毕肖普的诗人生涯早早就开始了，那么她的书信写作生涯也是如此，她的书信生涯始于她写信给一位与自己年龄相仿且胸怀抱负的女诗人，这些信件发人深思，甚至经常令人着迷，收信人是一位才华横溢、富有同情心的年轻女孩儿，名叫路易丝·布拉德利。

---

1 《埃德加·爱伦·坡与自动点唱机》，第7页。

第四章　去天上花园的泥泞中跋涉

我们的生命只有一次，而我要去活！

毕肖普 1926 年 10 月 16 日致路易丝·布拉德利信

1924 年 7 月的一个下午，13 岁的伊丽莎白·毕肖普坐在纽约—纽黑文—哈特福德铁路支线的一节火车车厢里，从里维尔向南驶向科德角东岸。她正要前往克塞特营地（Camp Chequesset）开始她的第一个夏天，这是一个专为女孩儿开设的私人帆船夏令营。火车驶入韦尔弗利特站，她踏上站台时，注意到许多长期参加这个夏令营的营员热切地相互问候。霎时之间，她感到格格不入。紧接着，令她惊讶的事情发生了，让她喘不过气来。两年后，她在给自己第一个最好的朋友路易丝·布拉德利的信中写道："我还记得第一次见到你的情景——在那个脏乱的车站。你因再次见到所有营员而兴奋不已——当你走到我面前时，你说：'我不认识你，但我也要吻你。'"[1]

毕肖普此前一直过着极端与世隔绝的生活，几乎找不到任何同龄的朋友分享自己的诸多兴趣和爱好。这一切即将改变，至少在此

1　毕肖普 1926 年 10 月 26 日致布拉德利信。

后每年夏天的几个黄金周内是如此。正如毕肖普在为福斯特医生编写的年表中所总结的那样，"我去参加科德角的夏令营，结识了我生命中第一批真正的朋友"[1]。若干年之后，她会向安妮·史蒂文森回忆道："13 岁那年我的身体已经足够健康，夏季可以参加夏令营了，简要说来，直到那时以及之后在胡桃山，我才遇到了和我一样聪明或比我更聪明的女孩儿们，交到了朋友，并开始稍微开朗起来。"[2]

毕肖普惊讶地发现自己突然变得很受欢迎。她进而注意到，女性营员中间出现了"一些略令人动情的关系"。的确如此，后来她告诉福斯特，她在夏令营度过几年之后，一场危机爆发了，当时"所有小女孩纷纷相互爱慕"，这导致工作人员听从一位精神分析学家的建议，关闭了那个夏天的夏令营，直到第二年才重启。[3] 年轻的伊丽莎白在那里被唤作"毕希"（Bishie），她将在接下来 6 年的夏天继续参加切克塞特夏令营，通常每年 7 月会成为营员在营地度过，8 月则与住在新斯科舍省的外祖父母一起生活。参加夏令营的第一年，13 岁的毕肖普就与那个意外向她献上问候之吻的女孩儿建立了友谊。路易丝·布拉德利年龄稍长，即将升入高中三年级，遇见毕肖普时是她在切克塞特营地度过的最后一年。一起度过第一个夏天之后，她们之间的友谊将会以频繁的书信往来维持十多年，见面的次数则少得多。这种通过书信维系友谊的方式会在毕肖普的余生中不断重现。

切克塞特夏令营是叔父杰克·毕肖普为她挑选的。1923 年，伊丽莎白的祖母莎拉和祖父约翰·W. 毕肖普几天之内相继去世。约翰·毕肖普在遗嘱中留给伊丽莎白一万美元。这笔遗产，再加上她

1　毕肖普 1947 年 2 月致福斯特信，瓦萨学院图书馆。

2　《毕肖普散文选》，第 429 页。

3　毕肖普 1947 年 2 月致福斯特信。

从父亲那里继承的一大笔钱，让她成了一个有些财富的继承人。叔父杰克·毕肖普是她已故父亲的弟弟，现在成了她的法定监护人，也是她成年前的财务管理人。毕肖普憎恨她的叔父杰克，因为她幼年时在祖父母家从杰克那里学到了恃强凌弱的语言，也因为他后来一直疏远毕肖普。尽管如此，杰克确实认真履行着作为毕肖普监护人的职责。他在监护方面表现得相当熟练和机敏，先是为毕肖普挑选夏令营，后来是为她挑选寄宿学校。毕肖普能够顺利进行和完成这些活动，都源于她有幸继承的遗产为她提供资助。这份遗产结出的第一个果实就是在切克塞特夏令营度过的第一个夏天。

威廉·洛根（William Logan）在长文《伊丽莎白·毕肖普在夏令营》中详细描绘了切克塞特营地，称其能够俯瞰"韦尔弗利特港的捕贝船队……营地矗立在海湾对面的小镇码头上，占地约 40 英亩，曾经是切克塞特印第安人的居住地，海滩上仍然能找到他们堆放的贝壳"。洛根指出："在这个咸水营地，女孩们被期望在游泳和帆船方面出类拔萃——辅导员详细记录了她们的进步。"营员们还学会了在印有横线的笔记本上记录她们与大自然的邂逅——毕肖普终生都习惯将她的观察记录下来，并以笔记的形式写下自己的文学作品，而这个习惯正是始于此。毕肖普后来被誉为游泳健将和技术娴熟的水手。洛根在描述营地开放式的日常生活时观察到："女孩们可能会航行到比林斯盖特岛挖蛤蜊，或者乘坐穆埃特号去普利茅斯或普罗温斯敦一日游（14 岁的毕肖普在普罗温斯敦发现了一本乔治·赫伯特的诗集），或者穿过科德角运河到达巴泽兹湾和楠塔基特，进行为期三天的巡游。"[1]

1　威廉·洛根：《伊丽莎白·毕肖普在夏令营》，《弗吉尼亚评论季刊》第 88 卷第 2 期，2012 年春。

图 5 "毕希"在切克塞特营地，马萨诸塞州，约 1925 年

　　毕肖普在夏令营的第一年就与路易丝·布拉德利建立了亲密的友谊。她们不仅分享着营地生活的乐趣，还分享着对帆船运动的热情。而且，她们都对诗歌抱有浓厚的兴趣，并都渴望成为一名诗人。毕肖普在夏令营的第一年也是布拉德利在这里的最后一年，毕肖普努力通过写信来维持这段友谊。布拉德利回复毕肖普的信件没有存留下来，但布拉德利小心翼翼地保存着毕肖普写给她的信，这些信件现在存放在印第安纳大学威利旧居博物馆的档案中。1925年 8 月初，毕肖普第一次在大村给布拉德利写信。那时她已经在夏令营度过了第二个夏天，正在探望她的外祖父母。她在信的开头写

道："我从来没有想过家，但现在我觉得自己非常思念营地，我知道你会理解我的感受，所以我要给你写信。"她谈到了自己现在居住的"好奇的房子"，并补充道："我已经在这个可爱的红色砂石岩洞里游了好几次泳。它太美了，因为上面漂满了黄色的小叶子，在底部留下了棕色和金色的小阴影。有时，我真希望自己是一条鱼，这样我就可以在水下待得更久，看着它们。"这是现存的毕肖普写给他人的第一封信，毕肖普在信中还公开了一个激励自己在余生中持续给朋友们写信的动机："我已经感觉好多了，因为写信确实会让人感觉更好……你知道，当一个人心情沮丧时，写信是一种多么大的解脱。"这封将写信视为情感疏导并对之大加颂扬的书信，署名是"带着非常多的爱／毕希，毕肖普"。[1]

　　毕肖普最早发表的诗歌出现在1925年秋季的《切克塞特营地日志》第18卷上，洛根恰如其分地将这份日志描述为"显见的销售型机关报刊"。毕肖普的诗作《呼唤》（"The Call"）完美契合《日志》的议程和宗旨，同时也表明她已经掌握了新英格兰前辈亨利·沃兹沃斯·朗费罗（Henry Wadsworth Longfellow）作品中略带一丝咸空气的兴味和韵律的节奏。《呼唤》宣称，即使在里维尔，"风，吹过雾蒙蒙的街道，／带着浪花刺鼻的腥味"，尽管毕肖普与营地营相距遥远，但"气味，虽然微弱，在我心中似乎／直接来自韦尔弗利特湾"。[2]这位14岁少女心怀文学抱负，她充满怀旧氛围的作品或许流露出鲜明的夏令营气息，但也显示出年轻的诗人对传统诗歌语言的驾驭与精通，以及她在唤起"海的强烈气味"时将触觉经验融入作品的能力。

1　毕肖普1925年8月5日致布拉德利信。
2　毕肖普：《呼唤》，《切克塞特营地日志》第18卷，1925年秋。

毕肖普在《呼唤》的最后一行中将夏令营称为"老 C.C."，在这里度过第二个夏天之后，她的健康状况终于被判定为还不错，可以尝试完成自 8 年前在加拿大上启蒙班以来的第一个完整的学年。起初，她发现要过渡到这个新环境相当困难。她开始定期给布拉德利写信，她在 1925 年 9 月 17 日的一封信中哀叹道："学校已经开学了，简直糟透了！我真的很讨厌它。老师冲我大喊大叫，说我不专心。也许我是不专心，但我不喜欢别人这样说我。"她已经开始对莫德姨妈保守秘密，她会将这些想法和主意写在笔记本上——这是她在夏令营开始养成的习惯，并会终生保持。她告诉布拉德利："姨妈发现了我藏在椅子下面的黑色小笔记本。我想她是想让我拿给她看，但我不愿意。我不想被人嘲笑。你知道的。它现在就藏在书柜里的童话故事后面。"她还哀叹道："路易丝，我的头发都卷曲了！这不是很可怕吗？为什么上帝给了我这样的头发，而却给了你这么一头完美的秀发。"[1] 这段哀叹旁边还配着一副卷发的滑稽线条画——显然出自她自己之手。

在后来的写信生涯中，毕肖普找到了将亲密、直率、丰富的冷幽默、自嘲、克制情绪，以及调节氛围融为一体的语调。这些写给布拉德利的早期信件，虽然总是观察敏锐且极为有趣，但也只是显示出青春期的情绪波动，因为这些书信经常从一种强烈而明确的态度转向相反的态度，有时仅在两三句话之内就完成了这种转换。例如，在 1926 年 1 月 5 日写给布拉德利的一封信中，她在开头抱怨"我真的不打算再写这么长的信来回报你（因为没有更及时地回复之前的信）"，之后马上又继续写道，"但我感受到了就像你过去常

---

1   毕肖普 1925 年 9 月 17 日致布拉德利信。

说的'极其推心置腹'，所以我现在会真正原谅，并且给你回信"。她这样评价布拉德利："你一定是你们学校非常有名的人物——高年级学生，诗歌部编辑，所有那些。"然后她哀叹道，"我在这里，只是一个可怜的新生，什么都不出名，除了在代数课方面笨得出奇。路易丝，我的仪态举止因'不专注'而得了C！"然后，她情绪高涨："我刚刚有了一个了不起的发现！沃尔特·惠特曼！"根据自己从当地图书馆带回家的一大卷惠特曼的诗集，她得出结论："他的诗让人感觉想要唱歌和喊叫。"毕肖普姨妈莫德一家最近刚从里维尔的公寓搬到了向北几英里外索格斯的克利夫顿代尔的一栋小房子里。这座位于桑尼赛德大道20号的新住宅坐落在离海不远的一条山脊线后面。毕肖普仍然兴致勃勃地写道："路易丝，这难道不是一个美丽的世界吗？我刚刚发现，虽然泥坑众多，代数也得了D，但我几乎一直在踮着脚行走。"她补充道："我在我的新家结交了一些可爱的朋友，一个小而杂乱的老式图书馆，房子旁边一条可爱的小溪，八棵松树组成的一个令人愉悦的家，还有最棒的悬崖！"当然，这些新"朋友"都不是真正的人类。谈到当地的地理情况，毕肖普补充道："悬崖真实存在，非常高，就在小溪那边。"如果你爬到克利夫顿代尔房子上方的山脊顶端，就可以从悬崖上眺望宽阔的海湾、纳汉特岛和马萨诸塞湾，海湾的水域向东边的大西洋延伸，视野越来越开阔。毕肖普告诉布拉德利："站在那里，眺望远处的岛屿、灯塔和小船，让人生出一种无与伦比的远望之感。"随后，她的情绪突然一落千丈，她在信的正文末尾写道："请写信给我，因为我非常孤独。"[1]

1　毕肖普1926年1月5日致布拉德利信。

　　毕肖普补充了一段附言，为她寄给路易丝的"噩梦般的诗"而
道歉，并急切地询问布拉德利承诺要写出的一首诗进展如何："你
的诗是关于什么的？我很想看看。"迈克尔·胡德（Michael Hood）
对毕肖普学校记录的研究证实，毕肖普在索格斯学校该学年第一
阶段的仪态课上确实得了 C。然而，这一年晚些时候，她便在这
门课上获得了 A，这表明她已经开始更加自如地适应全新的正规
教育。[1]

　　毕肖普 15 岁生日过后的一个月，春天即将来临，她给布拉德
利写去了一封乐观的信，似乎暗示希望与这位年龄稍长的朋友的
亲密关系能更进一步。这封写于 1926 年 3 月 30 日的信开头是这样
一句问候语："所有亲爱的知心伴侣中最亲爱的。"随后毕肖普带
着精灵般的愉悦宣布："我想，花儿们拥有如此动听的名字。飞燕
草像你的眼睛，水仙花像你的笑脸，矮牵牛花像你挂起晾干的仙
女衬裙。"然后她补充道："我喜欢走出家门，去翻掘'肥沃的棕
壤'，我也喜欢光着脚走！这感觉真好，但是我猜想在我抵达天堂
之前这不可能实现。"然后，她向她的朋友兼知己发出了一个非同
寻常的邀约："你愿意和我一起去天上花园的泥泞中跋涉吗？"[2] 诗人
玛丽安·摩尔有朝一日会成为毕肖普的导师。就在几年前，摩尔在
自己被广为引用的作品《诗》（"Poetry"）中指出，好的诗歌应该如
同"想象的花园里有真实的蟾蜍"。毕肖普直到在瓦萨学院的最后
一年才发现摩尔的作品，但毕肖普去"天上花园的泥泞中跋涉"的
提议，不可思议地预示了毕肖普和摩尔作为诗人的相似与不同。事

1　迈克尔·胡德：《里维尔与索格斯，马萨诸塞州，经验》，《伍斯特评论》第 21
　　卷，2000 年。
2　毕肖普 1926 年 3 月 30 日致布拉德利信。

实将会证明，摩尔是处理各种诗歌意象（包括蟾蜍、护卫舰鹱鹕、穿山甲和跳鼠）相互作用的高手，但她倾向于回避泥泞丛生的混乱现实。而另一方面，毕肖普感受到了对破烂的事物、遭受重创的事物、被忽视的事物和污秽的事物展开文学探索的强劲动力——她以一以贯之的审慎与妥帖处理它们。

　　这段时间，毕肖普似乎仍继续为逐渐变糟的头发而担忧，她抱怨自己的容貌没有改善以及越来越卷曲的头发变得更加糟糕，甚至正在考虑剃光头。现在她把头发向后梳直，看起来"有点像脾气很坏的帕德列夫斯基夫人"。她随信附上了一首浪漫的诗歌夜曲，在这首诗中，"寒月变成了我的母亲"，同时还附上了一首戏仿英雄诗的颂歌《致代数》（"To Algebra"），诗的开篇就谴责代数这门学科是对模糊性的反对。这首诗宣称："你是固定规则的运作。"毕肖普在给布拉德利的附言中承认，这首诗是在她在一次代数考试中获得了她称之为"引人注目的"37分之后强迫自己写下的。

　　从诸多方面来看，自大村启蒙班以来的第一年全日制学校教育，对于毕肖普而言都是一种挣扎。毕肖普在取得"引人注目的"代数成绩9天后写信给布拉德利，谈到了她在校长办公室受到的一次斥责："我头脑极好，但我不会用它——我懒惰、冷漠——我看着窗外，做着梦——等等。如果他们是错的，那就太好了，这样我就觉得自己是殉道者，但是，唉！这是事实。"她声称自己之所以没有被开除，只是因为她对校长撒了一个令人信服的谎——这种说法或许有些夸张。那天晚上，她还经历了"轻微哮喘"发作。她接着问她的朋友路易丝："你有没有觉得自己像一只猫？我今晚就这样觉得。就像破旧老巷子里一只耳朵被咬坏了猫，在黑暗中四处游荡。这是一种非常奇怪的感觉——太孤独了。你有没有想过——无论你有多少朋友——但是没有人能真正走进你？有时我觉得自己就像是另一个星球上的人——注视着这个世界上的某个人。晚安！"然后，经过一番思索，她又补充道："这不是一个可怕的段落吗！你最好别当真。"[1]

如果现实常常让她感到不安，那么总有一个梦的王国存在，在那里，她的朋友路易丝常常是中心人物："前天晚上我做了一个可爱的梦。我梦见你和我走在一片最美的绿色田野里。突然，成百上千的小鸟飞下来，落在我的头上和胳膊上，在我的周身扑腾着翅膀。那感觉太真实了——比清晨六点半起床在黑暗中穿衣更真实。"毕肖普补充道："一大早我就能看到太阳从松树后面升起，真是太奇怪了。"[2] 尽管15岁的伊丽莎白·毕肖普在数学上有些吃力，但她仍以非常体面的成绩结束了第一年的正规教育。仪态一科的成绩不低于A，代数的最终成绩为82分（满分100分）。

1926年7月，毕肖普开始了她在切克塞特夏令营的第三个暑期，她立即写信给布拉德利，讲述了自己的写作在营地这个有利的环境中面临的挑战："前天晚上出现了最美丽的薄雾。它像幽灵一样拖着长长的旗帜般的尾巴飘来。我写了一首关于它的诗。我倒希望我没有写，因为我忘记了我的笔记本，把它留在了外面。"姨妈莫德或许曾向毕肖普请求阅读她的笔记本，然而这一次在营地，一个绰号为"布朗尼"的营员同伴趁毕肖普外出时抢去了她的诗歌草稿。"当我进来的时候，她说我疯了——'不押韵——毕希，你为什么写这些东西？'"毕肖普补充道，"我不在乎她怎么想，但同样——其他人可能也会这么想。"受到告诫的毕肖普总结道："我恐怕我

---

1   毕肖普 1926 年 1 月 14 日致布拉德利信。
2   毕肖普 1926 年 1 月 14 日致布拉德利信。

是疯了，竟然想成为一名诗人。"[1] 毕肖普在生命的最后阶段会坚称，自己成为一名诗人或多或少是出于偶然，但她写给布拉德利的信清楚地表明，15 岁时，她就已经对诗歌事业充满热情。这些信件以及其他确凿的证据，让我们能够追溯她在学习这门技艺的过程中持续付出的努力、面临的挑战以及不得不克服的疑虑。它们还暗示了她可能不得不掩盖自己以诗为志业的深层原因。30 年后，罗伯特·洛威尔会称赞毕肖普是一位成熟的诗人，他肯定地说："在所有形式方面，如韵律、节奏、措辞、火候、结构等，她都是一位大师。"毕肖普之所以能征服这些形式因素，部分原因是她很早就开始在索格斯的公立学校学习。从营地寄来的这封信中夹带着一首自由诗《雾歌》（"Mist Song"），灵感来自毕肖普最近的夜间观察。这首早期的作品借鉴和拓展了毕肖普在信中使用的措辞，她看到雾云在环绕营地海岸线的"质朴的平地"上移动；就像"一群银色的幽灵"，它们拖曳着"纤巧的灰色衣服"；它们仿佛在"缓慢地、骄傲地向海岸走去"。[2]

尽管毕肖普的诗歌生涯在切克塞特可能偶尔会面临挑战，但当她每年秋天回到克利夫顿代尔时，感觉自己更像是一条离开水的鱼。1926 年 8 月，她在一封信中哀叹道："哦，你为什么不来这里和我谈谈！我被灰尘和沉闷吞噬了——姨妈说，'伊丽莎白——如果你不丢掉脸上那无聊的高高在上的表情，没有人会喜欢你的'。我才不在乎呢——反正我只想让某些人喜欢我。"然后，她问了一个或多或少在她未来生活中占据核心位置的问题。"路易丝——一个年轻女人独自一人走到世界的尽头——挪威——印度——这样做

1　毕肖普 1926 年 7 月致布拉德利信。
2　毕肖普 1926 年 7 月致布拉德利信。

对吗？住在陌生的地方，做陌生的事情——或者两个年轻的女人一起去。"她补充说："男人可以这样做，但女人可以吗？如果两个人去，也许会更好。"接着，毕肖普向路易丝发出邀约，邀请路易丝去一个充满异国情调的地方与她共享浪漫的生活，她补充道："你和我一起去吧。"[1]毕肖普会在许多信件中反复提到一个持久的幻想，那就是她和布拉德利可以像罗伯特·路易丝·史蒂文森（Robert Louis Stevenson）那样"生活在南海的一个岛上"。"一个人可以完全依靠椰子生活……想想看，这将是多么大的节省啊。我们可以把所有的钱都花在买书上。"[2]毕肖普给布拉德利的信表明，15岁时，甚至更早，她就对其他女性产生了热烈的激情和毫不掩饰的爱慕。她随时准备用几乎不能称之为含糊的言辞来表达她对布拉德利的爱慕。

1926年秋天，叔父杰克安排毕肖普去往马萨诸塞州纳蒂克的私立寄宿学校胡桃山中学就读，这所中学要求所有学生接种疫苗，而毕肖普的医生认为毕肖普患有哮喘和湿疹，总体身体状况不太好，不适合接种疫苗。因此，她在胡桃山的入学申请被推迟了一年。在此期间，毕肖普就读于私立的北岸乡村走读学校，她向路易丝形容这所学校是"一个完美的地狱——经过了现代化的改造"。毕肖普承认，无论是学校生活还是家庭生活，对她来说都充满挑战："我没有任何家人——除了几个父母辈的近亲，他们都努力用不同的方式养育我。"她有时也会声称没有慈爱又苛刻的父母好处多多，但当她宣称"不用觉得你必须变得优秀，否则你就会伤了别人的心，这真是太美好了"，肯定是抗议过头了。值得注意的是，毕肖普从

1　毕肖普1926年8月29日致布拉德利信。
2　毕肖普1926年12月5日致布拉德利信。

未被轮流照顾她的任何一个亲戚正式收养。在她自己看来，正如她
告诉布拉德利的那样，"他们会平静地让我滑向厄运"。面对这种情
况，毕肖普似乎有理由呼喊："我愿意付出我所拥有的一切，只为
换取一小时的灵魂相知。"[1]

与此同时，她一再邀请布拉德利和她一起去往某个偏远的地
方——也许是印度，也许是爱尔兰，甚至或许是新斯科舍省的海
岸线——在那里，她们可以共享一间小屋和一艘帆船，"做各种疯
狂而愉快的事情"。尽管她的童年饱受创伤，尽管不佳的身体状况
似乎为她设置了种种难以逾越的障碍，但毕肖普还是做出了一个会
为她整个未来增添色彩的至关重要的声明："我们的生命只有一次，
而我要去活！"毕肖普还在这封命定般的信的结尾处补充道："祝你
好运——抓住你能抓住的一切，趁你还能做到。"[2] 从那时起，她将
遵照这些箴言度过自己的一生。

在斯瓦姆斯科特北岸乡村走读学校就读的那年春天，毕肖普写
到了自己与数学的持续搏斗——也许是因为数学是她在里维尔公寓
长期与世隔绝的岁月里无法自学的一门学科。她问布拉德利："你
学过对数吗？它们不是很可怕吗！我有一本漂亮的、轻薄的棕色
书，里面只有一排排数字！我简直要哭了——从外面看起来就像是
诗歌。今年六月我要参加了一次大学代数考试，哦——我就知道我
会不及格！"然后她补充道："哦，你知道的，那个旧玩意儿——
《致代数》——我不得不用英语写无韵诗，所以我做了一些修改，
然后交了上去。这引起了不小的轰动……不过我认为老师并不理解
这首诗——她真是个过于自命不凡的笨蛋。"毕肖普这首无韵诗的

1　毕肖普 1926 年 11 月 16 日致布拉德利信。
2　毕肖普 1926 年 10 月 16 日致布拉德利信。

开头一节表达了她对数字世界的不满，她将数学概括为一个有序而又一成不变的宇宙，它受逻辑支配，以真理为根基：

> 你是固定规则的运作。
> 法律与秩序之轮的枢轴，
> 许多真理简单而固定的基础，

对她来说，数学的符号语言似乎是一个深不可测的谜题：

> 所有这些都在你神秘的符号里。
> 然而，我发现你是那么的神秘又不确定，
> 就像世界在太空中旋转。[1]

　　毕肖普这首自由体颂歌描绘了薄雾笼罩的韦尔弗利特，其形式和风格与她采用五音步诗行书写反对数学固定规则的诗形成了鲜明又恰当的对比。这表明，早在十几岁的时候，毕肖普就已经对声音与意义的统一有了清晰的认知。她既能恣意地写下薄雾来袭，也能严谨地描绘数学定律，她的自由诗时而让切克塞特营地的同伴大为不快，而她对五音步诗的熟稔又让一班英国同学惊叹不已。

　　尽管毕肖普在给布拉德利的信中批评了她的英语老师的自以为是，但她后来开始欣赏这位老师，认为她是一位会影响学生又鼓舞人心的导师。事实上，她在 1947 年告诉露丝·福斯特，这位北岸乡村走读学校的英语老师，大概被叫作利特芬格夫人（Mrs.

1　毕肖普 1926 年 3 月 30 日致布拉德利信。

Littlefinger），是她遇到的第一位好老师，也是第一个积极鼓励她写作的老师。[1] 在利特芬格夫人的指导下，那年年底，毕肖普在北岸乡村走读学校的文学杂志《猫头鹰》（*Owl*）上发表了五篇作品。其中包括一篇讽刺短篇故事，风格上或多或少模仿了欧·亨利；两篇论及丁尼生的《国王叙事诗》（*Idylls of the King*）的简短习作，其中一篇敏锐地批评了女性在诗歌中的从属地位；还有一篇题为《互换句法论》（"Commutatio Opinionis"）的拉丁语散文。《地铁谣曲》（"The Ballad of the Subway Train"）是她在《猫头鹰》上发表的最精彩的作品，这首大胆而迷人的诗不仅为毕肖普早年的成长提供了一个令人信服的寓言，而且它本身也是一部非凡的作品。《地铁谣曲》自信地创造了一个原初世界：

> 很久很久以前，那时上帝还年轻，
> 　　地球还没有找到自己的位置。
> 巨龙生活在月亮之间。
> 　　在太空中爬行和蠕动。

　　这些巨龙在一个充满纯真快乐、力量和嬉戏的世界里生活了"一万年"。这些生物的眼睛"像呼啸而过的太阳群"，尾巴像"锋利的光尾"，这些生物"在看不见的诸世界来访时，/ 用头撞击流星；/ 在天空的山脊之上 / 抓挠它们古铜色的背"。这首诗的语调自信又肆意，在轻盈与夸饰之间达成平衡，它揭示了这位 16 岁的诗人享受自己的文学才能所带来的乐趣，她巧妙地运用半谐韵和头

1　毕肖普 1947 年 2 月致福斯特信。

韵，创作出既韵律精确又颇具爵士风格且趣味横生的诗节。这些年来，她笔下这些顽皮的龙似乎在自己的天际花园里嬉戏。尽管这些"巨龙"体型庞大，但奇怪的是，它们的举止仍然保持着孩童般的好奇，甚至流露出稚气。在那个"上帝还年轻"的时代，它们居住的原初世界广阔无垠，显然没有法律或约束。然而，突然之间，它们便陷入了一场灾难性的犯罪，尽管只是无心之失，因为"有一天 / 它们碰巧吃下了 / 一群新造的星星"。没有任何事先警告，这激起了上帝的愤怒，他带着"让行星颤抖"的愤怒，说出了这些出人意料且非同寻常的诅咒之词：

> 你这一直吃的贪婪野兽。
>
> 吃掉了明亮又年轻的星星。
>
> 像你这么贪食的生物——
>
> 就变成地铁车厢吧！[1]

　　诗中这一高潮转折，不啻毕肖普对亚当和夏娃以及两个人失去天堂的故事进行的一次悲喜剧重塑，凸显了她早熟的文学才能。在约翰·弥尔顿的史诗版本中，亚当和夏娃遭受失去伊甸园之苦理所应当，因为他们之前已经得到了应有的警告，即不要吃善恶树上的果实。相比之下，毕肖普笔下的巨龙吃掉那群新造的星星时犯下的罪行，就像是一个孩子的本能冲动。

　　尽管如此，上帝的愤怒既迅猛又彻底——这里没有"重获天堂"的希望。然而，一方面这一事件显露出完全不和谐的惊奇之

1　伊丽莎白·毕肖普：《毕肖普诗歌、散文与书信选》，纽约：美国文库，2008年，第183页。

处，另一方面巨龙颀长而蜿蜒的外在形态与其未来成为一列地铁车厢的生活状态又惊人地一致，这首诗的喜剧性正是同时存在于这二者之中。毕肖普的作品质地清晰，意象精确。然而，这位诗人眼中上帝的武断和惩罚性的审判，让人想起毕肖普的《乡下老鼠》和另一首早期诗作《一次在山上我遇到了一个男人》中的开篇场景。

到 16 岁时，毕肖普已经显露出作为诗人的才华，她能够运用寓言和幽默来探索自我内心最深层的情感关切。她已经证明，她能够以令人惊讶的方式利用传统的诗歌形式。她至少发表过一首真正优秀的原创诗歌，同时还在充满希望的学徒期为未来的许多诗歌打下了草稿。此外，她还展现出遵循这句箴言的决心："*我们的生命只有一次，而我要去活！*"

第五章　胡桃山

1927 年秋天，16 岁的伊丽莎白·毕肖普来到马萨诸塞州纳蒂克的胡桃山学校，很快给她的同学们留下了深刻的印象。[1] 当时的胡桃山是一所保守的私立女子寄宿学校，致力于高标准的教学，其既定目标是将毕业生送入精英女子学院。该校严肃的招生小册子宣称："我们希望胡桃山的毕业生能成为公认的学识渊博、有教养、有淑女风度和基督徒品格的女性。"[2]

然而，当毕肖普进入胡桃山时，她或许无望达成这些期待。罗达·惠勒（Rhoda Wheeler）后来成了她的终生挚友，并在大学里教授英语。她在到达胡桃山后给母亲的第一封信中写道："有一个名叫伊丽莎白·毕肖普的女孩，她不相信基督，也不相信至高无上的权力，她是学校里唯一一个没有在（基督教协会）誓约上签字的女孩。"[3] 一周之后惠勒又在信中说："此外，她还是一个素食主义者。这一切也都是她自己的事情。她充满了恶魔气质，人非常善良，但很难熟络起来。她喜欢诗歌，而且拥有很多卷诗集。"惠勒还说，

1　胡桃山现在是一所独立的艺术学校。它新近建造的一栋宿舍楼以伊丽莎白·毕肖普的名字命名。
2　胡桃山招生手册，未注明日期，约 1930 年。
3　罗达·惠勒·希恩 1927 年 9 月 28 日致其母亲信。信件由菲奥娜·希恩提供。

"昨晚她和另外两个人（不是我！）被发现从消防通道爬上了斯托楼的屋顶。"[1]第二年春天，毕肖普在一篇题为《屋顶》("Roof-Tops")的小品文中反思了胡桃山学校的创作氛围，她在校园里维多利亚式的屋顶上，看到"这些大多倾斜且铺着许多木瓦的平面就像水壶盖或软木塞，我们在下面煮沸和发酵"[2]。毕肖普很快就放弃了素食主义，但她从未失去冒险精神，也从未放弃从不同寻常的角度看待世界的意愿。

　　斯托是学校的主要教学楼之一，但在胡桃山的三年里，毕肖普每年都住在风景如画的艾略特楼，这是学校主要的学生宿舍。但它绝不是普通的宿舍，它拥有一个阳光充足的客厅，配备了大壁炉和靠窗的座位，这些是为非正式社交和知识青年聚会而设计的。这栋楼还为学校的 120 名学生提供了"四间大小适中的餐厅，配有小桌子，这样用餐时就能享受到家庭的宁静和井然有序"[3]。尽管毕肖普偶尔会对学校严苛的制度和期望感到恼火，但她在胡桃山找到了真正像家一样的氛围和一群亲密的朋友。弗兰妮·布劳（Frani Blough）成了她的好友，她后来会担任《现代音乐》(*Modern Music*) 杂志的总编辑多年。有一天，她会回忆起自己与"一个最了不起的女孩"的第一次相遇，"她看起来很出众，一头浓密的卷发直直地竖起，而我们其他人都是垂下来的直发。除此之外，她在很多方面都很出色"。首先，"她比我们阅读得更广泛、更深入。然而她对自己的学识却很淡然"。此外，"她非常风趣"。[4]

1　罗达·惠勒·希恩 1927 年 10 月 6 日致其母亲信。
2　《毕肖普诗歌、散文与书信选》，第 321 页。
3　胡桃山招生手册，未注明日期，约 1930 年。
4　《序言》，载《伊丽莎白·毕肖普散文选》，罗伯特·吉鲁编，纽约：法勒、施特劳斯和吉鲁出版社，1984 年，第 xii 页。

60 多年后，琼·科林伍德（Joan Collingwood）也会谈起毕肖普令人难忘的风采："她有一张近乎椭圆形的脸庞、美丽的蓝眼睛和卷曲的头发。你一看到她就无法将目光移开。"[1] 给科林伍德和布劳留下深刻印象的不仅仅是毕肖普的智慧、学识或外表；他们同样为毕肖普的表现、想象以及创作才能所折服。毕肖普"会讲述而不是阅读"许多故事，她能唱出大量生动的歌曲和新斯科舍省的海上圣歌，这些都令她们着迷。更重要的是，布劳多年后回忆道："如果学校的某个场合需要一首新歌或一个幽默小品，它就会一夜之间像变魔术一样出现在她手中。"毕肖普不仅以其独特的身份给人留下了深刻印象，而且还获得了一个与众不同的名字："我们叫她'毕肖普'，称她为'主教'，毫无疑问我们都知道她是个天才。"[2]

———

毕肖普很快就开始为学校的文学杂志《蓝铅笔》（*Blue Pencil*）撰稿，这是一本精美的出版物，每年发行三期：秋季学期一期，春季学期一期，六月还有高年级学生一期。学校 120 名学生中的很大一部分人，仅仅是为了填满这份期刊的年度页数配额而不得不投稿。胡桃山的 3 年时光里，毕肖普会在这份友好的校刊上源源不断地发表诗歌、评论、小品、散文、短篇故事，甚至还有一部独幕剧。毕肖普的写作技巧很早就得到了认可，入学的第一个学期，她的四篇作品就被刊登在《蓝铅笔》秋季卷，其中两篇是散文，两首是诗歌。毕肖普后来告诉一位采访者，作为一名年轻的读者，她"经历了雪莱阶段、勃朗宁阶段和短暂的斯温伯恩阶段"[3]。毕肖普极个人化的文

---

1 《怀念伊丽莎白·毕肖普》，第 27 页。
2 《序言》，载《伊丽莎白·毕肖普散文选》，第 xiii 页。
3 《伊丽莎白·毕肖普谈话录》，第 21 页。

章《雪莱诗歌鉴赏》（"In Appreciation of Shelley's Poems"）生动地讲
述了她所经历的雪莱时期，将她自己对雪莱诗歌的热爱与她前一年
在科德角的切克塞特营地度过的夏天联系起来："我……最终将我
所有的阅读时间都献给了雪莱。"[1] 毕肖普的鉴赏文章不仅肯定了生活
和艺术之间的密切联系，而且还提出了如下合理的建议："理解雪
莱的最好方法是先阅读他的部分传记，然后再阅读他同一时期创作
的诗歌。"毕肖普想象着自己坐在帆船营所在地的海岸边，"一只口
袋里装着他的诗，另一只口袋里装着安德烈·莫洛亚撰写的雪莱传
记《爱丽尔》，而他如此钟爱的云朵和帆船围绕着我"。[2] 置身于此，
毕肖普觉得自己打开了一扇通往这位浪漫主义先驱心灵的窗户，她
感到这位先驱燃烧着"明亮而坚定的火焰，因幻灭和悲剧而升华，
并被赋予了更深的色彩"。几个月前，她向路易丝·布拉德利坦言：
"（雪莱的）诗让我感觉一半像蚯蚓，一半像神。"[3]

　　毕肖普从未忘记自己早年对雪莱的喜爱。1975 年，在哈佛大
学一门诗歌课的期末考试中，毕肖普邀请学生回答他们是否赞同雪
莱在《为诗辩护》中提出的"移情"的观点，雪莱曾将移情描述为
"设身处地"的能力。毕肖普还要求学生们对雪莱所说的想象力是
"道德良善的伟大工具"做出回应。[4] 早在寄宿学校时代的写作中，
毕肖普就已经对移情的价值和想象的力量提出了自己的主张。与此
同时，她也像雪莱之前经历的一样，面临着"无知和传统"给她带
来的挫折和挑战。[5]

1　《毕肖普诗歌、散文与书信选》，第 639 页。
2　《毕肖普诗歌、散文与书信选》，第 639 页。
3　毕肖普 1927 年 4 月 19 日致布拉德利信。
4　"英语 285，课后作业"，1975 年 5 月。由达娜·乔亚为作者提供。
5　《毕肖普诗歌、散文与书信选》，第 640 页。

后来，在为《蓝铅笔》撰写的一篇文章中，毕肖普进一步阐述了自己在想象的力量以及抵制循规蹈矩方面的思考。毕肖普从在埃利斯小姐的化学课上学到的一个概念开始，断言胡桃山学校所要求的勤奋努力、纪律和例行常规不会把她自己和她的同学变成乏味的寄生虫，因为"我们自己体内涌动的不是大地上沸腾的熔岩，而是某种燃烧着的、永不停息的能量，它不会让我们被毁灭，也不会让我们像壁炉台上的瓷人那样生活在这个世界上"。她觉得正是"这种能量，这种火焰"始终存在，"随时准备迸发"，激励着他们走向个性和与众不同。

胡桃山的岁月，就像后来的人生一样，毕肖普总是寻找那些燃烧着自己独特的能量和火焰的人。

芭芭拉·切斯尼（Barbara Chesney）就是这样一位亲密的朋友，她后来成了一名职业画家和艺术教师，她的强项是能够大胆驾驭富有表现力的色彩。切斯尼回忆说，她和毕肖普在波士顿参加音乐会和演出时建立了友谊。有一次，毕肖普"开始向我吐露心声。她向我讲述了她母亲和裁缝的故事，以及《在村庄》的整个故事。这让我想要保护她。伊丽莎白那时需要一个人，显然我就是那个人。我可能是她当时最亲密的朋友"。切斯尼或许并不知道毕肖普在切克斯特营地的密友路易丝·布拉德利，切斯尼补充道："我不知道她以前是否有过这么亲密的朋友。"[1] 当然，比起难以会面的布拉德利，毕肖普与切斯尼见面和交谈的次数要多得多，毕肖普和布拉德利的关系在很大程度上仍然是通过书信来维持。

她们的交往远远不止于胡桃山的日子，毕肖普还经常去拜访切

---

1 《怀念伊丽莎白·毕肖普》，第 22 页。

斯尼位于马萨诸塞州皮茨菲尔德的家。然而，即使被芭芭拉·切斯尼友好的家人们包围着，毕肖普在某种程度上仍然是一个独立的个体。毕肖普总是乐于在志趣相投的人中绽放智慧和活力，正如切斯尼回忆的那样，她"不适应一般的谈话和闲聊……当我回家时，我的朋友们不明白我为什么更喜欢见到她"。然而，对于切斯尼来说，"伊丽莎白比胡桃山的其他学生有趣得多，所展现出来的才能以及能够让我学习的东西也多得多"，包括"富有感染力的幽默感"以及"洞察不同寻常的小事"这样富有教益的天赋。[1]

切斯尼说，她们之间不是同性恋，"尽管我知道有些人担心这可能是。数学老师鲁比·威利斯有一次把我叫到她的房间，问我这是不是一段'正常的关系'。我不记得我说了什么，但幸运的是我没有理会"。毕肖普在胡桃山的朋友圈里得到了认可和鼓励，因为正如切斯尼所说："伊丽莎白与众不同，我觉察到并欣赏这一点。"[2]弗兰妮·布劳对此表示赞同，并回忆道："我在胡桃山度过了一段美好的时光，主要是因为我结识了伊丽莎白和一些像她一样的人。"[3]后来成为文学教师的琼·科林伍德会说："胡桃山的经历于我而言就是认识伊丽莎白的经历。"[4]

然而，毕肖普经历的社会差异不仅源于她童年时期遭遇的孤独和虐待，也源于毕肖普家族与布尔默家族的祖先们加尔文式的缄默或寡言，事实证明这对她的朋友来说是既是挑战，也充满诱惑。随着第一个感恩节假期临近，罗达·惠勒在给她母亲的信中附上了一张毕肖普的照片。她还指出，她的新朋友计划在感恩节假期期间留

---

1 《怀念伊丽莎白·毕肖普》，第 22 页。

2 《怀念伊丽莎白·毕肖普》，第 23 页。

3 《怀念伊丽莎白·毕肖普》，第 24 页。

4 《怀念伊丽莎白·毕肖普》，第 27 页。

在胡桃山——这表明毕肖普对住在附近的叔姨亲属越来越不满。惠勒纠结于是否要邀请毕肖普来自己家参加感恩节庆祝活动，毕肖普毕生都对家庭聚会深感不安。"我确信我们会玩得很开心，但如果有派对，她不喜欢跳舞或做类似的事情。例如，她会喜欢沿着海滩走到大约第三个海滩，除非看书，否则她不会待在家里。当然，她不会无礼或其他什么，但我急于想让她玩得开心。我是应该自私还是应该拥有她？我想这应该由我来决定。我想我最终还是不会拥有她。"[1] 随着她们友谊的逐渐成熟，毕肖普后来确实多次拜访惠勒家，并对此做出了赞赏性的回应。然而，毕肖普的沉默寡言将继续困扰她的人际关系。琼·科林伍德回忆道："她的生活有一个巨大的空缺。伊丽莎白很少谈起她的童年。这太难了。"她的朋友补充道，"我清楚地记得有一次她拜访我们在马萨诸塞州普利茅斯的家之后离开时的样子。那是一种异常悲伤的神情，始终在我的脑海中萦绕。或许一句恰当的话就能把她叫回来。"不过，根据科林伍德的说法，毕肖普从未失去她的幽默感，"对人类的种种小怪癖抱有一种普遍的娱乐态度"。同样重要的是，作为一名艺术家，毕肖普从未失去"她自己的正当感"。"她绝对确信这一点，而在她那个年纪，很少有人能这般笃定。"[2]

胡桃山中学强调健全的精神寓于健康的身体。除了教学、精神和文化方面的追求，学校还非常重视体育运动，毕肖普有朝一日会满怀喜爱回忆起寄宿学校时代精力充沛的体育活动。学校还坚持让学生保持健康的饮食习惯。即使是从家里带来的糖果，学校不仅劝阻，而且严格监管。胡桃山中学的招生手册声称，学校纪律严明的

1　罗达·惠勒·希恩 1927 年 10 月 25 日致其母亲信。
2　《怀念伊丽莎白·毕肖普》，第 28 页。

制度通常会让学生的健康状况得到改善，至少对毕肖普来说，事实证明情况确实如此。然而，在入学的第一年，尽管她终于获准接受胡桃山中学入学所需的疫苗接种，但毕肖普仍继续遭受着慢性哮喘和湿疹的急性发作。[1]

第一个秋季学期，毕肖普是学校医务室的常客，因此她的代数和法语都不得不以"非完整课业"（take incompletes）的形式获得成绩。毕肖普挑剔的婶婶鲁比，即叔父杰克·毕肖普的妻子，1928年2月给学校写去一封信，抱怨自己的侄女缺乏进步。鲁比说："伊丽莎白被宠坏了，许多事情都没有人要求她去做……她从小就是一个可怜的孩子，不得不与哮喘和湿疹作斗争。我只能希望随着时间的推移，她会做得更好。"第一年春天的晚些时候，鲁比确实注意到侄女的举止有了改善和进步。她在给学校校长毕格罗小姐的信中写道："虽然我们只是偶尔能见到她，但是我们能看到她身上的巨大变化……相信她正走在正确的轨道上。"[2]

毕肖普修习的课程包括拉丁语、英语、化学和古代史，还有法语和数学。她大部分科目都成绩优异，但在代数方面仍然很吃力。这并没有让她受到数学老师鲁比·威利斯的喜爱，正是这位老师曾质疑毕肖普与芭芭拉·切斯尼的关系是否正常。据弗兰妮·布劳回忆，威利斯是"一个真正难以应付的人，非常严厉，身材魁梧，有很多白头发。她会微微瞪着你，怒目而视"。威利斯和毕肖普一直合不来，据布劳说，因为"伊丽莎白有些喜欢新鲜事物。伊丽莎白无法忍受威利斯小姐，因为她太凶了"。[3]毕肖普在胡桃山中学的三

---

1 《怀念伊丽莎白·毕肖普》，第21页。
2 《怀念伊丽莎白·毕肖普》，第21页。
3 《怀念伊丽莎白·毕肖普》，第25页。

年都在学习数学，因而这场斗争也一直持续到毕业。

另一方面，毕肖普尤其深受英语老师埃莉诺·普伦蒂斯（Eleanor Prentiss）的喜爱，后者后来在韦尔斯利学院任教。毕肖普向安妮·史蒂文森解释说，普伦蒂斯小姐"在那个年代是一位出色的英语老师（浪漫到无可救药！）"。除了她们在课堂上的合作，毕肖普觉得普伦蒂斯"可能对我帮助更大，因为她把我喜欢的所有书都借给了我，并欣赏我早年的诗歌——毫无疑问，太过欣赏了"。[1]布劳回忆说，普伦蒂斯"会对一些事情唉声叹气"，"写一些伤感的笔记"，但她在文学方面也颇有品位，而且热衷于培养"任何展露出天赋的人"。不过，布劳承认，普伦蒂斯是"一种考验，因为她太梦幻了"。[2]毕肖普在与布劳的通信中，对这位鼓舞人心但又浪漫到无可救药的文学导师的后维多利亚风格的感伤与梦幻不免有些微词。

毕肖普在胡桃山发表的诗歌确实显示出普伦蒂斯小姐指导的痕迹——以至于毕肖普后来对发表在《蓝铅笔》上的诗歌不屑一顾。诚然，这些诗歌中很少有像北岸乡村走读学校时期创作的《地铁谣曲》那样充满不敬的神韵与气魄，但这些诗作也确实展现出毕肖普很早就精通传统诗歌的形式，语言中充满独特的闪光，对即将发生的事情充满洞察与暗示。

《斯托背后》（"Behind Stowe"）的开头一节，与《蓝铅笔》秋季卷中毕肖普的雪莱诗歌赏析文章相应和，将她自己与布拉德利通信初期所钟爱的童话世界，与日后成熟期作品中敏锐的目光和耳朵的暗示融合在一起。她在这首诗中宣称，"我听到一个精灵吹着口

---

1 《毕肖普散文选》，第 431 页。
2 《怀念伊丽莎白·毕肖普》，第 25 页。

哨经过"，精灵的哨声"光滑如月光照耀的青草"。跟随着这只精灵，她找到了"满身尘埃，苍白的飞蛾起舞"的地方，还听到了蟋蟀的唱歌。毕肖普对蛾类生物情有独钟。《斯托背后》的语言简洁，观察细致入微，思维呈线性推进，节奏平静而克制，没有伤感自怜的自我陶醉，这些品质都让这位仍处于青春期的诗人的作品给人留下了深刻印象。

除了对飞蛾着迷，毕肖普还极度热爱爬树，她喜欢爬上树，占据一个有利位置，从高处俯瞰树下的世界，这种癖好一直延续到她的大学时代。《蓝铅笔》第一期的第二首诗中，毕肖普用直接明了的语言，探讨了她与艾略特楼宿舍房间旁边一棵邻居般的树之间的联系。《致一棵树》这样开篇："哦，我窗外的树，我们是亲人。""足够幸福"，诗人凝视着窗外，总结道：

> 我坚定地站在它的骨架后面，
> 　　满是我小小的不幸和怪诞的悲痛，
> 倚着窗户向外张望，
> 　　欣赏无穷小的树叶。

毕肖普一如既往地淡化自己遭遇的丧失和悲剧，同时也暗示着自己一直被这些丧失和悲剧所困扰。她遵循浪漫主义的传统，通过与自然界中的生物建立个人化的联系来寻求慰藉。但这首诗远远超越了传统，至少在音乐和声音的处理上是如此。最后一行中，辅音、元音和多层头韵的复杂演奏在尾句"欣赏无穷小的树叶"中沙沙作响。

————

胡桃山中学最初是韦尔斯利学院的附属学校，而韦尔斯利学院

当时是一所女子学院。胡桃山中学的宿舍和教室距离韦尔斯利校园
仅两英里，步行方便，骑自行车更方便。波士顿也很容易到达。乘
坐波士顿与奥尔巴尼铁路列车只需一小段路程，学生们就能到达波
士顿南站。校外游览受到监管，有时还得有人陪同，但参加韦尔斯
利或波士顿的文化活动通常都会得到许可。1929 年，罗达·惠勒
在写给母亲的信中说，她计划和毕肖普一起参加一场"韦尔斯利的
音乐会，去听一些俄罗斯人表演，一个歌手和一个钢琴家，但我
完全忘记了他们的名字"[1]。钢琴家是谢尔盖·普罗科菲耶夫（Sergei
Prokofiev），他演奏了自己的作品，歌手是普罗科菲耶夫的妻子、
女高音歌唱家莉娜·卢贝拉（Lina Llubera）。毕肖普后来告诉安
妮·史蒂文森，她在这次演出结束后与这位伟大的作曲家握了手，
还说普罗科菲耶夫的妻子演唱了《三个橙子的爱情》的选段。她宣
称普罗科菲耶夫的作品"和他的演奏方式，我记得让我对音乐有了
全新的认识——音乐中的'讽刺'观念或许是一种启示"[2]。

　　毕肖普在胡桃山的那几年一直学习钢琴，并成了一名出色的演
奏者。最后一年春天的一次学生独奏会上，她首先演奏了肖邦的两
首前奏曲和巴赫的《视唱曲》。随后，她又演奏了普罗科菲耶夫第
32 号作品中那首诙谐、节奏尖锐的《加沃特舞曲》[3]，《加沃特舞曲》
无疑是这次节目中最先锋的音乐作品。前一年春天，她还大胆尝试
演奏了德彪西的《月光曲》。[4]

　　毕肖普在胡桃山结交新朋友的同时，还与路易丝·布拉德利保

1　罗达·惠勒·希恩 1930 年 1 月 22 日致其母亲信。
2　《毕肖普散文选》，第 431 页。
3　记录于 1935 年。参见鲍里斯·伯曼：《普罗科菲耶夫的钢琴奏鸣曲：听众和表
　　演者指南》，纽黑文：耶鲁大学出版社，2008 年。
4　"演奏会节目"，1930 年春季，胡桃山学校。

持着亲密的通信。进入胡桃山第一年的 1 月 3 日，毕肖普在写给布拉德利的一封信中承认，她很难用语言表达自己的想法。"有时候我觉得语言是美妙的事物，它们会讨好迎合，但今晚我找不到合适的语言。"毕肖普可能是在回复布拉德利的一封信，这封回信比往常更直接、更深情，因为她补充道，"但你知道你让我感到多么开心——就像我们曾经在一起度过的宝贵的三天一样开心"。布拉德利肯定也承认自己对她们之间的关系缺乏安全感，因为毕肖普在附言中安慰道："别傻了——当然没有人取代你的位置！愿上帝保佑你。"[1]

然而，在同一封信中，毕肖普也担心布拉德利的注意力会游移不定，而且她也为自己在胡桃山艰辛的训练之下迈向成年而苦苦挣扎。"路易丝，"她喊道，"我有点害怕……我成长的过程已经经历了这么多。"她补充道："我变化得如此频繁，以至于我简直旋转了起来——因此我真的保持了一些稳定性——就像陀螺仪一样，我想。"然后，就像她在给布拉德利的信中经常做的那样，毕肖普在赞美朋友的同时贬抑自己："我很害怕你不再像以前那样喜欢我了……我只不过是一个空想家和无用的反叛者，而你是一个诗人。"布拉德利已经从印第安纳大学转学到了马萨诸塞州剑桥市的拉德克利夫学院，那里离她家和胡桃山都更近，但她在学校过得很不愉快。毕肖普在另一则附言中敦促布拉德利："你能不能在某个周六下午来看我？学校太美了，我一定要带你去看看。这里距波士顿只有大约半个小时的路程。"[2]然而，她们之间的通信中没有证据表明她们曾在胡桃山见过面，尽管她在书信的落款处坚持写着："我永

1　毕肖普 1928 年 1 月 3 日致布拉德利信。
2　毕肖普 1928 年 1 月 3 日致布拉德利信。

远爱你——永远，/ 毕希。"[1]

两个月后，她写信给布拉德利，向密友描述了自己在新英格兰音乐学院乔丹音乐厅参加著名英国钢琴家迈拉·赫斯（Myra Hess）音乐独奏会的经历。毕肖普在信中坦言，她发现这场音乐会对她的影响"难以形容"。她尤其被赫斯演奏的查尔斯·汤姆林森·格里菲斯（Charles Tomlinson Griffes）的印象主义幻想作品《白孔雀》所征服，作品之震撼让她难以忘怀。这部作品的风格与克劳德·德彪西的作品如出一辙，让她"筋疲力尽，因此我设法在艾略特楼的宿舍门上挂上了一个'请勿打扰'的牌子"。这让毕肖普能够"待在我的房间里，在里面吃晚饭，看着其他人去教堂，一直写到五点钟。写作是正确的——我欠了 18 封信，而且我必须在周二之前为《蓝铅笔》写出一篇关于《诺桑觉寺》的长篇文章和一篇社论！但这一切都无足轻重"。[2]

这是一段校规批准的休息时间，然而毕肖普最专注的不是遵守学校的任何要求，而是在给布拉德利的信中附上的一首手写的诗。这封写于 1928 年 3 月的信所提供的远不止毕肖普正在创作的一首诗的完成稿，它还揭示了这首诗从开始到完成的创作过程。诗的开篇几行传达出毕肖普渴望重现自己经由一位钢琴大师之手所体验到的氛围浓郁的音乐时刻："我需要那种音乐，它会流过 / 我焦躁的、富有情感的指尖，/ 流过我沾染苦涩的、颤抖的嘴唇，/ 旋律随之而起，低沉、清晰、缓缓流动。"或许毕肖普感到，她可能永远都无法通过自己不太娴熟的键盘技巧来重现这种体验。接下来的几行中，曲调上升至人声领域，因为她听到"一首歌像水一样落在我的

---

1 毕肖普 1928 年 1 月 3 日致布拉德利信。
2 毕肖普 1928 年 3 月 5 日致布拉德利信。

头上，/落在颤抖的四肢上，梦幻般通红泛光"。在这短暂的激动不安的几个小时里，17岁的毕肖普精心雕琢出了完美的彼特拉克十四行诗的前八行。

毕肖普以精确的六行诗作结，微妙地转向了归纳，她宣称："旋律创造了魔法。"虽然毕肖普自己对迈拉·赫斯的表演的最初反应是狂热不安，但在这里，毕肖普强调的是，激烈紧张的音乐体验带来了"短暂的休憩，和宁静的呼吸"，在这样的体验之中，"冰凉的/心"沉入"海水中的寂静"，"被韵律和睡眠拥入怀抱"。[1]

在这些结尾诗行中，听众的情绪起初越过键盘，向上升腾，变成了歌曲，然后梦幻般地下沉，安顿下来，几近沉睡。毕肖普在同年一月写给布拉德利的信的结尾处宣称："我要努力入睡，梦见某个可爱的地方，那里有温暖的阳光，淡绿色的大海，还有你。"[2] 在这首诗里，受赫斯键盘艺术的启发，毕肖普经由语言将苦涩和痛苦转化为平静，并与自己最亲密的朋友分享。

毕肖普的十四行诗起初是一种只与朋友分享的私人冥想，但很快就在《蓝铅笔》上公开发表。之后，这首诗便一直沉睡在胡桃山的档案馆里，直到毕肖普去世四年后，它才重见天日，并被编入《毕肖普诗全集》，成为其中"青年时代的诗"的一部分。但在胡桃山的那些年里，毕肖普也在创作一种更不敬的诗歌，这种风格永远不可能在学校的文学杂志上找到一席之地。1928年7月，毕肖普从切克塞特营寄给布拉德利的一封信中就出现了这样的作品。那时她正试图"诱骗"布拉德利展示承诺要写但尚未寄给她的一首诗。接着，她戏谑地催促道："不过，只是为了向你证明我能写出优美的

---

1 《毕肖普诗歌、散文与书信选》，第186页。
2 毕肖普1928年1月3日致布拉德利信。

诗歌——这是一个月来我唯一的心血结晶。"接下来就附上了一首可能会让普伦蒂斯小姐大为震惊的打油诗。

> 一个名叫拉塞尔的年轻女子
> 穿着一件巨大的裙撑。
> 乘坐着艳丽的轻便马车
> 一条蛇掉了进去——
> 拉塞尔小姐的裙撑里好不喧闹。[1]

毕肖普继续略带嘲讽地告诫道："写完这首粗俗的打油诗之后，你怎么能拒绝我呢？"毕肖普后来会要求哈佛大学诗歌写作班的学生背诵维多利亚时代打油诗的推广者爱德华·李尔（Edward Lear）的一首诗。[2]

那年初夏，也就是胡桃山第一学年结束之后，毕肖普从克利夫顿代尔写信给路易丝·布拉德利，再次表达了一种反复显露的渴望，这次的灵感来源于她最近在杂志上读到的一篇文章。她告诉路易丝："哦，这个月的《大西洋月刊》上有一篇文章，路易丝，讲的是一个住在南海小岛上的男人。我知道，我们简直必须去——我们能够在一些蒸汽船公司找到一份贸易商的工作，然后我们就可以住在一间草顶小屋里，那里有棕榈树，头顶有太阳，周围是大海，我们可以写作、阅读、做梦、写更多东西……看在上帝的份儿上，如果不去做我们想做的不可能的事情，为我们的晚年留下愉快

1　毕肖普 1928 年 7 月 17 日致布拉德利信。
2　罗伯特·布舍龙：《伊丽莎白·毕肖普在哈佛》，《谈谈写作》，2013 年 1 月 21 日。网页，访问日期：2018 年 3 月 3 日。

的……回忆，那我们年轻是为了什么呢？"毕肖普竭尽全力争取布拉德利成为她异国旅行计划中的亲密伴侣。"我将成为一名圆蛤渔民、一名卡车司机和一名农场主，我们要去南海生活。"[1]虽然布拉德利给毕肖普的回信没有保存下来，但我们常常会感到，毕肖普不懈地敦促路易丝与她一起去一个又一个北部海岸线或热带岛屿筑巢，面对这样的要求，布拉德利的回应暗示着她一直在不断地退缩。因为在收到路易丝对其中一份邀约的回应后，毕肖普回复说："我有时会有一种可怕的感觉，你对我有一种母亲般的关切——不多也不少。而当你向我寄来'最炽热的爱'时，听起来就像是'最漂亮的衣服'。"也许这就是虽然她们经常通信，却很少见面的原因之一。

但是，如果说与布拉德利的亲密关系一直遥不可及，那么她的同学朱迪·弗林（Judy Flynn）则近在咫尺，尽管她们之间的情侣关系永远都无法变成现实。毕肖普后来向露丝·福斯特描述了自己对这位朋友的个性与身体的强烈爱慕："我真的爱上了一个叫朱迪·弗林的女孩。她是我见过的最漂亮的少女之一。非常爱尔兰化……个头很高，深红色的头发，远看近乎黑色，眼睛的颜色略浅一些。"毕肖普补充说，她的"嗓音低沉又优美"，而且"她既漂亮又善良"。她坦言，"一开始我很害怕她，但突然间她似乎对我的感觉也有了相当明确的回应，她在胡桃山的那两年里，我真的为她疯狂。我们被人议论纷纷"。即便如此，始终关注并维护毕肖普的副校长哈丽特·法维尔还是支持她们之间的这段关系，并且带她们一起出去玩。

---

1   毕肖普 1928 年 6 月 27 日致布拉德利信。

胡桃山的最后一年即将到来，家庭生活对于毕肖普而言仍然充满挑战。她的祖父母于 1923 年去世。现在年事已高的外祖父母已经搬到了蒙特利尔，由他们的女儿玛丽照顾，因此这是毕肖普多年来第一次结束切克塞特夏令营之后没有回到大村度夏。这也意味着她没有机会见到她最喜欢的姨妈格蕾丝，那年夏天格蕾丝住在大村外的一个农场里。相反，她在叔父杰克和婶婶鲁比家中度过了一段不愉快的时光，他们之间的关系仍然极不融洽。她在 1929 年 8 月写给路易丝·布拉德利的信中说道："我想知道为什么我不适合家庭生活。我感觉自己天生如此，但也许我的亲戚们并不这样认为。"她补充道："我觉得我过着双面生活——学校和营地——中间的时间只是我等待重新复活时的埋葬期。"[1] 谈到胡桃山的那些年，她后来告诉露丝·福斯特："我尽量避免去探访我所有的亲戚。"[2] 大学毕业后，毕肖普曾在一个笔记本中记下了一段文字，回忆起自己曾对大学朋友玛格丽特·米勒（Margaret Miller）说："家庭在我看来就像'集中营'——人们实际上在那里发泄自己虐待狂的本性。"[3]

毕肖普在杰克和鲁比家中度过了一段不愉快的时光，之后她前往马萨诸塞州的斯托克布里奇，计划去那里看望她的姑妈弗洛伦斯·毕肖普，那是她已故父亲的妹妹，终生未婚。然后，1929 年 9 月中旬，她回到胡桃山学校开始她的高年级学习。毕肖普在后来的杰作《在候诊室》中，借康苏埃洛之名将姑妈弗洛伦斯描述为"一个愚蠢而胆小的女人"。1956 年，毕肖普在一封从巴西寄给她深爱的姨妈格蕾丝的信中说，弗洛伦斯"真是难以应付，可怜的家伙，

---

1 毕肖普 1929 年 8 月致布拉德利信。
2 毕肖普 1947 年 2 月致福斯特信。瓦萨学院图书馆。
3 《笔记本，1935 年 7 月 1 日或 2 日》，载《埃德加·爱伦·坡与自动点唱机》，第 247—248 页。

而且她总是会惹恼别人，早晚会说出最不友善的话，无论那些话是什么——尽管她不想这样说：你几乎可以看到她想表现得和蔼可亲，紧接着就冒出了一些可怕的、刻薄的话！"毕肖普补充道："她最喜欢对我说的一句话是，成为一名作家会让女人会变得粗俗或男性化。"[1]

　　毕肖普拜访姑妈弗洛伦斯期间，姑妈决定举办一个聚会，邀请与毕肖普同龄的男孩和女孩们参加。许多 18 岁的女孩可能会觉得这样的设想非常吸引人，但毕肖普一想到派对就感到恐惧，尤其是对不得不与陌生男孩交谈感到恐惧。这种恐惧似乎根植于她与虐待她的姨父乔治一起生活的经历。毕肖普后来向露丝·福斯特讲述自己十几岁之前经历过言语虐待和不恰当的抚摸，"后来，当我 14 岁或 15 岁左右的时候，他总是试图抚摸我的乳房，我会尽量远离他，而他从未向我透露他到底在做什么，然而他太高太强壮了，有时我会被抓住"[2]。当那个有陌生男孩参加的夜间派对临近时，毕肖普和她的表弟南希·奥尔去往城里跑腿办事。然后她就消失了，没有人知道她去了哪里。正如很久之后她告诉福斯特医生的那样，"我尽量不惊慌，但我越来越害怕"。因此，当她的表弟进入一家商店里时，她"几乎不受控制地开始走"。[3] 很快，她就搭上了去往胡桃山学校的便车。她希望能在那里见到哈丽特·法维尔，这位副校长一直对她充满同情。那天晚上，毕肖普到达学校时发现学校大门紧锁，天空下着小雨，她在附近的树林里睡着了，醒来时发现一只友

1　伊丽莎白·毕肖普：《一种艺术：伊丽莎白·毕肖普书信选》，罗伯特·吉鲁编，纽约：法勒、施特劳斯和吉鲁出版社，1994 年，第 320 页。后文简称《一种艺术》。
2　毕肖普 1947 年 2 月致福斯特信。
3　毕肖普 1947 年 2 月致福斯特信。

善的猎犬正在舔着自己的脸。这天早上，当她湿漉漉、脏兮兮、邋遢地走到学校时，住在学校门口街对面的英语老师穆丽根小姐发现了她，并且善解人意地款待了她。

毕肖普向福斯特回忆道，穆丽根小姐"把我带到她家，让我躺在床上，还亲自给我做了炒鸡蛋，很长一段时间都没有问我任何问题。最后我开始想到我的姑妈该有多担心我，等等，于是我告诉了她我做了什么，而她则打电话给弗洛伦斯姑妈——然而他们都不知道为什么会这样，我也不愿说"[1]。或许18岁的毕肖普觉得，如果她打破沉默，她就不得不解释她对男孩的恐惧，而这可能会不可避免地要披露姨父乔治曾经对自己做过的事情，而这令毕肖普深感不安。

在这个她意料之外的避难所，毕肖普目睹了一种截然不同的家庭生活，这与她在虐待她的姨父或吹毛求疵的姑妈家所见所感完全不同。"那天晚上是穆丽根小姐老父亲的生日，我记得当时我在想，这一切看起来多么惬意祥和，拥有一个美满的家庭该是多么美好啊。"穆丽根小姐知晓毕肖普与朱迪·弗林之间的友谊，于是安排毕肖普和朱迪及其家人住在一起，直到几天后学校开学。毕肖普向福斯特回忆道，"朱迪和她的哥哥从新罕布什尔州曼彻斯特开车过来接我"。值得注意的是，毕肖普回忆起返回曼彻斯特的旅程时说，"我当然很害怕那个哥哥，但至少朱迪在身边，我不必与他说话"。朱迪的哥哥大概没有冒犯之举，但毕肖普提到自己恐惧这位哥哥时所使用的"当然"一词肯定能说明一些问题。当毕肖普到达朱迪的家时，弗林太太惊讶地问她："你为什么这么不开心？"毕肖普后来

1　毕肖普1947年2月致福斯特信。

谈到她绝望地逃离弗洛伦斯姑妈家的派对时说："我想我以前从未把这个故事告诉过任何人。"但胡桃山学校的老师和朋友们并没有忽视这一事件，它还被写进了学生档案里。毕肖普的家人也注意到了这一点，用毕肖普自己的话来说，他们仍然认为毕肖普是个"无可救药的怪胎"。[1]

就在这件事发生之后，毕肖普写信给布拉德利说："亲爱的路易丝——你真的是我的家人，你知道的。我属于你，你让我做什么我就做什么——真的。"在她的想象中，这位年龄稍长的朋友将扮演掌控和主宰的角色："这是一种童话般的关系。我怀疑你随时都会给我一个惊喜，把我变成一只鸟，或者将我锁在一个棕色的小房子里，直到我乖乖听话为止。"毕肖普补充道："你的确知道的比我多得多。我希望你能告诉我，履行职责和随心所欲，究竟哪一个正确。"毕肖普一直留在弗林家，没有回到姑妈身边，直到她在胡桃山开始上高中三年级。弗林已于前一年六月从胡桃山学校毕业，随后进入了威尔斯学院，在那里开始了她的本科生涯。

此前，毕肖普曾在诗歌《地铁谣曲》中找到了一种喜剧性的方式来表达她所体验到的围困之感，与此类似的是，她此时也在《我介绍佩内洛普·格温》（"I Introduce Penelope Gwin"）中将自己对家庭生活的不安以及男性追求者带来的威胁，转化成辛辣有趣的诗歌表演，这首献给朱迪·弗林的诗创作于胡桃山。1975 年 1 月，弗林将这首诗和其他喜剧诗一同归还给了毕肖普，毕肖普告诉布劳，弗林还归还了"一整批 1928 年至 1929 年间印行的《蓝铅笔》"，以及一张便条，既为无法参加毕肖普的诗歌朗诵会而向她道歉，也向

1　毕肖普 1947 年 2 月致福斯特信。

毕肖普"独特的天才"致以敬意。[1] 也许，毕肖普之所以与弗林分享
这首诗，是因为弗林知晓这首诗的创作背景。毕肖普告诉布劳，她
认为自己在诗中的喜剧表演比她在胡桃山发表的更严肃的诗作"好
得多"，尽管她承认自己"一点也不记得写过这些诗"。[2] 编辑爱丽
丝·奎恩在为《埃德加·爱伦·坡和自动点唱机》所做的注释中提
道："这首诗的女主人创作出了这样一部生动的戏剧，是基于两个
当务之急：避开阿姨……以及放弃婚姻。"[3] 手写稿中的文字周围贴
着一些不知毕肖普从哪里弄来的彩色卡通贴纸，并且添加了解释说
明。每张傻乎乎的卡通下面都写着这首诗中重要人物的名字，起先
便是"我们的女主角"，一只滑稽的企鹅——当然，她的名字也因
此而来。佩内洛普是"我同甘共苦的朋友"，她"经常去往国外旅
行/追寻文化和艺术"，毕肖普自己未来岁月也将会如此。佩内洛
普也像毕肖普一样总结道："这种家庭生活不适合我。"显然，这只
虚构的自信的企鹅是毕肖普的另一个自我，它宣称："我不会让自
己被宠坏/这自由的灵魂决不能受到阻碍。"毕肖普精心挑选的每
个贴纸人物都被与之不太般配的装饰品包围着。尽管佩内洛普轻装
上路，但随着诗歌的展开，她还是俏皮地解释了这些配饰的用处。
蓝色气球促使她"抬起我的眼睛，/越过所有的琐碎和谎言"，而她
只需要一株小巧的盆栽植物就可以"躲避追逐她的阿姨"。经由这
些俏皮的押韵，不敬的少女毕肖普以非凡的预见性勾勒出了自己未
来的人生计划。

作为毕肖普的另一个自我，佩内洛普坚称："我从心底讨厌我

1 毕肖普1975年1月22日致布劳信，载《一种艺术》，第594页。
2 毕肖普1975年1月22日致布劳信，载《一种艺术》，第594页。
3 《埃德加·爱伦·坡与自动点唱机》，第244页。

的阿姨们 / 尤其是当她们从事艺术活动时。"但仇恨并不能提供足够的庇护，因为"任何形式的仇恨 / 都会让我颤抖、转身和逃跑"。为了追求自由和冒险，为了逃离家庭生活的纠缠，佩内洛普开始了她的旅行生涯，她"以异常惊人的速度 / 穿过乡间小路和六十个州"。她很快就找到了去往巴黎和罗马的路。但佩内洛普回忆道，正是在俄罗斯，她有了重大发现："原来它是一个俄罗斯食姨兽——/ 胃口庞大——还有可爱的下巴。"这个好奇的"食姨兽"可能会让毕肖普那些令人生畏的姑妈和姨妈大吃一惊，因为"阿姨一看到他就晕倒，/ 即使只是素描或绘画"。贴纸上这只凶猛的俄罗斯食肉动物是一只体形巨大但面带微笑的可爱的圣伯纳犬，背着一只毛绒玩具猴子。

佩内洛普前往"浪漫的法兰西"旅行时，与一位"英俊的德国家庭教师"谈起了异性恋，这位教师的卡通形象是一只嘎嘎叫的雄性绿头鸭。然而，佩内洛普很快得出结论："但是，不！我不会成为任何男人的妻子。"事实上，细心考察就会发现，这只雄性绿头鸭的魅力被高估了，因为"它的嘴一直张开着"，这让她感到"相当震惊 / 发现它已经开始蜕皮"。最后，佩内洛普用一句神秘的格言"非是与非"向她的观众匆匆道了"再见"——全诗以一句赞许的对句突然收束："我确信我们都很钦佩格温小姐 / 她那么贴心又善良。"诗人将亲爱的佩内洛普刻画得如此优雅，似乎也预示着毕肖普本人后来的形象，她将会成为一位彬彬有礼的女诗人，追寻着自己道路，同时悄悄颠覆着人生和艺术中的种种传统规范。

毕肖普和一位朋友穿着怪异的服装在纳蒂克附近招摇过市，这一事件发生之后，副校长哈丽特·法维尔认为，现在是时候找出毕肖普情感问题的根源了。毕肖普最初在胡桃山学校入学登记之时，叔父杰克对学校负责人坚称，他的侄女对她母亲的精神崩溃一无所知，并且要求学校绝不能向毕肖普提及或与之讨论收容她母亲的精神病院。法维尔小姐不同意，她请求——实际上几乎是要求——杰克让毕肖普去波士顿咨询一位名叫泰勒的心理医生。法维尔向杰克报告说，这位心理医生"似乎一点也不担心伊丽莎白会遗传这种精神疾病。不过，伊丽莎白可能在心里隐瞒关于她母亲的一些信息，她认为这件事的确非常严重"。法维尔补充道："我自己也非常笃定，事实上，我可以肯定地说，伊丽莎白即使不了解她母亲的全部真相，至少也知晓其中一些情况。"据法维尔评估，这足以"让她非常不开心，让她陷入一种非正常的精神状态"。她补充道："泰勒医生非常坚定地认为，这种被掩盖的事实充满危险，应该公之于众。"[1] 最后，经杰克·毕肖普同意，泰勒医生安排了一次心理治疗。但毕肖普一生都生活在沉默的家庭法则之下，以至于她无法向泰勒医生敞开心扉。她后来告诉露丝·福斯特医生："这位分析师根本不知道我的问题出在哪里——我不愿谈，尽管我真的很喜欢她。"毕肖普补充道："在回家的路上，法维尔小姐说她觉得我可能非常担心我的母亲。"毕肖普坦言，"我甚至没有意识到她知道这件事"，她补充说，她"情难自已……因此我突然放声大哭起来"。[2]

————

毕肖普极其热烈地爱慕着朱迪·弗林，尽管朱迪在这段时间里约莫已经与一位名叫戴夫的年轻男性订婚了，而且朱迪的母亲也认为，朱迪实际上可能更喜欢与毕肖普的这种关系。然而，当弗林毕业后前往威尔斯学院，毕肖普一定意识到这位年轻的朋友正在脱离

1 《怀念伊丽莎白·毕肖普》，第 22 页。
2 毕肖普 1947 年 2 月致福斯特信。

她的掌控，她意识到自己极有可能会失去朱迪。高三的最后一个学期，毕肖普在《蓝铅笔》上发表了一首题为《死》（"Dead"）的诗，探讨了朱迪如何陷落于男性世界。[1]然而这首诗长期以来都被我们忽视。

与毕肖普发表在《蓝铅笔》上的其他诗作相比，《死》更像是一次冒险的实验，它提出的问题远多于给出的回答。就连仅有一个单词的标题在语法上也令人不安，就如这首诗本身一样。诗中的"温特"是一个强大的男性人物——"温特现在是她的爱人，/一个聪慧又大胆的人"——他正在从诗中叙述者那里夺走某位女性爱人的感情，因为"她已经离我而去，/疏远，苍白又冷漠"。[2]这首诗显然是毕肖普自己痛苦的爱慕以及可能失去爱人的一种寓言。《死》中的女同性恋联想表达得如此隐晦，甚至连凶悍又吹毛求疵的数学老师威利斯也未曾察觉。毕肖普形容这位失去的爱人"疏远、苍白又冷漠"，比1951年的诗作《失眠》（"Insomnia"）中的寒月女神早了20多年，《失眠》中苍白的形象能"望出几百万英里远"，却从未见过《死》中说到的那个凄楚、孤独又疏远的爱人。到了《死》的结尾，渴慕爱人的叙述者必须承认自己的失败：她追慕的对象已经被这个迷人的男性带走了，剩下的只是她屈服于温特的一个象征："这草地上的霜冻。"这首诗表明，无论是当时还是后来，爱情的前景对于毕肖普而言是多么危险。

《死》没有采用明确的性别术语来言明诗中人物的性别身份，

1　坎迪斯·麦克马洪撰写的《伊丽莎白·毕肖普：一份参考文献》列出了毕肖普在胡桃山发表的所有作品，却完全忽略了《死》这首诗。这份文献构成了1983年版《毕肖普诗全集》中"青年时期的诗"这一部分的基础。《死》是笔者发现的佚诗，1992年首次发表在《葛底斯堡评论》上。

2　《毕肖普散文选》，第455—456页。

毕肖普通过这简单的权宜之计，将读者的注意力从女同性恋之爱和丧失主题上转开。后来的写作生涯中，无论是抒写爱人还是被爱之人，抑或两者兼写，毕肖普都将会继续使用这种隐瞒性别称谓的策略性技巧。毕肖普另一个精简又引人入胜的故事《拇指》（"The Thumb"）也发表在《蓝铅笔》上，故事中的叙述者未言明性别显得更为重要。这是毕肖普在胡桃山的最后一次创作，故事采用了爱伦·坡的写作技巧，逐渐将叙述者的语气从冷静的超然转变为狂躁的痴迷，并将超自然的理想元素与违悖常理的强烈气息相交织。一位名为萨布丽娜的女性聪慧又迷人，故事正是围绕着叙述者对她日益增长的迷恋展开，随着故事的铺展，一种微妙的情爱意味逐渐增强，甚至几乎达到了疯狂的程度。

　　萨布丽娜一开始就被认定是一个气质柔弱的女人。她住在"一间挂着丝绸的公寓里，阳光透过浅石灰色的窗帘照进窗户，清澈芳香的茶水整日从银茶壶里流出"。萨布丽娜的身体魅力在理想化的美感与清冷的性潜流之间达成了平衡。"如果你能想到一个脸颊和下巴更瘦削，露出幽默神情且情感微妙的圣母玛利亚——那就是萨布丽娜。"[1]也许毕肖普塑造萨布丽娜时某些方面是以她的朋友朱迪为蓝本，或者她想到了夏令营里一个绰号叫作"哈皮"（Happy）的女孩，她曾在给布拉德利的信中提到过这个女孩，她"看起来像神话、情人和童话故事"。她向布拉德利坦言，这个夏令营新朋友的美貌"让我害怕。为什么一切称心如意的事物都让我害怕呢?"[2]

　　诗中的叙述者很快就发现了萨布丽娜的某些可怕之处。"天哪，这个女人长了一根男人的拇指! 不，不是男人的拇指——而是牲畜

1　《毕肖普散文选》，第 456 页。
2　毕肖普 1928 年 7 月 17 日致布拉德利信。

的拇指———一根壮实又粗糙的拇指，指甲凹凸不平，末端呈方形，歪斜又破碎。"这根拇指长在一个美若天仙的女性手上，激起了追求者的强烈反应："这是一个可怕的拇指，职业拳击手的拇指，某种野兽的拇指，某种只知道肮脏和残暴的下流生物的拇指。"[1] 模糊性别是故事的核心所在。萨布丽娜的追求者，即故事的叙述者，既没有姓名，也没有性别标识，可能对萨布丽娜怀有异性恋或同性恋的爱慕，与此同时，诗歌将萨布丽娜塑造成集传统女性气质于一身，近乎超自然的存在，却因她那男性化的职业拳击手的拇指而颠覆。随着这位痴迷的叙述者承认"我的脑海里一直想着触摸她——抓住那只丑陋的手，把它藏在我自己手中会是什么感觉"，推动故事发展的矛盾性欲望也逐渐升级。叙述者还说："我意识到这一切注定会将我引入歧途，但我似乎无法逃脱。"当最终确定了自己对萨布丽娜的爱意，并第一次握住她那长着丑陋拇指的手时，这位追求者却无法面对这次成功求爱所引发的后果。相反，这位追求者干脆逃离了现场："我起身离开了她，没有留下一句话，我再也没有回去。"[2] 故事就这样戛然收束。

————

胡桃山的最后一年，毕肖普在很多方面都取得了胜利。毕肖普追随朋友弗兰妮·布劳的脚步，接任《蓝铅笔》的主编。她被瓦萨学院和韦尔斯利学院同时录取，最终选择了瓦萨学院——或许是因为布劳已经先自己去了那里，而且像罗达·希恩这样的朋友也会和她一起去瓦萨就读，也可能是因为瓦萨学院位于纽约州的波基普西，距离时而令她深感不安的姑妈和谢泼德森姨父更远一些。从胡

---

1 《毕肖普诗歌、散文与书信选》，第 456 页。
2 《毕肖普诗歌、散文与书信选》，第 458 页。

桃山学校毕业时，毕肖普已经是一名发表经验相当丰富的作家。她已经开始结交一群终生忠诚于她的朋友。显而易见的是，她正行进在一条自己选择的人生道路上。班级合影里的毕肖普聚精会神地凝视着远方。这张引人注目的照片下方写着一句座右铭："迫近的暴风雨的发卷。"这句诗出自她心爱的诗人雪莱的《西风颂》，似乎预示着这位前途无量的胡桃山毕业生将迎来动荡不安的未来，同时也幽默地提到了毕肖普显眼的卷发。这张神情专注的照片和雪莱诗句的下方，标注着毕肖普的籍贯——新斯科舍省大村。毕肖普不仅在这里宣布了她对这个受人喜爱的地方的持续忠诚，而且还悄悄暗示了她对克利夫顿代尔和伍斯特的亲戚们的疏远与不满。班级合照和座右铭清楚地表明，19 岁的伊丽莎白·毕肖普现在踏上了一段充满冒险且暴风雨频袭的人生旅程。

第六章 《精神抖擞》

从瓦萨学院图书馆向北漫步一小段路，就会来到一条曲曲折折绿树成荫的小径，两旁有黑色劳伦系花岗岩凿制成的二十张石凳。每一张宽阔、平坦、光亮的石凳表面都雕刻着伊丽莎白·毕肖普创作的诗歌或诗歌节选，其中还包括一些诗人去世后才出版的作品，它们都摘自瓦萨图书馆温控特藏部里的手稿。这些花岗岩长凳以及镌刻其上的诗歌，是为了纪念"瓦萨最杰出的校友之一的天才"，[1] 也是为了纪念瓦萨学院校长弗朗西斯·费尔古森（Frances Fergusson）20 年的任期，费尔古森是一位著名的艺术支持者，2006 年退休。创作这个艺术装置的概念艺术家珍妮·霍尔泽（Jenny Holzer）解释道："当我想找到某种方式将文本和人物结合在一起时，我就会制作长凳。"[2]

任何想在母校追寻伊丽莎白·毕肖普的风采，或者毫无戒备之心的瓦萨学生、学生家长或校友，想在斑驳的树荫下找一个地方坐下来休息时，可能就会遇到这样的诗句，它摘自毕肖普毕业二十八

---

1 "珍妮·霍尔泽的毕肖普颂也是向瓦萨校长致敬"，瓦萨学院联络办公室，网页，访问日期：2017 年 2 月 10 日。
2 《珍妮·霍尔泽访谈录》。网页，访问日期：2017 年 2 月 10 日。

年后发表的一首诗《矶鹞》（"Sandpiper"）："世界是一团雾。而后这世界 / 微小、辽阔又清晰。"毕肖普的《矶鹞》"寻找着某物，某物，某物"。然而，尽管她后来作为瓦萨学院的校友而声名大噪，但到她大学一年级结束时，毕肖普根本不确定自己是否会在瓦萨学院找到自己所追寻的"某物"。

毕肖普一开始就遇到了室友的麻烦。1978 年，毕肖普在接受瓦萨学院 1974 届毕业生伊丽莎白·斯皮尔斯的采访时回忆道，因为她上大学的时间稍晚，"我有了一个室友，我从来没有想过要和她住在一起。她是一个名叫康斯坦斯的怪异女孩。我记得整个房间她那一边摆满了苏格兰狗饰品——枕头、画作、雕刻和照片"。这不是毕肖普心中理想的装饰风格。另一方面，毕肖普承认，"我可能也不是一个好室友，因为当时我有一个理论"，那就是为激发诗歌灵感，"应该把所有的梦都记下来"。[1] 所以她在书架底部放了一罐刺鼻的洛克福特奶酪，因为她觉得"如果你睡前吃下很多难吃的奶酪，就会做有趣的梦"[2]。

3 个月前，也就是大学开学前的那个夏天，毕肖普写信给路易丝·布拉德利，谈到了一种迥然不同的管理个人梦境生活的方法："我发现了一种入睡的方法——既能舒缓入眠，又能做甜蜜的美梦。你一遍又一遍地念着你能记住的所有花的名字。飞燕草、百日草、知更草和金盏花等。"[3] 毕肖普夜间进入睡梦的方式，逐渐从舒缓的睡莲草转换到香气浓郁的洛克福特奶酪，这也表明她对诗歌的态度发生了转变。她将与埃莉诺·普伦蒂斯认可的维多利亚晚期抒情风

1　《伊丽莎白·毕肖普谈话录》，第 128 页。
2　毕肖普 1930 年夏致布拉德利信，未注明日期。
3　毕肖普 1930 年夏致布拉德利信，未注明日期。

格分道扬镳，朝更尖锐、更前卫，甚至更难以理解的方向跃进——简而言之，显现出更鲜明的现代风格。

毕肖普在瓦萨学院的四年里，宿舍一直都是库欣楼，这是一座U形结构的砖质建筑，距离现在刻着她诗句的宽阔石凳不远。毕肖普来到库欣楼时，这里是学院最新、最大的宿舍楼。1978年的访谈中，斯皮尔斯向毕肖普问瓦萨学院四十多年来代代相传的传说：伊丽莎白曾在宿舍外的一棵树上过夜。毕肖普证实了这段瓦萨传说的真实性，并补充说，她之所以开始这场树上冒险，是因为"那些树爬起来太棒了。我曾经是一个爬树高手。哦。我们大概凌晨三点才下来"。紧接着毕肖普直言不讳地问道："这究竟是怎么流传开来的？"[1]

詹姆斯·梅里尔对毕肖普的著名评价是："她从不装腔作势。如果说她的性格和行为有任何造作的话，那就是她惟妙惟肖地扮演一个普通女性。当然，这样的表象之下是一个令人难以置信的鲜活的天才，她写出了令你崇拜的诗歌。"[2]一进入瓦萨学院，毕肖普就脱颖而出，显得与众不同——尽管她对斯皮尔斯说："我想，在那个年龄，每个人都会有一些怪癖。"[3]毕肖普与胡桃山的英语老师埃莉诺·普伦蒂斯建立了密切的联系，尽管后者喜欢华丽的诗句。然而在瓦萨学院第一年，毕肖普与英语老师芭芭拉·斯温（Barbara Swain）并不投缘。事实上，斯温形容她们之间的关系是"纯粹的课堂关系，而且非常疏远"。斯温发现毕肖普"是一个相当讳莫如深的女孩，用怀疑的眼光看待当局，无论如何，她都能很好地完成

---

1 《伊丽莎白·毕肖普谈话录》，第127页。
2 "伊丽莎白·毕肖普：一种艺术"，《声音与影像》，纽约视觉历史中心，1988年，网络资源。
3 《伊丽莎白·毕肖普谈话录》，第128页。

自己的学业"。斯温对这位棘手的学生进行中期评估时，"在毕肖普的卡片上写道，她显然注定要成为一名诗人"。[1]

毕肖普也许注定要成为一名诗人，然而1930年9月进入瓦萨学院时，她曾公开表示想要成为一名音乐家。毕肖普曾经常在胡桃山的独奏会上完成出色的键盘演奏，还经常演奏富有挑战性的曲目。然而，事实证明，在竞争更为激烈的瓦萨学院，即使是相对简单的巴赫三部创意曲也很难掌握，她想成为音乐家的梦想很快就破灭了。毕肖普的好友弗兰妮·布劳比她早一年进入瓦萨学院，她观察到，当毕肖普第一次参加音乐专业学生必须参加的每月一次的独奏会时，"伊丽莎白演奏她拿手的一首曲子，然而她卡住了。她又重新开始，结果又卡住了。然后她就站起身离开了。伊丽莎白再也没有在公共场合演奏过。她太怯场了"[2]。弗兰妮后来说道："写诗时你可以花大量时间来完善一个词，但演奏时你必须心无挂碍地放任自我。"[3]

胡桃山学校的钢琴老师知道毕肖普是一名出色的演奏者，她对这位前学生在音乐方面遭遇的危机深感忧虑，于是她要求毕肖普在瓦萨学院的指导老师米里亚姆·斯蒂夫斯（Miriam Steeves）解释问题出在哪里。斯蒂夫斯赞许地指出，毕肖普"显然已经做到了，而且她有能力同时从事音乐和智识方面的工作"。然而，她注意到毕肖普的"技术被不寻常的肌肉紧张所阻碍，我认为这是神经组织……过度紧张的一种表现"。斯蒂夫斯声称，她一直努力帮助毕肖普克服这一障碍，但她得出的结论是："我确信，这太根深蒂固

---

1 《怀念伊丽莎白·毕肖普》，第40页。
2 《怀念伊丽莎白·毕肖普》，第39页。
3 《怀念伊丽莎白·毕肖普》，第39页。

了，不可能轻易改变。"[1]

创伤研究专家贝塞尔·范德考克博士认为，身处这种巨大的压力之下，"身体会感觉自己受到了攻击，它需要进行反击"[2]，这不仅与毕肖普持续遭受的自身免疫性疾病相吻合，也与米里亚姆·斯蒂夫斯观察到的根深蒂固的肌肉紧张相一致，还与毕肖普终生与表演焦虑作斗争的现实境况相吻合；她需要花费数年时间才能逐渐适应诗歌朗诵会。这也可能在她作为一名完美主义作家的一生中发挥了作用。毕肖普的身与心都处于防御状态，而她作为作家所取得的成就之一，是她发现了将这些情感挑战转化为艺术优势的方法。她学会了如何运用自己活跃的好奇心和幽默感，作为补偿以面对这些痛苦。她还发现，当她遇到与自己心爱的新斯科舍省最相似的地方时，尤其是河边或海边，特别是有油灯或柴炉的地方，她就能找到临时的避难所，来对抗一直困扰她的焦虑。

瓦萨的钢琴老师不太可能知道毕肖普充满创伤的过去。即便如此，米里亚姆·斯蒂夫斯的评论表明，她感觉到毕肖普在键盘演奏方面面临的挑战与"她似乎很难让自己敏捷而富有想象力又过于羞怯的自我适应大学环境"之间存在着某种关联。[3]毕肖普热爱英语和音乐，虽然事实证明，在瓦萨的第一年，英语和音乐老师们对她的评价都富有见地，甚至颇具预言性，然而这些评价与毕肖普从胡桃山的教员那里获得的热情又充满同情的鼓励相差甚远。在瓦萨，毕肖普仍然需要找到适应新环境的方法。

除了室友的麻烦以及主要教员的疏远，毕肖普在瓦萨的第一年

1 《怀念伊丽莎白·毕肖普》，第39—40页。
2 《贝塞尔·范德考克博士访谈录》，2015年5月22日。
3 《怀念伊丽莎白·毕肖普》，第39—40页。

还发现，很难在这所新学校更大、更爱拉帮结派的环境中交到朋友。1947年，她对自己的心理医生指出，大一的时候，"除了老同学罗达·惠勒等人，起初我没有太多朋友。我很少见到弗兰妮"[1]。胡桃山的艾略特楼拥有亲密无间的家庭式餐厅，然而毕肖普却发现瓦萨库欣楼嘈杂的餐厅最令人不安。毕肖普第一年确实与后来成为杰出散文家的埃莉诺·克拉克（Eleanor Clark）建立了新的友谊。埃莉诺的姐姐尤妮斯·克拉克·杰瑟普（Eunice Clark Jessup）比毕肖普大一岁，有一天她会幽默地回忆起毕肖普、她的妹妹以及她自己：

> 我们是典型的幸福少数派。我的妹妹埃莉诺在罗马清净的氛围中学习了一年文学、音乐和意大利语之后，与伊丽莎白·毕肖普同时来到瓦萨学习，毕肖普可能是自约翰·斯图尔特·密尔（John Stuart Mill）以来最博学的新生。她们发现自己身处这样的环境之中，便不停地剧烈颤抖；她们在卧室里秉烛进餐，而不是勇敢地面对大学餐厅里喧闹的庸俗之辈。[2]

毕肖普在1933年4月发表的诗作《同你说句话》（"A Word with You"）中怀念了她在库欣餐厅感受到的不适，这首诗捕捉到了小型文理学院学生生活的一个共同特征：生活在鱼缸里，或者就像这首诗恰如其分地描述的那样——生活在动物园里。大学食堂里，

1　毕肖普1947年2月致福斯特信。瓦萨学院图书馆。
2　尤妮斯·克拉克·杰瑟普：《文人与社会主义者回忆录，1929—1933》，《瓦萨季刊》，1979年冬，第17页。

人的一言一行都可能被目击或偷听到，也可能被说话者的同学——或者正如诗中所写，被说话者大学"动物园"里的狱友——模仿、嘲笑或说闲话。《同你说句话》以一句强有力的警告开篇："小心！那只该死的猿猴又来了。"如果一个人"静静地坐着，直到他离开 / 或者忘记他所知道的 /……关于我们的事情"，或许他就能逃脱流言蜚语或嘲弄。只有到那时，他才能"重新开始说话"。

《同你说句话》的语调激烈又愤怒，充满断奏式的节奏，而这种节奏将成为毕肖普后来许多诗歌的典型特征。这种语调在这首诗中继续着，它突兀又激烈的感叹捕捉到了被注视、被骚扰和被模仿的感觉。诗的最后一行又回到了开篇：即使一个人已经摆脱了鹦鹉和猴子，也必须仍然"保持沉默"，因为现在"猿猴已经偷听到"。

毕肖普去世后，她的朋友、同为诗人的梅·斯文森在 1983 年出版的《毕肖普诗全集》中的"青年时代的诗"一辑中发现了这个瓦萨时代的写作范本。这意想不到的诗歌启示与发现，也促使斯文森创作了一首反思这位难以捉摸的朋友的诗歌，题为《她的早期作品》。斯文森得出结论：

> 《同你说句话》
>
> 不得不低声窃语，
>
> 在动物园里说，
>
> 不要让
>
> 窃听的猿猴或凤头鹦鹉偷听到。[1]

---

1 梅·斯文森：《她的早期作品》，载《毕肖普诗选》，纽约：美国文库，2013 年，第 471 页。

斯文森表示，她在毕肖普的早期作品中感受到了她后来诗歌的一个关键特征：她渴望用最容易被更警觉和更富有同情心的读者听到的语调，来披露她最私密的想法和感受。毕肖普最具启示性的诗歌通常以轻声细语的言说开始，有时甚至几乎是以耳语开始。

终于，大一那年冬天的一个晚上，毕肖普和埃莉诺·克拉克感到生活的紧张情绪似乎再难以承受，于是她们下定决心逃离，没有制订明确的计划就前往埃莉诺母亲位于康涅狄格州利奇菲尔德四门紧闭的房子。40多年后，埃莉诺的姐姐尤妮斯回忆起这件事时说道："漫无目的地乘坐火车、公共汽车和出租车耗尽所有资金之后，凌晨三点，她们发现自己深陷（康涅狄格州）斯坦福德的一场暴风雪中，身无分文。"[1]尤妮斯回忆说："她们开始搭乘便车一路向北，但很快就被警察抓了起来。"逮捕她们的警察怀疑这两名四处游荡的女大学生是妓女，于是要求毕肖普透露她那件藏青色短外套夹克鼓鼓囊囊的口袋里装的东西，其中包括一本写满古希腊语笔记的便笺簿和托马斯·肯皮斯的《模仿基督》。根据尤妮斯·克拉克的说法，"警方认为她们是警察抓到过的最古怪的妓女，最后同意打电话给我母亲，母亲在天亮前救出了她们"。[2]

经历了艰难的大学第一年之后，1931年夏天，毕肖普去往沿海的普利茅斯度假，与胡桃山的一位朋友合租了一间小屋，还有机会使用一艘帆船，与此同时，她还在考虑是否要重返大学继续大学二年级的学习。夏末，她前往韦尔弗利特周边地区，那里邻近切克塞特营地。为了想清楚这个问题，她从韦尔弗利特出发，开始了一次冒险，她向路易丝·布拉德利描述道："我沿着后滩，从瑙赛特灯

1　尤妮斯·克拉克·杰瑟普：《文人与社会主义者回忆录，1929—1933》，第17页。
2　尤妮斯·克拉克·杰瑟普：《文人与社会主义者回忆录，1929—1933》，第17页。

塔走到普罗温斯敦。"这是一次孤独的夜间徒步，沿着海滩独自走了20多英里。毕肖普解释说她是一时冲动出发的，"一天晚上八点左右……带着一个锡制小餐盒，里面装着一热水瓶红茶、一个火腿三明治、一把牙刷、一把梳子以及一支口琴。这是一次非常愉快的小旅行，只是我很快就到了终点"。她发现"沿着那里走太美妙了，夜半十分，天空、星星、水和沙子上全是磷。我大部分时间都是赤着脚行走，偶尔停下来游泳"。然而，她担心，就像她至今仍被津津乐道的瓦萨学院树上的夜间探险一样，"这种事情会让大多数人认为你是一个运动怪胎"。[1] 1931年夏末，她仍在考虑是否要重返大学读书，就独自在波士顿的一栋高层公寓里租下了一间房。她告诉布拉德利，"房子的主人、我的房东太太正在把地毯从我下面的窗户抖出来，我身上沾满了灰尘"。她补充道，"目前我住在平克尼街90号，三四层楼之上。我不知道自己到底在做什么。有时这极为有趣，有时又太像《罪与罚》了"。她带着滑稽的夸张，思考着自己和陀思妥耶夫斯基笔下的拉斯科尔尼科夫之间可能存在的相似之处，她想知道"我是社会弃儿还是瓦萨女孩？我必须做出决定"。[2]也许这个决定可以通过掷硬币来完成。她问布拉德利："今年冬天你打算去哪里？我想我很快就得为是否上大学掷硬币了。你可以帮我主持这个仪式。"[3]

布拉德利在印第安纳大学的第一年曾哀叹自己过得艰难，后来转学到了拉德克利夫学院，她一定给毕肖普写过一封尖锐的回信，告诉她不要再胡说八道，回到大学去。毕肖普在回信中承认，"总

1 毕肖普1931年9月15日致布拉德利信。
2 毕晚肖普致布拉德利，时间为"星期一上午"。根据笔迹、墨水颜色和外部证据，日期大概为1931年8月底或9月初。
3 毕肖普1931年8—9月致布拉德利信。

的来说，我认为你在那封信中做了一项了不起的工作"——或者正如毕肖普所说，布拉德利这封信的目的是"给予大学应有的重视"。毕肖普指出，"你的信经常让我感到害怕"。她补充道，"我希望我也能写出这样的信——但是，那样的话，我知道除了我自己，没有人需要我给他或她写这样的信"。然而，毕肖普承认，这封信产生的结果令人振奋："如果你能再写这样的信——冬季的几个月里每隔一段时间写一次——啊，我就会在大三时成为一名优等生，成为所有人的朋友，此外我还会成为一个真正讨人喜欢的人。"最终，毕肖普决定留在瓦萨学院，以安抚她的朋友路易丝·布拉德利，也是为了安抚她的叔父杰克·毕肖普，至少到她 21 岁成年之前，"他让我任由**生活**和**股市**摆布"。[1] 谈到瓦萨，她怅然地承认，"我想到的是那里有一张床、一顿安静而孤独的早餐、一栋宽敞的图书馆，以及找到有趣的工作或朋友的渺茫机会"。尽管布拉德利的信可能是一剂振奋人心的强心剂，但毕肖普还是发出了恳求："请写一封完全关于你自己的信——先别管给予'大学应有的重视'。"[2]

————

虽是不情愿地回到瓦萨学院，但几周之后，毕肖普很快就融入一群志同道合的朋友当中，她开始享受大学生活，这远远超出了自己的预期。其中一位新朋友是即将成为杰出作家的玛丽·麦卡锡（Mary McCarthy）。麦卡锡后来回忆起她与毕肖普之间的关系时说："在瓦萨，我是 33 届，她是 34 届。我是 29 年 9 月，也就是秋季入学，正值金融危机，所以我们在大萧条中度过了大学生活，因而我

1   毕肖普 1931 年 9 月 15 日致布拉德利信。
2   毕肖普 1931 年 9 月 15 日致布拉德利信。

认为，我们更叛逆，更与众不同，尽管可能不是以传统的方式。"[1]

麦卡锡回忆道："伊丽莎白长着一张非常有趣的脸。她有一头有趣的头发，电力十足，卷曲——活力充沛。她看起来像上个世纪的人。"麦卡锡进一步评论道，"我想我们更多时候将她视作一名喜剧作家"，并补充道："我想起了她写的一首关于住在厕所旁边的诗。"事隔50多年后，麦卡锡在美国公共广播公司（PBS）出品的一部电视纪录片中凭记忆背诵了这首诗，脸上显然洋溢着喜悦：

> 女士们，先生们；女士们，先生们，
> 冲走你们的粪便，
> 我坐着，听到墙外
> 卫生管道带来的
> 悲伤又连绵的瀑布
> 让我们的行为依旧原始。[2]

麦卡锡强调说："现在，这首诗在我们大厅的吸烟室里广为人知。"[3]她们在瓦萨一起度过的那些岁月里，麦卡锡成了弗兰妮·布劳的密友。毕肖普现在感觉自己与布劳重新建立了联系——她、玛丽·麦卡锡、克拉克姐妹、布劳和其他人开始聚集在一起，形成了一个由作家、艺术家和社会评论家组成的圈子，她们分享着共同的兴趣和相似的见解。聚在一起时，每个人都从各自不那么传统的角度观察瓦萨校园及其以外的世界。

---

1 "伊丽莎白·毕肖普：一种艺术"，《声音与影像》。
2 玛丽·麦卡锡凭记忆朗诵，参见"伊丽莎白·毕肖普：一种艺术"，《声音与影像》。
3 "伊丽莎白·毕肖普：一种艺术"，《声音与影像》。

毕肖普与才华横溢的玛格丽特·米勒成了朋友，这是毕肖普瓦萨时代建立的最亲密、最复杂、最持久的友谊之一。米勒后来成了艺术史学家、文学学者和画家。毕肖普后来告诉露丝·福斯特，大学二年级最激动人心的事情之一，是"几乎立即就和玛格丽特·米勒成了非常要好的朋友"[1]。罗达·惠勒认为米勒与毕肖普"智力相当"[2]。另一位朋友格雷琴·基恩（Gretchen Keene），形容米勒"瘦削，像鸟一样，眼睛明亮，有着吸引人的敏锐幽默感。她富有创新精神，学业精湛，头脑也很活跃"。几年后在纽约结识毕肖普和米勒的哈罗德·利兹（Harold Leeds）后来回忆道："玛格丽特在很多方面都很特别。她和伊丽莎白对事物和语言怀有极为相似的好奇心。"和毕肖普一样，玛格丽特"极富表现力"[3]。毕肖普对米勒的感情很快就发展成了激情四射的依恋与爱慕，虽然整个大学期间以及后来的生活中，两人一直维持着极其亲密的朋友关系，但毕肖普很早就意识到自己浪漫的爱慕不会得到回报，她试图对这样的感情保持沉默。极少数情况下，毕肖普哪怕是最温和的示爱，都会遭到米勒严厉的回绝。尽管如此，她们的亲密友谊仍在继续，虽然并非没有挑战，而且似乎总是玛格丽特·米勒引发的挑战。

————

1932 年 2 月 8 日，伊丽莎白·毕肖普年满 21 岁。与大多数成年的年轻女性相比，她现在比以前更能自由地做出自己的决定。当然，她非常幸运，能够获得一份不算太多却足够支撑她生活的独立收入，尤其是在大萧条最严重的时期。但是在家庭方面，她几乎全

1　毕肖普 1947 年 2 月致福斯特信。
2　《怀念伊丽莎白·毕肖普》，第 41 页。
3　《怀念伊丽莎白·毕肖普》，第 43 页。

然孤身一人。她确实偶尔会去探望叔父杰克、姑妈弗洛伦斯，以及姨妈莫德和姨父乔治·谢泼德森，但更多时候，她经常独自在瓦萨度过学校假期。她主要关注的不是家人，而是她在胡桃山和瓦萨的朋友们，她频繁去往皮茨菲尔德拜访芭芭拉·切斯尼，也会在学年期间自波基普西南下，去往附近的纽约市旅行。1932 年夏天，毕肖普与切斯尼在熟悉的韦尔弗利特租了一间小屋，与后来加入她们的其他朋友一起度过了一个热闹而惬意的假期。紧接着，1932 年 8 月，毕肖普与同学伊芙琳·亨廷顿（Evelyn Huntington）开始了前往纽芬兰岛的徒步旅行。

毕肖普将自己的纽芬兰之行写成了日记，这本非正式的游记清楚地表明，这两位一起沿着纽芬兰海岸旅行的年轻女子，成了当地人格外好奇的对象。她们搭乘碎石卡车，与当地旅馆老板展开生动而不和谐的交谈，除此之外，两人还学会了制作鳕鱼杂烩汤，并享用了以"美味的咖啡和烤面包卷"为特色的丰盛早餐。[1] 这次旅程开始前，毕肖普 8 月 20 日从圣约翰寄给弗兰妮·布劳一张明信片，她写道："这个地方远远超出了我最美好的梦想。悬崖从海面直耸而上，高达 400—500 英尺。我希望——不只是客套——你能看到它们。街道和房屋全都落到了水中——显然是靠船只的桅杆支撑着。"[2] 纽芬兰之旅接近尾声时，毕肖普已经度过了趣味横生又艰苦的几周，她总是感到这样的旅行既能激发活力又能疗愈疾病。她还积累了一些素材，这些素材的片段后来有一天会被她写进《大而糟的画》("Large Bad Picture"，1946 年）和《2000 多幅插图和一个完整的索引》（"Over 2000 Illustrations and a Complete Concordance"，

1　布莱特·米利尔：《伊丽莎白·毕肖普：人生与记忆》，第 47—48 页。
2　毕肖普 1932 年 8 月 20 日致布劳信，载《一种艺术》，第 6—7 页。

1948 年）这两首重要诗作之中。

　　1932 年 9 月中旬，毕肖普回到瓦萨学院，开始了大三秋季学期的学习，她开始与几个热爱文学的同学一起筹谋一项计划，这一谋划的结果造就了瓦萨学院后来的传奇。毕肖普的朋友兼编辑劳埃德·施瓦茨曾说："伊丽莎白·毕肖普本科期间的迷人之处在于，她已然是一名成绩斐然的作家了。"[1] 然而，瓦萨学院的前五个学期，毕肖普几乎没有机会展示自己的文学才能。自进入胡桃山中学的第一年秋天开始，毕肖普向《蓝铅笔》的投稿就被热切地接受。高三那年，毕肖普还接替布劳，担任《蓝铅笔》的主编。然而，在瓦萨学习期间，直到大三秋季学期结束时，《瓦萨评论》(Vassar Review) 从未接受过一篇毕肖普的投稿，这份杂志的保守派编委会结成了一个敌对小集团，抵制毕肖普和她的朋友布劳、玛丽·麦卡锡、埃莉诺·克拉克、尤妮斯·克拉克以及玛格丽特·米勒等人。毕肖普向伊丽莎白·斯皮尔斯回忆起当时的情况时说："我们大多数人都曾向《瓦萨评论》投稿，但都被拒绝了。它在当时非常老派迂腐。我们都相当恼怒，因为我们都认为自己写得很好。"因为受到《瓦萨评论》的阻挠，毕肖普在大三的秋天加入了瓦萨的半周报《杂录新闻》(Miscellany News) 的编辑团队。《杂录新闻》当时的主编是尤妮斯·克拉克。弗兰妮·布劳经常以音乐评论家的身份出现。玛丽·麦卡锡被任命为"明星记者"。毕肖普担任编辑，她的喜剧技巧也获得了认可，因此她会定期为广受欢迎的幽默专栏《校园闲聊》撰稿。毕肖普和她的朋友们一起为《杂录新闻》工作时，也在密谋创办一本属于她们自己的反叛性文学杂志。她们在市中心的一

1　"伊丽莎白·毕肖普：一种艺术"，《声音与影像》。

家地下酒吧会面，用茶杯喝着被毕肖普称为"糟透的"红酒，这些被压抑的写作者进一步充实了她们的计划，想要打造一本可以与《瓦萨评论》分庭抗礼的杂志。这本杂志将争取刊登各类新奇作品——主要由她们自己撰写——同时鼓励志同道合的写作者投稿。预计第一期将于 1933 年 2 月，也就是毕肖普大三那年的春季发行，随后 1933 年 4 月发行第二期。刊物将会匿名出版。她们会寻找广告商。杂志出版的实际细节几乎没有什么问题，因为编辑们已经有了出版半周报的经验。玛丽·麦卡锡提议杂志命名为"战斧"（Battle-Axe）。但毕肖普认为应该命名为"精神抖擞"（Con Spirito），这个双关语既暗指她们聚在一起密谋创办这份杂志的根由，也表明杂志渴望展现出一种精神饱满的风格，毕肖普这更巧妙的提议最终赢得了大家的一致认可。

　　1932 年 12 月 30 日，随着《精神抖擞》的策划接近尾声，毕肖普在瓦萨宿舍给布拉德利写信说："我太享受大学生活了，以至于无法保持内心平静。"[1] 玛丽·麦卡锡回忆说，1933 年 2 月《精神抖擞》创刊号问世时，"它引起了轰动"[2]。《杂录新闻》会定期报道《精神抖擞》及其引发的兴趣与争议，纽约和其他地方的文学出版物也注意到了它。《杂录新闻》报道的内容包括写给编辑的信（既有赞成的也有反对的），以及对教职员工的采访（大多数表示同情）。《杂录新闻》的编辑人员主要由尤妮斯·克拉克、毕肖普、布劳和麦卡锡等同谋者组成，因而这份半周报对《精神抖擞》的广泛报道，以及铺天盖地的免费广告，很难说是偶然的。值得注意

1　毕肖普 1932 年 12 月 30 日致布拉德利信。
2　《玛丽·麦卡锡的非正式访谈》，《瓦萨百科全书》，1982 年 2 月 12 日。网页，访问日期：2017 年 10 月 12 日。

的是，甚至连来访的显赫人物，如著名文学学者赫伯特·格里森（Herbert Grierson）和伟大的 T. S. 艾略特（T. S. Eliot）本人，也都在《杂录新闻》的版面上对《精神抖擞》大加赞赏。

　　1933 年 5 月初，艾略特来到瓦萨学院，当时《精神抖擞》第二期刚刚出版。艾略特出席了自己的第一部戏剧《斯威尼·阿冈尼司帝斯》（Sweeney Agonistes）的全球首演。《杂录新闻》指派毕肖普报道戏剧首演开始之前艾略特的作品朗诵和演讲活动。毕肖普在关于艾略特演出的头条报道中称，这位著名诗人发表了令人难以置信的言论，"我的诗简单又直白"，而"观众们发自内心地笑了起来"[1]。此后不久，毕肖普采访了艾略特本人。毕肖普后来形容那天是"酷热的一天"，两人都坐在瓦萨一个客厅里正式而不舒服的软垫上。毕肖普后来在接受斯皮尔斯的采访时指出，极其得体的艾略特"最后问我是否介意他解开领带，这对艾略特来说，就像脱掉他所有的衣服"。[2] 1933 年，毕肖普为《杂录新闻》撰写的访谈报道中引用了艾略特的说法：在大学校园里，他更喜欢"短命的、自发的出版物"，而不是历史悠久的学校机关报刊。艾略特补充道，这类杂志"编辑和投稿人越少，就越有趣，越有特色"。[3] 这些观点与《精神抖擞》对《瓦萨评论》的抨击完全一致，因此可以肯定的是，毕肖普针对这位大诗人的一系列提问事先精心设计过，是一种有意引导。

　　毕肖普在《精神抖擞》上发表过的最引人入胜的作品之一是《洪水》（"The Flood"），它出现在杂志创刊号头版的正中间位置，旁边是一份激动人心的宣言，宣告这份新杂志的编辑原则，第一条

1　《T. S. 艾略特的诗歌朗诵与评论》，《杂录新闻》，1933 年 5 月 10 日，第 1 页。
2　《伊丽莎白·毕肖普谈话录》，第 108 页。
3　《艾略特支持短命的自发出版物》，《杂录新闻》，1933 年 5 月 10 日，第 1 页。

是拒绝居高临下的新闻厌女症，第二条是弃绝《瓦萨评论》似乎无可救药的文学古板。《洪水》是毕肖普在瓦萨发表的第一首诗，此前她曾在胡桃山发表大量作品，这首诗的特点就是她后来在诗作《公鸡》中所说的一种"活生生的/视角位移"，因为它想象了一个地方，正在缓慢而平稳地淹没在神秘的涨潮之下。这个曾经看似正常或稳固的世界，现在却发生了奇怪的变化。不知何故，即使水悄无声息地淹没了整个地方，一种水下的存在仍在继续。这首诗开篇就描绘了洪水的运动，洪水"首先找到了公园"，让树木"摇晃，变湿"。身处这些变化的压力之下，人造交通工具经历了奇特的改变，似乎拥有了生命。这些汽车和手推车"瞪大了眼睛"，看起来像"张大嘴巴的鱼"，因为它们"顺着郊区的潮水漂流回家"。[1] 曾经的山丘如今变成了被淹没的岛屿。突出于水线之上的教堂尖塔，现在发挥着钟形浮标的作用，船只从尖塔上方而不是下方经过。但是，下面怎么会有人活着，还以某种方式敲响了那些警钟？《洪水》没有回答这些问题。

正如艾略特所预言的那样，《精神抖擞》这样的"自发出版"的确昙花一现。三位最重要的谋划者，玛丽·麦卡锡、弗兰妮·布劳和尤妮斯·克拉克于1933年春天毕业。1933年11月，也就是毕肖普大四那年秋季，这份杂志又推出了一期。毕肖普后来告诉斯皮尔斯，那时，"《瓦萨评论》来了，我们的几位编辑成了它的编辑，紧接着他们发表了我们的作品"[2]。尽管如此，这份短命的非法出版物还是产生了持久的影响。它帮助几位重要的作家和编辑开启了自己的职业生涯，并很快成为瓦萨传说的一部分。正如《自由

---

1 《毕肖普诗选》，第217页。
2 《伊丽莎白·毕肖普谈话录》，第128—129页。

度：美国女诗人和女子学院，1905—1955》一书的作者贝瑟妮·希科克（Bethany Hicok）所言："读一读三期《精神抖擞》，我们不仅能够看到高质量的写作样本，还能看到一种批评的先锋性，它让这些女性跻身20世纪30年代文学和政治辩论的最前沿。"[1]毕肖普本人也开始将自己在《精神抖擞》上发表的作品寄给全国性的杂志。1934年6月毕业之前，就有两篇投稿被接收并获得发表，其他几篇投稿也收到了杂志社鼓励性的回复，并邀请她"继续把你的作品寄给我们"。1934年1月30日，毕肖普自豪地向弗兰妮·布劳宣布，她收到了一张26.18美元的支票，这是她作为职业作家的第一笔报酬，是《杂志》为她的短篇故事《然后穷人来了》（"Then Came the Poor"）支付的稿费，这篇故事也曾在《精神抖擞》上发表。

毕肖普在11月的《校园闲聊》栏目发表了一首轻松欢快的《祝婚诗》（"Epithalamium"），为瓦萨学院两个相互竞争的文学杂志之间的"联姻"画上了句号。这首诗的第一行诗引用了希腊的婚姻之神。第二行的押韵可能会让科尔·波特（Cole Porter）脸红，第四行则完全颠覆了关于婚姻的流行格言。

> 许门，许门。婚姻之神，
> 两倍头脑和一半空间。
> 《精神抖擞》与《评论》
> 想想一个人能像两个人般廉价地生活。
> 文学曾陷入僵局，
> 现在经由神圣的婚姻获得解决，

<hr>

[1]　贝瑟妮·希科克：《自由度：美国女诗人和女子学院，1905—1955》，新泽西州克兰伯里：巴克内尔大学出版社，2008年，第110页。

不育症消失了。

祝福这幸福的婚床。[1]

瓦萨两本敌对的文学杂志的联合可能是一次权宜联姻，但事实证明，这场联姻仍然卓有成效。毕肖普在瓦萨就读的前两年半里，没有发表过任何文学作品。而最后三个学期里，她发表了 18 篇作品，包括 9 首诗、5 个故事、3 篇散文和 1 篇书评。[2] 在这个过程中，毕肖普实实在在地证明了她已经是一个多么有成就的作家。她对自己和朋友成为作家都充满了信心。毕肖普自己后来回忆说，杂志"存续期间，我们过得很开心"[3]。

图 6　毕肖普和玛格丽特·米勒在《瓦萨人》的"员工照"，1934 年

1　《杂录新闻》，1933 年 11 月 29 日。未署名，就像《校园闲聊》栏目所有的稿件一样。毕肖普在 1933 年 12 月 12 日写给的弗兰妮·布劳的一封信中声称自己是作者，该信载《一种艺术》，第 14—15 页。

2　这 18 篇作品发表在《精神抖擞》和《瓦萨评论》以及《瓦萨本科生学习杂志》上，其中，麦克马洪将《献给眼睛的三首十四行诗》单独视为诗歌作品。参见麦克马洪：《一份参考文献》，第 140—141 页。这份统计结果不包含毕肖普为《杂录新闻》撰写的多篇文章，其中大部分都未署名。

3　斯皮尔斯：《伊丽莎白·毕肖普谈话录》，第 129 页。

大学三年级时，毕肖普确立了一段重要的关系，那就是她与路易丝·克莱恩（Louise Crane）建立了友谊，后来演变成了一段浪漫的情侣关系，这与她在《精神抖擞》上所做的努力无关。毕肖普在瓦萨的一些朋友，包括玛丽·麦卡锡，都依靠奖学金维持生计，但其他许多人，包括布劳、米勒和克拉克姐妹，都是富裕人家的女儿。路易丝·克莱恩家族的财富规模则完全不同。路易丝是她父亲温斯洛普·克莱恩（Winthrop Crane）与约瑟芬·博德曼（Josephine Boardman）第二次婚姻的结晶。路易丝是克莱恩四个兄弟姐妹中最小的一个，而且，路易丝出生时，这位家长已经 60 岁了，因此路易丝是父亲晚年的孩子。1879 年，温斯洛普·克莱恩获得了印刷美国联邦储备券的独家合同，将他父亲的"克莱恩纸业公司"打造成了名副其实的赚钱机器。正当其时，温斯洛普·克莱恩对奥的斯电梯公司和美国电话电报公司进行了重大投资，并在1897 年至 1913 年间连续担任马萨诸塞州共和党副州长、州长和参议员。

路易丝·克莱恩的父亲于 1920 年去世，当时路易丝年仅 7 岁。自那以后，她一直由母亲约瑟芬看管，约瑟芬比丈夫小 20 岁，但即便如此，她最小的孩子路易丝出生时，她也已经 40 岁了。约瑟芬本身就是一个令人敬畏的人物，对艺术表现出浓厚的兴趣，并成为现代艺术博物馆颇具影响力的联合创始人。每周四晚上，她都会在自己位于曼哈顿第五大道的豪华公寓里举办了艺术沙龙，这套公寓共有 18 个房间。正是在这里，她对纽约的艺术界产生了相当大的影响。

路易丝·克莱恩在这样一个令人兴奋和享有特权的世界里长大，也造就了她自己独特的个性。她比毕肖普小两岁，1931 年进入瓦萨学院，比毕肖普晚入学一年。路易丝学习成绩平平，永远不可能毕业。作为四个孩子中最小的一个，路易丝已经学会了成为一个挑衅者。像毕肖普一样，她也富有冒险精神，热爱探险，对荒谬的事情有着敏锐的感知。克莱恩还展现出毕肖普所说的"体验下层生活"的品位，[1]判断艺术作品的内在品质时也显露出不可思议的诀窍。

1947 年，毕肖普羞愧地向露丝·福斯特坦白，每当胡桃山或瓦萨的富裕朋友来到她位于里维尔的谢泼德森家，以及后来又来到克利夫顿代尔拜访她时，她经常会感到非常不舒服。毕肖普承认："多年来，我一直为莫德姨妈感到非常羞耻，我在那里生活的那段时间，我几乎对所有人都隐瞒了这一点。"感到尴尬的不只是毕肖普一个人。"就我姨妈而言，她一开始就害怕我的朋友，而我知道她的恐惧，也知道我自己的恐惧。"毫无疑问，毕肖普的焦虑与她因遭受乔治姨父的虐待而引发的深深的羞耻有关，她觉得自己不得不隐瞒这一点。当然，正如毕肖普对福斯特所说的那样，"很多孩子都会经历一段为父母感到羞耻的时期，但都没有像我这样受到挑衅"。毕肖普认为路易丝·克莱恩是帮助她克服这些情绪的人，因为她"对我的姨妈和姨父非常友善……当我第一次认识她时，对于一个像她这样年纪的女孩来说，能够与各种各样的人相处融洽，并且让他们感到轻松自在，她真的……太有本事了"。[2]毕肖普大学毕业后和克莱恩一起旅行的那些年里，她发现自己在不同的经济和文化背景中都能游刃有余，她甚至与姨妈莫德以及姨父乔治达成了某种程度的和解。

---

1 毕肖普 1947 年 2 月致福斯特信。
2 毕肖普 1947 年 2 月致福斯特信。

　　毕肖普与瓦萨的一群朋友建立了友谊，共同创办了一本成功但短命的文学杂志，并开启了在大学校园之外发表作品的职业作家生涯，与此同时，她还在大学里制定了一系列艺术原则，这些原则将在她余生里继续指导和影响她的写作。毕肖普在瓦萨创作的对她未来发展具有决定性意义的作品之一是《杰拉德·曼利·霍普金斯：关于其诗歌中时间控制的笔记》（"Gerard Manley Hopkins: Notes on Timing in His Poetry"），大四那年春天，这篇文章发表在《瓦萨评论》上。霍普金斯是一位英国诗人和耶稣会牧师，1889年去世，克里斯托弗·里克斯（Christopher Ricks）恰当地形容他为"维多利亚时代最具独创性的诗人"[1]。霍普金斯的诗歌远远超越了他身处的时代，在世时却极少发表诗作，直到他去世30年后，他的诗歌才得以大量印刷出版。1918年，霍普金斯生前的朋友、当时的英国桂冠诗人罗伯特·布里奇斯（Robert Bridges）终于出版了霍普金斯的诗集，这在上流文学界引起了轰动。毕肖普读到的霍普金斯诗集，或许是1930年新推出的扩充版。霍普金斯对诗歌语言的创造性运用，以及他死后才出版的致布里奇斯的书信中提出的关于诗歌节奏和意象的挑衅性理论，都深深地影响了毕肖普。

　　毕肖普这篇创作于瓦萨时期的随笔，特别关注霍普金斯表达其思想时"控制时间"的方式，毕肖普所说的"时间控制"是指霍普金斯选择停止向"独特而完美的诗歌"运动的那一刻，这一刻诗歌"似乎与意识思维分离，有意避开它，而意识思维则艰难地朝向它迈进"。在毕肖普看来，霍普金斯选择"停止他的诗，把它

1　克里斯托弗·里克斯：《杰拉德·曼利·霍普金斯的艺术与信仰》，《新标准》1991年9月。

们写在纸上，这些诗尚在发展，它们仍然不完整，仍然接近产生
诗歌的第一个事实真相或想法的核心"。[1]毕肖普在讨论关于霍普金
斯控制时间的文章中，还引用了 M. W. 克罗尔的著名文章《散文中
的巴洛克风格》。毕肖普抓住了克罗尔的论断，即巴洛克散文作家
的目的，如约翰·多恩在其布道之文中所说："不是描绘思想，而
是思考中的心灵。"这些作家的目标不是要捕捉一种既定的确定性
状态，而是"思想第一次在脑海中清晰显现"的时刻，这样"思想
的每个部分仍然保留着自己独特的重点和个体的活力——简而言
之，就是真理仍然处于想象的时刻"。[2]毕肖普通过霍普金斯的作品
阐述的这些原则，将在未来的岁月里继续指导毕肖普自己的诗歌
写作。正如她在 1966 年的一次采访中所描述的那样，诗人的目的
是"将行动中的心灵而非休憩中的心灵戏剧化"[3]。毕肖普即将证明
自己是一位成熟的艺术家，毕业后不到一年，她就开始在《地图》
（"The Map"）、《想象的冰山》（"The Imaginary Iceberg"）和《人蛾》
（"The Man-Moth"）等突破性的诗歌中实践这些原则。她将继续
寻找原创性的方法，"将行动中的心灵戏剧化"，直到《一种艺术》
《圣塔伦》（"Santarém"）和《粉红狗》（"Pink Dog"）等巅峰之作的
到来。

她早年沉迷于霍普金斯的诗歌和诗学，结果诞生了一个更不寻
常的"副产品"，那就是发表在《精神抖擞》第二期上的《圣母赞
美诗》（"Hymn to the Virgin"）。霍普金斯因使用参差的跳韵和令人
震惊的头韵而闻名，这主要归功于他对盎格鲁-撒克逊诗歌的研究

1 《毕肖普散文选》，第 472 页。
2 《毕肖普散文选》，第 473 页。
3 《伊丽莎白·毕肖普谈话录》，第 26 页。

与探索。毕肖普将霍普金斯式的音律与一首明显非霍普金斯式的诗结合在一起，对诗中隐于窗帘背后的被忽视的圣母玛利亚雕像发动言语攻击，这首诗展示了毕肖普作为一名大学生对音调暴力的艺术可能性的探索；在这首诗中，毕肖普将玛利亚肖像描述为一个"蜡脸木身之人"，用一句轻率而令人费解的短语来说，她可能会"让我们崇拜我们之明智？"的确，这尊圣母雕像受到了语言的嘲弄："不要把你漆得漂亮的脸转过去，巡游和迎接你必须面对的我们的观众之眼。"[1]虽然《圣母赞美诗》绝非毕肖普最精妙或最令人满意的作品之一，但它与同一期《精神抖擞》上刊登的《同你说句话》一起，显示出大学时代的毕肖普就已经在尝试音调和声音的效果，这是她作品力量的来源，短短两年的时间里，她就已经完全掌握了这样的技艺。《圣母赞美诗》在《精神抖擞》上发表几周后，就被选入1934年4月出版的《杂志》，这标志着毕肖普22岁时首次以诗人身份有偿发表文学作品。

毕肖普在探索杰拉德·曼利·霍普金斯的原创性诗学的同时，也在阅读她能接触到的玛丽安·摩尔的诗歌，摩尔同样是一位与众不同的诗人，住在布鲁克林。毕肖普死后出版的关于两人之间友谊的回忆录《爱的努力》(*Efforts of Affection*)中，毕肖普回忆起她在瓦萨学院为寻找摩尔的几首诗来阅读时所付出的努力。在阅读了"《日冕》的黑色副本、'小杂志'以及大学图书馆馆藏的诗歌选集中所能找到的摩尔小姐的每一首诗"之后，她意识到摩尔迄今为止唯一的一本诗集《观察》(1924)"图书馆没有收藏，我也从未见过"。当毕肖普询问温文尔雅的学校图书管理员范妮·博登，为

---

1 《毕肖普诗选》，第220页。

什么"瓦萨图书馆里没有了不起的诗人玛丽安·摩尔的《观察》"
时，博登"非常温和地吃了一惊"。博登接着问道，显然非常惊讶，
"你喜欢玛丽安·摩尔的诗吗？"博登随后透露自己是摩尔母亲的朋
友，自玛丽安幼年时就认识她，觉得玛丽安很独特，现在仍然是她
的朋友。博登将自己那本《观察》（里面塞满了许多评论诗集的剪
报）借给毕肖普，并安排毕肖普和这位年长的诗人会面。博登没有
回答毕肖普起初提出的问题：为什么像玛丽安·摩尔这样享有盛誉
的美国诗人——至少在她的同行中——的作品却没有出现在瓦萨这
样一所女子学院"豪华的图书馆"里？当备受推崇的 T. S. 艾略特
的戏剧能够在瓦萨校园大张旗鼓地首演时，当关于他作品透明度的
笑话会被瓦萨的观众立即理解时，摩尔本人却相对默默无闻，她的
作品几乎无法获取。毕肖普与大学图书管理员面谈一年之后，《摩
尔诗选》由费伯出版社以及麦克米伦出版社出版，艾略特亲自为这
本诗集撰写了序言。毫无疑问，瓦萨学院的图书馆总有一天会为这
本薄薄的诗集找到归宿。

　　毕肖普提到在范妮·博登借给她的《观察》中发现的摩尔的一
首诗，那就是《婚姻》（"Marriage"）。毕肖普宣称，这样的诗"让
我大为震惊，至今仍是如此，它们是语言和结构的奇迹。为什么
此前从来没有人以如此清晰又炫目的方式写作？"毕肖普在摩尔的
《婚姻》中发现了一首当代诗，它不仅在结构上非同寻常，而且将
心灵的行动戏剧化，描绘的"不是思想，而是思考中的心灵"。摩
尔的诗以一段十七行的长句开篇，从一个又一个怀疑的角度思索了
婚姻的观念，"这种机构，/ 也许应该称之为企业"。婚姻（也许是避
风港，也许是监狱）这种奇怪而又无处不在的机构或企业是一个充
满矛盾的实体，"要求公开承诺 / 一个人的意图 / 去履行一项私人义

务"。[1] 经过一连串这样谨慎的法律论叙述之后，摩尔突然跃向了一个问题："我想知道亚当和夏娃 / 此时对此有何感想。"也许婚姻确实提供了一些诱惑——"这火镀的钢 / 金光辉耀"——但总的来说，它似乎是一种"环形的"或自我延续的传统，甚至可能是一个"骗局"。对于摩尔小姐这样的人来说，它仍然是一种机构或企业，"需要用尽一个人所有的犯罪天赋 / 才能避免"。[2] 尽管如此，宾夕法尼亚州葛底斯堡的常青公墓中，玛丽安·摩尔与母亲共享的墓碑上，诗人的名字下面仍留有一块空白——如果她有一位丈夫，那么丈夫的名字应该会刻在墓碑之上。

或许，并非每个人都会觉得这首多义的诗"清晰"，但毕肖普声称摩尔确实做到了"清晰"，这表明她和摩尔对婚姻持同样的怀疑态度。为了避免婚姻，两位女性用尽了自己的聪明才智，无论是"犯罪"的计谋还是其他手段。

1934 年 3 月，当这两位与众不同的女性在纽约公共图书馆外会面时，尽管毕肖普很害羞，而且两人年龄也相差 20 多岁，但她们立即找到了彼此的联系。毕肖普很快写信给她的朋友弗兰妮，说摩尔"简直令人惊叹。她很贫穷，又病得很重，她的作品几乎无人问津，我猜，但她似乎完全没有受到影响，继续每年写出一首诗和几篇评论，这些自成风格的作品堪称完美。我从来没有见过有人如此'不辞辛劳'"。[3] 这位年轻的诗人很快就灵机一动，邀请"摩尔小姐"（Miss Moore，毕肖普在此后几年里一直这样称呼这位长辈）去林林兄弟马戏团。原来，马戏团是玛丽安·摩尔最喜欢的娱乐项目

1　玛丽安·摩尔：《玛丽安·摩尔诗选》，格蕾丝·舒尔曼编，纽约：维京出版社，2003 年，第 155 页。
2　玛丽安·摩尔：《玛丽安·摩尔诗选》，第 155 页。
3　毕肖普 1934 年 4 月 1 日致布劳信，载《一种艺术》，第 21 页。

（或许毕肖普已经从摩尔诸多专门描写奇异动物的诗歌中猜到了这一点），她讲述了摩尔是如何偷偷带进满满一袋不新鲜的黑面包投喂大象（"它们最喜欢吃的食物之一"），而大象们则"大呼过瘾"。[1]经历这样的亲密时刻之后，她们之间的友谊，尽管偶尔会在艺术上爆发冲突，但未来的许多年里从未间断过。

伊丽莎白·毕肖普在瓦萨求学期间或刚毕业之后不久，的确至少面临过一次结婚的可能性。1931年一次学校放假期间，她去皮茨菲尔德拜访胡桃山时期的朋友芭芭拉·切斯尼时，遇到了比她大四岁的罗伯特·西弗（Robert Seaver）。西弗主修化学，但他在大学里学习过文学，对现代诗歌抱有浓厚的兴趣。教过一段时间书之后，他现在和家人住在一起，在当地的一家银行工作，对自己的命运感到有些沮丧。西弗十几岁时就患上了小儿麻痹症，需要挂着拐杖才能四处走动，但他的姐姐伊丽莎白·西弗·赫尔夫曼（Elizabeth Seaver Helfman）回忆说："为了弥补这一缺陷，他变得非常迷人，例如，女孩们都愿意与他一起坐在外面，也不愿去跳舞。"赫尔夫曼在1931年10月1日的日记中写道，"毕希是一个多么令人惊叹和有趣的人。有她在这里很有趣：一个有着独特想法的人，从不平淡乏味地滔滔不绝"。瓦萨时代的某个圣诞节假期，毕肖普与西弗一起去了楠塔基特，他们在当地的一家旅馆里合住一间房。因为他们未婚，所以担心这可能会给旅馆老板带来麻烦，但一天晚上，房东太太给了他们一个惊喜，与他们分享了一瓶格洛格酒。西弗偶尔会去瓦萨看望毕肖普，两人在毕肖普整个大学期间一直保持着联系。毕肖普被西弗的聪明才智所吸引，而且欣赏他的兴趣。他肯

---

[1] 《毕肖普散文选》，第120页。

定也凭直觉察觉到了毕肖普的性取向，有一次他对毕肖普感慨道："我想，如果我是个女孩，你会更喜欢我。"[1]

———

毕肖普与玛丽安·摩尔激动人心的初次会面后不久，她便迎来了一次创伤性事件。根据达特茅斯医院的临床记录，整个 20 世纪 20 年代和 30 年代，毕肖普母亲格特鲁德病情的评估报告仍然使用"无变化"或"自上次报告以来几乎无变化"这样草率的措辞。随着岁月的流逝，除了那萦绕不去的"柔弱的几近失去的尖叫"的回声，这对母女之间没有任何交集和联络。23 岁的伊丽莎白·毕肖普已经成长为一个充满好奇心的女人，即将完成大学学业，踏入文坛。而另一方面，她母亲的生命一直处于近乎永久停滞的状态。

尽管格特鲁德·毕肖普的病情近 20 年一直保持稳定，但在1934 年 5 月 16 日，也就是她女儿从瓦萨学院毕业的前一个月，格特鲁德·毕肖普突然出现了危险病症，包括意识丧失、身体右侧出现"严重癫痫"以及身体左侧瘫痪。当天，医院指出，"她的情况相当糟糕，已通知她的亲属，她病得很重，可能无法康复"。5 月17 日，格特鲁德开始发高烧。随后几天的报告显示没有任何改善。5 月 29 日早些时候，临床记录显示，格特鲁德的"亲属已经接到通知，她活不了多久了"。毕肖普极有可能是直接从新斯科舍医院或她在马萨诸塞州的亲属那里收到了这方面的警示。同一天，也就是5 月 29 日，医院记录显示，"患者于下午 4 点去世"，格特鲁德·布尔默·毕肖普谢世，享年 55 岁。过去的 18 年她都在疗养院度过，大部分时间都被关在一间单人病房里。

———

1　毕肖普 1947 年 2 月致福斯特信。

格特鲁德·布尔默·毕肖普生前曾被禁止返回美国，但她的遗体现在被"送往马萨诸塞州伍斯特市安葬"。她的遗体被埋葬在她哀悼已久的丈夫身边，同一块墓碑之下。伍斯特希望公墓的花岗岩墓碑外侧刻着这样几行字：

威廉·T. 毕肖普

1872—1912

他的妻子

格特鲁德·布尔默

1879—1934

没有证据表明有人曾鼓励过毕肖普参加这场葬礼。6 月 4 日，毕肖普相当平淡地写信给她的朋友弗兰妮·布劳："我想我应该告诉你，母亲一周前的今天去世了。当然，这是 18 年之后最幸福的事情了。"[1] 但正如毕肖普后来的作品所表明的那样，她对母亲的感情远未达到完全解决的地步。

毕肖普将自己终生酗酒的肇始与母亲的去世联系在一起。禁酒令 1933 年 12 月被废除，格特鲁德去世时，那时毕肖普已经年过 21 岁，可以公开饮酒了。大学四年级时，毕肖普和玛格丽特·米勒同住一个房间，她们曾担任瓦萨学院年鉴《瓦萨人》的联合编辑，这本年鉴最近刚刚出版，赢得了热烈的赞扬。毕肖普后来向福斯特回忆起这样的时刻，那可能"就在我母亲去世之前或之后，但无论如何母亲一直在我的脑海里，当玛格丽特不在的时候，也就是说我和

1　毕肖普 1934 年 6 月 4 日致布劳信，载《一种艺术》，第 24 页。

路易丝·克莱恩在市中心喝得酩酊大醉，她是故意这么做的"。虽然毕肖普对这一创伤性时刻的回忆仍然支离破碎，但她向福斯特描述自己进入宿舍后，坐在地板上，"我一直在为我的母亲哀号"，此时她的朋友玛格丽特则轻轻拍着她的头。[1]

　　毕肖普失去了自5岁起就未曾谋面的母亲，两周之后，她面临着几乎每个即将毕业的大四学生都会面临的问题：我该怎么办？我该住在哪里？于她而言，无论"家"在哪里，都不可能回到那个"家"。结婚似乎也不可能，她自己正在考虑一个不确定的职业：成为一名诗人，至少从大一开始，甚至在那之前，其他人就一直认为她会从事这项职业。1934年6月11日，毕肖普从瓦萨学院毕业。6月20日，毕肖普告诉路易丝·布拉德利，"可悲的事实是，我已经决定住在纽约"。毕肖普和玛格丽特·米勒曾短暂考虑过在曼哈顿租下一整栋房子，租金由玛格丽特和她的母亲、玛丽·麦卡锡和她的新婚丈夫哈拉尔德·约翰斯鲁德（Harald Johnsrud）、路易丝·克莱恩以及其他一些人共同承担。但这样的公共性计划被证明并不切实际。[2] 米勒和她母亲在布鲁克林大桥附近找到了一套公寓，而新婚不久的麦卡锡和她的丈夫也找到了单独的住所。不过，即便住在纽约，毕肖普的附近也会有几个瓦萨朋友，而且，生活在美国文学和出版业的核心地带，还可以增进她与玛丽安·摩尔之间的友谊。她选择曼哈顿而非波士顿的一个原因是，曼哈顿能够让她与马萨诸塞州的亲戚保持距离。1934年10月中旬，毕肖普的叔父杰克突然去世。短短几个月的时间里，毕肖普失去了母亲，经历大学毕业，在新的地方开始了新的职业生涯，并失去了长期以来的法定监

1　毕肖普1947年2月致福斯特信。

2　毕肖普1934年5月27日致布劳信，载《一种艺术》，第24页。

护人。现在，毕肖普家族之中，她唯一在世的长辈亲属只剩下一向挑剔的姑妈弗洛伦斯，而弗洛伦斯最近也在马萨诸塞州斯托克布里奇的奥斯汀·里格斯疗养院住了一段时间，因为她似乎患上了躁狂抑郁性精神病，现在她听从医生的建议，在斯托克布里奇经营着一家书店。母亲的家族方面，姨妈莫德仍然和乔治住在克利夫顿代尔，毕肖普很少去看望他们。毕肖普最深爱的姨妈格蕾丝则远在大村。

6月30日，毕肖普在格林威治村的布雷沃特酒店订了一个房间。不久之后，她搬进了查尔斯街16号的一套小公寓，就在华盛顿广场以西的几个街区。她后来多次返回纽约市时，经常住在格林威治村这个著名地标的附近。毕肖普在查尔斯街的公寓里做起了小规模的家务活——起初她感觉自己是"在一个没有家具、煤气、冰块和挂钩的公寓里露营"[1]。短暂地考虑并拒绝攻读文学博士学位之后，毕肖普认真地转向了写作事业，尽管她告诉弗兰妮·布劳："我的事情都悬而未决。"[2]23岁的毕肖普完全掌控了一笔不多的独立收入，她不再受制于毕肖普或布尔默的亲戚。相反，她能够通过多年来的阅读、写作以及在学校杂志上大量发表作品，开启她早已准备就绪的人生和事业。她将成为一名诗人，她将很快成为一名世界旅行者，她将不会成为任何男人的妻子。

叔父杰克去世后不久，毕肖普就完成了诗作《地图》，这是一项非凡的诗歌成就，将会成为她的第一本诗集《北与南》(*North & South*)的领航之诗。这首诗是诗人毕肖普十多年来努力和准备的结果，标志着她突破自我，找到成熟的风格。毕肖普一直声称，1934年的新年前夜她独自坐着，凝视着一张覆盖着玻璃的地图时，

1 毕肖普1934年7月29日致布劳信，载《一种艺术》，第25页。
2 毕肖普1934年11月1日致布劳信，载《一种艺术》，第28页。

一气呵成就写出了这首诗。但这个创作日期并不完全正确，因为毕肖普1934年12月23日寄给路易丝·布拉德利的一封信中，就附上了这首诗精美且完整的打字稿，其中还包括玛丽安·摩尔所提出的恰当的修改建议——她在信中称这是她最近创作的唯一一首让她有信心的诗。

《地图》以奇异的戏谑和探究开篇。就像玛丽安·摩尔的《婚姻》一样，它从各种不可预测的角度审视一个熟悉的对象或主题。然而，与摩尔更执着、更自信的创作手法不同，这首诗显露出一种冷静的气质。没有人会误认为毕肖普的《地图》是老诗人摩尔的作品。它以一连串的断言开篇，这些断言转变为询问，几乎将我们带到了超现实主义的边缘。因为在这张地图中，"陆地躺在水中；阴影般的绿"。但这些真的是阴影吗？或者它们可能是浅滩，矗立在水域中或地图的"边缘／展现出一排长长的海草丛生的礁石之轮廓／在那里，海草从绿色绕缠成淡蓝"？在前四行中，毕肖普提出的问题已经远远超过了她的回答。她将自己在抽象地图的二维外观上看到的景象，与她对大西洋海岸线的记忆融合在一起，她曾在那里度过了无数个夏天。然后，突然之间，地图的一部分从看似沉睡的状态中翻滚出来，变成了或似乎变成了一个行动场景："或许是陆地俯身从海底托起大海／再平静地拉回来，环绕着自己？／沿着美丽的褐色的砂石大陆架／是陆地正从水下用力拖拽着大海吗？"

毕肖普以其观察的准确性而闻名，但这种准确性总是包蕴着想象力的转化。因此，这首诗中的诸多断言都变成了疑问，或者假设了与事实相反的命题。在后来的人生中，毕肖普最喜欢的书之一是E. H. 贡布里希（E. H. Gombrich）的经典著作《艺术与幻觉》，这本书认为，心灵的文化条件很大程度上形塑了我们所看到和理解的许多事物。从《地图》等早期诗歌开始，毕肖普就一直致力于艺术与现实之间持续而富有成效的交织互动，目的是鼓励她自己和她的读者从新的角度看待世界。

《地图》来回拨弄着一些它从未真正问出过的问题。地图是世界的表象，还是事实或抽象概念？然而，当这些问题在背景中盘旋时，这张二维地图似乎就在我们眼前活了起来，因为很快，"海滨城镇的名字奔向大海"，"城市的名字越过毗邻的山脉"，这可能会让读者猜测地图制作者的情绪，就像人们揣测诗歌作者的情绪一样。"这里的印刷工体验着同样的兴奋 / 当情感远远超过它的原因"？当然，毕肖普在接下来五年里创作的许多诗歌，都将会戏剧化地描写经历这种高度兴奋状态的人物。她的地图上的每一个要素——陆地、水域、印刷的名字、毗邻的山脉、拉布拉多的黄色外观——被"恍惚的爱斯基摩人""涂了油"——或者我们被这样开玩笑地这样告知；甚至似乎这位兴奋的地图绘制者本人——也变得活跃起来，泄露了它们"拥有生命和期望"的秘密，正如她在后来的诗作《纪念碑》（"The Monument"）中说的那样。这首诗接近尾声时，提出了一个意想不到的问题："颜色是被分配的，还是国家可以选择自己的颜色?"《地图》没有尝试回答这个问题，实际上也没有尝试回答整个过程中任何其他挑衅性的问题。相反，毕肖普以一个最模棱两可的论断结束了这首诗："地图绘制者的着色比历史学家更精细。"从这首诗创作的那一刻起，毕肖普的人生和作品，也将在真实的旅行和虚拟的旅行之间自由起伏，就像她的艺术会在表现与抽象之间自由起伏一样。

在纽约度过的这一年里，毕肖普在社会研究新学院学习艺术和历史课程。她开始起草许多诗歌，这些作品现在被认为是她早期成熟风格的代表作。毕肖普的几首诗，包括《地图》和其他四首她后来选择不收集的诗，一起出现在 1935 年出版的诗歌选集《试算表》（*Trial Balances*）中，同时还配有摩尔的序言《古旧之新》（"Archaically New"）。摩尔撰写序言时，手边只有少数几首毕肖普早期的诗歌可供参考，但她精准地概括出了毕肖普诗风的多个标志性特征。摩尔用她自己独特的措辞评论道："她的作品中理性思考的品质就是它的力量——辅以不赘言辞、非扭曲的有意、率性的闪烁以及自然而非强迫的结尾。"[1]30 多年后，约翰·贝里曼向毕肖普回忆起，自从他在哥伦比亚大学读本科时第一次在《试算表》中接触到毕肖普的诗歌之后，就一直极其"钦佩和喜爱"她的作品。[2]

在纽约期间，毕肖普还拒绝了仰慕她的追求者罗伯特·西弗的求婚，据西弗的姐姐说，毕肖普曾告诉西弗"她从来都不想嫁给任何人"[3]。随后，1935 年 7 月，她和瓦萨学院的一位朋友一起乘坐蒸汽船前往欧洲，计划在诺曼底的一个渔村短暂停留。然而实际情况是，她与路易丝·克莱恩在巴黎卢森堡花园对面度过了一段更长的时光。

---

1 玛丽安·摩尔：《古旧之新》，载《试算表》，安·温斯洛编，纽约：麦克米伦出版社，1935 年。
2 贝里曼 1969 年 12 月 22 日致毕肖普信，瓦萨学院图书馆，档案编号 1.13。
3 《怀念伊丽莎白·毕肖普》，第 64 页。

第七章　这陌生的旅行天地

　　从瓦萨学院毕业13个月后，伊丽莎白·毕肖普将大部分生活物品都储存起来——这不是她最后一次这样做，她从纽约出发，乘坐"柯尼斯泰因号"轮船前往安特卫普和法国。她沿着前几代美国艺术家和作家开辟的道路，踏上了这次跨大西洋之旅。朗费罗从鲍登学院毕业后，花了三年时间在欧洲学习现代语言。后来，小说家亨利·詹姆斯（Henry James）也在欧洲大陆长大，他的写作生涯着重探索美国人在欧洲以及欧洲人在美国的困境。20世纪前20年里，T. S. 艾略特、罗伯特·弗罗斯特（Robert Frost）、埃兹拉·庞德（Ezra Pound）和希尔达·杜丽特尔（Hilda Doolittle，通常简称H. D.）等诗人，都是凭借在伦敦出版作品建立起自己的声誉。不久之后，美国人在欧洲的重心转移到了巴黎，格特鲁德·斯坦因（Gertrude Stein）和爱丽丝·B. 托克拉斯（Alice B. Toklas）对年轻一代的美国作家和艺术家产生了巨大的吸引力。舍伍德·安德森（Sherwood Anderson）、欧内斯特·海明威（Ernest Hemingway）、斯科特（Scott）和塞尔达·菲茨杰拉德（Zelda Fitzgerald）与毕加索（Picasso）、布拉克（Braque）、詹姆斯·乔伊斯（James Joyce）、马蒂斯（Matisse）、胡安·格里斯（Juan Gris）和玛丽·劳伦森

（Marie Laurencin）在弗勒鲁斯街 27 号斯坦因的沙龙里交往。除菲茨杰拉德夫妇之外，毕肖普有朝一日都会与这些旅居巴黎和伦敦的美国人相遇，这样的相遇最早可以追溯到 1933 年她在瓦萨采访T. S. 艾略特。一年后，也就是 1934 年秋天，当毕肖普和路易丝·克莱恩得知，克莱恩母亲雇的司机亚历克将会开车送格特鲁德·斯坦因去新学院发表她在美国的第一次演讲时，毕肖普告诉弗兰妮·布劳说，路易丝自得地向亚历克描述斯坦因"简直是一位迷人的年轻女士，就像一个电影明星"。毕肖普尖酸地补充道："今晚他一定会大失所望。"[1]

陪同毕肖普乘坐"柯尼斯泰因号"的是她的旅伴、朋友、瓦萨学院的作家哈莉特·汤普金斯（哈莉·汤普金斯）[Harriet（Hallie）Tompkins]，汤普金斯后来说："那个时代，巴黎似乎是每个人都要前往的地方。"[2] 然而，毕肖普本人之所以选择巴黎，并不仅仅是追随潮流。她遵循的是她内心另一个自我——佩内洛普·格温多年前就制定好的路线行程，佩内洛普是胡桃山时代那首粘有贴纸的诗作中的企鹅女主角。毕肖普就像不敬而活泼的佩内洛普，她的目标是"多多去往异国他乡／追寻文化和艺术"。当毕肖普登上前往欧洲大陆的轮船，离开伍斯特和克利夫顿代尔时，她正在逃离"紧追不舍的姑姨们"，并证实了她先前的断言的真实性："家庭生活不适合我。"[3]

毕肖普与哈莉·汤普金斯的安特卫普之行并非一帆风顺。魅力四射的哈莉被无数男性崇拜者包围了，毕肖普告诉弗兰妮·布劳，其中就包括"'好彩香烟'的男模特（'我绝不会让你失望''我是你

1　毕肖普 1934 年 11 月 1 日致布劳信，载《一种艺术》，第 28 页。
2　《怀念伊丽莎白·毕肖普》，第 63 页。
3　《埃德加·爱伦·坡与自动点唱机》，第 3 页。

最好的朋友')"[1]。毕肖普和汤普金斯都震惊地发现,她们无意中订到了"一艘纳粹船"的船票。[2]毕肖普告诉布拉德利,这艘船上挂着"一个小小的纳粹万字符"[3]。1935 年 8 月 3 日,毕肖普在船上草草写下了一张明信片,寄给弗兰妮·布劳,她哀叹道:"德国游客如此践踏我的人格和智慧,恐怕我无话可说了。我只是躲起来悲叹,然后驶向安特卫普。他们简直**难以忍受 **@@**。"[4]然而,毕肖普几周后告诉弗兰妮,"不知为什么,只要到达目的地,火车和乘船旅行的强烈不适感就消失了"——这样的精神状态让她在此后漫长的旅行生涯中受益良多。[5]

提议去法国旅行时,汤普金斯已经完成在瓦萨学院最后一个学期的学业,是《杂录新闻》的主编,所以她将所有的计划都交给了当时她并不太熟悉的毕肖普。汤普金斯起初认为毕肖普是一个空想的唯美主义者,然而她却惊讶地发现,她的新朋友的计划都"相当实用……毕肖普非常清楚该以非常平和且不唐突的方式完成任务"[6]毕肖普以前从未横渡过大西洋,但她已经是一名经验丰富的旅行者,她

图 7 毕肖普护照上的照片,1935 年

1 毕肖普 1935 年 8 月 27 日致布劳信,《一种艺术》中省略的段落。
2 《怀念伊丽莎白·毕肖普》,第 63 页。
3 毕肖普 1935 年 9 月 18 日致布拉德利信。
4 毕肖普 1935 年 8 月 3 日致布劳信。
5 毕肖普 1935 年 8 月 27 日致布劳信,载《一种艺术》,第 35 页。
6 《怀念伊丽莎白·毕肖普》,第 63 页。

从十几岁开始就悄悄在新英格兰、纽约、新斯科舍甚至纽芬兰等地
旅行。

　　毕肖普和汤普金斯在布鲁塞尔短暂停留，两人在那里参加了一
场展览会，"似乎主要是世界博览会剩下的残废品，包括的迪林杰
的仿像"[1]，之后又在巴黎停留了五天。紧接着，他们乘火车前往布
列塔尼东端，于1935年8月中旬抵达小渔村杜阿内兹，这个地方
与弗兰妮·布劳推荐的旅游地图相去甚远。汤普金斯和毕肖普，就
像弗兰妮之前那般，在一家名字很宏伟但实际上既廉价又朴素的
"欧洲酒店"里安顿下来。哈莉·汤普金斯很喜欢杜阿内兹，返回
巴黎之前，她在那里待了两周。毕肖普计划逗留更长时间，等待她
的朋友兼浪漫伴侣路易丝·克莱恩到来，当时克莱恩正和母亲约瑟
芬一起游览欧洲。汤普金斯形容这个沿海地区"就像新斯科舍省。
这是一个纯粹的毕肖普地形，一个她自然会喜欢的地方"[2]。

———

　　毕肖普带来了一个小型的法国文学图书馆，包括兰波的诗歌和
法国超现实主义诗人的作品，她开启了每天写作、阅读和学习的
日常生活。她问弗兰妮："你还记得这家旅馆后面那块有时会被称
为'露台'的水泥板吗？早上外面天气极好，阳光充足，还有几只
猫。"她自己会坐在那里，"每天从早餐到午餐，带着一瓶墨水和一
支笔"。[3] 毕肖普一生都是一名晨间作家，她的许多黎明之诗、清晨
之诗以及她频繁描摹梦境都证明了这一点。为了激励布劳以及《精
神抖擞》时代的伙伴们继续文学创作，毕肖普敦促弗兰妮考虑将

1　毕肖普1935年8月21日致摩尔信，载《一种艺术》，第34页。
2　《怀念伊丽莎白·毕肖普》，第63页。
3　毕肖普1935年8月27日致布劳信，载《一种艺术》，第35页。

她的音乐评论登载在毕肖普目前最喜欢的刊物《今日生活与文字》（*Life and Letters Today*）上，这是玛丽安·摩尔推荐给她的英国先锋派小杂志。毕肖普补充道："从现在起，我们都必须在印刷品上迸发、绽放、蓬勃生长。"[1]

毕肖普写给摩尔的信中充满了她深知这位导师会喜欢的种种意象："渔网是海蓝色的（这里是沙丁鱼渔业的中心），所以它们沉入深水时鱼儿看不见。"她补充道："昨晚镇上来了一个小马戏团；杂技演员和训练小马的女人都住在这里……镇上的每个人都穿着布列塔尼人的服装参加。"然后，她知道摩尔会跟她有同样的感受，于是惊呼道："我格外喜欢其中一只爬上梯子的海豹，它带着一盏点亮的灯，灯上有红色的丝绸灯罩，鼻子上还挂着珠饰。"[2]毕肖普向老朋友路易丝·布拉德利转述了自己与这个布列塔尼社区共同经历的某些不太健康的活动，她解释道："全镇的人每天晚上都会喝醉——你只需要花 3.5 美分的低价就能买到一杯白兰地——他们成群结队地在码头上来来往往，扯着嗓子大声唱歌。"[3]

毕肖普的朋友哈莉现在在巴黎，克莱恩尚未到达，毕肖普告诉布拉德利："目前我独自一人在（杜阿内兹）——至少我是方圆数英里内唯一一讲英语的人。（以我的法语水平，这相当于拿着阳伞从飞机上跳下去。）"目前，她的健康状况相当不错——也许是得益于海边的空气——她宣布："我经常随身带着肾上腺素，但我现在为我适应能力强大的身体感到骄傲——无论我去往哪里，它都至少能挺过两个晚上。"[4]事实将会证明，除了很久之后互换的两三

---

1 毕肖普 1935 年 8 月 27 日致布劳信，载《一种艺术》，第 35 页。
2 毕肖普 1935 年 8 月 27 日致摩尔信，载《一种艺术》，第 34 页。
3 毕肖普 1935 年 9 月 18 日致布拉德利信。
4 毕肖普 1935 年 9 月 18 日致布拉德利信。

封简短而友好的短笺，这封长信是毕肖普写给布拉德利的最后一封信。

　　路易丝·克莱恩独自一人来到杜阿内兹，她和毕肖普很快就搬到了巴黎，在那里，毕肖普的生活水平明显更上一层楼。克莱恩和毕肖普在沃吉拉德街58号租了一套公寓。即便如此，毕肖普还是在给弗兰妮·布劳的信中写道："尽管我们有七个房间、五个壁炉和一个厨师，但我不会像住在查尔斯街那样花那么多钱。"也许这就是为什么20世纪30年代中期那么多美国作家和艺术家都会选择去往巴黎。毕肖普解释道："这所房子就在卢森堡花园的拐角处，我们在那里散步，看喷泉、大丽花和婴儿——还有出租车司机和索邦大学教授之间激烈的槌球比赛，我想，从表面上看是这样。"毕肖普随后反思了一种现象，这种现象将成为她作为一名作家和旅行者生活的一部分："我刚刚意识到，毫无疑问，在一个一切都必须被遵守的国家——只是为了确保它与你所习惯的没什么不同——你当然会感到疲惫。"[1]

　　克莱恩和毕肖普的女房东是克拉拉·朗沃斯·德·尚布伦（Clara Longworth de Chambrun），她是来自俄亥俄州一个显赫家庭的美国人，嫁给了法国伯爵奥尔德伯特·德·尚布伦（Aldebert de Chambrun）。尚布伦伯爵夫人就住在附近，她曾在索邦大学获得文学博士学位，并在巴黎创建了美国图书馆。克莱恩向她母亲解释道："尚布伦伯爵夫人（我想，她应该是研究莎士比亚的权威——一个相貌普通、直率的马脸女人，专横，衣襟上有各种各样的装饰）是我们的女房东，我猜这间公寓里的家具都是她的结婚礼

[1]　毕肖普1935年10月20日致布劳信，载《一种艺术》，第37页。

物——虽然也不算糟糕。"[1]伯爵夫人为毕肖普和克莱恩提供了一扇了解英法文化的特殊窗口。拜访完女房东后，毕肖普坚持对弗兰妮·布劳说："我不是，从来，从来都不是一个**侨民**。"她还解释道："我们去了尚布伦伯爵夫人家里喝茶，我遇到了几个男人——他们那么懒散、异想天开、那么有教养——年轻的中年人，让我想起的不过是一种繁茂的毛茸茸的灰色霉菌。"不过，如果说毕肖普觉得移民来的一些美国人不够阳刚，那么附近的某些年轻的法国绅士可能阳刚得过犹不及。"这所房子里住着一些法国军人，我总是和一个时髦的年轻人挤进电梯，身上有马刺、剑、肩章，戴着红白蓝相间的羽毛头饰，老实说，大约有 18 英寸高。"[2]

　　路易丝·克莱恩的母亲并不完全赞成女儿与毕肖普之间的关系。路易丝的母亲是现代艺术博物馆的重要理事，同时也是毕肖普的好朋友门罗·惠勒的密友，门罗·惠勒是该博物馆的领军人物，她后来回忆道，克莱恩夫人觉得"路易丝被她与伊丽莎白的第一次风流韵事冲昏了头脑"。然而，她假装不知道女儿与伊丽莎白·毕肖普之间关系的真实性质。惠勒回忆说："克莱恩夫人说起这件事时，总是抬起眼睛望向天花板，声称自己一无所知。"在惠勒看来，"克莱恩夫人只能回避这段关系的爱情色彩"。[3]

　　毕肖普在欧洲生活期间发表了《人蛾》，这是她以曼哈顿为背景的一系列著名诗歌中的第一首。毕肖普声称，《人蛾》的灵感来自《纽约时报》上出现的"猛犸"（Mammoth）一词的印刷错误。[4]

1　路易丝·克莱恩 1935 年 11 月 12 日致约瑟芬·克莱恩信，耶鲁大学拜内克图书馆。
2　毕肖普 1935 年 10 月 20 日致布劳信，载《一种艺术》，第 38—39 页。
3　《怀念伊丽莎白·毕肖普》，第 64 页。
4　尽管笔者认真进行了研究，但尚未发现真正的印刷错误。

这首诗的开篇想象了一个半人半蛾的生物，他将自己的生活分为两种：一种是在"这儿上面"的摩天大楼中过着飞蛾般的夜间生活，另一种是在"下面"的地铁里过着蚕茧般的生活。诗歌一开篇，人蛾在地铁世界中出现，"从人行道边缘下的出口冒出来 / 又开始紧张地攀上建筑物的表面"。他是人类各种焦虑的象征，神经质的恐惧主导着他的认知：

> 他认为月亮是天空顶部的一个小洞，
>
> 证明天空根本提供不了丝毫保护。
>
> 他颤抖着，但必须尽可能爬向高处去探测。

然而，这只人蛾不会飞行，所以他将自己"拉上"高层建筑的"外墙"，想象自己没有翅膀也能以某种方式到达月球，然后"将他的小脑袋推出那个又圆又干净的开口 / 然后用力挤进灯光下的黑色卷轴，好像从一根管子里穿过"。他在地面上的存在由一个本能的命令驱动："人蛾最害怕的事情，他必须去做。"但在努力登上月球的过程之中，"他当然会失败，惊恐地跌落，却没有受伤"。人蛾似乎以寓言的形式复制了毕肖普自己和焦虑以及冲动搏斗的本能。诗人最害怕的事情，她必须去做。毕肖普早期的作品不断地挑战和克服这种神经质恐惧所施加的限制。

通过半喜剧半严肃地呈现"人蛾"，毕肖普找到了一种探索自我的方式。经历了在"上面"勇敢的、反复的、没有结果的冒险之后，人蛾别无选择，只能重新回到"他称之为家的苍白的混凝土地铁"。当他登上火车时，车门在他身后迅速关闭，他"总是面朝反方向坐着"，他想象中的这列火车突然"全速行驶、速度可怕"。

突然间，这首诗的最后一节，气氛变得轻松起来，措辞也骤然改变，读者被直接提及并被赋予了一个令人惊讶的角色，几乎是地下人蛾的朋友或分析师：

> 如果你抓到他，
>
> 用手电筒照他的眼睛。瞳孔全然漆黑，
>
> 一个自身完整的夜晚，当他回视，又闭上眼睛，
>
> 他多毛的地平线绷紧。

《人蛾》以奇特的方式重述并改造了毕肖普早期诗作《地铁谣曲》，这首诗十年前曾出现在一本校刊上。这两首诗中，一个或多个神话般的生物从地球上的生活转移到地铁里的封闭生活。两首诗的基调都是悲喜剧。不过，早期的《地铁谣曲》可以被视为一个不应有的诅咒或监禁的寓言，以象征性的形式反映了她早年生活中最痛苦的一面，但《人蛾》的寓言细节则要模糊得多，它展现了一种意想不到的救赎之远景，也许是脆弱和内心的纯洁或天真，但前提是能够进行恰当的披露。罗伯特·洛威尔在谈到《人蛾》时说："一个全新的世界被展现出来，你不知道每一句诗之后会出现什么。它是一种探索，就像卡夫卡一样富有原创性。她已经找到了一个世界，而不仅仅是一种写作方法。她很少写没有探索性的诗；然而它又非常坚定……，一切尽在掌控之中。"[1]

同年春天，她的诗作《沙洛特的绅士》（"Gentleman of Shalott"）发表在詹姆斯·劳克林（James Laughlin）主编的《新民主》上，这

---

[1] 罗伯特·洛威尔：《弗雷德里克·塞德尔访谈录》，《巴黎评论》，1961 年冬/春。

首诗是《人蛾》的姊妹篇。毕肖普去世三周后，《纽约客》发表了她的晚期诗作《十四行诗》，这首诗中的中心人物被描述为"一个分裂的生物"。而这种自我分裂无疑也是《沙洛特的绅士》中主人公的处境。诗中的悲喜剧人物也被神经质恐惧所支配，他认为由于自己双侧对称，所以必定只有一半是真实，一半是镜像。他想象着"那镜子必定 / 从他的腰部向下延伸，/ 或者从边缘向下延伸"，但他不确定自己的哪一边是真实的，也就是"哪一面在镜子内，/ 哪一面在镜子外"。

毕肖普的诗句简短而急促，加上使用紧张的斜韵，喜剧式地勾勒出了绅士不稳定的存在状态。不过，绅士似乎很享受自己的处境："他说，这种不确定性 / 让他 / 感到兴奋。他喜欢 / 那种不断调整的感觉。"当然，他似乎也很享受自己表面上的声誉，他仿佛在对报纸说："他希望现在有人引用他的话：/ '一半就足够。'"[1]

《沙洛特的绅士》创造了毕肖普自己的超现实主义宇宙，但毕肖普在探索陌生的旅行天地时，也在她周围的环境中发现了超现实主义。在《巴黎，早晨七点》（"Paris，7 A.M."）中，毕肖普将自己和路易丝·克莱恩共同居住的那间精心布置的巴黎公寓变成了一个奇特的世界，在那里，时间本身似乎变得疯狂起来。表面看来，她和路易丝居住的公寓里摆满了华丽的钟，但只有极少数钟上过发条且仍在准确计时。毕肖普将这一场景改编成了一部精心的戏剧，与她笔下的沙洛特绅士所经历的别无二致，她描述了一天清晨："我拜访公寓里的每一只时钟 / 一些指针戏剧性地指向一个方向 / 无知的钟面上，有些指针指向另一些方向。"但现在究竟几点了呢？这

---

1 《毕肖普诗选》，第 12 页。

首诗开始了一段精心策划的沉思之旅。然后，当我们望向窗外巴黎冬日清晨的灰色潮湿时，我们终于回到了现实，在那里，"冬季气候短促的半音阶／是一只鸽子展开的翅膀"。对她来说，在巴黎，时间似乎已经开始失去了意义，"冬天栖居在鸽子的翅膀下，羽毛潮湿的死翅膀"。[1]《巴黎，早上七点》中迷失又错乱的时间感以及对压抑性气候的唤起，其灵感至少部分来源于毕肖普首次访问巴黎的冬天所患上的一场重病。

很可能是由于耳朵感染尚未痊愈，毕肖普开始患上急性乳突炎，这是一种环绕内耳和中耳乳突气室的细菌感染，会导致大面积肿胀；在抗生素尚未问世的时代，这种情况通常需要手术治疗。

————

毕肖普成了巴黎莎士比亚书店的常客，这家书店离沃吉拉德街58号的公寓不远。哈莉·汤普金斯回忆说，莎士比亚书店的老板西尔维娅·比奇对1936年《今日生活与文字》上刊登的《人蛾》印象深刻，她邀请毕肖普参加一个纪念安德烈·纪德（André Gide）的派对。毕肖普接受了邀请，但最终因为过于害羞或害怕而放弃了出席。这并不是毕肖普最后一次因为要与自己仰慕的某位作家或某一群作家会面而感到不知所措，不过这一次，毕肖普也是因为会面交流必须依靠自己疏拙的法语而感到胆怯，[2]至少汤普金斯也这样认为。

1934年10月，叔父杰克突然去世，毕肖普得知自己将获得一笔意外的遗产。她决定将这笔钱投入一架击弦古钢琴上，这架古钢琴是著名的早期古典乐器复制品制造者阿诺德·多尔梅奇工作室的作品。埃兹拉·庞德曾在散文和诗歌中称赞多尔梅奇，而且从很多

————

1 《毕肖普诗选》，第28页。
2 《怀念伊丽莎白·毕肖普》，第65页。

方面来看，击弦古钢琴都是伊丽莎白·毕肖普心中理想的键盘乐器。约翰·塞巴斯蒂安·巴赫就很欣赏击弦古钢琴，因为与羽管键琴不同，它既能奏出高音，也能奏出低音。然而这种乐器即使最响亮的声音也非常小，所以它不会用于公开表演，而是用于私人学习，或者供几个朋友在安静的房间里一起聆听与享受。此外，它还在巴洛克大师的作品的演奏方面有出色表现——毕肖普对这一时期的风格异常着迷。也许最重要的是，它的体积相对较小，便于携带。经常旅行的毕肖普可以通过适当的计划，将它从一个地方转移到另一个地方。多尔梅奇古钢琴完工之后，毕肖普将它运到了她在巴黎的公寓。毕肖普、路易丝和他们的仆人西蒙娜第一次奋力将古钢琴从琴盒中取出时，身体经历了一系列扭曲。西蒙娜经常听到自己的美国雇主因她的奇特表现咪咪窃笑，毕肖普很容易被逗乐，这一次她感叹道："这就像从棺材里拖出一具尸体。"[1]这是一件绿色的乐器，让毕肖普感到很高兴的是，它不像另一些多尔梅奇古钢琴那样装饰得过于精致。在毕肖普后来的旅行岁月中，如何将这架古钢琴运到各处旅居地一直是一个令她担忧的问题。

逗留巴黎期间，毕肖普继续写作。她不仅以超现实主义的笔调描写自己的欧洲经历，而且还采用更写实的风格书写自己对新斯科舍省的回忆。她曾希望将《回忆大村》写成一部小说，但她没能如愿以偿，《回忆大村》最终成了故事《在村庄》的底本。另一方面，她为《今日生活与文字》创作了短篇故事《洗礼》（"The Baptism"），以虚构的形式讲述了母亲的精神崩溃。故事中，未婚的三姐妹露西、艾玛和弗洛拉试图在新斯科舍省的一个小木屋里共

1　路易丝·克莱恩 1935 年 12 月 10 日致约瑟芬·克莱恩信。

同度过严冬。在这个封闭的环境中，最小的露西开始患上宗教狂躁症，就像毕肖普的母亲格特鲁德1916年精神崩溃时一样。最后，露西感觉自己获得了重生，坚持要在附近的河里受洗，而此时河面上的冰刚刚开始融化。露西的身体很虚弱，姐妹们担心她的生命安全。露西在冰冷的河水中受洗后，一场感冒袭击了她，她躺在厨房的沙发上休息。故事这样写道："一天下午，她们以为她发了高烧。当天晚些时候，上帝再次来到厨房。露西尖叫着走向火炉。"露西拥抱火炉时被严重烧伤，第二天就去世了，去世时还叫着姐妹们的名字。具有讽刺意味的是，"她下葬的那天是四月第一个艳阳天"。[1]要是露西能多等几天再接受洗礼，她或许就能活下来。故事中露西的宗教狂热和毕肖普母亲的宗教狂热之间的相似之处显而易见。毕肖普在母亲突然去世三年之后发表了这个故事，这表明她仍在思考母亲的精神崩溃与其死亡之间的关联。

———

就在毕肖普正忙于散文和诗歌作品的同时，她在欧洲各地的旅行仍在继续。1936年3月，她将一张皮卡迪利广场的明信片寄给了弗兰妮·布劳，当时她正乘坐一艘开往北非的远洋邮轮。毕肖普第一次到访英国时并不十分愉快，她在明信片上写道："自上周以来，你对英国的喜爱让我对你产生了一点怀疑。"1936年5月，毕肖普写信给摩尔时，西班牙内战即将爆发的种种迹象笼罩着她们的旅途。一位牧师对她和路易丝说，圣周游行是为游客举行的，"但不是为上帝"。[2]1936年7月，她们离开西班牙后不久，西班牙内战的

1　《毕肖普散文选》，第10页。
2　毕肖普1936年5月12日致摩尔信（《一种艺术》将日期误作"5月21日"），写信地点为：马略卡岛，索列尔港，布拉瓦海岸酒店。

第一枪就打响了。很快，克莱恩和毕肖普登上了一艘返回美国的班轮。她们于 6 月抵达纽约。

———

　　居住纽约期间，毕肖普继续增进她与玛丽安·摩尔之间的交情。毕肖普住在曼哈顿下城，距离摩尔位于坎伯兰街 260 号的公寓只有很短的地铁车程，她后来形容那是一栋"丑陋的黄砖建筑，有一个浅色的花岗岩门廊"，摩尔在里面过着丰富但受限的生活。[1] 毕肖普晚年撰写的回忆录《爱的努力》中，详细描述了摩尔在这间公寓里为自己创造的世界，她聪明但守旧的母亲凭借自己守护的本能一直照看着摩尔。毕肖普很喜欢"玛丽安念我的教名时独特的发音方式，她会将重音放在第二个音节上——伊丽莎白。我喜欢这种发音，尤其是当她假装对我说的某些话感到震惊时，会这样发出感叹"[2]。摩尔遵循着一套非常个人化的道德指令，这些都是她强加给自己的规则，其他人或许会认为没有必要这样做。其中一条规定是，她的造访者应该得到布鲁克林地铁费用的报销，因此她将一盘镍币放在屋外，希望所有客人离开时都拿上镍币。毕肖普照做了，摩尔就向其他客人宣布，伊丽莎白"是一个贵族。她拿走了镍币"。毕肖普和摩尔之间有着许多相似之处，也有着诸多差异。两人都完全献身于自己的艺术创作，都创造了自己的技艺，并按照各自独特的准则写作，两人都是动物的敏锐观察者，也是自然世界的忠实记录者。

　　两人都是原创性的道德家。然而，摩尔的私人准则比毕肖普的更严格，也更古怪，无论是她将这些准则应用于自己，还是用它们

1　《毕肖普散文选》，第 121 页。
2　《毕肖普散文选》，第 121 页。

来衡量人、物和动物时，均是如此。摩尔也完全投入自己的家庭生活，与母亲以及兄弟的关系时好时坏。正如毕肖普所说，摩尔几乎也没有时间去享受"温柔的激情"，然而，爱情及其复杂性仍然是伊丽莎白·毕肖普强烈关注的问题。事实上，毕肖普沮丧地得知，她曾经的追求者鲍勃·西弗深陷抑郁症，于1936年11月21日去世——显然是自杀。毕肖普告诉芭芭拉·切斯尼，就在西弗死后几天，她收到了他寄来的一张明信片，上面写着："去死吧，伊丽莎白。"[1]

———

1937年1月，毕肖普与酷爱钓鱼的路易丝·克莱恩一起踏上了前往佛罗里达州的探险之旅。她在佛罗里达州那不勒斯附近的基韦丁钓鱼营地写信给她的导师说："从我去过的几个州里挑，我现在立即就能选定佛罗里达州是我的最爱……这儿真荒凉。"[2] 她在那里遇到了一对新婚夫妇——查尔斯和夏洛特·拉塞尔（毕肖普叫他们瑞德和莎莎），他们是基韦丁钓鱼营地的主人，也是航海和钓鱼专家，两人后来会成为毕肖普一生的朋友。毕肖普谈及自己在这个营地的一次难忘的旅行时写道："我去迈尔斯堡的目的是看罗斯·艾伦与鳄鱼较量，他还要做一场关于蛇的演讲以及展览。"她希望摩尔能亲眼看见这一切："我相信你会喜欢的。（艾伦）有两只巨大的菱斑响尾蛇；它们用毒牙咬破气球，你可以看到毒液——在泛光灯下——喷涌而出。"然后，毕肖普写道："响尾蛇发出的声音听起来就像缝纫机。"[3] 摩尔几乎能像自己的门生一样轻松写出这样的句子。毕肖普又一次

1　布莱特·米利尔：《伊丽莎白·毕肖普：人生与记忆》，第112页。
2　毕肖普1937年1月5日致摩尔信，载《一种艺术》，第53页。
3　毕肖普1937年2月4日致摩尔信，载《一种艺术》，第58页。

准确读懂了摩尔的心思，接着说道："你知道吗？鼓腹巨蟥装死，仰
面打滚时，它的嘴里会淌出一点血——我之前不知道。"[1]

　　毕肖普在当地专家的帮助下探索佛罗里达州的动物时，也对她
那个时代以政治为中心的诗歌做出了矛盾的回应。她刚从西班牙
回来，那时西班牙即将爆发内战，她自愿帮助诗人兼翻译家罗尔
夫·汉弗莱斯（Rolfe Humphries）翻译冲突双方中共和党一方的诗
歌。但在阅览了一些有争议的诗歌之后，她感到自己无法继续下
去，因为她得到的作品不足以充分发挥诗歌的作用。她说，事实
上，"我觉得一份简单的讣告更能打动人"[2]。毕肖普本人也经常在她
的作品中涉及政治问题，但她的写法是将这些问题嵌入生动的自然
观察或文化观察的种种细节之中，而且她从未写过一首可以被称为
论战性的诗。

　　毕肖普 20 世纪 30 年代中期创作的诗歌，与其说是在处理眼前
的现实，不如说是在处理她自己过去遭遇的丧失和创伤所带来的潜
移默化的影响。探索这些经历的过程中，她感到自己被 17 世纪伟
大的宗教诗人乔治·赫伯特（George Herbert）深深吸引。自毕肖普
的青春期开始，赫伯特就是她最喜欢的诗人之一。毕肖普出门旅行
时大多数时候会带着赫伯特的诗集《圣殿》。

　　诗人兼评论家理查德·霍华德（Richard Howard）是《偏好》
（Preferences）一书的编者，当他让毕肖普和其他 50 位在世的诗人
将自己的一首诗与过去的一首诗进行配对时，毕肖普选择了自己
的《在候诊室》和乔治·赫伯特的《未知的爱》。赫伯特这首诗中
的主人公经历了一系列不可思议的宗教考验，现在向一位朋友诉说

1　毕肖普 1937 年 2 月 4 日致摩尔信，载《一种艺术》，第 59 页。
2　毕肖普 1937 年 4 月和 5 月致汉弗莱斯信，载《一种艺术》，第 60 页。

自己的痛苦。他的心脏曾两次被从身体里取出，一次在流动的泉水里净化，一次在炽热的大锅里淬炼。当他躺在床上，试图从这些磨难中恢复过来时，他发现床上塞满了荆棘。然后，与他对话的人解释了这些考验的意义——这些都是他的主人（上帝）施加给他的考验，目的是帮助他实现精神救赎。"确实，朋友，"对话者回答道，"我听说，你的主人赐予你的 / 多于你所知。"这种恩惠以苦难的形式显现，会带来道德的净化，并最终通向救赎，因为"洗礼泉只用来，把旧的变新"，"大锅可以软化，那太坚硬的"。同样，"荆棘可以敏锐，那太迟钝的"。这种解释与加尔文主义的观点一致，即上帝将最激烈的试炼视为恩典，降临到他最希望拯救的人身上，赫伯特的诗阐述了上帝的每一次试炼"只是努力修复，你所毁坏的"。因此，正如这首诗的结尾：

> 因而应当欢呼，要尽情赞美他
> 一周中的每日、每时、每刻，
> 他愿意你崭新、温柔、敏捷。[1]

毕肖普终生都亲近赫伯特显然是出于本能。她和赫伯特一样，能感受到普通事物的象征意义。尽管毕肖普不按时去教堂做礼拜，但基督教主题在她的诗歌中随处可见。她拥有宗教信仰一样的天性，也受过宗教教育，而且她的作品的根基被公认是基督教式的。她的写作强调谦逊、忍耐和放弃美德（并揭露这些美德的虚假伪装）。就像赫伯特的《未知的爱》一样，毕肖普的《野草》（"The

---

1 乔治·赫伯特：《未知的爱》，载诗集《圣殿》，1633 年。

Weed"）的灵感也来源于饱受折磨的心灵。赫伯特的象征与一种悠久的传统相契合，这种传统阐明了一种痛苦但最终令人宽慰的道德观：从基督教的角度来看，通过神圣之爱的精炼之火来净化心灵的罪恶。毕肖普被"苦难是有意义的"这个观点所吸引，但她压根不确定这种意义是否能被发现。《野草》中的心灵之谜与苦涩的人类爱情之谜是一致的。赫伯特的《未知的爱》以一种明确的基督教道德观结尾；毕肖普征用《未知的爱》的最后三个词作为她的护身符。1964 年，她在给安妮·史蒂文森的信中写道："我对前景是悲观的。我认为我们仍然是野蛮人，在我们生活中每天都犯下百般下流和残忍罪行的野蛮人，就像未来的世代可能会看到的那样。但我认为，尽管如此，我们也应该快乐，有时甚至应该是傻乐——让生活变得可以忍受，让我们自己保持'崭新、温柔、敏捷'。"

和赫伯特一样，毕肖普也认为只有活泼和自律的心灵才能看清事物的本质。她在诗歌《野草》中以自己的方式重新诠释了赫伯特的思想，这首诗写于她旅行的那一年，1937 年 2 月发表之前，她与玛丽安·摩尔一起仔细推敲了这首诗。这首诗暗示苦难有其价值。然而，如果说《野草》蕴含着道德寓意的话，那这寓意就更加不确定。毕肖普笔下的野草生长在一颗被割开的人类心脏里，似乎大获成功。

> 杂草矗立在割开的心里。
>
> "你在那里做什么？"我问。
>
> 它抬起湿透的不断滴水的脑袋
>
> （以我自己的想法？）
>
> 然后回答道："我生长，"它说，

"只为再次割开你的心。"[1]

诗歌开篇时说话之人已经奄奄一息，而且说话之人对野草入侵的日益猛烈深感不安，因此将野草的出现解读为呼唤沉睡者醒来并抓住生命的机会也并非不可能。

———

1937 年 5 月下旬，毕肖普和克莱恩乘坐"不列颠号"启航，她们商定经不列颠群岛返回巴黎。她们在爱尔兰短暂停留，6 月 5 日在科克下船，并在丁格尔港度过了一晚，这个场景会出现在十多年后一首正式发表的诗中。随后，毕肖普和克莱恩在前往伦敦的旅途中追上了玛格丽特·米勒，米勒原计划在英国与他们会面，然后陪同他们前往法国。现在，她们三人一起渡过了海峡。克莱恩买了一辆汽车，她们继续驱车去巴黎。[2]

三人以巴黎为据点，在这宁静而美好的夏天游览法国，克莱恩负责驾车。毕肖普向弗兰妮·布劳描述说，她们度过了"一段极其美好的时光"——直到 7 月 19 日一场事故的发生，这起事故改变了玛格丽特·米勒的人生轨迹，也在未来岁月里一直困扰着毕肖普。毕肖普向布劳描述道，"我们开得很快"，但当她们驶入一个弯道时，"我们被一辆巨大的重型轿车超过，将我们推离了狭窄的道路"。随后，汽车在一片沙地上打滑了。毕肖普解释道："路易丝真的毫无办法——有那么一瞬，这看起来就像是一次普通的打滑，她说'抓紧！'然后我们就撞上了一条长满草的深沟。"毕肖普解释说，她们的车整个翻了过来，把她们都甩了出去，然后车又自行扶

---

1 《毕肖普诗选》，第 23 页。
2 布莱特·米利尔：《伊丽莎白·毕肖普：人生与记忆》，第 121—123 页。

正了。毕肖普和路易丝没有受伤，但她们惊恐地发现，玛格丽特的右臂可能一直悬在车边，手腕到肘部之间的部分完全被切断了。

毕肖普哀叹道："这绝对是我听说过的最无端残忍、最诡异的事故，究竟为什么非得是玛格丽特——"就当她们每个人都震惊地站在那里时，另一辆车迅速倒车过来帮助她们，两名在田里干活的男子也跑了过来。毕肖普觉得他们中较年轻的那个"无疑救了玛格丽特的命。半分钟后，他就扎好了止血带"。然后，他们将玛格丽特和路易丝带上另一辆车，动身去隔壁的镇上找医生。玛格丽特先是在当地住院，后来转到了巴黎的美国医院。康复的过程艰难而缓慢。毕肖普回忆起玛格丽特、路易丝和法国司机出发去寻找医生后的经历："我在路边坐了大约一个小时，周围都是病态的人群。"当村里的牧师赶到时，"他长着酒鬼一样的鼻子，看了看我——我真的浑身是血——说'你们都是女人吗？'我说'是的'，他说'怪不得——没有男人在场'，然后转身就走开了"。[1]

玛格丽特·米勒坚持不让她母亲知道全部真相。因此，毕肖普给米勒夫人打电话，只报告了玛格丽特右臂骨折。她嘱咐弗兰妮·布劳对玛格丽特失去右臂的事实严格保密，但毕肖普似乎怀疑全部真相可能会以某种方式泄露出去。8 月初，当她在勒阿弗尔的码头见到米勒夫人时，"我聊了 15 分钟后才发现……她仍然认为那只是手臂骨折"。因此，毕肖普不得不向玛格丽特的母亲道出真相。她告诉布劳："我现在知道成为一个杀人犯是什么感觉了。可怜的米勒夫人晕倒了，我费了好大劲才把她扶起来（虽然她认为只是一瞬间的事），但她很快就表现得非常善良和勇敢，而且从那时起她

1　毕肖普 1937 年 7 月 28 日致布劳信。

就一直努力保持这种状态，尽管我们都非常担心她。"毕肖普在写给布劳的信中透露，尽管玛格丽特与克莱恩有染，但她仍然深爱着玛格丽特，她几乎是嫉妒玛格丽特的母亲，对她的朋友玛格丽特充满了强烈占有欲："我真担心米勒夫人对她不好——尽管她（米勒夫人）竭尽全力。"然而，毕肖普令人难以置信地继续说道："我想，她的绝对奉献精神和关怀让可怜的玛格丽特感觉更糟。"当毕肖普写下"'母爱'——这不是很可怕吗？"时，她是否在一厢情愿地想着自己缺席的母亲呢？因为当她的女儿需要帮助时，她无法放下一切，跨越大西洋。不过，最近的事件发生后，她写给弗兰妮的信中至少如下部分的内容一定是真实的："我渴望北极的气候，那里任何情感都不可能生长——当然，无私的'友谊'始终除外——"[1]

　　玛格丽特·米勒养病期间与母亲住在巴黎塞纳河附近，当米勒和毕肖普在城里散步时，经常会在圣路易丝岛的奥尔良码头停留，从那里俯瞰塞纳河，也会朝附近巴黎圣母院方向眺望。但在毕肖普后来献给玛格丽特·米勒的诗《奥尔良码头》（"Quai d'Orléans"）中，她关注的重点不是大教堂，而是塞纳河水流动的形态，因为河流上的交通搅动着水面。这首诗可以称得上是对倒影的沉思。它提供了一系列与事实截然相反的戏谑式陈述，尽管如此，这些陈述还是捕捉到了观看塞纳河上水上交通向大海庄严行进的体验。"河上的每艘驳船都轻松地拖出／一股巨大的尾流，／一片巨大的橡树叶的灰光／落在更暗淡的灰上。"驳船看似拖曳着尾流，其实不然，水面上闪烁的灯光看似橡树叶，但它们实际上只是倒影。不过，就

1　毕肖普 1937 年 8 月致布劳信。

在这些倒影的背后，"真实的树叶漂过，漂向大海"。其中一些树叶或涟漪"走向码头的两侧，对着墙面／熄灭自己"。毕肖普以一个神秘的句子结束了她的诗："但我们终生都无法摆脱／树叶的化石。"

毕肖普向她的朋友玛格丽特·米勒暗示，她们可能永远不会忘记她们之间所有未曾言明的情感和念头——至少会像化石一样存留在毕肖普自己的记忆中，即使它们看起来正在悄无声息地融化。毕肖普在格林威治村的朋友哈罗德·利兹后来回忆说："我们和玛格丽特一起去瓦萨度过了一天。玛格丽特会谈论一些事情，比如马桶上的大理石，她和伊丽莎白会因为大理石上的形状像什么而产生分歧。"利兹的爱人惠顿·加伦廷（Wheaton Galentine）补充说，毕肖普和米勒争论的一幅图画"是她们幻想会出现在厕所墙壁上的化石"。[1] 毕肖普的文件现在存放在瓦萨学院图书馆，而这座图书馆入口两侧楼梯下的男女卫生间的大理石墙上仍留有棕色的条纹，看起来很像橡树叶。毕肖普的《奥尔良码头》描绘的不仅仅是巴黎的一个场景，还包括瓦萨学院厕所墙壁上"巨大的橡树叶"，毕肖普和米勒曾在不那么庄严的环境中探究过这些图案，并试图在一个更令人愉悦的环境中解读这图案。

在玛格丽特·米勒漫长的康复过程中，与这起事故相关的法律案件一直在拖延。8 月 21 日，毕肖普在给布劳的信中写道："我想我们会永远留在巴黎。"她补充说，必须进行审判，"而且路易丝有可能被送进监狱！"[2] 克莱恩的律师认为，要证明将克莱恩的车推下道路的那辆汽车确实有过错非常容易。然而，米勒需要从克莱恩

1　《怀念伊丽莎白·毕肖普》，第 41 页。
2　毕肖普 1937 年 8 月 21 日致布劳信。

的保险公司领取高额的医疗费用。因此，正如毕肖普解释的那样："路易丝必须被判犯有过失罪等，并接受法国法律对她的一切惩罚。"[1]经过严密的审判之后，法官大喊一声："有罪！"然而，克莱恩没有被关进监狱。相反，她只是缴纳了一小笔罚款。这场法庭闹剧之后，慢慢康复的玛格丽特·米勒在忧心忡忡的朋友们面前似乎变得焦躁不安，由于她的再三坚持，她最终被留给母亲照顾，而毕肖普和克莱恩则前往普罗旺斯的阿尔勒继续她们短暂的旅行。[2]

回到巴黎后，她们接着又去了罗马，毕肖普从那里的德安勒特尔酒店写信给布劳说："你看，我们最终去了意大利，把玛格丽特和她的母亲留在了塞纳酒店，我希望上帝保佑他们一切安好。"[3]毕肖普本人在巴黎的情况也不太好，这次是因哮喘住院："哮喘越来越严重，直到我的四肢被针扎得像筛子。"肾上腺素是一种短效的缓解剂，有时必须每天注射数次。毕肖普一生中接受或给自己注射肾上腺素（后来又注射可的松）肯定达数千次之多。然而，现在，在罗马，她突然"完全好了"。[4]毕肖普从来都无法确切地预测哮喘何时发作、为什么发作、发作时会有多严重、何时会消退以及为何会消退。

毕肖普和克莱恩计划12月初从罗马出发前往纽约，但毕肖普仍然不忍心离开玛格丽特。毫无疑问，她的感情中混杂着占有欲、因朋友遭受痛苦而痛苦、焦虑以及幸存者的内疚。她在热那亚与克莱恩一起逗留的时日里，一直期待着玛格丽特打电话叫她回巴黎，甚至在"埃克塞特号"预定启航的前一天，她仍这样期待着。一上

1　毕肖普1937年8月21日致布劳信。
2　毕肖普1937年10月7日致布劳信。
3　毕肖普1937年11月21日致布劳信。
4　毕肖普1937年11月24日致布劳信，载《一种艺术》，第64页。

船，她的幽默感和冒险精神又回来了。12月10日，她在给布劳的信中写道："这艘船太傻了……它一切都非常美国化，他们似乎保留着如专属服务之类的诸多'传统'，某些方面就像是在参观弗农山庄。""埃克塞特号"在马赛短暂停靠时，她和克莱恩"被一个干净整洁、嚼口香糖的年轻乘务长（每个人都非常'干净整洁'）警告说，如果我们上岸，要立即乘出租车，不要从右边过去，因为那里是马赛最难走的地方。我们当然已经等不及了"。[1] 不到两周，她就回到了家。1937年12月27日，毕肖普在纽约默里山酒店写信给诗人兼评论家贺拉斯·格雷戈里（Horace Gregory）说："我已经回到了我的祖国。"[2]

1　毕肖普1937年12月10日致布劳信，载《一种艺术》，第65页。
2　毕肖普1937年12月27日致格雷戈里信，载《一种艺术》，第66页。

第八章　那名字最美的州

1937 年年初，毕肖普和路易丝·克莱恩从佛罗里达州大陆乘船向南，前往基韦斯特，两人都是狂热的渔民，她们在那里迷上了精彩壮观的捕鱼故事。毕肖普立即写信给弗兰妮·布劳，热情洋溢地向她描述基韦斯特，并补充道："我希望有一天（它）会成为我永久的家。"[1] 毕肖普后来告诉一位采访者："我喜欢住在那里。那里的光线和绚丽的色彩给我留下了美好的印象，而且我喜欢游泳。"她指出："那时候这个小镇完全破产了。每个人都依靠公共事业振兴署活着。那些日子里，我似乎对贫穷的地方别有一种兴味。"[2] 除了房租便宜，基韦斯特温暖且相对干燥的气候也让毕肖普有可能摆脱慢性哮喘导致的呼吸困难。

基韦斯特岛是一长串细长的小型岛屿（或群岛）中最大、最南端的一个，这些小岛优雅地向南和向西拱起，从佛罗里达州下端延伸到墨西哥湾，绵延 100 英里。尽管基韦斯特在 19 世纪初就被合并为一座城市，但它至今仍保留着一些独特的个人主义村庄的特征。人们极易对基韦斯特的身份感到不确定，因为 1939 年富兰克

1　毕肖普 1937 年 1 月 4 日致布劳信。
2　《伊丽莎白·毕肖普谈话录》，第 27 页。

林·罗斯福访问该岛时，犯了一个毕肖普所戏称的"可怕的错误"，他称赞基韦斯特"这座宜人的村庄"[1]。当《基韦斯特市民报》巧妙而坚定地将罗斯福的说法改为"这座宜人的城市"时，毕肖普也觉得很有趣。如果一个人站在这个城市或村庄的中心，朝着任何方向快走15分钟，就会发现自己正面朝着大海。

远离曼哈顿喧嚣的人群，毕肖普找到了一个安静的地方，在这里她可以专心致志地创作。这里几乎是美国独一无二的地方，在这里，作家往往被视为一种真正的职业。欧内斯特·海明威过去是基韦斯特最著名的公民，现在仍然是。作家的非写作时间可能会被户外活动或室内观察填满，至少对于毕肖普而言，这些活动或观察可能会启发她创作出杰出的诗歌。毕肖普这样热衷于时髦夜生活的作家，在基韦斯特也很容易发现这些乐趣。

《基韦斯特作家和他们的房屋》(*Key West Writers and Their Houses*)一书的作者林恩·三津子·考菲尔特（Lynn Mitsuko Kaufelt）指出，这座岛吸引了许多作家，他们认为这里会"让人回忆起某个理想的童年世界，在那里，人们可以一直穿着短裤、马球衫和运动鞋，而且可以待在家里不去上学"[2]。这座岛还吸引着一位偏爱其他女性的女作家。海明威故居和博物馆的执行主任戴夫·冈萨雷斯（Dave Gonzales）是岛上的终身居民，据他说岛上流传着一句老话："在基韦斯特，即使单行道也是双向通行。"[3]对毕肖普来说，基韦斯特的生活让她更轻松、更阳光、更富热带风情，仿佛让她回到了她无比珍视的童年世界——新斯科舍省那个更温暖、更具波希米亚风格的

1　毕肖普1939年2月19日致摩尔信，载《一种艺术》，第80页。
2　林恩·三津子·考菲尔特：《基韦斯特作家和他们的房屋》，佛罗里达州萨拉索塔：菠萝出版社，1991年。
3　《戴夫·冈萨雷斯访谈录》，2013年3月17日。

大村，但这里没有大村对面若隐若现的长老会教堂尖塔，或许，也几乎摆脱了她母亲那萦绕不去的尖叫的回声。

毕肖普和路易丝·克莱恩第一次短暂造访基韦斯特时，是从佛罗里达州那不勒斯的基韦丁钓鱼营地向南航行后抵达的，毕肖普与钓鱼营的主人瑞德和夏洛特·拉塞尔结下了亲密的友谊。抵达那里之后，她和克莱恩得到了埃迪·"布拉"·桑德斯船长的帮助，而今这位船长已经是一位传奇人物。毕肖普滔滔不绝地对弗兰妮·布劳说："运气真好，我们碰巧找到了最好的船长带我们去钓鱼。"她补充道："亲爱的，他多年来一直是欧内斯特·海明威（欧内斯特现在住在这里）和多斯·帕索斯（《赚大钱》就是在这里写成的）的朋友。"毕肖普进一步补充道："布拉船长（Captain Bra，他的名字相当古怪）给我们讲了一个故事，我们认出这个故事被欧内斯特逐字逐句写进了他最近的一本小说集中。"基韦斯特在大萧条中遭受重创，富兰克林·罗斯福选派到岛上的联邦紧急救济管理局局长朱利叶斯·斯通精心策划了一项非常成功的项目，以旅游业增长的基础，重建该岛摇摇欲坠的经济。

1935 年冬天，罗伯特·弗罗斯特和华莱士·史蒂文斯（Wallace Stevens）分别来到这座岛上，他们惊讶地发现对方竟然是隔壁的邻居。这两位赫赫有名的现代主义大师花了许多个下午的时间，就他们对诗歌理论和实践截然不同的看法展开了交流。[1] 与弗罗斯特不同的是，史蒂文斯很快就找到了将这座岛变成灵感来源的方法，创作了《基韦斯特的秩序观》等重要诗作，发表于初次抵达基韦斯特的一年之内。1936 年，也就是他们在那里度过的第二个冬天，57 岁

1　莫林·奥格尔：《基韦斯特：梦想之岛的历史》，佛罗里达州盖恩斯维尔：佛罗里达大学出版社，2006 年。

的史蒂文斯和 37 岁的海明威都多喝了几杯，发生了一场现在已经成为传奇的打架事件，这场斗殴损伤了两位作家的尊严。第二天早上，两人相互道歉，并且互相发誓要对此保密，两人一有机会就向感到惊讶的朋友们吹嘘这件事。然而，基韦斯特多产作家，因此发生在基韦斯特的事情并不总是停留在基韦斯特。

埃尔默·戴维斯（Elmer Davis）在《哈珀》杂志上发表了一篇文章，将基韦斯特比作格林威治村或蒙帕纳斯，因为在基韦斯特最受欢迎的夜间娱乐场所，人们可能会在相邻的吧台上发现"一位公爵、一位无政府主义者和一位狂热的舞者"[1]。然而，毕肖普坚持认为，从她的角度来看，"基韦斯特很宜人，不是因为所有这些体育运动和那些男性文学家，而是因为它太漂亮、太便宜了，到处都是小小的漂亮的老房子"。她形容周围的海水是"最美丽清澈的淡绿色"，并补充道，"当你真的抓到一条这样的怪鱼，让它一路游到岸边——看到它在蓝色的水中全身闪烁着银色和斑斓的色彩——真是太美了"。谈到基韦斯特时，毕肖普果断地总结道，"这里**不像**普罗温斯敦"。[2]

毕肖普与克莱恩初次抵达这里 12 个月后，她又回来了，并宣布自己已经准备好并愿意把这个岛当作自己的家。1937 年年底，从法国返回纽约后，毕肖普在曼哈顿短暂停留，然后在克利夫顿代尔与姨妈莫德和姨父乔治·谢泼德森一起共度圣诞节。1938 年 1 月抵达基韦斯特，毕肖普开始长时间在这里居留，虽然不是全年一直住在这里，但在接下来的 10 年里，她会一季又一季地回来。克莱恩从法国返回纽约后因病住院，她计划身体康复后尽快返回基韦斯

1　莫林·奥格尔：《基韦斯特：梦想之岛的历史》。
2　毕肖普 1937 年 1 月 4 日致布劳信。

特。一到基韦斯特，毕肖普就在怀特黑德街 528 号找到了由品达夫人经营的一家寄宿公寓，她向朋友弗兰妮吹嘘说，这间房子每周只需花费四美元。

她告诉弗兰妮，她现在住的公寓还有一个好处，那就是从楼上的阳台上，可以看到年迈的女房东品达夫人的"粉色灯笼裤，每天早上都挂在树上"。她补充说："除了工作我什么都不做，甚至几乎不看书，无论如何，至少就数量而言，到目前为止，结果都相当令人满意。"毕肖普利用在基韦斯特的这段时间，完成了她在欧洲旅行期间起草的一系列诗歌和散文，并准备发表。她的努力取得了巨大的成效，让 1938 年和 1937 年一起成了毕肖普作品发表史上辉煌的一年。毕肖普抵达这里之前，姨妈莫德和姨父乔治就来到了岛上，他们听从侄女的建议前来享受阳光和低廉的物价，毫无疑问，这也是因为他们已经喜欢上了毕肖普的伴侣路易丝·克莱恩，和她待在一起感觉很舒心。毕肖普在给布劳的书信中还说，她每晚都和姨妈姨父共进晚餐，他们非常喜欢这座岛。然而，几年后毕肖普在给露丝·福斯特的信中对姨父乔治的怨怼之情丝毫未减，因而她与姨父乔治的和解究竟到达了何种程度仍无法确定。

毕肖普在岛上的最初几个月里，集中精力写作的成果之一是《深夜旋律》（"Late Air"），这是毕肖普创作的第一首基韦斯特之诗，1938 年秋天发表于《党派评论》，同时发表的还有两首重要的巴黎之诗。《深夜旋律》揭示了诗人在一个潮湿的夏夜，坐在基韦斯特的阳台上，沉思着爱情的本质，她听着无线电台杂乱无章的音乐从邻居家敞开的窗户里传来，仿佛"来自魔术师的午夜袖子"，让周围的收音机里的歌手们"向挂着露珠的湿草地上空 / 散播他们所有的情歌"。这些随意散发又交织在一起的情歌触动了人们的神经，因为"恰似算卦人／穿透骨髓的猜测，是你相信的一切"。这首诗的标题"深夜旋律"有多种含义。虽然"旋律"可能指的是一首歌，它也可能指温暖夜空的湿度，给临近的草坪铺上了一层潮湿的釉面。毕肖普的爱情经历，无论是已经发生过的还是尚未发生的，得到回报的还是未得到回报，能够追溯到她的童年时刻——也可以追溯到她与路易丝·布拉德利的浪漫友谊，以及她对朱迪·弗林与玛格丽特·米勒从未得到回报的激情。毕肖普一生的爱情经历或追寻爱情的经历常常是穿透骨髓的，就像从收音机里飘出来的情歌几乎"穿透骨髓的猜测"一样。

即使在战前的那些年里，美国军队也一直是基韦斯特重要的存在，海军机场被用作飞行员训练基地。海军在岛上的关键地点布置了明亮的警示灯，向夜间低空飞行的飞机发出警报。毕肖普的这首诗很可能就是在阳台上眺望邻近海军设施时写下的，诗中写道："在海军基地的天线上我找到了／夏夜爱情／更好的见证者。"这些见证者包括"五盏遥远的红灯"，它们"在那里筑巢；凤凰／静静地燃烧，在露水无法爬上的地方"。[1] 希腊传说中虚构的凤凰，身披鲜红色的羽毛，它们会在遥远而高耸的山峰上筑巢数百年，然后在烈火中烧毁自己，以获得重生。这首诗中的五只通电的凤凰，在海军的天线上筑巢，似乎预示着一种遥远而冷静、热烈而持久的爱——一种比毕肖普本人所知晓的更崇高、更纯洁、更永恒的爱。

————

毕肖普试图吸引玛丽安·摩尔也来基韦斯特岛，她向摩尔吹嘘这座岛的自然美景、奇特的细节和节俭的生活方式。但摩尔从不会

———————

1 《毕肖普诗选》，第 45 页。

离开布鲁克林公寓周围的区域去远行，因此她拒绝了。于是毕肖普继续忙于写作，至少目前，她几乎是独自一人生活。1 月 31 日，毕肖普在写给摩尔的一封信中向她道歉，因为她在收到这位导师的审核意见之前就向《党派评论》提交了一篇题为《在监狱里》的故事。因为毕肖普收到《党派评论》的紧急要求，希望她能在 2 月 1日截稿之前寄出一篇短篇故事，于是她寄出了手头唯一的一篇作品。[1] 摩尔接受了毕肖普的道歉，但也辛辣地回应她说："如果退回来的是一张打印好的（退稿）单，那就是原因所在。"[2] 毕肖普向弗兰妮·布劳感叹，《党派评论》正在将自己打造成一份受人青睐的杂志，它"几乎是强迫我写了一个故事……而现在我希望我能把它拿回来"。然而，毕肖普的《在监狱里》非但没有收到退稿单，反而赢得了《党派评论》的 100 美元奖金——这笔钱足以支付她在怀特黑德街寄宿公寓的半年房租。卡夫卡式的《在监狱里》中，第一人称叙述者迫不及待地等待着自己被监禁的那一天，随之而来的是"我的生活，我真正的生活即将开始"。[3] 这个故事发表时，《党派评论》还在其他页面登载了卡夫卡小说最早的英译本。《在监狱里》很快就刊登在《党派评论》1938 年 3 月号上。从投稿到获奖，再到发表，仅用了两个月的时间。尽管如此，直到 1938 年 5 月，毕肖普还在为自己未经导师同意就提交了这个故事而向摩尔道歉。即便如此，也许某种程度上是出于对毕肖普作为一名成熟作家的日益欣赏，摩尔在她们第一次见面四年后，终于邀请她的门生开始用她的教名称呼她。毕肖普在 1938 年 7 月 12 日的一封手写信中回复道，

1　毕肖普 1938 年 1 月 31 日致布劳信。

2　大卫·卡尔斯通：《成为一个诗人》，密歇根州安阿尔伯：密歇根大学出版社，2001 年，第 56 页。

3　《毕肖普散文选》，第 18 页。

"亲爱的玛丽安"（DEAR MARIANNE），信中她导师的名字是大写的英文，被闪闪发光的点缀物环绕着，仿佛被剧院遮篷上的灯光照亮。

毕肖普在岛上的头几个月之所以能如此专注于她的写作，或许是因为路易丝·克莱恩还未到来，毕肖普形容她是一块能"吸引所有奇怪的人、动物和事件的磁铁"。[1] 三月初，路易丝终于抵达佛罗里达州，毕肖普在迈阿密见到了她。克莱恩在写给母亲的一封闲谈的信中详细描述道，这对情侣租了一辆车，开车去基韦丁待了几天，在那里，她们在满月的光辉之下钓海鲢。然后，她们乘坐渡轮前往基韦斯特，克莱恩与毕肖普一起住在怀特黑德街的寄宿公寓，分享着她所说的"漂亮大房子里的漂亮大房间"。克莱恩形容基韦斯特是一个美妙的地方，称赞它"一排排最迷人的老房子，大多非常破旧，都有一种非常独特的当地风格"。她还提到，毕肖普原来的女房东品达夫人已经搬走了，房子现在交给一位名叫露拉的小姐掌管，她是一位胖乎乎的、耳聋的年长白人，非常依赖一位名叫库奇的黑人仆佣，库奇"一直对露拉颐指气使，真是很滑稽"。[2] 1941年，毕肖普将露拉小姐和她的仆人之间的关系写成了诗歌《库奇》（"Coochie"）。那时，库奇已经去世，毕肖普在诗中悲伤地写道，尽管库奇一生都在"照料露拉小姐"，但这位耳聋的女主人并没有出席自己仆人的葬礼。露拉小姐的缺席在几行诗中表露无遗："天空为这葬礼显出蛋白色／而人们脸色阴暗。"谈到露拉的失聪——这似乎既是身体上也是道德上的失聪，她问道："但谁会大声喊出来，让她明白呢？"毕肖普从这些不断发生与展开的日常事件中积

1　毕肖普 1939 年 2 月 13 日致摩尔信，载《一种艺术》，第 80 页。
2　路易丝·克莱恩 1938 年 3 月 20 日致约瑟芬·克莱恩信。

累素材，并经常使用相关人员的真实姓名，编织着她在基韦斯特岛上发现的故事，它们都与这个世界息息相关。

———

克莱恩在怀特黑德街与毕肖普会合后，这对情侣开始寻找房子，预备一起买下。她们最终选择了位于老城区边缘怀特街 624 号的一栋两层楼的房子，这座房子采用了岛上标志性的风格，形似眉毛。在林恩·考菲尔特看来，这种风格"尽显个性和魅力"。毕肖普一生都是别人家的客人，现在她为能和恋人共享一个属于自己的家而感到无比自豪。6 月初，毕肖普向摩尔报告说，她和克莱恩已经搬进了这所房子，"这所房子在我看来非常漂亮，从里到外都如此"。毕肖普知道她的导师对动植物充满热情，便接着说，"院子里，我们有一棵香蕉树、两棵鳄梨树、一棵芒果树、一棵刺果番荔枝树、一株葡萄藤（结着一串看起来很酸的葡萄）和两棵华丽的酸橙树，其中一棵挂满了大酸橙"。她补充说，院子里"当然还有各种各样的昆虫和蜥蜴"，并报告说她目前正在阅读一本"吓人的小册子"，名为《白蚁的真相》（ *The Truth about Termites* ）。[1]

克莱恩向她的母亲提到毕肖普发现了一位"最了不起的原始"画家。就在毕肖普给摩尔写信介绍她的新房子的第二天，毕肖普告诉弗兰妮·布劳，她发现了一位才华出众的原始艺术家的作品，当毕肖普在杜瓦尔街一家雪茄店的橱窗里偶然看到他的一幅画时，就立刻引起了她的注意。这位画家就是出生于古巴的格雷戈里奥·巴尔德斯（Gregorio Valdes），毕肖普称他是"我们基韦斯特的（亨利·）卢梭"。巴尔德斯"身材非常矮小，瘦弱多病，长着一张稚

---

[1]　毕肖普 1938 年 6 月 2 日致摩尔信，载《一种艺术》，第 74 页。

气未脱的脸和一双疲惫的棕色眼睛——事实上，他看起来有点像埃尔·格雷科的《自画像》"。毕肖普和克莱恩委托巴尔德斯为她们的"房子画一幅大画"，绘画完成之后，她们感到极其满意，部分原因是画中融合了大量真实的细节和吸引人的超出现实的补充性内容。毕肖普所描述说，这些精美的细节包括"一只鹦鹉和一只猴子，几株奇怪的棕榈树，以及他所说的'全是粉红色的'天空"。[1]毕肖普解释说，当巴尔德斯交付画作时，家里没有人接收它，所以他把它朝外放在前门旁边的门廊上。当毕肖普走近她的家时，她感觉自己认出了这座房子的多重图像，每个图像都在另一个图像的内部，或许"就像古老的荷兰清洁剂广告"[2]，逐渐消失在无限远处。

发现巴尔德斯后不久，毕肖普就安排将这张巨幅画作与另一张较小的画一起作为"无名画家"展览的特色作品，在现代艺术博物馆展出。[3]某种程度上正是由于这种认可，巴尔德斯开始接到越来越多的艺术委托，因此，他将工作室前宣传自己"招牌画家"手艺的小调色板也换成了更大的标语牌，上面写着"艺术家-画家"。然而，不幸的是，就巴尔德斯在成为迟来的"被发现的"艺术家-画家几个月后就病倒了，1939年5月死于双侧肺炎。毕肖普在《党派评论》上发表的一篇纪念他的评论文章，指出巴尔德斯最擅长画"他熟悉和喜欢的事物"。他在这样的绘画中，将细致入微的近距离观察与"恰到好处地改变透视与色彩"的能力相结合，赋予作品"独特而迷人的新颖感、平整感和遥远感"。[4]这也正是毕肖普自己艺术创作努力的方向，她试图将自己在佛罗里达的经历用语言表

1　毕肖普1938年6月3日致布劳与米勒信，载《一种艺术》，第75页。

2　《毕肖普散文选》，第27—28页。

3　莫林·奥格尔：《基韦斯特：梦想之岛的历史》。

4　《毕肖普散文选》，第31页。

达出来。

当毕肖普用画笔作画时，她的审美观也与巴尔德斯产生了共鸣。毕肖普早年就是一位真正有才华的业余水彩画家，她经常声称自己更愿意成为一名画家而不是诗人。在怀特街安顿下来之后，毕肖普开始创作自己的基韦斯特系列水彩画。她的每一幅水彩都以其独特的视角而引人注目。毕肖普为附近独特的基韦斯特公墓创作了多幅画作，包括色彩斑斓的《花圈相伴的坟墓》，以及令人难忘的《围栏圈起的坟墓排满墓园》。其中一幅画实事求是地描绘了一个"出售墓碑"的简陋棚屋，前景里矗立着一棵开满鲜红色花朵的树，背景中则立着一排墓碑，碑面用黑色墨汁草草涂写着"待售"字样。她去世之后，这幅画成了 1984 年版《毕肖普诗选》的封面。毕肖普还创作了多幅社区建筑的画作，包括生机勃勃的哈里斯学校，前景中瘫倒着一辆貌似被遗弃的自行车，两只风筝在上空翱翔。她的《基韦斯特军械库》展现了一座巨大而醒目的亮黄色木制建筑，就在离她家不远的地方。而今，这座建筑经过了修复，几乎与毕肖普当年的画作一模一样，只是，与毕肖普所有的彩绘建筑一样，画中的结构线条从来都不太方正（巴尔德斯笔下的建筑甚至更加不对称）。毕肖普去世之后，威廉·本顿（William Benton）编辑出版了《交换帽子：毕肖普的绘画》（*Exchanging Hats: Paintings*），他在谈及毕肖普的水彩、水粉和墨水画作《县法院》时提到，当地的一场暴风雨造成一定程度的破坏之后，毕肖普创作了这幅画，本顿说："倒伏的电线加剧了无序感。一个业余水彩画家断然不会选取这样的场景。"而毕肖普用她自己的方式做出了恰到好处的改变。

随着毕肖普和克莱恩一起安家，她们也开始经营起一个迷人而多样化的社交圈。其中一位邻居成了她们的挚友，那便是杰出的哲学家约翰·杜威（John Dewey），他是美国实用主义学派的领军人物，也是颇有影响力的进步教育的支持者。毕肖普非常欣赏杜威的朴实与温和，也被他对周身世界充满欣赏和好奇而打动。与杜威见面后不久之后，毕肖普在一封信中形容杜威是"一个如此美好的老人，简直可爱极了"。毕肖普后来告诉露丝·福斯特，到那时，她觉得只有与两个男性在一起时才能感到真正的安全和舒适，一个是她慈祥的外祖父，另一个就是约翰·杜威。和毕肖普一样，杜威"喜欢小东西，小植物、小野草和小动物"。[1] 20世纪60年代的一次采访中，毕肖普指出，杜威和玛丽安·摩尔"是我所认识的人中仅有的两个能与所有社会阶层的人交谈且言谈举止丝毫不改变的人"[2]。让毕肖普感到高兴的是，杜威以同等的尊重对待自己周围的每一个人，她渴望自己也能做到这样。1941年，田纳西·威廉斯（Tennessee Williams）抵达基韦斯特，在"邋遢乔酒吧"住了一晚后，他向一位朋友描述这个岛是"我在美国去过的最棒的地方"，认为它"甚至比弗里斯科、新奥尔良或圣达菲还要多姿多彩"，威廉斯很快受邀参加了怀特街的毕肖普-克莱恩派对，在派对上，这位偶尔反社会的剧作家大部分时间都在躲避其他客人。但威廉斯也对约翰·杜威印象深刻。威廉斯在海滩上与杜威相识，威廉斯向一位朋友描述杜威"82岁了，活泼得像一只猴子"。[3] 毕肖普开始认识威廉斯，两人虽然算不上很亲密。毕肖普还与杜威的女儿简成了朋友，简聪明但有时语言尖刻，是一名军事军械专家，不久就在第二次世界大战期间为美国陆军的阿伯丁试验场施展了她的才能。

---

1 《伊丽莎白·毕肖普谈话录》，第27页。
2 《伊丽莎白·毕肖普谈话录》，第27页。
3 莫林·奥格尔：《基韦斯特：梦想之岛的历史》。

毕肖普搬到基韦斯特之时，密切观察当地社会环境的是她的同伴、水彩画家玛莎·沃特森·绍尔（Martha Watson Sauer），她和律师丈夫罗伯特住在岛上。绍尔记得毕肖普"很漂亮，有着美丽的眼睛和迷人的皮肤"。她们的友谊变得相当亲密，部分原因是她们"对彼此的健康感兴趣"。她们都是哮喘患者，至少在绍尔看来，正是毕肖普毕生都致力于寻求缓解哮喘的方法，才将她带到了基韦斯特。绍尔回忆道："伊丽莎白能接触到比我这里更精湛的医生，每当她找到一种新药时，她都会写信告诉我。"绍尔发现毕肖普"令人愉快、安静、爱逗乐、诙谐、身体并不强壮，但很有趣"[1]。相比之下，绍尔发现克莱恩更外向，"是一个更好的组织者"。她认为克莱恩"活泼……善于管理，坦率"，同时也让身边的人感觉她随和而友好。[2]

毕肖普在基韦斯特社交圈的核心人物是波琳·菲弗·海明威（Pauline Pfeiffer Hemingway），她是海明威的第二任妻子，那时已经与海明威分居。1927 年，海明威在巴黎遇到了新闻记者波琳，她是《名利场》和《时尚》杂志的特约撰稿人。海明威在与她发生婚外情之后，便与第一任妻子哈德莉离婚，然后与波琳结婚。随后，这对夫妇决定返回美国生儿育女。约翰·多斯·帕索斯（John Dos Passos）向海明威夫妇推荐了基韦斯特，当这对夫妇 1928 年抵达该岛时，就喜欢上了这里，于是决定留下来。波琳的家族非常富有，正是波琳用菲弗家族的资金买下了位于怀特黑德街 907 号的大房子和地产，也就是现在的海明威故居和博物馆。波琳生下了两个儿子——帕特里克和格雷戈里。在海明威与波琳的婚姻中，政治分

---

1 《怀念伊丽莎白·毕肖普》，第 75 页。
2 《怀念伊丽莎白·毕肖普》，第 75 页。

歧是日益突出的矛盾之根源。波琳是一名充满激情的天主教徒，曾在西班牙内战中支持佛朗哥的民族主义者，而海明威则热情地支持共和党人，正如他在《丧钟为谁而鸣》中明确表示的那样。海明威夫妇初次去往西班牙 9 年之后，1937 年，海明威再次去往西班牙报道战争期间，在那里与玛莎·盖尔霍恩（Martha Gellhorn）开始了一段恋情。1938 年，就在毕肖普抵达该岛时，海明威为了追寻他与盖尔霍恩的爱情离开了波琳。盖尔霍恩当时住在古巴——离基韦斯特只有很短的航程，乘坐海明威的传奇渔船"皮拉尔号"即可到达。

1940 年，海明威与波琳离婚后不久，便与盖尔霍恩结婚。作为离婚协议的一部分，波琳获得了怀特黑德街房产的所有权，并继续住在那里，抚养两个儿子。一位朋友回忆说，毕肖普频繁访问纽约期间，"总是在梅西百货的地下室给海明威的儿子们买衣服，然后寄给波琳"[1]。绍尔记得，"波琳非常善于交际，和蔼可亲。她苗条，整洁，像鸟儿一样，双眼明亮，炯炯有神，一副好奇的神情"。毕肖普后来形容她是"我所认识的男人或女人中最机智的人"。[2] 喜爱交际的波琳经常在家里举办聚会，邀请来的朋友大多来自岛上日益壮大的文学和艺术圈。毕肖普多次造访海明威家，其间她研究了她所谓的"那个美妙的米罗农场……里面什么都有，树木、母鸡、篱笆等，还有一只对着脚印吠叫的狗"[3]。

波琳派对上的一位常客，是格外受欢迎的年轻人汤姆·万宁

1　《怀念伊丽莎白·毕肖普》，第 104 页。
2　《毕肖普散文选》，第 412 页。
3　毕肖普 1940 年 5 月 21 日致摩尔信，载《一种艺术》，第 90 页。

（Tom Wanning），后来他成为毕肖普的终生好友。万宁是一位才华横溢的个人主义者，出身于一个良好的家庭。尽管他自幼就痴爱读书，但在埃克塞特大学、安多弗大学和耶鲁大学求学时，对这些学校要求严格的正式学业课程不够重视，因此先后被这些学校退学。20世纪30年代中期，万宁被耶鲁大学退学后出现在基韦斯特，在波琳的社交圈里找到了自己的一席之地。有一个故事说，在波琳的一次派对上，这个年轻人受命调制朗姆酒。客人们注意到自己喝完酒后却没有感觉到任何酒精的效果，于是波琳问万宁是用旁边架子上的哪一瓶勾兑的，他指了指那个瓶子，波琳这个虔诚的天主教徒大声惊呼道："汤米，你把圣水放进去了！"[1]

万宁的家庭收入足够满足他的基本需求，他选择不工作。为了回避有关他目前就业状况这种令人不安的问题，他会面无表情地回答说，他正在撰写"米勒德·K.菲尔莫尔命定的一生"。万宁的老朋友弥尔顿·特雷克斯勒（Milton Trexler）回忆说，事实证明，这一招总是能"很好地转换话题"。特雷克斯勒还说，"汤米是一个很好的倾听者，健谈的人都喜欢和他在一起。事实上，他认识的每个人都喜欢跟他侃侃交谈。波琳肯定也不例外。他还告诉我，在餐桌上，波琳爱说话，欧内斯特不说，尽管很明显欧内斯特一直是掌控局面的人"。[2]万宁的侄子侄女们认为汤姆叔叔是一个令人费解却又可爱的人物，他们在为汤姆叔叔撰写讣告时，发现找不到一个合适的词来描述叔叔的职业，最终他们选定了"读者"这个词。[3]

毕肖普欣赏万宁的聪明才智，欣赏他对传统社会习俗的不敬

1　弥尔顿·特雷克斯勒：《伊丽莎白·毕肖普的私人之爱：托马斯·爱德华斯·万宁》，2014年12月21日。网页，访问日期：2015年9月8日。
2　弥尔顿·特雷克斯勒：《伊丽莎白·毕肖普的私人之爱》。
3　伊丽莎白·万宁·哈里斯2015年9月12日给笔者的电子邮件。

态度，欣赏他的嗜饮癖，毫无疑问，也欣赏他作为倾听者的天赋。在她后来献给托马斯·爱德华·万宁的诗歌《小练习》（"Little Exercise"）中，毕肖普邀请她的读者进行这样的脑力"练习"：想想一场温和的海洋风暴在佛罗里达海岸线外"不安地在天空徘徊"，"像一只狗在寻找睡觉之地"。接下来，读者被邀请"倾听它的咆哮"，并且想象近海的红树林接受了风暴温暖又温柔的雨水，一只泰然自若的苍鹭精神抖擞，棕榈树林立的林荫大道经雨水冲刷之后焕然一新。这首诗缓缓走向尾声，在基韦斯特平坦的海岸线上，从远处可以看到这场风暴，它为周围的环境带来了许多乐趣与生机，但几乎没有给周围的环境带来不安或动荡。"想想有人睡在划艇底部。"当温和的南方风暴掠过这个人时，我们要想一想他，他的小船被牢牢地拴在"红树根或桥墩上，/……未受损伤，几乎未受惊扰"。[1]这个人在生活的风暴中安然无恙，与《不信者》（"Unbeliever"）中的人物形成了鲜明对比。《不信者》是毕肖普早期封闭寓言中的最后一首。当温和的风暴经过时，毕肖普笔下的"不信者"不会安然无虞地睡在划艇底部。相反，他睡在"桅杆顶端"，就像清教徒作家约翰·班扬笔下的不信者一样，而毕肖普的不信者反复做的梦则充满了痛苦的呼喊："我决不能坠落。/下面光芒闪耀的大海想让我坠落。/它坚硬如钻石；它想摧毁我们所有人。"当毕肖普把《小练习》献给万宁时，她是在暗示万宁和划艇上睡着的人过着同样的生活。伤痕累累的毕肖普看起来几乎是嫉妒这位万宁式的人物，生活的风暴从他身上掠过，他却能保持安宁、不为所动——至少暂时没有受伤，也几乎没有受到打扰。

---

1 《毕肖普诗选》，第 42 页。

———

毕肖普谢世后不久之后，詹姆斯·梅里尔写过一篇简短的悼念文章，回忆起毕肖普在基韦斯特的一张快照，这张照片萦绕在他的脑海中，照片中的毕肖普"骑着自行车，穿着黑色的法式沙滩服，直视镜头，微笑着：一个活的洋娃娃"。

经历一天的写作、钓鱼、游泳、骑自行车和观察之后，毕肖普和许多基韦斯特人一样喜欢在镇上过夜。1938 年 5 月，27 岁的毕肖普感谢弗兰妮·布劳送给她一条漂亮的围巾，并宣称："周六晚上，我要穿着紧身的白色缎面晚礼服，戴着它在邋遢乔餐馆跳伦巴舞，休息时间就把它挂在墙上。"[1] 毕肖普向弗兰妮解释说，周六和周三是邋遢乔的伦巴舞之夜，并补充道："乔有六个'女孩儿'，其中一个是基韦斯特岛的冠军，她真的很棒，非常非常拉丁，而且很胖，真的比我见过的任何人都更像（加斯顿·）拉雪兹本人。"接着又说："我最后一次见到她时，她穿着淡粉色缎面紧身衣，没穿内衣，围着一条覆盆子色的小围巾。"[2] 克莱恩在给母亲的一封坦率得令人惊讶的信中指出，她和伊丽莎白是经由 70 岁的哈钦斯·哈普古德（Hutchins Hapgood）引荐参加这些令人瞠目的伦巴晚会的。哈钦斯·哈普古德是美国著名作家、记者和直言不讳的无政府主义者，退休后致力于"调查基韦斯特的底层生活"，据克莱恩说，他喜欢和身材魁梧的"伦巴女王路易莎"一起表演这种扭动臀部的古巴舞步。[3] 梅里尔肯定正是从这些故事中勾勒出毕肖普的作家形象：她可能会在某个夜晚，"在夜总会的火柴盒上匆匆写下一两句话，

1　毕肖普 1938 年 5 月 2 日致布劳信，载《一种艺术》，第 71 页。
2　毕肖普 1938 年 5 月 2 日致布劳信，载《一种艺术》，第 71 页。
3　路易丝·克莱恩 1939 年某个"周六"致约瑟芬·克莱恩信。

然后再回到舞池"[1]。不参加邀邀乔的伦巴舞之夜时，毕肖普和朋友们经常光顾佩纳的玫瑰园，这是基韦斯特另一个受文人青睐的酒馆。历史学家莫林·奥格尔（Maureen Ogle）观察到，朋友们"每天五点左右……聚在那里喝酒、谈工作、闲聊"[2]。很多时候，岛上不断变化的文化规范相互碰撞，产生了诸多令人震惊的不协调。直到 20 世纪 30 年代末，短裤在基韦斯特才慢慢被接受，克莱恩告诉母亲，在基韦斯特艺术中心的盛大开幕式上，"真的很滑稽；一半人穿着晚礼服，另一半人穿着短裤"[3]。

　　为了满足克莱恩窥探"底层生活"的癖好，她和毕肖普"以一种相当怪异的方式"庆祝了她们在基韦斯特的第一个平安夜，克莱恩告诉她的母亲，她们"去了附近一个教堂参加圣滚会"，她和毕肖普经常去这里，发现教堂"真的很迷人——它非常小，破烂不堪，有有色人种和白人信徒。一位有色人种的老太太非常积极地'大喊大叫'，非常卖力地'演示'，因此牧师把她举为榜样，与我们形成了鲜明对比；'这是一位 85 岁的老太太，她真的一直在表演，还有两位 25 岁左右的年轻女士什么都不做'"。[4]另一位参加过聚会的女士作证说，她曾经在迈阿密的一家商店橱窗里展示商品，但现在在教堂聚会演示救赎要快乐得多。毕肖普和克莱恩因态度不够庄重而受到了斥责，并进一步聆听了教区居民的方言交谈，最后她们在海滩上燃放了烟花，结束了基韦斯特的这个圣诞之夜。[5]

1　詹姆斯·梅里尔：《伊丽莎白·毕肖普（1911—1979）》，《纽约书评》，1979 年 12 月 6 日。

2　莫林·奥格尔：《基韦斯特：梦想之岛的历史》。

3　路易丝·克莱恩 1939 年 12 月 14 日致约瑟芬·克莱恩信。

4　路易丝·克莱恩 1939 年 1 月 3 日致约瑟芬·克莱恩信。

5　路易丝·克莱恩 1939 年 1 月 3 日致约瑟芬·克莱恩信。

图 8 伊丽莎白·毕肖普和路易丝·克莱恩，约 1940 年

———

　　毕肖普早年在基韦斯特的诗歌风格经历了重大而持久的转变。毕肖普摒弃了《人蛾》《野草》和《在监狱里》这样的自省寓言，转而创作更具象、更写实的诗歌，这些诗歌直接回应她在岛上发现的奇异的自然世界。毕肖普在这种亚热带的环境中找到了她一直在追寻的"日常生活中总是更成功的超现实主义"。毕肖普早期的诗歌色调几乎总是单色。例如，在《奥尔良码头》中，错综的倒影绝不是色彩斑斓。这些水中倒影仅以深浅不一的灰色加以区分，偶尔还能从漂向大海的小树叶上看到淡黄色的斑点。尽管毕肖普最早的一首基韦斯特诗歌《深夜旋律》中确实也出现了照亮夜空的刺眼红光，但这些并不是大自然的颜色，而是白炽灯的人造光。

就在这两首诗一起发表在《党派评论》8—9月号上一年多之后，毕肖普又在同一刊物上发表了《佛罗里达》（"Florida"），这是一首突破性的诗歌，标志着她的风格发生了全面而永久的变化。《佛罗里达》直接源于毕肖普 1937 年造访基韦丁捕鱼营地，诗中迸发出对地理和艺术双重发现的兴奋之情。在这首诗中，"那名字最美的州"似乎漂浮在"咸腥味的水中"。这个州至少看起来是被"红树林的根支撑着"，这些根活着的时候，表面会有"成簇的牡蛎"围聚，而一旦它们死去，"白色的沼泽中就散落骷髅"。第一行诗毫无疑问与玛丽安·摩尔的诗歌遥相呼应——几乎可以肯定的是，毕肖普在开创自己独特风格的同时，也承认自己受惠于摩尔。这种新风格为读者呈现出一幅逐步展开的自然色彩与运动拼贴画，同时也陶醉于语言和智力游戏，包括那些出乎意料的并置斜韵［"成簇的牡蛎"（oysters in clusters）］，毕肖普 8 岁时就开始在大村外祖母的厨房里探索这样的诗歌韵律。

《佛罗里达》中的描述充满了有趣的暗示，让读者看到人类观察者如何将他们自己对自然的感知转向他们所熟悉的方向。例如，鸟类可能会看起来歇斯底里、尴尬或滑稽。毕肖普善于以令人惊讶的方式描绘熟悉的事物或动作——将它们与同样熟悉但来自另一个经验领域的事物或动作联系起来——这在《佛罗里达》中随处可见，这样的方式也将成为她永久的艺术特征。例如，毕肖普告诉我们：

> 三十只或更多的秃鹰正在急速向下，向下，向下，
> 掠过它们在沼泽中发现的东西。

然后，她以令人捧腹的精准暗示这种动作只不过是"搅起的沉积物的碎片／在水中下沉"。被烧过的树皮上，"焦黑的痕迹就像黑天鹅绒"。捕食的蚊子哼唱着"凶猛的伴奏"。随着夜幕降临，褪去原本引人入胜的鲜艳色彩，佛罗里达州的海岸成了"最贫乏的"黑白"明信片"。《佛罗里达》结尾的几行似乎直接出自1937年2月4日毕肖普在基韦丁捕鱼营写给摩尔的一封信。她去了迈尔斯堡"看罗斯·艾伦（Ross Allen）和他的鳄鱼较量"，听他关于蛇的演讲。毕肖普在描述罗斯·艾伦与鳄鱼接触时，观察到艾伦"溜进水中，然后继续说着话。看到他那张庄严的娃娃脸好似脱离了身体，漂浮在水面上，真是一幅有趣的景象，而他在水中模仿鳄鱼的叫声：'咆哮'、爱的呼唤、示警以及社交的叫声。"毕肖普的诗将这些细节压缩成一连串简洁的陈述，让"鳄鱼，有五种独特的叫声"栩栩如生。毕肖普重写了当年写给摩尔的信，用明确的人类语言俏皮地描摹这些叫声："友善、爱、交配、战争和警告。"尽管创作于1939年的《佛罗里达》乍一看似乎是一种明了的自然主义描写，但仔细研究就会发现诗中渗透着语言游戏、虚构游戏以及对生死交织的持续沉思。这首诗发表于她在基韦斯特安家后不久，表明毕肖普已经找到了一种风格，能够让她表现自己的亚热带新体验——揭示行动中的心灵，同时满足她内心对异国情调的渴求。

————

暂居基韦斯特的这些年里，毕肖普一直是一名忠实的渔民，但她的捕鱼经历并非都是在路易丝·克莱恩的陪同下或者布拉船长的注视下进行。毕肖普经常租一艘小型摩托艇，独自去钓鱼。她发表于1940年的《鱼》（"The Fish"）正是源自这样的经历，这首诗多年来一直被视为她的代表作，直到后来被《一种艺术》取代。

《鱼》展示了一种全新的风格，以简洁的描述开头，然后随着对主题探索的不断深入，诗歌的力度也逐渐增强——在这首诗中，叙述者捕获了一条"巨大的"看似不知名的鱼，现在正把它挂在"租来的小船"外面仔细地观察。后来，她向罗伯特·洛威尔确认，她捕获的是一条大海鲈，这种鱼（现在已更名为巨型石斑鱼）的重量可达400磅，不过毕肖普捕获的那条鱼肯定没有那么大。这首诗的核心谜团是：为什么这条巨大的鱼会被一个渔夫轻而易举地拉到小船边，"他没有反抗。/他已经完全不反抗"。毕肖普带我们浏览了这条体形巨大、张大嘴巴的石斑鱼，首先看到的是它棕色的皮肤，"成条状垂挂/像古老的墙纸"。皮肤上"布满了藤壶"，"缀满了白色小海虱"。很明显，这条鱼已经昏昏沉沉，"两三缕/绿色杂草从它的腹部垂下"。然后，这首诗开始描摹巨型石斑鱼的内部，首先是"令人恐惧的鳃，/新鲜又清脆，流着血，/极易切割"。这让她的想象力深入鱼身体的更深处，思考鱼"闪亮的内脏""引人注目的红色和黑色"，以及"像一朵硕大牡丹"的粉红色鱼鳔。然后观察者退后一步，直视鱼的眼睛，这双眼睛"比我的眼睛大得多/但更浅，又泛黄"。这两只眼睛"微微游移，但不是为了回应我的凝视"。

这条鱼似乎在诗人身上留下了自己的印记，但其他渔民也在这条鱼身上留下了他们的印记——一些渔钩和折断的渔线，包括一根"细细的黑线/仍然卷曲着，因它挣扎和逃跑/而拉扯和绷断"。此前诗中叙述者的情绪一直充满好奇且相对平静，但现在变得慷慨激昂，鱼、渔钩和渔线开始看起来"像勋章系着磨坏的/绶带，晃荡着"，甚至像"智慧的五根胡须/从他疼痛的下巴处蔓生"。

只有直面钓鱼所关涉的一连串暴力事件之后，这首诗才迎来了高潮和激动人心的时刻。因为当她凝视着，凝视着，"胜利填满了/

租来的小船／从舱底的积水处／那里油铺成彩虹"。彩虹似乎从这油污的舱底蔓延到"缠绕生锈的发动机／伸向锈成橘色的水斗",并且穿过划手座、桨架和船舷

> ——直到一切
> 都成了彩虹,彩虹,彩虹!
> 而我放走了鱼。

　　写作《鱼》时,毕肖普正在实践一种崭新的写作方法,她在写给玛丽安·摩尔的信中对此有过暗示,但从未完全解释清楚。她从爱伦·坡的诗歌、小说及其散文《创作哲学》中学到了新的方法,加之早年对霍普金斯、巴洛克式作家和诗歌中时间控制等思想的精研,现在她的新风格将它们都融会贯通,慢慢臻至意想不到的高潮的同时,展示了心灵的思考。只有当这首诗走向最后几行之时,所有这些层层累积的细节才会陡然紧密地凝聚在一起,这往往会产生独特而强有力的效果。毕肖普早期作品的单色调风格,现在已经被"彩虹,彩虹,彩虹"所取代。

　　伊丽莎白·毕肖普后来对安妮·史蒂文森说:"波琳·海明威……把我的第一本诗集寄给了古巴的欧内斯特。他写信给她,说他喜欢这本书,并说,提到《鱼》时,'我希望我能像她一样了解它'。"毕肖普自豪地接着说,即便"是为了取悦他的前妻而夸大其词——这句话对我的意义真的远远胜过了各种季刊上的任何赞美"。[1]毕肖普还对史蒂文森说:"我知道,在这背后,海明威先生

1　毕肖普 1964 年 1 月 8 日致史蒂文森信,载《毕肖普散文选》,第 413 页。

和我确实有很多相似之处。我只喜欢他的短篇故事和前两部长篇小说——之后，他的作品就出现了一些悲剧性的问题——但他对很多事情的看法都很正确。"[1] 毕肖普和海明威最接近的观点是：深刻地认识事物是文学艺术的支柱与基石——这样的理解是基于近距离和集中精力的观察。毕肖普的《鱼》真实地描绘了"鱼"，她不仅非常详细地描绘了她捕获的这条"巨大"的鱼的外表，还深入它的内部，包括它的骨骼结构。甚至在创作的那一刻，毕肖普就看到了《鱼》和海明威作品之间的联系。她带着特有的谦虚写信给摩尔时说，"我寄给你的是一件真正的'小玩意儿'"——有趣的是，她把"小玩意儿"这个词加上了引号。"我担心它非常糟糕，如果不像罗伯特·弗罗斯特，也许就像欧内斯特·海明威。我保留了最后一行，这样就不会像了，但我也不知道。"[2] 最后一句当然就是"而我放走了鱼"。毕肖普的人生与作品展现出的非凡的"谦逊"，与海明威同样的"不谦逊"如出一辙，是一种根深蒂固的、无法根除的不安全感的产物，这也是她与海明威之间的另一重联系。

毕肖普和海明威一样，痴迷于用简洁的语言呈现复杂的经验，她也和海明威一样，重视那些未言明之物的价值。事实上，海明威在《午后之死》中关于散文的论述完全适用于毕肖普的诗歌："如果一个散文作家足够了解他所写的内容，他可能会省略他所了解的内容，如果作家写得足够真实，读者依然能够强烈地感觉到这些东西，就像作家已经写出了一样。移动的冰山显得高贵，是因为它只有八分之一露出水面。一个作家如果因为不了解事物而将其省略，那么他的作品中只会留下一些空

1　毕肖普 1964 年 1 月 8 日致史蒂文森信，载《毕肖普散文选》，第 413 页。
2　毕肖普 1940 年 2 月 5 日致摩尔信，载《一种艺术》，第 87 页。

缺。"[1] 从毕肖普娴熟又精湛的
信件就能清晰地看到，她经由
仔细观察获得了对事物的深刻
洞悉，而这些洞悉之"深刻"，
只有一小部分进入了她的诗
歌——这也有助于我们解释为
什么她的作品中极少空缺（如
果有的话）。

图 9　伊丽莎白·毕肖普与自行车，
基韦斯特，约 1940 年

　　与毕肖普本人一样，她的
诗歌风格也相当"沉默寡言"，
最有可能预见并影响她的作家
就是欧内斯特·海明威，因为
他比毕肖普更早阐明并实践了
艺术上的省略理论。1978 年，毕肖普对一位采访者说："对我来说，
最大的挑战是尝试用平实的语言表达艰深的思想。我珍视清晰和简
洁。我喜欢用最简单的方式来呈现复杂或神秘的思想。这是一门学
问，但许多诗人并不像我这样重视它。"[2] 海明威显然也精通这门学
问，在这个层面上，《鱼》的作者和《大双心河》的作者"确实有
很多相似之处"。

————

　　除了水域与海景，基韦斯特的房屋也一样让伊丽莎白·毕肖
普着迷。1938 年 1 月，她报告说，"一间我可以直接看到的非常
小的小屋"，属于一个古巴雪茄的黑人制造商。毕肖普很容易就能

1　欧内斯特·海明威:《午后之死》，纽约：斯克里布纳出版社，1932 年，第 192 页。
2　《伊丽莎白·毕肖普谈话录》，第 99 页。

观察到："除了一张床和一把椅子，房间里唯一的家具就是一只巨大的法国号，漆成银色，斜倚在一顶同样漆成银色的木髓遮阳帽上。"[1] 毕肖普不断回到这间屋子里研究它，也很可能是为了去了解它的主人。3 年多之后，毕肖普发表了一首关于这座小屋的诗，标题（经过一系列修改之后）确定为《杰罗尼莫的房子》（"Jerónimo's House"）。这首诗是房主杰罗尼莫自己讲述的一幕戏剧独白，诗歌一开始就呈现了一个矛盾的"家"，杰罗尼莫眼中的这个家不仅是"我的房子"，还是"我的仙女/宫殿"。然而，这并不是大理石大厅；它由"易腐烂的/隔板"建成，"总共有三个房间"。事实上，这位贫穷的叙述者将他的家描述为"我的灰色蜂巢/由嚼碎的纸/用唾沫黏合而成"。在这些诗句中，抒情短语与愤怒的断奏交织在一起，放大了作者对这处住所的矛盾心理。尽管如此，它仍然是"我的家，我的爱巢"，它的每一个细节似乎都向公众敞开。正如杰罗尼莫自己所言，路人可以看到桌子上已经准备就绪的煎鱼，"洒满了炽热的/猩红色酱汁"，还有一碟自制的玉米粥和一束纸巾折成的粉红色玫瑰。

毕肖普在一封写给摩尔的信中提到了自己的房子，她的女房东报告说气压计上的数值急剧下降，预示着飓风即将来临——在这个靠近墨西哥湾流的岛屿上，飓风始终是一种危险。毕肖普在《杰罗尼莫的房子》的结尾处，可能就已经写下了这一危险时刻，因为她让诗中的杰罗尼莫在谈到他那易腐烂的爱巢时，几乎轻描淡写地说，当他搬家时，他会带走"这些/不多的东西，从/我的避难所，从/飓风那里"。[2] 为了应对岛上可怕的高温，杰罗尼莫家中宽大的

1 毕肖普 1938 年 1 月 31 日致摩尔信，载《一种艺术》，第 68 页。
2 《毕肖普诗选》，第 35 页。

窗户敞开着，就像一本打开的书，任由路人随意翻阅——或者任由一位善于观察的作家把它写成一首诗。但毕肖普自己的私人生活和情感生活不能如此公开地展示——即使在基韦斯特也不行，当然更不能在她发表作品的期刊上展示，尤其是当她的作品涉及家庭和爱情主题时更是如此。

图 10　格雷戈里奥·巴尔德斯为毕肖普和克莱恩在基韦斯特
共同居住的房子所作的画，1939 年

毕肖普极其着迷于基韦斯特的地理、地形、动植物、多样性的文化以及白天和夜间的活动，这让她创造了一种将观察到的事实与异国情调相结合的新风格，也让她能够将她所谓的"日常生活中总是更成功的超现实主义"融入诗歌之中。[1] 来到基韦斯特之前，毕肖

<hr>

1 《毕肖普散文选》，第 414 页。

普一直是客人或房客，但现在她和恋人买下了一套房子。她还找到了志趣相投的社交圈，以及各种不同种族和背景组成的文化，从古巴雪茄制造商和原始画家，到五旬节派基督徒，再到著名的实用主义哲学家，甚至还有七十多岁的老者，以及从这家喝到那家的酒吧客、跳伦巴舞的无政府主义者。在基韦斯特，生活在这种随性交往与文化多样的氛围之中，毕肖普可以享受与同性伴侣之间的爱情，同时很少引人侧目，至少她的近邻们都不太在意。但是战争的阴云正在聚集，基韦斯特作为一个能够从美国大陆东南端投放防御性军事力量的岛屿，其战略位置很快就会完全重新定义它的性质。

第九章　如我们的吻已在改变

1952 年 12 月，离开基韦斯特多年之后，毕肖普在给一位朋友的信中，热情洋溢地欢迎海明威的晚期杰作《老人与海》问世，并表示她"非常喜欢其中的大部分内容——除了六处真正可怕的失误。这是多么美妙的海洋感和空间感啊"。11 年前，毕肖普在她最伟大的基韦斯特诗歌之一《海景》（"Seascape"）中也展示了她自己的海洋感：

> 这天堂的海景，白色苍鹭像天使一样升起，
>
> 想飞多高就飞多高，想飞多远就飞多远，
>
> 在层层叠叠无瑕的倒影中

毕肖普展现了这样一个场景：每一个闪闪发光的物体都获得了自己的颜色，并将这颜色折射到另一个物体上，因此"整个地区，从最高的苍鹭/到下方失重的红树林岛屿"仿佛都在阳光的照耀下闪闪发光，而在红树林岛屿中，人们会发现"明亮的翠绿叶子边缘整齐地镶着鸟粪/像银的彩饰"。毕肖普展示着一种独特的技艺，既确立了她作为精致大师的声誉，又掩盖了她对粗

俗音调的偏好，与此同时她还自如地将事实精确但不甚协调的粗俗细节插入她自己所营造的诗意结构之中，这些细节流逝得如此之迅速，以至于很容易被错过：明亮的翠绿叶子边缘整齐地镶着鸟粪。[1]

毕肖普后来声称，准确、自发和神秘是"我最喜欢的诗歌中三种我欣赏的品质"[2]。贯穿《海景》中的神秘和惊奇在于，她的表现手法在现实事物（苍鹭、鱼或红树林根）——这是艺术领域中常见的比喻——和对立的神学概念（如天堂或地狱）之间来回闪现。

毕肖普认为这首诗中的场景某种程度上参考了拉斐尔的巨型海景画《捕鱼神迹》(The Miraculous Draught of Fishes)，画中圣彼得站得笔直，大鸟在他头顶的上空翱翔，他惊讶地看着渔船上满载的奇迹般的渔获，就像《约翰福音》中描述的那样。使徒及其门徒们的脚下，水中倒影闪耀，在他们身后，一片豆绿色的海洋上倒映着零星的云朵，似乎融化在逐渐消退的蓝色地平线上。拉斐尔为教皇利奥十世创作了这幅巨型画作，它曾是西斯廷教堂挂毯的样板，而现在只会在特殊场合出现。根据艺术作品创作的诗歌被称为"艺格敷词"(ekphrastic)，而毕肖普的《海景》可谓读画诗中的惊奇之作，因为当诗中的场景已经完全变得栩栩如生之后，我们才意识到这首诗与一幅名画之间的关系。毕肖普以其特有的成熟风格，创构出一幅天堂、写实和"艺格敷词"共融的海景，同时将她内心深处始终存在的冲突双方戏剧化。

毕肖普通过"形销骨立的灯塔"展现了自己内心冲突的另一

1　《毕肖普诗选》，第 40 页。
2　《毕肖普散文选》，第 328 页。

面。佛罗里达群岛的某些灯塔矗立于浅水中，而不是干燥坚实的地面上，也不是用砖石或混凝土建造。相反，这些灯塔直接站立在水中裸露的金属结构上，它们通常被漆成黑白色。毕肖普将"站在那里/穿着黑白教士服，/以勇气为生"的建筑拟人化。这个清教徒式的人物，似乎只有一种看待世界的方式，也只有一种观念，"认为地狱在他的铁脚下肆虐，/认为这就是浅水处如此温暖的原因"。如果这座人格化的灯塔能确定什么的话，那就是"天堂并非如此"。对它来说，"天堂不像飞行或游泳，/而是与黑暗和一道强烈的眩光有关"。它耐心地等待夜幕降临，因为只有到夜晚，它才能将自己的眩光转化成"某些/与这个主题有关的措辞激烈的话语"来表达自己。

　　毕肖普之所以与诗中的灯塔产生了情感共鸣，显然是因为她置身于佛罗里达的海景之中，看到了天堂般的世界，这美妙的天穹、光、色彩与运动让她沉浸其中，也让她想起了拉斐尔为西斯廷教堂设计的作品。然而，灯塔虽然是一种喜剧性的衬托，但也是一种严酷的加尔文主义，毕肖普深知，灯塔所显现的加尔文主义或清教徒的视景也是她自己内心的一部分。

———

　　1940年给玛丽安·摩尔的那封信中，毕肖普在提到了《鱼》这个富有诗意的"小玩意儿"之前，讲述了一个她称之为典型的基韦斯特故事："前几天，我去瓷器壁橱拿一个白色的小碗，准备放了一些花进去，当我冲洗它时，我注意到了一些小黑点。我对阿尔米达太太（她的管家）说，'我想我们家肯定有老鼠'。但她把碗拿到灯光下仔细研究了一番，过了一会儿她说，'不，是蜥蜴'。"[1] 毕肖普古雅又淑女的大师形象难以消退，但我们很难不想到，海明威会比玛丽安·摩尔更喜欢这篇有关家庭粪便学的作品。

事实上，毕肖普和摩尔很快就因毕肖普在诗歌《公鸡》（"Roosters"）中提到与粪便相关的事物以及其他摩尔觉得令人不快的内容而发生了争执。毕肖普将这首诗的抄本寄送给摩尔，请她审阅，紧接着这场争论就爆发了。摩尔寄回了一份由摩尔和她母亲一起完全重写的诗稿，并天真地命名为《雄鸡》（"The Cock"）。毕肖普礼貌地拒绝接受这种改写，并按原样发表了她最伟大的诗歌之一——《公鸡》。自此之后，她们仍然是亲密的朋友，经常通信，这表明她们之间的关系仍然很牢固，但这种关系已经到了一个转折点。毕肖普不再像过去五年那样，将诗歌提交给摩尔审阅。毕肖普找到了一种新的声音，她用这种声音写出了一系列精湛的诗歌杰作。她现在是一名独立的作家了。

毕肖普和路易丝·克莱恩并没有全天候住在基韦斯特，这意味着她们经常会分开几周，有时甚至几个月。1940 年秋天，毕肖普和她热爱冒险朋友的夏洛特以及瑞德·拉塞尔一起，在北卡罗来纳州布雷瓦德附近山区的一间小屋里过了一段愉快的时光。瑞德·拉塞尔回忆道："莉齐[2] 不做其他事情的时候，就会坐下来写作。她总是在写东西。莉齐喜欢这种远离汽车和人群的边疆体验。"

毕肖普还会去纽约，在那里她与洛伦·麦基弗和劳埃德·弗兰肯伯格夫妇等艺术家和作家共度时光，1941 年她为这对夫妇找到了一间工作室。毕肖普在纽约时给人留下了深刻的印象。《党派评论》

1　毕肖普 1940 年 2 月 5 日致摩尔信，载《一种艺术》，第 87 页。
2　此处莉齐（Lizzie）是瑞德·拉塞尔对毕肖普的昵称，是教名 Elizabeth 的缩略变体，诗人洛威尔对妻子伊丽莎白·哈德威克（Elizabeth Hardwick）的昵称也是莉齐。

的编辑克莱门特·格林伯格（Clement Greenberg）解释说，毕肖普
之所以引人注目，是因为她不符合当时标准的文学样式："我记得
伊丽莎白，因为她格外显眼。伊丽莎白并不是那种一直喋喋不休的
文人。她不是德尔莫尔·施瓦茨。"他补充说："你会觉得和伊丽莎
白在一起，生活是第一位的。"她并不关心如何展现出有市场价值
的形象。用格林伯格的话来说："她不是一个名人，不是一个新闻
界能够抓住的人。但她的诗歌能让新闻界紧追不舍。"他补充道，
"她不会融入《党派评论》群体。"根据格林伯格的说法，也许最重
要的是，"我从未觉得伊丽莎白属于任何一个群体"。[1]

　　但克莱恩在纽约待的时间更长，她在这里的艺术圈和爵士乐圈
混得风生水起。她的财富、迷人的个性以及她母亲的人脉，都让她
给人留下了不同的印象。克莱恩也被非裔美国人的艺术深深吸引，
并一度与比莉·霍利迪（Billie Holiday）有过一段恋情。1935 年至
1941 年间，她大部分时间都在与毕肖普一起旅行，现在她似乎做好
准备离开基韦斯特，开始适应纽约艺术赞助人这个新角色，赞助音
乐和艺术活动。1940 年 9 月 15 日，毕肖普的轻体诗《致纽约的信》
（"Letter to N.Y."）发表于《时尚芭莎》，这首诗捕捉到了这一动态，
并将这首诗献给了路易丝·克莱恩。毕肖普早年写给克莱恩的信均
未保存下来，因此这封诗信就是他们早期通信的全部内容，但我们
有理由认为，这首诗抓住了她们之间通信的特点，其中一定充满了
诙谐的玩笑与戏谑。毕肖普在《致纽约的信》中提到了克莱恩放荡
不羁与尽情玩乐的生活，于克莱恩而言，也许这就是她与毕肖普之
间关系的意义所在。

1 《怀念伊丽莎白·毕肖普》，第 93 页。

图 11　路易丝·克莱恩和伊丽莎白·毕肖普在纽约，约 1940 年

　　毕肖普写给克莱恩的诗信与另一首诗《士兵与老虎机》("The Soldier and the Slot Machine")形成了鲜明对比，后者被《纽约客》退稿，直到毕肖普去世后才得以出版。这首抒写强迫症的诗歌探讨了一名年轻士兵的赌博成瘾；这位士兵一直痴迷于玩基韦斯特的镍币老虎机，并拼命想要戒掉。他声称自己"不会再找零钱了"，而且在他把钞票兑换成硬币玩老虎机之前，"酒吧老板会看到我死去"。这位士兵记得，他为了连赢而"成百次，上千次"地把五分硬币投入老虎机。他将老虎机与难以遏制的饮酒联系起来，而这个问题也正日益困扰着毕肖普，他坚称，"老虎机是喝醉的人／而你也是一枚肮脏的五分镍币"。他分析了老虎机的内部结构，希望它能被扔进海里，但在诗的结尾，他仍在与强迫症作斗争。

　　毕肖普在基韦斯特的那些年里，饮酒是弥漫于岛上的主要社会

风气。海明威嗜酒如命，他的妻子波琳也是如此，田纳西·威廉斯
和汤姆·万宁也是。至少早年在岛上的岁月里，毕肖普自己的饮酒
似乎在岛上的饮酒文化中并不显眼。但就像那个坐在老虎机前的士
兵一样，毕肖普越来越难以控制喝酒的欲望与冲动。她已经成了周
期性酗酒的受害者，或者用通常的说法，成了一个无度的酒鬼。她
的朋友兼门生弗兰克·毕达特回忆说，很久以后，在哈佛的岁月
里，毕肖普有时会在社交场合适度饮酒，甚至会保持长时间完全禁
酒。然而，在其他时候，她只要喝上一杯，接着就发现自己根本停
不下来。她的周期性酗酒随时可能发生，但最常发生在她感到被
抛弃或沮丧时。遗传可能也是一个因素。有迹象表明，毕肖普的
父亲威廉·托马斯曾与酗酒作斗争，而她父亲的弟弟、毕肖普的
叔父杰克也曾有严重的酗酒问题，但后来完全靠自己努力戒掉了。
她母亲家族那一边，毕肖普将会在《回忆内迪舅舅》（"Memories
of uncle Neddy"）这个深情的故事中，（略带虚构地）将她的舅舅
亚瑟·布尔默描绘成"一个恋人、丈夫、父亲或祖父、铁匠、酒
鬼，（和）一个著名的飞钓渔民"[1]。毕肖普回忆起"铁器时代希望乐
队"的戒酒誓言，她的舅舅亚瑟"多年后还能背诵给我听，尽管天
知道那时他已经违背誓言多少次了"[2]。毕肖普形容舅舅亚瑟的饮酒
方式和她一样，都是"周期性发作"。家人声称亚瑟的酗酒会要了
他的命，但毕肖普注意到，舅舅 76 岁去世时，死于"完全不同的
原因"[3]。

　　然而，无论日益严重的酗酒问题某种程度上是由童年创伤造成

1 《毕肖普散文选》，第 146 页。
2 《毕肖普散文选》，第 151 页。
3 《毕肖普散文选》，第 160 页。

的恶果，还是遗传引起的，它们都会给毕肖普的现实生活带来影响，其中之一就是酗酒对她的恋爱的影响。1941 年年中，毕肖普与路易丝·克莱恩的关系开始破裂。她的酗酒可能是导致分手的一个因素。克莱恩的母亲约瑟芬可能也给克莱恩施加了越来越大的压力，要求克莱恩结束与毕肖普的女同性恋关系，回到纽约过更传统的生活。威廉斯学院的一位教授参加过克莱恩主办的一场音乐会，他的一些言论暗示着富有的克莱恩未来将会成为大都会地区的文化元老。他告诉克莱恩，她就像美第奇家族中的一员——而在基韦斯特这样的角色很难发挥作用。[1]

　　毕肖普肯定知道克莱恩待在纽约期间与其他女性有染，而且她一定逐渐意识到自己正在彻底失去克莱恩。她感到自己被抛弃，而当毕肖普感到被抛弃时，她会进入持续的极度抑郁状态，克莱恩告诉朋友，她可能还会以自杀相威胁。艺术家玛丽·梅格斯（Mary Meigs）后来成了克莱恩的情人，但她也遭到了克莱恩的抛弃，后来她与毕肖普建立了联系，因为两人都会把对方视为克莱恩的抛弃者。根据梅格斯的说法，这让她们成了"友好的同谋者"，"可以自由地讨论和嘲笑过去与现在"。梅格斯回忆起她与毕肖普相处的那段时光时说："我立刻被她心灵的脆弱和敏感所打动，她敏锐的感知就像超越人耳的信号接收器。"梅格斯补充道："路易丝对女人来说是不可抗拒的；她有一双蓝眼睛，似乎充满了天真的坦率和对生活的热爱。她喜欢人群和派对；她自己不是艺术家，但她能够发现不同寻常的天赋，并帮助艺术家们拓展事业。"克莱恩最早的

---

1 《怀念伊丽莎白·毕肖普》，第 85 页。

发现或许就是毕肖普本人，在与毕肖普相处的五年时间里，她想方设法培植毕肖普的文学事业。但现在这段关系已经结束了，毕肖普必须独自找到继续前进的方法。后来，玛丽·梅格斯在1989年评论道："伊丽莎白和我都属于一想到自己被称为女同性恋就感到恐惧的一代女性，而对于作为诗人的伊丽莎白来说，女同性恋的标签尤其危险。女同性恋者害怕被世人所知的副作用之一，就是我们害怕被彼此所知，因此我们（当然包括伊丽莎白）采取了今天看来不再必要的谨慎态度。"然而，正如毕肖普后来的岁月中反复发生的那样，她很快就找到了新欢，并与之重新开始一段恋情。

没有了克莱恩，毕肖普现在是怀特街房子的唯一主人，而她自己却无力维护它。然而，不久，她就遇到了一位名叫玛乔丽·史蒂文斯（Marjorie Stevens）的女士，玛乔丽与她的海军军官丈夫分居了。和毕肖普一样，史蒂文斯住在基韦斯特，至少部分原因是她的健康状况欠佳。玛乔丽也喜欢喝酒，毕肖普一次从酒吧回家，不慎跌入水沟，史蒂文斯将她扶了起来，她们就这样开始了交往。毕肖普后来告诉露丝·福斯特医生，玛乔丽·史蒂文斯曾对她说，毕肖普躺在那里，街灯照着她的脸庞，那是"她见过的最美的事物"。也许史蒂文斯被毕肖普显见的脆弱所吸引。没过多久，毕肖普就向史蒂

图12　玛乔丽·史蒂文斯护照上的照片，1941年

文斯讲述了自己失去母亲的故事以及其他往事。

毕肖普将怀特街 624 号的房子租了出去，并于 1941 年 6 月搬进了玛格丽特街 623 号，与玛乔丽·史蒂文斯同住。1941 年 12 月，她将古钢琴也运到了那里。毕肖普一首至关重要的诗或许正是创作于玛格丽特街的这所房子里，那就是她死后才出版的诗《一起醒来多么美妙》（"It is marvellous to wake up together"），这是一首精美的爱情诗，1986 年，罗莉·戈登松（Lorrie Goldensohn）在毕肖普的朋友琳达·内默（Linda Nemer）手中发现了它。很难确定这首诗描述的是毕肖普与史蒂文斯的生活，还是她与克莱恩的生活。布莱特·米利尔（Brett Millier）认为是前者，但爱丽丝·奎恩认为两种可能性都有。毕肖普后来告诉福斯特，她和史蒂文斯经常是晨间情人，这一事实或许会让我们赞同这首诗是在描写毕肖普与史蒂文斯。这首诗刻画了基韦斯特上空即将到来的一场暴风雨，她们知道，尽管存在明显的威胁，但自己的房子有避雷针保护，因此，即使房子被从天而降的闪电击中，她们也可以"出神地想象着 / 整个房子被困在闪电的鸟笼中 / 将是多么令人愉快，而不是令人惊惧"。这让她们可以从"简单的 / 夜晚的视角，平躺着"来想象其他可能的变化。

这首诗的结尾是毕肖普诗歌最美丽的结尾之一。这个不寻常的世界闪电突袭，"黑色的 / 电线悬挂着"，她发现：

> 无须惊讶
> 世界可能会变成迥然不同之物，
> 如同空气改变或闪电来不及眨眼就来临，

改变着，如我们的吻不经我们思索已在改变。[1]

1988 年冬天，《美国诗歌评论》刊登了毕肖普这首探索女同性恋情欲的抒情诗，并附有戈登松的引言，[2] 立即在读者中引起了轰动，也在毕肖普的研究领域掀起了一场革命。

与此同时，越来越明显的是，欧洲日益高涨的战争浪潮对基韦斯特产生持久的影响，而且在美国真正成为参战国之前，军事集结和扩张就已经在基韦斯特开始。根据历史学家莫林·奥格尔的说法，"到 1941 年 12 月 7 日，海军已经直接租赁或购买了超过 100 英亩的土地，其中大部分位于基韦斯特市中心或附近"。1941 年 6 月，毕肖普告诉莎莎·拉塞尔，"我感到非常沮丧"，因为"海军已经买下了怀特黑德街附近的所有土地"。毕肖普最喜欢的夜总会"佩纳的玫瑰园"被收购后关门大吉，毕肖普说店主"哭个不停"。她向朋友莎莎提到时代代变迁的另一个标志是，"邋遢乔（·拉塞尔）在哈瓦那拜访海明威时突然去世。他们的酒吧关了几天，门上挂上了那些可怕的棕榈树枝和紫色丝带。现在年轻的乔正在经营它"。[3]

紧接着，12 月 7 日，战争确实再次降临基韦斯特。影响几乎立竿见影。仅仅两天后，即 12 月 9 日，据奥格尔的说法，"75 辆满载 1500 名士兵的卡车驶过街道，开往泰勒堡附近的军队基地"[4]。波琳·海明威最初将基韦斯特描述为一个"繁荣的小镇"，但毕肖普

---

1 《埃德加·爱伦·坡与自动点唱机》，第 44 页。
2 罗莉·戈登松：《伊丽莎白·毕肖普：一首未发表的无题诗》，《美国诗歌评论》，1988 年 1/2 月，第 35—36 页。
3 毕肖普（1941 年 6 月）致夏洛特·拉塞尔信，载《一种艺术》，第 100 页。
4 莫林·奥格尔：《基韦斯特：梦想之岛的历史》第九章。

发现这个拥有天堂海景的安静岛屿正在发生着变化，这让她难以继续留下。另一首以这座岛屿为背景的诗《满月，基韦斯特》("Full Moon, Key West") 1943 年 9 月被《纽约客》退稿，这首诗表达了毕肖普对岛上军事存在的不安。"这个岛开始嗡嗡作响 / 像梦境中的音乐。"是什么造成了这种声音？是一群水手，在月光下，看起来像"纸一样白"：

> 喝醉的
> 水手们来了
> 跌跌撞撞，打打闹闹，
> 用孩子们的声音，
> 嘟囔着威胁。[1]

1942 年，毕肖普和玛乔丽·史蒂文斯前往墨西哥旅行，4 月中旬抵达尤卡坦州的梅里达市，在那里她们遇到了智利诗人巴勃罗·聂鲁达（Pablo Neruda），并与他成了好朋友。聂鲁达总是难以置信地声称，他们相遇于奇琴伊察的金字塔顶端。5 月 5 日，聂鲁达带领毕肖普和史蒂文斯前往墨西哥城，并在那里为她们找到了一间公寓。正是在墨西哥城观察黎明时，毕肖普找到了创作诗歌《重复法》("Anaphora") 的灵感，她后来将这首诗献给了玛乔丽。8 月，毕肖普和史蒂文斯去往库埃纳瓦卡的聂鲁达夫妇家拜访。9 月底，她们离开墨西哥前往纽约，毕肖普留在纽约，史蒂文斯则返回基韦斯特。

---

1 《埃德加·爱伦·坡与自动点唱机》，第 59 页。

图 13 毕肖普在曼哈顿国王街 46 号的"阁楼"公寓屋顶向外眺望，1943 年

20 世纪 40 年代中期，毕肖普经常在东海岸来回穿梭，喝得更多了，她与玛乔丽·史蒂文斯的关系也变得越来越糟糕。毕肖普写给玛乔丽·史蒂文斯的信没有保存下来，但毕肖普保留了史蒂文斯给她的大量信件，这些信揭示出一个极度焦虑的人，并为战时基韦斯特提供了具体的写照。她的信是对话式的，内容详尽，着重于描写日常生活的努力与艰辛。史蒂文斯当时在海军基地担任簿记员，每月都要参与审计工作，这总是让她承受相当大的压力。史蒂文斯在她的长信中不断地表达对毕肖普的健康状况和福利待遇的深切关注，相对于毕肖普和她的朋友，史蒂文斯似乎也对自己的学识成就缺乏自信和安全感。这些信件还提到了为管理战时拥挤而实施的租金管控，这样的措施限制了毕肖普赚取更多的房屋租金。

第二次世界大战期间，长途电话受到限制，两人很难通过电话交流与沟通，而毕肖普此时似乎也对通电话感到相当不安。从史蒂文斯的信件来看，她们之间罕见的、难以安排的、昂贵的长途电话看起来并不顺利。

1941 年之后的几年里，毕肖普发表的作品相对较少，尽管她未出版的作品——通常都与战争或性有关——仍然引起了人们的极大兴趣。1944 年秋，毕肖普重新开始积极发表作品，她的四首《给一个黑人歌手的歌》（"Songs for a Colored Singer"）发表在《党派评论》上。一年后，《重复法》问世，这是一首始于墨西哥的诗，也发表在《党派评论》上。这一年她还发表了三首诗，分别是《小练习》《铁路》（"Chemin de Fer"）和《大而糟的画》。这是她在《纽约客》上发表的第二首、第三首和第四首诗，这也标志着毕肖普和这本杂志此后长达四十多年漫长而富有成效的合作关系的肇始。有了这些新发表的作品，毕肖普就有了一本完整诗集的素材，她参加了霍顿·米夫林出版公司举办的一次比赛，主办方共收到了 700份手稿，奖项包括 1000 美元的现金奖励和出版获奖作者提交的诗集。

毕肖普的诗歌手稿在著名的评委三人组玛丽安·摩尔、埃德蒙·威尔逊和约翰·杜威的推荐下最终获奖，她的第一本诗集《北与南》于 1945 年由霍顿·米夫林出版。这本诗集的前半部分主要是 1935 年至 1938 年间创作的超现实主义的梦之诗、混乱的城市景观，以及她早期特有的封闭寓言诗，这构成了毕肖普的北极。而她的南极几乎完全聚焦于佛罗里达和基韦斯特。

1946 年，两位对毕肖普的成长产生持久影响的医学专业人士进入了她的生活：安妮·鲍曼（Anny Baumann）医生和露丝·福斯特医生。安妮·鲍曼尤为重要，她将在毕肖普的余生中一直担任毕肖普的主治医生，即使此后毕肖普住在遥远的城市也是如此。鲍曼出生于德国，后来成为纽约的一名全科医生，她在与富有创造力的人物打交道方面天赋异禀。鲍曼愿意将看似无限的时间和精力投注到毕肖普以及包括罗伯特·洛威尔在内的许多作家和艺术家身上，洛威尔在毕肖普的推荐下成了鲍曼的病人。罗伯特·克里斯特（Robert Christ）是毕肖普的忠实信徒，他也在1956年成了鲍曼的长期病人。他回忆说，他在鲍曼摆满书籍的候诊室里发现了毕肖普的签名诗集，这帮助他度过了没完没了的候诊时间。克里斯特进一步回忆说，一旦最终进入鲍曼的私人办公室，那么他的问诊时间从不会低于一小时。鲍曼也很乐意到克里斯特所在的曼哈顿西区的公寓出诊，她也经常为毕肖普做类似的家访式诊疗。鲍曼是一位诊断专家，她曾多次发现其他医生都无法发现的毕肖普的病因。鲍曼同样关心毕肖普的情绪健康。克里斯特回忆说，鲍曼关切毕肖普的时候，会流露出"严厉的、母亲般的"语气。他还记得自己透过鲍曼办公室门，听到的那句清晰可闻的话："洛威尔先生，作为一个聪明的人，你怎么能这么愚蠢呢？"但是，克里斯特补充道："你必须听到那斥责中的怜悯，听出她对自己不理解之处的理解。我敢打赌，大多数时候，伊丽莎白·毕肖普都听到了。"[1]到1946年年中，鲍曼对毕肖普的抑郁症和强迫性饮酒深感担忧，因此，在玛格丽特·米勒的支持下，她说服毕肖普接受露丝·福斯特医生的精神分析。福斯特的治疗可能并没有解决毕肖普的酗酒问题、孤独感和抑郁感，即便周围都是钦佩和支持她的朋友。尽管如此，毕肖普开始

1　罗纳德·克里斯特：《伊丽莎白·毕肖普的医生》，《纽约时报》，1994年5月8日。《纽约时报》数字档案，访问日期：2019年4月26日。

接受精神分析的同时也开启了自己无与伦比的创作高峰期。[1]

1946 年 8 月，毕肖普在无人陪伴的情况下独自前往新斯科舍省，在那里她与姨妈格蕾丝一起探寻自己的过去，并试图在新斯科舍医院获取她母亲的医疗记录，但未获成功。她在那里度过了一段时间，其间她创作了几首最伟大的诗歌和几篇故事。之后，她被召回美国签署文件，以出售她在基韦斯特怀特街的房子。接下来的几年里，她继续回到基韦斯特，但现在她是一名游客而不再是这里的居民。她与玛乔丽·史蒂文斯争吵不休的异地恋也即将结束，毕肖普酗酒到了相当危险的程度。

毕肖普的诗集《北与南》获得了许多好评，虽然也有几篇评论显得明显居高临下。其中最热情的评论出自 20 世纪中叶美国最严厉、最严谨的诗歌批评家兰德尔·贾雷尔（Randall Jarrell）之手。他的评价既可以诙谐欢快，也可以极其苛刻。他曾写道，某位诗人的作品似乎是"一个打字员用打字机"生产出来的。但正如罗伯特·洛威尔后来所说，颂词是贾雷尔批评的荣耀。当挑剔的贾雷尔喜欢上一个诗人的作品时，他会全力以赴，他对伊丽莎白·毕肖普便是如此。他认为《鱼》和《公鸡》这两首"在道德上如此吸引人"的作品是"我们这个时代最冷静优美、最深富同情的两首诗"。他认为毕肖普"能够施展出最奇绝的独创力"，但同时也"严峻、冷静和温柔"。他称赞毕肖普拒绝将诗歌变成"令人厌恶的专业治疗"，并赞赏她的诗歌"几乎从不勉强"。他补充道，第二次世界大战结束仅一年之后，"毕肖普女士没有正义凛然地呼喊'这是一个

1　米利尔声称，毕肖普于 1947 年春季开始与鲍曼见面，但毕肖普 1947 年 2 月写给福斯特的信清楚地表明，在 1946 年 8 月她前往大村之前的几个月，她就已经开始成为鲍曼的病人，随后又成为福斯特的病人。

无人能在其中融洽生活的世界’，而是表明，这几乎绝无可能但又
完全可能——对她来说，这一直是能在其中融洽生活的世界"。或
许，贾雷尔对毕肖普作为一个人而非作为一个诗人最富见地的评论
是，他认为毕肖普"深知这个时代的邪恶和混乱能够解释和减轻其
他人的邪恶和混乱，但无法解释和减轻你自己的邪恶和混乱"。[1]

贾雷尔从毕肖普的诗歌中直觉地感受到了她复杂的道德意
识。他强调了毕肖普作品中冷静的一面，但可能过于强调这一
点，而没有关注到《人蛾》《野草》或《爱情躺着入睡》（"Love Lies
Sleeping"）等诗歌中偶尔显露的疯狂或焦虑。尽管如此，贾雷尔仍
然极力赞赏毕肖普创作《北与南》所投入的十年时间以及更漫长的
准备，大多数情况下贾雷尔都展现出非同寻常的洞察力。

1　兰德尔·贾雷尔：《诗歌与时代》，纽约：维塔奇书局，1953 年，第 235 页。

第十章 浪子

伊丽莎白乘公共汽车从新斯科舍省返回波士顿，随后回到纽约，她在那里签署文件，出售了她心爱的基韦斯特房子。之后，她在位于纽约国王街 46 号的一间狭小的公寓里住了下来。现在，她从完成第一本诗集的压力中解脱了出来，正忙于创作一系列新的诗歌。她继续吸纳着《北与南》的大部分好评。1947 年 1 月 14 日，评论家亚瑟·米泽纳（Arthur Mizener），也就是后来著名的《弗朗西斯·斯科特·菲茨杰拉德传》和《福特·马多克斯·福特传》的作者，撰写了一篇褒奖《北与南》的评论，并与伊丽莎白分享，他指出，自毕肖普在瓦萨学院读大四始，他就一直在关注她的作品，而这篇评论揭示了毕肖普的敏锐洞察力。他谈到了她的新诗集多么值得期待，称赞"她的诗在投身于事实、投身于记忆和投身于欲望之间取得了多么完美的平衡"，并指出"它们多么完美地将心灵的坚韧和优雅结合在一起"。[1] 毕肖普需要这两种品质来支撑她度过接下来的五年，这是她一生中最痛苦和最不确定的五年，但也是她一生中最富诗歌创造力的一个时期。

---

1 米泽纳 1947 年 1 月 14 日致毕肖普信，参见《一种艺术》第 144 页脚注。

　　毕肖普从新斯科舍省归来以及诗集《北与南》出版之后，创作的首批诗歌之一便是《瓦里克街》（"Varick Street"），它直接源于毕肖普在格林威治村小公寓的现实遭际，这间公寓就坐落于邻近的瓦里克街，一个昼夜不停的工业区边缘。她后来回忆说："街对面的印刷厂，有时晚上还在继续使用淡蓝色的日光灯。"[1]此外，毕肖普补充说，一家斯拉夫糖果厂和一家生产消炎药（一种含薄荷醇的胸部擦剂）的制药厂分别位于瓦里克街的两侧，它们的气味混合在一起时，会产生"非常奇怪"的效果。[2]因此，在没有空调的时代，"在夏夜，所有的东西都开足马力，所有的窗户都敞开着，气味和声音都很奇特"[3]。在毕肖普的诗中，这些工厂继续着令人不安的夜间生活。这个地区"悲惨而不安的建筑/布满管道脉络"喘着粗气，似乎试图通过"伸长的鼻孔/长满尖刺的鼻毛"的高大烟囱来呼吸。在这个噩梦般但又非常真实的环境中，一对熟睡的夫妇被孤独的房间周围涌动的力量包围着。相比之下，几年前的《一起醒来多么美妙》中，闪电划过基韦斯特的天空——甚至可能击中了诗中两个主要人物的房子，因为有避雷针的保护，闪电不再是一种威胁，而是变成了激发情欲的兴奋剂。但现在，毗邻瓦里克街的公寓里，躺在床上的两个人甚至可能是前一首诗中相同的两个人，即毕肖普和玛乔丽·史蒂文斯，但反应截然不同，因为：

　　　　我们的床

　　　　因煤烟而收缩

1　毕肖普 1955 年 7 月 18 日致约瑟夫和 U.T. 萨默斯信，载《一种艺术》，第 308 页。
2　毕肖普 1955 年 7 月 18 日致萨默斯信，载《一种艺术》，第 308 页。
3　毕肖普 1955 年 9 月 6 日致斯文森信。

　　而不幸的气味

　　紧紧抱住我们。

　　多年后，毕肖普会告诉梅·斯文森："我梦见了那首诗，除了两三行，其余的都梦见了。一天晚上，我醒来，及时对着印刷机念出了这些叠句。"[1]

　　并且我会出卖你，出卖你，

　　当然会出卖你，亲爱的，你也会出卖我。[2]

　　她向其他朋友解释说，这叠句在这首诗中出现了三次，并且以它结束了这首诗，"不知怎的，它似乎适用于当时的商业前景，以及我在纽约的生活乃至当时整个社会的悲观看法"[3]。在那间公寓里，包括爱情在内的一切东西似乎都可以出售。毕肖普冷冷地对斯文森补充道，如果这首诗"有任何晦涩难懂之处"，那"我想是我做梦的过程出了问题。但我希望我能经常做更多这样的梦——这会让写作变得更容易！"[4]

　　1947年，另一首梦之诗《争论》（"Argument"）表达了毕肖普与玛乔丽·史蒂文斯日益恶化的关系——无论是在基韦斯特还是在国王街的公寓里，这种关系都无法舒适地维系下去。因此，这种关系的主要特征是分离和争论，这种争论在"日子"和"距离"之间兜兜转转，无法得到解决。因为叙述者面临的是"那些无法／或不愿

1　毕肖普1955年9月6日致斯文森信。
2　《毕肖普诗选》，第73页。
3　毕肖普1955年7月18日致萨默斯信，载《一种艺术》，第308页。
4　毕肖普1955年9月6日致斯文森信。

让你接近的日子"以及"试图显得／更甚于顽固的／东西"的"距离"。距离一定程度上由"飞机下方／所有的陆地"来定义，沿着海岸线将她带离基韦斯特，毕肖普住在纽约时，史蒂文斯主要居住在基韦斯特。分离的日子似乎被标记在"骇人的日历"上，就像她公寓对面那家工厂印制的数以万计的日历。这份赠予的日历上的献词，带着痛苦的讽刺意味写着："永不与永远公司向你致敬。"也许日历上的这些文字暗示着她们可能永远不会走到一起，而且，她们可能会对这即将失去的亲密关系永远感到遗憾。这些因素都在毕肖普的脑海中无休止地"争论，争论，争论"，"既无法证明"她过去五年的伴侣"不那么想要，也无法证明不那么亲爱"。尽管这对恋人拥有牢固的情感纽带，但也许是因为她们的性格不能完美契合，无法找到既能共同生活又能分开生活的方式。毕肖普用一个句子结束了这首关于她们持续的依恋和分离状态的自我争论之诗，这句诗在句法上提出了挑战，她发现"日子和距离再次混乱／又消失／都永远撤离了这温柔的战场"。[1]《争论》是这一时期一系列典型的棱角分明的爱情诗。诗的结尾或许暗示着，她们可能"永远撤离了这温柔的战场"，显然即将分手的两个人正是在这"战场"上发现了两个人之间的根本性分歧。

　　毕肖普创作诸如《瓦里克街》和《争论》这样令人不安的个人抒情诗的同时，也创作了一系列自然抒情诗，这些抒情诗通常与海岸线有关，这进一步巩固和提升了她日益增长的声誉，作为一位诗人，她不再是一个躁动不安的自我探索者，而是一个矜持、冷静、细腻又精确甚至幽默超然的诗人——或者就像玛丽安·摩尔后来所说的，是一位"谦逊的专家"。2月13日，毕肖普向她的朋友兼《纽

---

1 《毕肖普诗选》，第 79 页。

约客》编辑凯瑟琳·怀特（Katherine White）提交了诗作《在渔屋》
（"At the Fishhouses"），后来的事实会证明这是她最优秀的诗歌之
一。毕肖普以一贯的自嘲暗示说，杂志社可能会认为这首诗"不能
录用"，但怀特坚持说："它绝非不能录用，反而给我们带来了极大
的愉悦。"事实上，怀特迅速接受了它，并称《在渔屋》是"一首
非常美丽的诗，我们很高兴能够在夏天来临时接受并刊发它"。[1]

　　除了《瓦里克街》和《争论》等令人不安的抒情诗，毕肖普还
与她的精神分析师福斯特详细讨论了《在渔屋》这首诗，并暗示她
甚至想把它献给露丝·福斯特医生。毕肖普寄给福斯特的信被简单
地标定为"1947 年 2 月"，她对《在渔屋》的自我思索和分析占据
了 1947 年 2 月寄给福斯特的第三封信的大部分篇幅。这首诗的开
头平静而优美，但毕肖普与福斯特医生对这首诗的讨论大多都集中
于诗的结尾部分。这场讨论颇具启发性，因为毕肖普通常鼓励人们
对她的诗只进行最字面、最直白和最客观的解读，事实上，她抱怨
批评家的问题出在他们的"想象力太丰富了"。当被进一步追问诗
究竟在表达什么时，她经常声称一首诗仅仅只是描述性的，或者她
说诗中的事件确实发生过，仅此而已。而现在，毕肖普在她的精神
分析师所提供的安全的环境与空间里探索她自己的一首诗，毕肖普
投入了一场既充满深刻想象力又颇具心理分析色彩的阅读之中，带
有鲜明的弗洛伊德腔调。她说出了这首诗精心编织的复杂的象征性
关联网络，这表明或许她的许多其他作品都被她赋予了象征意义。
同样，当她为 1941 年创作的诗歌《公鸡》的语言和意象辩护，反
对玛丽安·摩尔提出的删节时，她非常明确地声称，某些诗行必须

---

[1]　凯瑟琳·怀特 1947 年 2 月 17 日致毕肖普信，载《伊丽莎白·毕肖普与〈纽约客〉通信全集》，第 28 页。

保留，因为它们是有意为之，具有重要的象征意义。

《在渔屋》的结尾是毕肖普最著名的段落之一。背景是新斯科舍省的海岸，这是毕肖普熟悉的地形，但现在与她在基韦斯特看到的海景形成了鲜明对比。对她来说，这里的大海：

> 冰冷、黑暗、深邃、绝对清澈，
>
> 世人都无法承受的元素，
>
> 鱼和海豹也无法承受……[1]

她的注意力被一只独特的海豹吸引住了，这只海豹夜复一夜地研究毕肖普，而毕肖普也怀着同样的好奇心研究它。显然，这只海豹对她很"好奇"。海豹也对音乐感兴趣，毕肖普巧用一个双关语，追溯她自己的浸礼会根源——它"和我一样全身心地沉浸"，所以，"我常常给他唱浸礼会的赞美诗"。毕肖普在为福斯特医生分析这首诗时，将这只海豹等同于福斯特本人。她注意到"海豹"一词的基督教含义，意为"纽带"，并暗示海豹也可以是一个亲吻。显然，她提到的浸礼会赞美诗不仅仅是一个顺带的玩笑。海豹和福斯特医生之间的部分等量关系在于，他们都在研究毕肖普，而毕肖普也在研究他们。随后，这首诗的语言转向了对水的沉思，毕肖普再次用象征性的语言描写水：

> 冰冷、黑暗、深邃、绝对清澈，
>
> 清澈的灰色冰水……

---

1 《毕肖普诗选》，第 63 页。

毕肖普看到水燃起深灰色火焰，这似乎是奇迹，近乎神圣。然而，这也很痛苦，可能会通向转变性的痛苦，一如她最喜欢的赫伯特的诗歌《未知的爱》中显示的那样。《在渔屋》的最后几行描述了她一直在沉思的冰冷的海水，此刻或许她的写作已经臻至一生中最完美的境界，让这首诗变成了她所有作品中最伟大的典范。总而言之，这片黑暗又咸腥的大海：

> 就像我们想象的知识：
>
> 黑暗，咸涩，清澈，动人，完全自由，
>
> 从冰冷坚硬的世界之口中
>
> 汲取，永远源自岩石乳房
>
> 流动着，汲取着，因为
>
> 我们的知识是历史性的、流动的和飞逝的。[1]

毕肖普后来告诉弗兰克·毕达特，她写下最后几行诗时并不十分确定它们的含义，但她知道它们是正确的，当她把它们写在纸上时，她"感觉有十英尺高"[2]。岩石乳房一直与她的母亲有关，毕肖普为露丝·福斯特分析这首诗时，对这些岩石乳房做了深入的拓展性解读。[3] 当毕肖普把《在渔屋》提交给凯瑟琳·怀特时，她担心《纽约客》的编辑可能会认为这是"又一首无法录用的诗"[4]，然而令

---

1 《毕肖普诗选》，第 64 页。
2 《弗兰克·毕达特访谈录》，2015 年 5 月 20 日。
3 毕肖普 1947 年 2 月致福斯特信。瓦萨学院图书馆。
4 毕肖普 1947 年 2 月 13 日致怀特信，载《伊丽莎白·毕肖普与〈纽约客〉通信全集》，第 28 页。

人惊讶的是，同时期与露丝·福斯特进行精神分析时，她却向福斯特展示说，她认为这是她最好、最深刻的作品之一。

————

1947年1月，伊丽莎白·毕肖普和罗伯特·洛威尔在他们共同的朋友、诗人兼批评家兰德尔·贾雷尔在纽约举办的一次晚宴上初次相遇，因此，她跟随福斯特进行精神分析以及她与罗伯特·洛威尔的友谊几乎同时发生。贾雷尔与洛威尔自1938年在肯庸学院一起学习时就一直是好友，那时他们同住在导师约翰·克劳·兰色姆（John Crowe Ransom）家的上层。毕肖普最近才见到贾雷尔。在写给洛威尔的第一封信中，毕肖普为因病错过了随后与洛威尔以及贾雷尔夫妇的会面而道歉，她还祝贺洛威尔1947年4月获得了三个重要奖项：古根海姆奖金、美国艺术与文学学院的现金奖，以及他在1946年因第一本诗集《威利老爷的城堡》（Lord Weary's Castle）斩获普利策奖。毕肖普本人最近获得了霍顿·米夫林诗歌奖，不仅获得了现金奖励，还出版了她的第一本诗集《北与南》——而且如洛威尔一样，她也在1947年4月获得了古根海姆奖金，正好用于创作下一本诗集，这两位诗人最近都成功登上了文坛。

1974年，毕肖普已经是洛威尔近30年的密友、通信人和诗歌伙伴，洛威尔在给她的一封信中若有所思地写道："我仍然记得我们初次见面时的情景，无论是在兰德尔·贾雷尔家，还是几年之后。在我眼中，你个头很高，棕色长发，害羞，但像现在一样善于描绘和讲述趣闻。"[1]毕肖普的回应显露出她一贯的精准和幽默自嘲："亲爱的卡尔，也许你的记忆力正在衰退！——我从来都不是'高

————

1　洛威尔1974年12月18日致毕肖普信，载《空中的言辞》，第776页。

个子'的人，我从来都不像你回忆起我时写到的那样'高'。我一直是 5 英尺又 4.25 英寸——现在缩减到了 5 英尺又 4 英寸……我也从来没有'棕色长发'——我 23 或 24 岁的时候，头发就开始变灰，我第一次见到你的时候也许就已经有些灰白了。"毕肖普在页边空白处极富个人特色地补充道："所以拜托不要在一首美好的诗中将我写成留着棕色长发的高个子！"[1] 毕肖普的自我形象在 1962 年的一张著名的照片中得到了印证，照片中两位诗人站在公寓的阳台上，俯瞰里约热内卢的科帕卡巴纳海滩，那时毕肖普已经与她的巴西爱人萝塔共享这片海滩很多年。毕肖普的左臂与洛威尔的右臂挽在一起，她身材矮小，一头夹杂着棕色的花白短发，深情地望着洛威尔，而他比毕肖普高出一英尺，戴着标志性的黑色角质眼镜，深情地向下凝望着毕肖普。

这次通信交流中，最重要的是毕肖普幽默而坚定地拒绝被浪漫化，拒绝被塑造成他人个人史诗中的准神话人物——即便是奉承，也为她所拒斥。在一份未完成也未出版的回忆录中，毕肖普描述了她与洛威尔的最初会面，展现出她的朋友所称赞的那种描绘和讲述趣闻的天赋，她淡淡地回忆起他"皱巴巴的深蓝色西装""他的鞋子十分糟糕"，以及他"老派诗意般的英俊"等事实。然后她承认："我对他一见钟情。"[2]

毕肖普回复洛威尔 1974 年那封怀旧信时写道：

> 我对那次会面的印象是你的蓬乱，你可爱的卷发，以
> 及我们如何谈论当时在纽约举办的一场毕加索画展……以

---

1 洛威尔 1974 年 12 月 18 日致毕肖普信，载《空中的言辞》，第 778—779 页。
2 《伊丽莎白·毕肖普谈罗伯特·洛威尔》，载《空中的言辞》，第 810 页。

　　及我是多么喜欢你，还有我几乎害怕到不敢进去……你那时也脏兮兮的，这一点我也很喜欢。[1]

　　毕肖普用自己典型的叙事方式将洛威尔变成了她笔下常见的个体或对象：一个富有奇特魅力的人物，尽管有些衣衫褴褛，但仍然完全是他自己，而且毫不妥协。尽管毕肖普长期以来都是与女性保持恋爱关系，但洛威尔的出现暗示着一些微妙的情爱意味。31 岁的洛威尔比毕肖普小 6 岁，当他的照片出现在《生活》杂志上时，就收到了好莱坞的试镜邀约。毕肖普后来告诉朋友们，当她观看电影《伊甸园之东》时，詹姆斯·迪恩（James Dean）让她想起了 1947 年初次见到罗伯特·洛威尔时的样子。也许，比起洛威尔任何其他的魅力，更重要的是，毕肖普可以非常自然地与洛威尔谈论诗歌创作，而且这样的讨论"出奇地轻松"，就像交换制作蛋糕的食谱一样。[2] 洛威尔后来在一封信中称毕肖普是他"最喜欢的诗人和最喜欢的朋友"[3]。毕肖普几乎肯定也会这样说。她显然也被洛威尔所吸引。然而，即使撇开性取向不谈，毕肖普也担心双方都不太稳定。多年来，他们的关系虽然非常亲密，但大部分时间仍然是书信往来。

　　洛威尔给毕肖普写第一封信时，正准备开始在纽约萨拉托加斯普林斯著名的艺术家聚居地亚多（Yaddo）停留，他鼓励毕肖普也去那里。尽管洛威尔在场时她从未在那里停留过，但实际上她此后的人生中会两次在亚多停留。

1　毕肖普 1975 年 1 月 16 日致洛威尔信，《空中的言辞：伊丽莎白·毕肖普与罗伯特·洛威尔通信全集》，第 778 页。
2　《伊丽莎白·毕肖普谈罗伯特·洛威尔》，载《空中的言辞》，第 810 页。
3　洛威尔 1970 年 3 月 11 日致毕肖普信，载《空中的言辞》，第 669 页。

毕肖普在新斯科舍省布雷顿角第二次写信给洛威尔时，她正与玛丽乔·史蒂文斯在那里度假，后来的事实证明，这是她们最后一次一起旅行。毕肖普在写给洛威尔的第二封信中感谢他对《北与南》的褒奖。洛威尔的评论称赞毕肖普的诗"朴实无华、冷静、娴熟的深思熟虑"，并指出"她的写作华丽而精微，很快就显得美妙绝伦。后来人们会意识到，她那庞大的、克制的、精心的直觉判断力总是或者几乎总是全神贯注于它的主题，她是在世的最好的工匠之一"。他注意到毕肖普"对音调转换有着惊人的驾驭能力"，她在这一方面很"像罗伯特·弗罗斯特"。洛威尔还在毕肖普"至少十分之九"的诗歌中观察到某种"象征模式"——"两个对立因素"之间的斗争，一个是"运动，疲惫但坚持不懈"，另一个则是"终点：休息、睡眠、完满或死亡"。当《在渔屋》在《纽约客》上发表时，洛威尔在写给毕肖普的第二封信中告诉她，他"读到这首诗时感到非常羡慕"。他解释说，"我自己也是一个渔夫，"但他沮丧地承认："我所有的鱼都成了象征，唉！"[1]他称赞这首诗中描绘"壮丽绝伦"，并补充说"人的部分、语气等都恰到好处"。洛威尔或许极少想到，甚至未曾想到过，毕肖普本人在与心理医生露丝·福斯特共同探索《在渔屋》时，曾对它展开过弗洛伊德式的多层次象征性解读。洛威尔在这封信中还追溯了自己独特的绰号"卡尔"（Cal）多种可能的原型，毕肖普在未来的岁月中总是会一如既往地使用这个昵称。洛威尔说，这些原型是"卡尔文（Calvin）、卡利古拉（Caligula）、卡利班（Caliban）、卡尔文·柯立芝（Calvin Coolidge）、卡里格拉菲（Calligraphy）"，但一个都不讨喜，其中

1　毕肖普 1975 年 1 月 16 日致洛威尔信，载《空中的言辞》，第 778 页。

"卡利古拉"仍然是最被普遍接受的一个。

毕肖普写给洛威尔的第二封信表明，他们的想象力是多么迅速地交织在一起，因为信中的短语、意象和画面很快就被她写进了诗作《布雷顿角》（"Cape Breton"）中，这首诗 1949 年发表在《纽约客》上。毕肖普指出，当她俯瞰布里顿湾时，"近海处有两个'鸟岛'，那里有两座高高耸起的红色悬崖。明天我们要和一个渔夫一起去看它们——那里是保护区，里面有海雀和大陆上仅存的海雀，至少他们是这样告诉我们的"。而《布雷顿角》这样开篇：

> 远处高高的"鸟岛"上，西布克斯和赫特福德，
>
> 刀嘴海雀和看起来傻乎乎的海鹦全都立着，
>
> 背对着大陆
>
> 沿着青草磨损的褐色悬崖边缘站成庄严、起伏的一
>
> 排……[1]

毕肖普在信中还说："海滩上还有真正的渡鸦，这是我以前从未见过的——体形巨大，喙下长着粗糙的黑胡须。"[2] 信中提到的所有鸟类，只有迷人的渡鸦没有出现在她的诗《布雷顿角》中，毕肖普继续将耳朵、眼睛和时间意识融为一体，为这首诗的结尾增添了一抹神秘色彩：

> 鸟儿继续歌唱，一头牛犊哞叫，公共汽车开动。
>
> 薄薄的雾气跟随

1　《毕肖普诗选》，第 62 页。

2　毕肖普 1947 年 8 月 14 日致洛威尔信，载《空中的言辞》，第 6 页。

它梦境的白色突变；

一种古老的寒意在黑暗的溪水中激起涟漪。[1]

1947 年 9 月，洛威尔离开亚多，抵达华盛顿，担任国会图书馆的诗歌顾问（这个职位如今被称为桂冠诗人诗歌顾问——后来他将这个职位移交给了毕肖普本人）。作为新任顾问，洛威尔的任务之一是收集来访的著名诗人朗读自己作品的录音。毕肖普几乎是他的首选。毕肖普前往华盛顿拜访了洛威尔，录制了自己的作品。然后她乘坐火车继续南下，前往基韦斯特。

找到更永久的住所之前，毕肖普和朋友波琳·海明威暂时住在基韦斯特的怀特海德街。写给洛威尔的一封信中附有一张明信片，上面写着"欧内斯特·海明威的家，佛罗里达州基韦斯特"，毕肖普还题写着："X 标志是我的住处。"毕肖普写给洛威尔的另一封信中，也提到了海明威夫妇家中著名的发光游泳池，其中一段文字几乎可以称得上一首喜剧散文诗：

游泳池真是太棒了——它很大，而且从远处礁石下面流出的水相当咸。而且，它在晚上会亮起来——我发现水下每个灯泡的电压是街对面灯塔上灯泡的五倍，所以火星上一定能看到这个游泳池——在一种绿光中游来游去太美妙了，朋友们看起来就像发光的青蛙。[2]

让欧内斯特·海明威非常恼火的是，他与波琳共有的房产被列

1 《毕肖普诗选》，第 63 页。
2 毕肖普 1947 年 11 月 18 日致洛威尔信，载《空中的言辞》，第 13 页。

入了 1935 年罗斯福的联邦紧急救济管理局为鼓励旅游业而发布的基韦斯特地图上。毕肖普需要把狂热的海明威粉丝赶出这处实际上一直属于他妻子的房产。可以说，毕肖普本人在基韦斯特生活了 10 年之久，大部分时间几乎完全默默无闻，不为人所知。尽管毕肖普发表了许多以基韦斯特为背景的诗歌，包括在《党派评论》《新共和》和《纽约客》等著名期刊上发表的几首诗。当地历史学家汤姆·汉布赖特（Tom Hambright）证实，毕肖普在基韦斯特漫长逗留期间，基韦斯特的报纸几乎没有提及过她——直到 1993 年，也就是她卖掉房子 47 年之后，她位于怀特街 624 号心爱的房子才挂上了一块纪念牌匾。然而，毕肖普在岛上相对默默无闻也有其优势。她不仅享受着许多作家渴望的安宁与平静，而且与高度公开化、阳刚之气十足的海明威相比，高度私密化的毕肖普可以从一种迥异的，或许也是更亲密的，肯定是更家庭式的角度来看待基韦斯特。无论如何，和许多其他基韦斯特作家一样，毕肖普获得了一种异乎寻常的感觉，与其说是生活在海明威的阴影之下，不如说是追随他的脚步。

———

1947 年，毕肖普写信给同为渔民的罗伯特·洛威尔，讲述了她与渔船船长埃迪·桑德斯的经历：

> 他已经"失败"了很多次，几乎在我们出海之前，船就开始冒烟，发动机烧得通红，我们面临着爆炸的危险，等等——置身其中，布拉船长点燃了一支香烟，看起来非常遥远。我们终于安全抵达，但这极其令人兴奋。

　　毕肖普提到了一位朋友的观察，"这些天来，哦，布拉最想做的事情，就是带着一大群报酬丰厚的人去海湾，然后一去不复返"。她尖刻而又风趣地回应说："但我不想参加他的维京式葬礼。"[1] 她的生存本能一如既往地强烈。

　　12 月，毕肖普从波琳·海明威的房子搬到了简·杜威借给她的公寓里。在那里，她写下了《海湾》（"The Bight"），这首诗或可被视作她对基韦斯特的告别致敬。毕肖普描述了基韦斯特湾活跃的渔业贸易和港口生活。这个朴实无华的码头距离她现在的住址戴伊街 630 号只有 5 分钟的步行路程。[2]《海湾》开始于这个小港口每日循环的一个特定时刻，她在给洛威尔的一封信中写道："海水看起来像蓝色的气体——这里的港口总是乱糟糟的。"这些文字直接进入了这首诗中，诗的开篇是："像这样的退潮时刻，水多么纯粹。"每一个意象都有一丝不协调，而意象接着意象，慢慢累积成了一幅海湾图。在这里，"白色崩裂的泥灰岩肋骨凸起又闪耀 / 而船只干燥，木桩干如火柴"。毕肖普对基韦斯特海湾的探究展现出一个充满悖论的工作型小港口，在这里，自然法则有时似乎反向运行，因为——或者我们被这样告知——"吸收，而不是被吸收，/ 海湾里的水没有弄湿任何东西"，与她写给洛威尔的信相呼应的是，水的颜色是"气焰的颜色被调至最暗"。她声称，人们可以闻到水"变成气体"的味道，尽管这种气味更有可能来自日常航海中运行的小型发动机。当然，"如果你是波德莱尔 / 你可能会听到它化为马林巴琴乐"。毕肖普立即重新定义了她的时代，并指出了这音乐的真

1　毕肖普 1947 年 11 月 18 日致洛威尔信，《空中的言辞》，第 14 页。
2　米利尔误以为这首诗是在描写更大更优雅的加里森湾，但加里森湾离毕肖普此时在戴伊街的住处有一段距离，而且不像基韦斯特湾那样是渔船的工作港。

正来源："远处码头的尽头，小小的赭色挖泥机正劳作"，它"已经在演奏干巴巴的、全然不合拍的击弦古钢琴"。在这个独特又完全不合拍的世界里，人类和自然界的生物互不理睬，各行其是。但如果你仔细观察，就会收获意想不到的视觉回报，而追寻崇高传统的人可能会忽略这一点，因为这里的"鸟是超大号的"，而且

> 鹈鹕毫无必要地
> 猛然冲进这古怪的气体，
> 在我眼中，宛如鹤嘴锄，
> 极少找到向它显现的东西，
> 又幽默地挥着肘飞走。

然而，这个地方也不乏抒情，因为五颜六色的战鸟"翱翔／在莫测的气流中"，人们可以看到它们"像剪刀般在弧线之上张开尾巴"。

随着鸟儿猛冲和翱翔，船也朴实无华地前行：

> 皱眉的海绵船不断驶来
> 带着寻回犬乐于助人的姿态。

很快，毕肖普写给洛威尔的信中的另一句话就了无痕迹地滑入了她的诗中。她在那封信中告诉洛威尔，港口现在满是"堆积如山的破旧小船，有些挂着海绵，总有几艘因最近的飓风半沉着或四分五裂。这让我想起了我的桌子"。

在这首诗中，这些散文的句子变成了：

> 一些白色小船仍然堆叠着
>
> 相互依靠，或平躺在各自身旁，被撞散，
>
> 尚未从上一场恶劣的风暴中获救，如果它们还能
> 得救，
>
> 就像被撕开的、未得回复的信。
>
> 海湾铺撒着老旧的书信。

诗接近尾声时，毕肖普将我们的眼睛和耳朵带回到那个一直轰
轰作响的赭色小型挖泥船——但现在她观察得更仔细了：

> 咔嗒。咔嗒。挖泥机运转着，
>
> 又铲出满嘴淌滴的泥灰。
>
> 所有乱糟糟的活动继续，
>
> 可怕但欢欣。[1]

这首诗准备在《纽约客》上刊发时，毕肖普与编辑就这首诗
结尾一行的标点不合常规展开了讨论："咔嗒。咔嗒。挖泥机运转
着。"毕肖普希望通过这种非传统的标点，来捕捉挖泥船独特的顿
挫节奏。这首诗的编辑威廉·马克斯韦尔（William Maxwell）诙谐
地同情毕肖普，他暗示说文体编辑曾对此提出过反对意见，认为藐
视语法惯例可能会"动摇杂志的根基"。[2] 马克斯韦尔在信的结尾处
对编辑的改动提出了请求："我希望你不介意我们保持原样。"就这

---

1 《毕肖普诗选》，第 60 页。
2 《伊丽莎白·毕肖普与〈纽约客〉通信全集》，第 37 页。

样，毕肖普也就到此为止了。在这场有关标点符号细节的讨论中，毕肖普为了获得她所追求的声音和感觉，不惜突破传统与惯例的限制，而《纽约客》的常驻语法专家们试图约束她，并或多或少取得了成功。毕肖普晚年的诗歌大多发表在《纽约客》上，而她与这份刊物之间的通信大多呈现出这种对话式特征，2011年，他们的通信《伊丽莎白·毕肖普与〈纽约客〉通信全集》最终得以出版。

1948年秋，毕肖普和洛威尔参加了在纽约哈德逊河畔安南代尔的巴德学院举行的一场著名的诗歌会议。这次活动由西奥多·韦斯组织，参会者包括威廉·卡洛斯·威廉斯（William Carlos Williams）、路易丝·博根（Louise Bogan）、吉恩·加里格（Jean Garrigue）、劳埃德·弗兰肯伯格、理查德·威尔伯（Richard Wilbur）、理查德·埃伯哈特（Richard Eberhart）、肯尼斯·雷克罗洛斯（Kenneth Rexroth）和约瑟夫·萨默斯（Joseph Summers）。萨默斯和他的妻子U. T. 萨默斯后来成了伊丽莎白·毕肖普的密友，约瑟夫回忆道，"洛威尔来是因为他听说伊丽莎白要来，而伊丽莎白来是因为她听说洛威尔要来"，尽管劳埃德·弗兰肯伯格和他的妻子洛伦·麦基弗也是吸引她到来的人。约瑟夫·萨默斯回忆说，威廉斯那时谈到"我们必须写出美国节奏和美国诗句"，并坚称"如今没有人能写出英雄双韵体了"。对此，毕肖普说："哦，威廉斯博士，你真是太过时了！卡尔最近一直在写令人叹为观止的英雄双韵体。"威廉斯询问洛威尔这是否属实，洛威尔回答说："是的，我一直在努力。"威廉斯一脸震惊。在萨默斯看来，"那是一个美妙的时刻"。会议的最后一个环节，每位诗人都被邀请朗诵自己的诗歌，毕肖普因为太过害羞而不敢朗读自己的诗歌，所以洛威尔就替她朗读她的诗。约瑟夫·萨默斯觉得毕肖普和洛威尔那个周末"似乎非常相爱"。毕肖普后来告诉萨默斯夫妇，"除了萝塔（她在巴西的伴侣），她爱卡尔胜过她认识的任何人"。然而，她担心洛威尔的狂躁倾向，"他是一个暴力的人，她知道他会毁了她"。毕肖普补充道："他想娶我，但我不能嫁。"[1] 如果洛威尔的说法可信，那么近十年之后的 1957 年，洛威尔写给毕肖普的一封著名的信中，他实际上从未真正向毕肖普求婚。然而，他确实回忆起了巴德会议期间的某天晚上，他在诗人们的宿舍里很想这样做："我喝得酩酊大醉，双手发冷，感觉半死不活，就握着你的手。什么也没说，我想，就像一只需要 60 英尺才能从水面起飞的潜鸟，我需要时间和空间，于是我继续假设。"[2] 当时洛威尔肯定意识到毕肖普喜爱女性，因为他遗憾地补充道："然而有那么几个月，我想，我们几乎可以说是另一对斯特拉奇和弗吉尼亚·伍尔夫。"另一方面，他承认，"我们的友谊真不是讨好取悦"，也"真的没有走向侵犯。的确如此"。不过，站在 1957 年回首过去，他还是感到"向你求婚对我来说是可能发生的事，是惊天巨变，是我本可以拥有的另一种生活。这九年来，它正是这样在我心中盘旋"。[3] 洛威尔这样叙述着 1948 年发生的事件，但毕肖普当时没有发表任何评论，因此他的描述既没有得到证实，但同时也没有受到质疑。尽管他们之间的情感如此矛盾和复杂，但两人的友谊在持续不断的书信来往中有增无减，显然双方都乐在其中。

　　巴德会议的与会者一致认为，会议期间喝了相当多的酒，洛威尔在乘火车返回亚多后不久就写信给毕肖普，提到了大量饮酒造成的影响：

1　《怀念伊丽莎白·毕肖普》，第 105—106 页。
2　毕肖普 1957 年 8 月 15 日致洛威尔信，载《空中的言辞》，第 225 页。
3　毕肖普 1957 年 8 月 15 日致洛威尔信，载《空中的言辞》，第 226 页。

第二天早上吃早餐时，我感觉好极了；但我注意到我用双手抓住了我的咖啡杯，我带着打印好的一个诗节的初稿回到房间，这诗稿如我眼前的生活一般丑陋与可怕，半个小时后，我发现自己只是盯着它看，于是我读了《愚人志》(*Dunciad*)的第三卷，在这本书中，愚人们进行了一场不堪提及的比赛，最后看谁能听着（作家们的）作品始终保持清醒。[1]

这些文字以及信中的其他内容听起来不太像是求爱的语言。然而，洛威尔对毕肖普的爱慕和关注仍然很强烈，毕肖普也给予了回报，尽管她通常会设法保持一定的安全距离。

如果毕肖普对选择洛威尔作为自己的伴侣持谨慎态度，那么她也不太确定自己是否希望其他女性拥有他。巴德会议期间，伊丽莎白·哈德威克（Elizabeth Hardwick）也对洛威尔表现出了兴趣，毕肖普听说哈德威克将在洛威尔逗留期间抵达亚多，她的第一反应出现在 1948 年一封信的附言中："我忘了对伊丽莎白·哈德威克的到来发表意见——当心。"约翰·马尔科姆·布林宁（John Malcolm Brinnin）回忆说，1949 年，毕肖普本人在亚多时，他告诉毕肖普，洛威尔要迎娶哈德威克，"伊丽莎白一听到这个消息就皱起了眉头"。[2]然而很快，毕肖普和哈德威克就开始努力建立联系。两位伊丽莎白偶尔会通信，尽管毕肖普和洛威尔的通信仍然是核心所在。1950 年洛威尔和哈德威克计划去欧洲旅行时，哈德威克写信给毕肖

1　洛威尔 1948 年 11 月 11 日致毕肖普信，载《空中的言辞》，第 66 页。
2　布莱特·米利尔：《伊丽莎白·毕肖普：人生与记忆》，第 215 页。

普说："卡尔和我 9 月要去意大利。你为什么不和我们一起去呢？
上周我们才刚有了这次旅行的绝妙想法，而今天又同时想到了这个
主意，你可能会和我们一起去。"但毕肖普并没有加入他们，她在
纽约码头目送他们去意大利，紧接着，在他们返回之前，她自己于
1951 年乘坐货船去了巴西。

　　毕肖普一边会见和结识一批未来岁月对她相当重要的同时代诗
人，一边继续创作一些将会奠定自己文学典范之基石的诗歌。巴德
会议召开的几个月前，毕肖普的《2000 多幅插图与一个完整的索
引》发表在《党派评论》上，这是她最丰富、最复杂的诗歌成就之
一。毕肖普在这首诗中创作了一幅拼花图案，将她早期旅行中的零
碎回忆拼接在一起，这些记忆可以追溯到她与哈莉·汤普金斯、玛
格丽特·米勒、路易丝·克莱恩以及其他大学朋友第一次前往纽芬
兰、欧洲以及北非的旅行与漫游，还有后来与玛乔丽·史蒂文斯的
旅行。这首诗中的意象轮番登场，从一本刻在脑海中的家庭《圣
经》（看起来"严肃"，但也有些矫揉造作和死气沉沉），到她年轻时
不那么严肃或不那么值得铭记但可能更富生命力的旅行。这首诗进
入纽芬兰圣约翰海湾，接着跃到罗马的圣彼得教堂，再到墨西哥。
之后，诗歌转到摩洛哥的瓦卢比利斯，这是一座部分出土的柏柏尔
人和罗马人的古城，接着再进入爱尔兰的丁格尔港，然后又转到马
拉喀什的妓院，毫无疑问，路易丝·克莱恩曾带着毕肖普去那里探
险，寻找当地的情调。在那里，她们看到了"满脸痘印的小妓女"，
她们跳肚皮舞时，会将茶盘顶在头上保持平衡，然后"赤身裸体，
咯咯笑着靠在我们的膝盖上 / 索要香烟"。[1]

---

1 《毕肖普诗选》，第 58 页。

在这座著名的摩洛哥城市中，毕肖普和她的伴侣曾目睹过各种形式的渎神，现在又目睹着一系列令人不安的"神圣"的穆斯林坟墓，因为岁月的流逝以及风沙的破坏与侵蚀，这些坟墓"看起来并不特别神圣"。其中令人恐惧的意象是"一座敞开的、砂砾斑斑的大理石槽，深深印刻着／劝诫文字"。由于时间的磨砺与摧残，这些劝诫文字看起来像是发黄的牛牙，而敞开的坟墓本身也"一半填满了尘土"，但"甚至"不是那位埋葬在那里的先知的"骨灰"。

毕肖普在罗马和马拉喀什这两座圣城寻找神圣甚至是严肃的事物，起初似乎已经走到了死胡同，因为她面对这座空空如也、看起来并不特别神圣的坟墓，陷入了不安的沉思，与此同时"戴着精美连帽斗篷，他们的向导卡杜尔笑着旁观"。难道毕肖普在旅行中所见的一切事物之间没有任何有意义的联系，"一切事物仅通过'和'与'和'连接"？但现在，这首诗又回到了之前不尽如人意的家庭《圣经》，再次陷入了沉思。在这里，毕肖普创造了一个能与《在渔屋》相媲美的振奋人心的结尾：

打开书（书页边缘的镀金磨损
并为指尖传授花粉）。
打开那厚重的书。当我们在那里，
为什么没有看见这古老的耶稣诞生？
——那黑暗半开，那光中碎裂的岩石，
一朵不被打扰、不呼吸的火焰，
无色，无火花，自由地吞噬稻草，

还有，内里宁息，一个饲养宠物的家庭，

——看着我们幼时的目光远去。[1]

22 岁的詹姆斯·梅里尔第一次在《纽约客》上读到这首诗时，"简直被迷住了"。他在巴德会议上见到了毕肖普，很快就与她共进午餐。据梅里尔说："我天真地以为，我可以用午餐的大部分时间告诉她，我认为这首诗有多美妙。但这只花了几分钟，之后，无论我们谈什么，我们都是各说各话。"[2] 梅里尔意识到毕肖普抵触对她作品的赞美，也明白了这些巨匠之间不会用行话交谈。毕肖普去世几年之后，梅里尔为她创作了一首挽歌，他诗中问道："你能承受怎样的颂辞 / 才不会感到沮丧？"[3]

即便如此，梅里尔还是补充道："我想她知道自己在诗中倾注了多少心血。她必定知道它们异常精妙。"也许是毕肖普家族的亲属们对她持续的不认可和反对，以及她姨父乔治的虐待，让她不敢公开承认或接受自己因作品的独特品质而赢得的肯定与赞许。毕肖普和梅里尔此后长达 30 多年的时间里一直是彼此欣赏的朋友。比梅里尔小一岁的约翰·阿什贝利（John Ashbery）同样对《2000 多幅插图和一个完整的索引》印象深刻。1969 年，他称这首诗"或许是她的杰作"，并指出她如何"不断地在地名簿上钢铁雕刻的小插图和真实航行中令人痛苦的无法归类的事件之间穿梭"。这首诗是毕肖普最先锋的作品之一，它的发表让梅里尔和阿什贝利走上在年轻一代美国诗人中间热情传播和推广毕肖普作品的道路。

1 《毕肖普诗选》，第 58 页。
2 《怀念伊丽莎白·毕肖普》，第 108 页。
3 詹姆斯·梅里尔：《迟来的新斯科舍朝圣》，载《撒盐》，纽约：阿尔弗雷德·A. 克诺夫出版社，1995 年。

———

尽管毕肖普得到了年轻一代诗人的支持，但在她生命的最后 30 年里，对毕肖普个人福祉最至关重要的文学网络资源还是她的朋友洛威尔。毕肖普遇到洛威尔时，虽然她的诗集《北与南》已经成功出版，但她与路易丝·克莱恩以及玛乔丽·史蒂文斯的关系已经结束，而且她还要继续与抑郁症以及酗酒缠斗，这都让她难以平静。洛威尔本人在享受《威利老爷的城堡》带来成功的同时，也从严重的躁狂症发作以及与小说家吉恩·斯塔福德（Jean Stafford）的婚姻破裂中恢复过来。毕肖普童年时颠沛流离，成年后一直难以找到住所或家园，洛威尔努力帮助她利用她日益增长的文学声誉来获得更大的职业优势。从任何方面来看，洛威尔的人际交往技巧都令人印象深刻，他经常利用这些能力帮助朋友，尤其是乐于帮助毕肖普。在他的敦促和支持下，1949 年，38 岁的毕肖普开始在洛威尔已经卸任的职位上服务一年——担任国会图书馆的诗歌顾问。胡桃山中学时期的同学曾在毕业纪念册上评价说毕肖普可能会成为"新斯科舍省的桂冠诗人"。如果毕肖普以这个职位现今的头衔入职，那她就是名副其实的美国桂冠诗人（事实上，目前许多文献资料都将她列为桂冠诗人）。不过，后来在华盛顿与毕肖普相识的学者兼传记作家约瑟夫·弗兰克（Joseph Frank）回忆说，

> 我甚至不知道伊丽莎白是不是美国人。我不太清楚，因为她讲了太多关于新斯科舍的事。我有一种感觉，不知何故，她在这个国家没有回到家的感觉，从这个角度来看，她相当陌生，因为（这些）早年的岁月以这种方式塑造了她的感受力。

在弗兰克心目中，"作为一个人，她完全没有那种美国人的随意。她很清楚这一点"。他补充道，"在某种深层的道德和社会意义上，她比普通美国人要严谨得多。她在很多方面都非常正式"[1]。作为诗歌顾问，毕肖普的工作颇像一个受人尊敬的参考咨询图书管理员，然而她确实以一种她并不完全熟悉或并不舒适的方式扮演着一个公众角色。1950年，毕肖普接受了一位为《波士顿邮报》撰稿的记者的采访，这是她第一次公开接受记者采访，记者在文稿中形容她是"一个有魅力……安静、（而且）谦逊的"年轻女性，采访者发现她坐在办公桌前"以自己独特的方式与缪斯女神角力"[2]。毕肖普提到，自己和秘书菲利斯·阿姆斯特朗（Phyllis Armstrong）"经常被要求写关于爱情、马、婚姻、狗和死亡的诗"[3]。她也是一个对打油诗历史深感好奇的人——毕肖普早年寄给路易丝·布拉德利的一首打油诗就展现出她很早就精通打油诗。毕肖普在华盛顿生活和工作期间，近距离观察了冷战初期美国政府及其权力行使情况。她继续与酗酒问题作斗争。

毕肖普发现在国会图书馆扮演公共角色对她而言愈发艰难，然而，作为一位诗人，随着她的地位日益显赫，她现在被要求更频繁地扮演公共角色。与众不同的是，她的反应是一如既往地坚守诗人个人的自主性和每首特定诗歌的独特要求。譬如，1950年，作家约翰·恰尔迪（John Ciardi）因编选《世纪中叶的美国诗人》（*Mid Century American Poets*）要求毕肖普回答一系列关于她的美学理论

---

1 《怀念伊丽莎白·毕肖普》，第115—116页。
2 《伊丽莎白·毕肖普谈话录》，第3页。
3 《伊丽莎白·毕肖普谈话录》，第5页。

和实践的问题时，毕肖普果断地回答说："这都要视情况而定。这一切都取决于诗人碰巧要写的那首特定的诗，诗人会坚信可能性是无限的。"[1]毕肖普抵制一种批评的挪用，自20世纪中叶以来，这种挪用一直大行其道，几乎成了文学声誉不可避免的结果。虽然她的瓦萨同学穆丽尔·鲁凯泽（Muriel Rukeyser）在这本由恰尔迪编订的选集中断言诗歌创作存在一种普遍的心理学，但毕肖普对理论塑造实践的方式表示严重怀疑："无论一个人拥有何种理论，我都非常怀疑写一首诗的那一刻，这些理论是否存在于他的脑海中，或者它们是否在物理上可能存在。理论只能基于对其他诗人诗作的解读，或者基于对自己诗歌的回顾，或者基于一厢情愿的思考。"[2]当然，早在20世纪30年代中期，毕肖普尚在瓦萨学院读书时，她就已经提出了一套相当复杂的诗歌形式理论，以及一些创作心理学理论。她在给摩尔的一封信中提到自己的创作方法时使用了"理论"这个词，但没有对这理论展开描述。毕肖普曾在《精神抖擞》和《瓦萨评论》上发表的文章中阐述过这些方法，现在她继续默默地遵循着这些诗学法则，继续在诗歌中强调"劳作的心灵"所带来的创造性价值。这些文学观点安全地封存在瓦萨学院的杂志里，几乎没有同时代人会发现它们，对毕肖普来说，比起将这些原则包装成美学宣言并试图引导文学界遵循她全然视情况而定的"理论"，这种封存反而让她获得了更多的创作自由。

————

虽然毕肖普了然自己在偶然性诗学方面的立场，但实际上她的生活仍处于一种动荡而不稳定的偶然状态。她以前位于国王街的

————

1 《毕肖普诗歌、散文与书信选》，第686页。
2 《毕肖普诗歌、散文与书信选》，第687页。

公寓已于 1949 年被拆除，她的财物几乎都存放在仓库里。经罗伯特·洛威尔的反复敦促和劝说，毕肖普最终同意在亚多居住。她第一次访问亚多并不愉快，在此期间过度酗酒，焦虑不安。然而，1950 年第二次访问亚多，标志着她开启了人生中一个重要的篇章，因为这次访问，让她建立了一个由亲密朋友和通信人组成的交际圈，这些人将与洛威尔一起帮助她度过人生最后的 30 年。其中一位朋友是波琳·汉森（Pauline Hanson），她是亚多社区的负责人伊丽莎白·艾姆斯（Elizabeth Ames）的助理；另一位是非裔美国画家博福德·德莱尼（Beauford Delaney），后来他在巴黎成了一位重要的歌手。还有一位是作家兼编辑珀尔·卡辛（Pearl Kazin），她是著名批评家阿尔弗雷德·卡辛（Alfred Kazin）的妹妹。比这些人，更重要的或许是诗人梅·斯文森以及一对从事艺术事业的夫妇——英国艺术家基特·巴克（Kit Barker）和他的妻子伊尔莎·巴克（Ilse Barker），后者是出生于德国的小说作家。斯文森比毕肖普小两岁，是毕肖普的忠实读者和观察者。斯文森在犹他州一个信奉摩门教的大家庭长大，她坦率地表达了自己的情感，并创作与天性共振的诗歌。斯文森被毕肖普更内敛地处理自己情感的方式以及更隐晦和克制的诗歌风格所吸引。她们都是女同性恋者，而且她们都对对方如何在作品中表现或转移自己的性取向充满好奇。在后来的岁月里，毕肖普和斯文森会长期通过书信交流，探讨诗歌、诗学、爱情、家庭和自然等主题。与此同时，巴克夫妇，尤其是伊尔莎，也将成为毕肖普最忠实的支持者。尽管他们生活在不同的大陆，但他们仍然是毕肖普最勤奋的通信对象之一。此后将近 30 年的时间里，他们收到了毕肖普寄来的数百封书信，她在这些信中几乎讲述了自己生活的方方面面，时而趣味盎然，时而感人至深。

图 14　毕肖普与梅·斯文森以及博福德·德莱尼在亚多，1950 年秋

　　毕肖普第二次逗留亚多期间完成的一首诗是《浪子》（"The Prodigal"）。1946 年夏天，她去往新斯科舍省参观姨妈格蕾丝家的农场。一天清晨，她和格蕾丝的一个继子一起站在猪圈旁边时，这个继子突然递给毕肖普一大杯朗姆酒，这让她大为惊讶。这件事深深印在她的脑海中，五年后，这独特的体验促使她创作出诗歌《浪子》。毕肖普的诗让人想起了《圣经》中"浪子回头"的故事，她显然将"浪子"与自己联系在一起。浪子挥霍完自己得到的遗产，变得一贫如洗，不得不去养猪，喂猪时却又不得不挨饿。他终于放下骄傲回到家，父亲宰杀了一头肥牛，庆祝他归来。不过，这是一段通向自我认知的旅程，整个过程也异常痛苦。访问新斯科舍省之后的几年里，毕肖普一直饱受着重度酗酒的折磨，她感到自己的人生不再完全由自己掌控。毕肖普不断回到这种生命的困境，并最终创作出了《浪子》，以此展现自己的全部经历。这是一首双十四行诗，是她钟爱的乔治·赫伯特尤为喜欢的一种诗歌形式，因此它也

盈满着言外之意，这言外之意浸润于试炼、苦难和最终获得宽恕的基督教背景之中。这些年里，毕肖普的身边围绕着热情关心她的朋友们，在个人和事业方面对她照顾有加。然而，早在 14 岁之时，她就曾写信给路易丝·布拉德利，说有时她感觉自己就像一只"破旧老巷子里耳朵被咬坏了的猫，在黑暗中四处游荡"。然后她问布拉德利："你有没有想过——无论你有多少朋友——但是没有人能真正走进你？"她感觉自己像另一个星球上的人，俯瞰着地球，同时感到"太孤独了"。[1]毕肖普的孤独可以追溯到童年时期经历的丧失和与世隔绝，甚至在她最黑暗的时刻——包括现在的抑郁——仍然感到异常孤独，就像她在青春期创作那首凄凉的诗作《一次在山上我遇到了一个男人》时感觉到的一样。

《浪子》是一首关于酗酒和疏远家庭的诗，毕肖普能与自己保持足够的距离，从而实现某种程度的自我保护和审美冷静。这还是一首《纽约客》可以接受的诗，尽管《纽约客》时断时续地坚持诗歌不应过于个人化。毕肖普将浪子与酗酒抗争的故事嵌入诗歌的中心，并借用《圣经》中"浪子回头"的寓言作为参照，从而与自己的现实处境拉开一定的距离：

> 然而有时，在酩酊大醉后的清晨
> （他把酒杯藏在一块木板后），
> 朝阳为仓院的泥巴镀上一层红釉；
> 燃烧的雨塘似乎要令人安心。
> 那时他觉得他几乎能够忍受
> 一年甚或更久的流放。

1　毕肖普 1926 年 1 月 14 日致布拉德利信。

毕肖普一直忍受或者享受着一场自我流放，远离她的家庭，这种放逐现在已经持续到了第二个十年，然而正如诗中暗示的那样，尽管这种放逐在某些方面可能意味着解放，但它也带来了精神与心理上的丧失与伤害。浪子为之工作的农场主经常把浪子睡觉的猪圈关起来，然后就回家了，还拿走灯，让浪子在黑暗中睡在紧闭的猪圈里：

> 拎着桶走过黏滑的木板，
>
> 他感觉到蝙蝠们踉跄、犹疑的飞行，
>
> 他颤动的视野不受控制，
>
> 拍击着他。

至少根据《圣经》故事，浪子回家后会受到盛大的欢迎。但这也需要他承认错误和请求宽恕。对毕肖普来说，这的确事关重大，因此她会与自己笔下的浪子心有戚戚焉。她总结道：

> ……花了好长时间
>
> 他终于下定决心回家。[1]

毕肖普正经历她人生中最艰难的阶段之一。但是，尽管面临挑战，她还是取得了许多成就。她接受了露丝·福斯特的心理治疗，发表了大量诗歌，并且进入了一个考验心灵的全新写作阶段，在纽

---

1 《毕肖普诗选》，第 69 页。

约和华盛顿的工作以及两次访问亚多期间，她的朋友圈获得了极大的扩展。这些友谊将支撑她度过即将到来的与美国的漫长分离。现在，她计划乘坐货轮环游南美洲，以摆脱过去生活中的种种挑战，并期待会有新的发现。

毕肖普离开纽约前往南美的前一周，斯文森在她下榻的酒店见到了她，并写信将此事告诉她们在亚多的朋友波莉·汉森。斯文森发现毕肖普"健康状况良好——她的哮喘得到了控制（她说自己像马一样强壮——我想这是真的——也许更像新斯科舍省那些健壮的小马）"。然而，斯文森补充道："她确实需要帮助来解决酗酒问题，而且她也意识到了这一点。"[1] 斯文森对《寒春》（"A Cold Spring"）印象深刻，这首诗写于毕肖普去马里兰州的乡下探访朋友简·杜威期间，那里离第二次世界大战期间简参与设计武器的阿伯丁试验场不远。这首诗描绘了马里兰州即将到来的春天，从春季的寒冷与不确定开始，"草地上的紫罗兰破裂"，"树木犹豫"着是否要长出新叶。但不确定的步伐仍继续缓慢而坚定地向春天迈进。一头小牛犊在"一阵寒冷的白色阳光中"降生。毕肖普作品中特有的"粗俗"再次闪现，母牛"花了很长时间吃净胞衣"。然而，一如毕肖普以往的风格，这种粗俗会再一次迅速逆转，小牛"迅速站起身来／似乎想要开开心心"。第二天天气转暖，毕肖普最具特色的两行诗也随之而来：

> 白绿色的山茱萸渗入树林，
>
> 每片花瓣似乎都被烟头烧过；

1　斯文森 1951 年 11 月 7 日致汉森信。

这第一行诗中元音和辅音的搭配演奏非同寻常，第二行则以最令人惊奇的方式精确地描绘出山茱萸花瓣的形态。很快，春天的气息就确然无误，因为"山丘变得更柔软"，一簇簇高高的草丛，标示出每头牛猛然躺下之后留出的位置。大自然甚至展演着自己独特的爵士乐，仿佛"牛蛙在鸣唱，/ 笨重的拇指拨动松弛的琴弦"。[1] 这首诗的结尾则充满着欢庆的音符，因为它从开篇的寒春过渡到盛夏的夜晚，"萤火虫 / 开始从茂密的草丛中升起"，然后，"在向上的飞翔中点亮，"这是一个预示庆祝的时刻，它们似乎同时向上飘飞，"恰如香槟中的气泡"。[2] 即使在这些艰难的岁月里，伊丽莎白·毕肖普仍然能在大自然中找到愉悦、平静和心安的时刻。用《海湾》中的诗句来说，尽管她生活中的某些方面让她感到很"可怕"，但她仍然会发现了一些值得高兴和"欢欣"的事情。现在，1951 年 11 月中旬，她即将踏上一段将永远改变她人生和艺术轨迹的旅途。

1 《毕肖普诗选》，第 55 页。
2 《毕肖普诗选》，第 56 页。

第十一章　太多瀑布

1951 年 11 月 9 日，伊丽莎白·毕肖普乘坐挪威国际货运公司的商船"鲍普拉特号"商船出发，开始了环绕南美洲大陆的第一段航行。毕肖普为自己制定了雄心勃勃的行程，由露西·马丁·唐纳利旅行奖金提供资助，布林莫尔学院最近将该奖金授予毕肖普。她向布林莫尔学院院长凯瑟琳·麦克布莱德（Katharine McBride）解释说："船票是一种投资，我希望能在这次漫长而缓慢的旅程中完成很多工作。"[1]

如果毕肖普的航海冒险按计划进行，她将会摆脱最近在美国遭遇的种种令人不安的挑战，同时沉浸于一种似乎永远指向南方的流浪与漫游。她的计划包括在国际货运公司航线的南美各港口停靠，进行一系列的长期访问。然后毕肖普会登上下一艘国际货运公司的货轮，继续她的环球航行。一路上，她会扩展自己的地理经验，同时积累新鲜的素材，为将来递交给《纽约客》的诗歌和散文做准备。

毕肖普的第一站是巴西的桑托斯港，正如国际货运公司的宣传

---

1 毕肖普 1951 年 10 月 8 日致麦克布莱德信，载《一种艺术》，第 224 页。

册所承诺的那样，在那里，"你将看到咖啡（从）世界领先的咖啡港装船运往美国"[1]。毕肖普是优质咖啡的爱好者，她计划在桑托斯下船，在附近巴西最大的城市圣保罗短暂停留，然后乘火车前往里约热内卢。她将去往那里拜访老朋友珀尔·卡辛，后者最近刚搬到了里约。毕肖普还计划与几年前在纽约结识的两位朋友一起待更长的时间，一位是富有而能干的巴西知识分子萝塔·德·马塞多·苏亚雷斯，毕肖普曾向波莉·汉森描述她"极其聪明，非常友善"；另一位则是萝塔的前情人、现在的伴侣兼商业伙伴玛丽·斯特恩斯·莫尔斯（Mary Stearns Morse），"一个和她住在一起的友好的波士顿人，我以前也认识"[2]。拜访完萝塔和莫尔斯之后，毕肖普计划在 1 月份继续向南，乘坐随后会到来的国际金融公司货轮前往蒙得维的亚、布宜诺斯艾利斯和火地岛。她将穿过麦哲伦海峡，在智利的蓬塔阿雷纳斯稍做停留，然后再沿太平洋海岸北上，前往秘鲁和厄瓜多尔，预计在那里逗留到 4 月和 5 月。[3] 她将在 1952 年春末向布林莫尔报告她的探险考察结果。

但抵达桑托斯之前，毕肖普和"鲍普拉特号"必须在开阔的大西洋上行驶 6000 英里，巡航速度为 15 节，仅为库纳德邮轮速度的一半，这趟旅程的第一段耗时多日。正如国际货运公司小册子所吹嘘的那样，毕肖普会在她的"游轮之家"上享用美食，这是她低廉旅行费用的一部分。[4] 她拥有充足的闲暇时光，将她敏锐的观察力投注到她周身形态多样的海洋微观世界。11 月 12 日，也就是登上"鲍

1　"国际货运公司宣传册"，网页，访问日期：2015 年 8 月 12 日。

2　毕肖普 1952 年 1 月 29 日致汉森信。2016 年 5 月 11 日，莫妮卡·斯特恩斯·莫尔斯在瓦萨学院的一次演讲中描述了玛丽·莫尔斯与萝塔之间的关系。

3　毕肖普 1951 年 11 月 26 日致洛威尔信，载《空中的言辞》，第 131 页。

4　"国际货运公司宣传册"，网页，访问日期：2015 年 8 月 12 日。

普拉特号"三天后，毕肖普开始给汉森写信，她承认"我大约两周
后才能寄出它"。但她补充道，"我发现，这是一次漫长而缓慢的旅
行中最美好的事情"，因为"你依照怎样的顺序处理工作，无论是
这篇评论、那首诗还是一封必须回复的书信，一点也不重要——结
果是，我感到太自由了，以至于我在 48 小时内已经完成了很多事
情"。[1] 几乎在任何船只上，无论是渔船还是远洋船，毕肖普都会感
到自己从一直背负的焦虑中解脱了出来。

　　当货轮向南驶向桑托斯时，毕肖普在给汉森写信的途中停了下
来，欣赏她最喜欢的景象：彩虹。这样的时刻，彩虹"在水雾之中
来来往往，仿佛被拖着走一样"[2]。"鲍普拉特号"上装满着许多吉普
车和联合收割机，[3] 还有一名挪威船员和九名乘客。这些人中，除了
毕肖普自己，还有"一个苍白瘦弱的年轻传教士（神召会，管他是
什么呢！）和他苍白瘦弱的年轻妻子，以及他们三个苍白瘦弱的小
男孩，年龄分别是 4 岁、5 岁和 6 岁"，还有一位来自纽约的乌拉
圭领事"人很和善，但我觉得有点疯狂"，[4] 一位"优雅但晕船的女
士"，[5] 以及另一位女士——毕肖普认为她是"船上唯一有趣的人"。
毕肖普恭敬地尊称她为布林小姐，不久之后，她会在毕肖普的一首
诗中名垂千古。

　　她写道，布林"原来担任底特律女子监狱的监狱长长达 26 年
之久。正是我喜欢的类型"[6]。就在"鲍普拉特号"抵达巴西目的地
的前一天，毕肖普向罗伯特·洛威尔进一步描述了她："她大约 70

1　毕肖普 1951 年 11 月 12 口致汉森信。
2　毕肖普 1951 年 11 月 12 日致汉森信。
3　洛威尔 1951 年 11 月 26 日致毕肖普信，《空中的言辞》，第 129 页。
4　毕肖普 1951 年 11 月 12 日致汉森信。
5　洛威尔 1951 年 11 月 26 日致毕肖普信，《空中的言辞》，第 129 页。
6　毕肖普 1951 年 11 月 12 日致汉森信。

岁，非常温柔而礼貌——以一种歉疚的方式，讲述了她如何意外地破获了这样那样的谋杀案，并承认自己被写进了《真探故事》之中。"[1]毕肖普在旅行日记中写道，布林"和我共用一个浴室，身高将近 6 英尺……蓝色的大眼睛和浅蓝色的波浪卷发。她身上有一些非常吸引人的气质，虽然我说不上来"。她补充说，在她们长时间的交谈中，"她的大部分故事，都以她低沉的、充满歉意的讲述方式，围绕谋杀展开"。[2]

　　退休警督玛丽·E. 布林（Mary E. Breen）于 1921 年加入底特律警察局妇女处，担任妇女拘留所负责人。《底特律自由报》认为她是一个模范的榜样，并详细报道了她在 1928 年抓获贩毒集团"丝袜帮"[3]以及 1936 年瓦解凶残的白人至上主义组织"黑人军团"过程中所发挥的重要作用。[4]布林曾因逮捕"芝加哥女杀人犯格雷斯·斯科特夫人"[5]而获得了部门的特别嘉奖——这在那个时代的女性中实属罕见，而另一起谋杀案的女从犯则"因玛丽·布林中士的同情引导而认罪"[6]。《自由报》的一篇布林特写形容她"举止温柔，声音温和"，但同时也是一个"铁面无私的纪律信奉者"。[7]在船上写给汉森的信中，毕肖普回忆自己如何熬过 1940 年代末那些痛苦的岁月，她称自己是"生铁打的"[8]。也许她在玛丽·布林身上发现了一种相似的精神气质：谦逊、细腻和彬彬有礼的外表之下，是一个

1　洛威尔 1951 年 11 月 26 日致毕肖普信，《空中的言辞》，第 130 页。
2　布莱特·米利尔：《伊丽莎白·毕肖普：人生与记忆》，第 238 页。
3　《丝袜帮头目被捕》，《底特律自由报》，1928 年 1 月 29 日，第 1—2 页。
4　《前女警察玛丽·布林逝世》，《底特律自由报》，1967 年 1 月 3 日。
5　《玛丽·布林中尉服役 25 年后退役》，《底特律自由报》，1946 年 9 月 19 日。
6　《施韦策的自杀警卫》，《底特律自由报》，1935 年 7 月 3 日。
7　《人物侧写：玛丽·布林小姐》，《底特律自由报》，1932 年 8 月 7 日。
8　毕肖普 1951 年 11 月 12 日致汉森信。

女性对细节保持敏锐的洞察力、钢铁般的坚韧，以及在男性主导的
职业中取得成功的坚定决心。

毕肖普在日记中写道，布林"跟我讲了很多关于她'室友'的
事——一位名叫艾达的女律师，多年来我也一直在寻找这样一位室
友"。1921 年，布林和艾达·利普曼一起抵达底特律，用《自由报》
的话来说，她们的目的是"为当地的妇女警察部门注入一些法律和
秩序"。[1]1928 年，她们"无视男性增援部队"，"周末突击搜查了所
谓的秩序混乱的房屋（妓院），逮捕了 8 人"。[2]利普曼很快获得了法
学学位，并成了一名检察官，但她和布林仍然住在一起，她们的亲
密关系不止一次得到《自由报》的赞许报道。1939 年的一篇专题报
道将布林描述为利普曼的"知己"[3]，并概述了她们即将前往加勒比
海度假的计划。布莱特·米利尔认为，毕肖普看到了布林和利普曼
的关系与她自己寻求的伴侣关系之间的相似之处。[4]当然，毕肖普很
快就会遇到一位令人敬畏、机智、坚定和富有创新精神的女性——
萝塔·德·马塞多·苏亚雷斯——与布林的伴侣艾达·利普曼并不
完全相同，而她将会永远改变毕肖普的人生。

当"鲍普拉特号"货轮驶入桑托斯港时，毕肖普正处于人生的
十字路口。她 40 岁了，马上就要迈入 41 岁。作为一名诗人，她享
有盛誉，还与《纽约客》签订了令人羡慕的首读协议。然而，与她
同时代的几位诗人，包括比她小 6 岁的朋友洛威尔，要出名得多。
过去 5 年里，她遭遇了深刻的精神危机，酗酒、焦虑和抑郁发作，

1 《底特律新闻简讯》，《底特律自由报》，1946 年 9 月 20 日。
2 《两名女警察突袭酒店，逮捕八人》，《底特律自由报》，1928 年 5 月 7 日，第
 24 页。
3 《超越偏见……》，《底特律自由报》，1939 年 12 月 24 日，第 5 页。
4 布莱特·米利尔：《伊丽莎白·毕肖普：人生与记忆》，第 239 页。

她接受了一段时间密集的精神分析。她正处于一个缓慢的恢复过程中，但还没有完全恢复过来。即使陷入危机，毕肖普也一直维系着自己广博的人际网络，与终生不渝的朋友们保持着频繁的书信往来，但距她上一段稳固的恋爱关系已经过去了 5 年。此外，自 1946 年放弃位于基韦斯特怀特街的房子以来，她一直都没有稳定的住所。毕肖普的许多书籍和财产都被锁在仓库里，她就像后来一首诗中的"矶鹬"一样，来回穿梭于大西洋沿岸，在华盛顿、亚多、基韦斯特、北卡罗来纳州、缅因州海岸、新斯科舍省、波士顿和纽约等地停留。她住过寄宿公寓和旅馆，也作为客人住过朋友家——最近一次是住在朋友简·杜威的马里兰农场，她在那里写下了即将发表的诗作《寒春》。

毕肖普接下来的一首诗《抵达桑托斯》（"Arrival at Santos"）捕捉到了她目前处境的错综复杂。这首诗以一种对话式的嗓音开篇，看似不近人情。然而，尽管最初几个诗节中明显保持着距离和沉默，但毕肖普将迫切的个人关切——以及她许多未回答的问题——都投射到了这个陌生的场景中：

> 这里是海岸；这里是海港；
> 这里，消瘦的地平线背后是一些风景：
> 形状不切实际——谁知道呢？——自怜的山脉
> 轻浮的草木下显得悲伤而严酷，
>
> 其中一座山顶上还有一座小教堂。

自怜、不确定、贫乏又不切实际。这些是这个港口及其周围的建筑和岬角所固有的特征，还是诗人担心自己身上也可能潜藏着这样的特质？

　　诗中的叙述者以第二人称自述，并没有像一位男性诗人那样，声称自己是一名吟游诗人旅行者，反而是问自己："哦，游客，/这国家难道就打算这样回答你//以及你傲慢地要求一个迥异的世界/和一种更美好的生活，还要求最终完全理解/这两者，并且是立刻理解/在经历十八天的悬停之后？"[1]"一个迥异的世界"，"一种更美好的生活"，"完全理解"，这些的确是傲慢的要求，而在毕肖普进入桑托斯的那一刻，这些要求就重重地压向她。然而，突然之间，思索的时间结束了，下船的时刻已经到来。"吃完你的早餐。"叙述者简短地指挥自己。随着这首诗从沉思冥想过渡到行动，代词也从疏离的第二人称变成了更口语化的第一人称——以复数的"我们"开始，然后是单数的"我自己"（但绝不是简单的"我"）。因此，"现在我们小心翼翼地向后爬下梯子，/我自己和一位名叫布林小姐的同伴"。然后，当她和她书信中栩栩如生的同伴面临短暂的危险时，毕肖普全面警觉起来：

　　　　拜托，小伙子，请务必留神船钩！
　　　　当心！哦！它钩住了布林小姐的

　　　　裙子！那儿！……

　　毕肖普书信中的语句仿佛接通了直流电一般，直接转变成了简

1　《毕肖普诗选》，第 87 页。

洁有力又节奏鲜明的诗句。这短暂的危机解除后，毕肖普的目光落
到了布林小姐本人身上，她现在已经退休，住在纽约北部。

> 布林小姐大约七十岁，
> 一位退休的警长，六英尺高，
> 生着美丽明亮的蓝眼睛，表情和善。
> 她的家——当她在家时——在格伦斯福尔
>
> 斯，就在纽约。

　　就是这一次，毕肖普允许自己触摸她最近在纽约的邻居 e. e. 卡
明斯（e. e. cummings）的风格，因为"格伦斯福尔斯"中的"斯"
在视觉和听觉上从一个四行诗节向下跨入另一个四行诗节，而登岸
的两个人也向下迈出了最后一步。然后是两个简短的句子："那里。
我们安顿下来。"

　　抵达当天，毕肖普和玛丽·布林在桑托斯码头受到布里托夫妇
的迎接，他们是布林在底特律的朋友，布里托夫妇带她们通过了海
关——诗人希望海关官员能"把苏格兰威士忌和香烟还给我们"。
这首诗以一句充满预见性的诗句收束："我们立即离开桑托斯；/ 我
们正驶向内陆。"奇怪的是，这个新国家的名字"巴西"，从未出现
在她这首引人入胜、精确又难以捉摸的抵达之诗中。虽然毕肖普
经常强调她诗歌中事实的准确性，但布里托夫妇正驱车载着毕肖普
和玛丽·布林向内陆行驶 50 英里，前往圣保罗。毕肖普对"内陆"
的探索将会在以后陆续展开。

图 15 萝塔与玛丽·莫尔斯在萨曼巴亚勘察土地，巴西，20世纪40年代

　　在毕肖普眼中，这座城市"令人困惑"。待了两天后，她乘火车向东行驶 300 英里，前往另一个沿海目的地——传说中的里约热内卢。1951 年 11 月 30 日上午，珀尔·卡辛和萝塔的朋友玛丽·莫尔斯在里约车站迎接毕肖普。卡辛本人并不喜欢里约，她抱怨里约的腐败和效率低下，后来她坦言："我无法像我的一些美国朋友那样，迷失在这座城市诱人而破败的美丽之中。"[1]但对毕肖普来说，破败之美总是一种终极诱惑，尽管她对北方的期望在里约并没有获得满足，但她显然是被这里深深迷住了。珀尔仍在找工作，毕肖普不太清楚她和她的摄影师丈夫维克多·克拉夫特（Victor Kraft）——亚伦·科普兰（Aaron Copland）曾经和未来的情人——如何才在那里获得经济上的成功。相比之下，毕肖普的巴西东道主萝塔却可以为她提供一个与珀尔完全不同的窗口，助她了解巴西。萝塔继承了大量财富，其中大部分主要是房地产，她在

1　珀尔·卡辛·贝尔：《伊丽莎白小姐：回忆伊丽莎白·毕肖普》，《党派评论》，1991 年冬。

里约的莱梅区拥有一套顶层公寓，那里可以欣赏到令人惊叹的迷人景色。

　　不过，萝塔最重要的房地产位于里约以北 90 分钟车程的地方，就在巴西前皇家避暑地彼得罗波利斯后面。在那里，她正在一个僻静的山顶之上建造一栋超现代的房子，周围都是一块块她陆续卖掉的地皮。像当时大多数巴西女性一样，她没有学历，但她性格坚强又外向，求知欲旺盛而且对于艺术和文化怀有广泛的兴趣，因而在巴西人数不多但才华横溢的知识精英中建立起了广博的人脉关系网，其中包括杰出的诗人、艺术家、建筑师、小说作家、音乐家、记者和政治人物等等。1942 年，萝塔与莫尔斯一起造访纽约，其间她遇到了毕肖普，她极其喜爱美国文化的活力，钦慕美国商品的质量和丰富。在纽约，她与现代艺术博物馆的领军人物建立了联系，毕肖普在那里也有重要的人脉关系。萝塔还与著名的钢琴二人组罗伯特·菲兹代尔（Robert Fizdale）和亚瑟·戈尔德（Arthur Gold）等音乐家以及包括雕塑家亚历山大·考尔德（Alexander Calder）在内的当代重要艺术家成了亲密的朋友。萝塔对毕肖普刚刚出版的诗集《北与南》中的诗歌印象深刻，菲兹代尔和戈尔德后来回忆说，毕肖普与美国诗歌界领军人物之间的密切联系给萝塔留下了深刻的印象，但毕肖普本人对这种联系似乎更多的是缺乏自信，甚至感到羞怯，而不是为之骄傲。

　　毕肖普后来在写给梅·斯文森的信中回忆了她在里约与萝塔的第一次相遇："萝塔留着一头又长又直的乌黑秀发。——我来这里的时候，已经 6 年左右没见过她了，我们四目对视，她惊恐地发现我的头发已经变得格外白，而我发现她的头发两侧各有两条银色条纹，相当宽。一旦我习惯了，我就喜欢上了——她看起来就像一只山雀……相当别致。"¹毕肖普在一封日期标记为"12月10日、11日或12日"的信中告诉珀尔的哥哥阿尔弗雷德·卡辛，萝塔和玛丽"非常好客——她们刚把她们在里约的公寓交给了我，包括女仆以及所有东西都交给了我，我坐在那里，周围是卡尔德斯（Calders）、科帕卡巴纳（Copacabana）、里约热内卢人（Cariocans）、咖啡（Coffee）等——当然还有一种痢疾药，也是以字母C开头"。站在萝塔的莱梅公寓的阳台上，毕肖普可以眺望里约独特而迷人的地理风光：科帕卡巴纳海滩宽阔的金色沙滩，远处波光粼粼的大海，以及露出水面的岩石和陡然上升的山脉，它们镶嵌在海滩周围，环绕并衬托着这座城市。毕肖普告诉阿尔弗雷德·卡辛，她计划乘坐下一艘货船离开巴西，大约"1月26日"启程，她还说，"这一切都非常惬意，我以前从未感觉像里尔克"。²

然而，对于毕肖普来说，真正的事件是她第一次见到萝塔的庄园，她给它取名为萨曼巴亚（Samambaia）。萝塔带领着毕肖普在里约观光两天之后，毕肖普才第一次看到了它。她们需要驱车从里约向北行驶90分钟，才能进入奥尔冈斯山脉。穿过历史悠久的帝国之城彼特罗波利斯之后，她们的路虎汽车驶离了主干道，沿着一条陡峭崎岖的山路艰难地爬升。毕肖普后来告诉波莉·汉森，当她到达萨曼巴亚时，她看到的是萝塔在附近"拥有很多土地"，"正在一座坚固的花岗岩山坡上为自己建造一座巨大又美丽的现代房屋——对一个北方人来说，这一切都如此难以置信和不切实际——然而"，她又以特有的限定语气补充道，"我想，新英格兰本身从一开始就

1　毕肖普1953年9月致斯文森信。
2　毕肖普1951年12月致阿尔弗雷德·卡辛信，载《一种艺术》，第227页。

看起来更不切实际"。[1]

　　萝塔依据自己与杰出的巴西现代主义建筑师塞尔吉奥·贝尔纳德斯（Sérgio Bernardes）合作绘制的图纸而建造的房屋，而今已经被视为建筑的瑰宝。萝塔是自己的总承包商，负责监督施工过程的每一个步骤，努力将精湛的建筑图纸变成坚实的现实。这正是毕肖普的父亲和祖父几十年前所扮演的角色。然而，这个项目是在一个偏远而富有挑战性的地方进行，而且萝塔是一位才华卓然、要求严格的业余爱好者，而非擅长管理长期雇员和供应商的专业人士，因此，与 J. W. 毕肖普公司在伍斯特、纽约、普罗维登斯与波士顿等地务实、有序又预算严格的业务流程相比，这里的施工过程更加混乱。萨曼巴亚独特的地形以及建筑工地上不可避免的杂乱生活，让毕肖普感到自己以一种奇怪的方式回家了。在这里，她很快就会找到故乡新斯科舍省的大村世界里许多令人怀念的生活和事物。

　　圣诞节那天，[2] 毕肖普"吃了两口非常酸的"腰果，[3] 引发了急性过敏反应。腰果这种食物由于运输困难，因此在北美鲜为人知。毕肖普在给安妮·鲍曼医生的一封信中提道，"第二天我开始肿胀———直肿胀，肿胀；我不知道一个人会肿得这么厉害"[4]。这种发生在颈部以上的肿胀让她的视力变得模糊，让她的头看起来像南瓜一样大。[5] 鲍曼将这些症状诊断为危险的昆克水肿。如果肿胀蔓延至毕肖普的气管，很可能会导致她停止呼吸，甚至死亡。这种危

1　毕肖普 1952 年 1 月 19 日致汉森信。
2　毕肖普 1952 年 1 月 19 日致汉森信。
3　毕肖普 1952 年 1 月 8 日致鲍曼信，载《一种艺术》，第 231 页。
4　毕肖普 1952 年 1 月 8 日致鲍曼信，载《一种艺术》，第 231 页。
5　毕肖普 1952 年 1 月 19 日致汉森信。

险的炎症很快又因毕肖普的慢性病、哮喘和湿疹而加剧。毕肖普在彼得罗波利斯的一家医院住了很多天，身边是萝塔和她热心的巴西朋友们。毕肖普加尔式的童年生活充满失落，经常感到得不到亲切的照料和温柔的关怀，现在她却被这些公开表露的殷勤与关心奇怪地迷住了。毕肖普对玛丽安·摩尔说："我看起来异乎寻常，这表明巴西人民多么友善，这似乎让我受到了他们的青睐。"[1] 她对画家朋友洛伦·麦基弗说，她生病期间，"萝塔和玛丽对我太好了"，"这几乎是一种享受"。[2]

毕肖普的情绪或许很快就恢复了，但她的体力和精力完全恢复尚需整整一个月的时间，这导致她错过了 1 月 26 日出发的货轮，她原本计划搭乘这艘货轮继续向南驶，前往火地岛。出院后，毕肖普继续在萨曼巴亚休养，此时她抵达这里之后的第一个雨季即将来临。1 月中旬，她向波莉·汉森描述了这段经历：

> 山脉是黑色的，显露出来的部分是黑色的，雨后，山脉之上布满了连绵数英里长的闪闪发光的水纹，云层降得很低，四处飘动——我现在就在云里，瀑布和兰花就像书中写的那样。

这些经历给她留下了深刻的印象，因为这封信中的短语和意象不止一次出现在毕肖普后来的诗作中。[3]

1　毕肖普 1952 年 2 月 14 日致摩尔信，载《一种艺术》，第 236 页。
2　毕肖普 1952 年 1 月 26 日致麦基弗信，载《一种艺术》，第 233 页。
3　毕肖普 1952 年 1 月 19 日致汉森信。

1952 年 2 月 7 日，也就是她 41 岁生日的前一天，毕肖普终于静下心来写信给她的英国朋友基特和伊尔莎·巴克，回顾了她在巴西度过的这丰富又美好的两个月，这个国家原本只是她南美之旅的一个停靠点。随着 2 月 8 日生日的临近，毕肖普开始觉得有能力重新开始自己艰辛的行程了。后来，她向采访者透露，对腰果的过敏反应是她选择留在巴西的决定性因素，但她对巴克夫妇说，虽然"我非常喜欢这里，这完全多亏了我的朋友们，所以我一直留在这里"，但她"现在正计划 3 月 1 日左右乘坐我那艘心不在焉的小货轮启航"。[1] 毕肖普的信被她的生日庆祝活动打断了，她在庆祝会上收到了一份令人惊喜的礼物。这份礼物貌似来历不明，却永远地改变了她乘坐货船继续航行的旅行计划，后来的事实证明了这一点。

2 月 9 日，毕肖普兴奋地重新开始给巴克夫妇的信，她宣布："天啊——昨天是我的生日，我比以往任何时候都更喜欢巴西人。"她补充说："一位我几乎不认识的邻居——首先，因为我们没有共同的语言——给我带来了我毕生的梦想———只巨嘴鸟。"[2] 托姆斯卡一家是波兰难民，"他们在华沙经营一家动物园，我猜想过去是这样。他在世界各地做着规模庞大的动物生意"。这家移民者最近刚从萝塔手中买下了附近的一处房产，毕肖普是他们的常客，"去欣赏他们的鸟类和动物，但我做梦也没想到他们会送给我一只巨嘴鸟——它们相当珍贵"。毕肖普似乎从未想过，萝塔既然知道这位迷人的客人的毕生愿望，那么或许是她策划或者至少是促成了这个

1　毕肖普 1952 年 2 月 7 日致巴克夫妇信，载《一种艺术》，第 233 页。
2　毕肖普 1952 年 2 月 7 日致巴克夫妇信，载《一种艺术》，第 234 页。

梦想以令人惊讶的方式实现。

　　毕肖普真的被迷住了。从她写给巴克夫妇的信可以看出，一天之内，毕肖普就已经给她的新伙伴取名为萨姆大叔（简称萨米），并仔细研究了她的"奖品"，以至于她可以妙趣横生地讲述萨米独特的身体魅力，以此取悦自己的朋友。"它有一双闪亮的电蓝色眼睛，灰蓝色的腿和脚。除了巨喙的底部是绿色和黄色，它的身体大部分都是黑色的，它有一条亮金色的围兜，腹部和尾巴下长着几束红色的羽毛。"[1] 她还极度兴奋地介绍了萨米奇特的消化习惯："它每天要吃六根香蕉。我得说，这些香蕉似乎直接穿过它的身体，出来时几乎就像新的一样——还有肉和葡萄——看它吞下葡萄，真像在玩弹球机。"[2] 可以想象的是，毕肖普很难轻松地带着这样一个活泼又要求严苛的伙伴，乘坐一艘小型货轮绕过合恩岛去旅行。

　　随着萨米的到来，所有关于她搭乘下一艘货轮离开的话题，都从她与美国和英国朋友的通信中消失了。2月14日，毕肖普写信给玛丽安·摩尔，谈到要去里约"看看能否延长我的巴西签证"[3]。毕肖普的朋友弗兰克·毕达特后来回忆说："一天清晨，伊丽莎白躺在床上，萝塔走进她的房间，邀请她留在巴西陪她。伊丽莎白答应了。她很惊讶自己竟然答应了。她喜欢萝塔，但并没有爱上她。然而，在接下来的几年里，她真的爱上了萝塔。"[4] 也许毕肖普最先深深爱上的是萝塔在山上为她提供的令人安心而又妙趣横生的世界。

1　毕肖普 1952 年 2 月 7 日致巴克夫妇信，载《一种艺术》，第 234 页。
2　毕肖普 1952 年 2 月 7 日致巴克夫妇信，载《一种艺术》，第 233 页。
3　毕肖普 1952 年 2 月 14 日致摩尔信，载《一种艺术》，第 236 页。
4　《怀念伊丽莎白·毕肖普》，第 128 页。

图 16　萝塔在萨曼巴亚，20 世纪 50 年代

　　并不是每个北美人都会觉得萨曼巴亚充满魅力，尤其是主屋仍处于建设之中。毕肖普告诉巴克夫妇："我们在其中三分之一的地方扎营。"[1] 但毕肖普知道她的朋友摩尔会理解她，因为这里是"植物和动物生命的梦幻结合……不仅到处都有非常不切实际的山脉，云朵从卧室里飘进飘出，还有瀑布、兰花，以及我所知道的所有生长在基韦斯特的花，还有北方的苹果和梨"[2]。同样，这封信中的多个意象后来会再次出现在毕肖普的一首诗中。毕肖普向摩尔报告说："现在蝴蝶已经来度夏了——一些巨大的、淡蓝色的斑斓闪耀的蝴蝶，成双成对……我从未见过这样的飞蛾。"然而，与这些异

<hr>

1　毕肖普 1952 年 2 月 7 日致巴克夫妇信，载《一种艺术》，第 234 页。
2　毕肖普 1952 年 2 月 14 日致摩尔信，载《一种艺术》，第 236 页。

乎寻常的动物一同到来的，还有她们在相对原始的条件下日日夜夜的生活以及源源不断的客人，毕肖普大多数北方朋友都会认为他们并不受欢迎。因为房子尚未完工，所以只能用油灯照明，"当然，我们有成千上万的［蝴蝶］、老鼠，以及漆皮一样的大黑蟹，还有我见过的最大的手杖虫"。尽管如此，毕肖普认为摩尔会理解，"这一切对我来说都很美好，我'旅行'的想法每天都在愉快地消退"。[1]

根据詹姆斯·梅里尔的说法，毕肖普曾说萝塔曾向她保证，"能够非常非常容易地在她正在建造的房子里面为伊丽莎白增加一间公寓式的小型工作室"。这样的礼物让毕肖普拥有了两个属于她自己的房间，她可以在那里平静而孤独地写作，并在休息之时享受迷人的自然世界，还能分享萝塔为她提供的社会与文化网络。梅里尔回忆说："那才是真正让我开始流泪的原因。伊丽莎白说，'我一生之中，从没有人以这样的姿态待我，而这就意味着一切'。"[2]

然而，并非毕肖普所有的美国朋友都赞成她留下来。当时正计划告别里约的珀尔·卡辛对巴西感到强烈的"不满"，迫不及待地想离开这个国家——毕肖普决定留下后不久，她就离开了巴西。对卡辛来说，并不仅仅是她自己厌恶巴西的生活，才让她认为"伊丽莎白决定在巴西生活似乎很冒险"[3]。在她看来，毕肖普显得"脆弱"，卡辛后来观察到，毕肖普"对这个幅员辽阔的国家几乎一无所知，但在她40岁的时候，她投身于一种远比这位经验丰富的旅行者所了解到的更复杂的异域生活"。卡辛被一连串的疑虑所困扰：

1　毕肖普1952年3月3日致摩尔信，载《一种艺术》，第238页。
2　《怀念伊丽莎白·毕肖普》，第128页。
3　珀尔·卡辛·贝尔：《伊丽莎白小姐：回忆伊丽莎白·毕肖普》。

"她能找到她离不开的哮喘药吗？能学会葡萄牙语这门令我困惑的语言吗？她从父辈那里继承来的微薄财富，面对日益失控的通货膨胀率，难道不会显得捉襟见肘吗？"[1]

尽管如此，毕肖普仍然将自己的留下视为一条通往救赎和潜在的自我实现的道路。那时居住在阿姆斯特丹的洛威尔也并不完全赞同，他质疑道："为什么是巴西？每个人都这么问我们。"[2]毕肖普忍不住大声宣布："我有一只名叫萨姆大叔的**巨嘴鸟**，它的沙文主义情绪爆发了。它很神奇，会大口吞下珠宝或假装这样做，能接抛葡萄玩儿，还有一双像霓虹灯一样明亮的蓝眼睛。"[3]她还心满意足地补充说："我似乎已经变成了一个喜欢待在家里的巴西人，我现在会为乘坐吉普车去下一个村庄购买煤油感到兴奋，就像去年11月我想到要环绕合恩岛旅行一样兴奋。"[4]毕肖普无法用太多语言告诉洛威尔的是，她已经爱上了萝塔，而这至少是她心生安定感的部分原因。

随着萝塔42岁生日的临近——毕肖普在2月8日庆祝自己41岁生日的五周后，也就是她写给洛威尔那封热情洋溢的信的五天前——毕肖普感到已经做好准备通过艺术来表达自己对萝塔和萝塔的世界日益加深的依恋。她以一份独特的生日礼物来纪念自己留下来的决定。她运用自己的水彩画技巧创作了一幅静物画，画中一盏煤油灯照亮了整个房屋。毕肖普用黑色墨水在这幅水彩画上题写了第一首最简短、最质朴、最直接的爱情诗，献给她的新伴侣和保护者：

---

1   珀尔·卡辛·贝尔：《伊丽莎白小姐：回忆伊丽莎白·毕肖普》。
2   洛威尔1952年2月26日致毕肖普信，载《空中的言辞》，第133页。
3   毕肖普1952年3月21日致洛威尔信，载《空中的言辞》，第136页。
4   毕肖普1952年3月21日致洛威尔信，载《空中的言辞》，第136页。

致萝塔：

　　比阿拉丁的燃烧更长久，

　　爱，和许多幸福的回报。

1952 年 3 月 16 日
伊丽莎白 [1]

伊丽莎白·毕肖普异常直率的诗句赞美了她们相对原始但令人欣慰的生活，并暗示了她们未来会走在一起的光明前景。毕肖普还诙谐地影射了萝塔对美国商品的偏爱——诗中出现了以《一千零一夜》中那个受欢迎的人物命名的油灯品牌。尽管她的对句诗简洁又略带淡雅的诙谐，但它道出了毕肖普对激情持久之爱的美好承诺。

1952 年 3 月 14 日，也就是毕肖普向自己的新欢献上艺术作品和诗歌礼物的两天前，她给《纽约客》的诗歌编辑凯瑟琳·怀特寄去了第一首巴西之诗《抵达桑托斯》。继标点符号的小争论之后，这首诗发表在了 1952 年 6 月 21 日的《纽约客》上。相对于毕肖普深思熟虑的诗歌创作速度以及《纽约客》庄重审慎的编辑策略而言，这次发表的速度之快近乎新闻报道。这首诗，尤其是最后一句"我们正驶向内陆"，可以视作毕肖普隐曲地向朋友和同行们宣布，她决定定居并探索这个未被这首诗明确提到的国家——巴西。

《抵达桑托斯》的开篇，毕肖普将桑托斯港周围的海岬称为"形状不切实际，谁知道呢？——自怜的山脉"。或许毕肖普更多

1　伊丽莎白·毕肖普：《交换帽子：毕肖普的绘画》，威廉·本顿编，纽约：法勒、施特劳斯和吉鲁出版社，1996 年，第 61 页。

想到的是自己居住的萨曼巴亚山脉，因为她在给北美朋友的信中经常称这些山脉是"不切实际的"。在第二首巴西之诗《山》（"The Mountain"）中，毕肖普滑稽而戏剧化地描绘了这样一座不切实际，甚至自怜的山峦内心的情感生活，毫无疑问，她格外想到了她现在居住的尚未完工的房子所在的那座裸露的花岗岩山峰。这座山以独特的戏剧独白讲出了自己的想法，表达了略带喜剧色彩的地质学身份危机，诗中交替出现的叠句强调了这一点："我不知道我的年龄"和"告诉我，我有多老"。毕肖普笔下人格化的山似乎被本应为她所熟悉的事物吓了一跳，比如夜间出现的月亮："晚上，有东西在我身后。"接着，太阳虽每日重新升起，但仍然令人不安："清晨就不同了。一本打开的书面对着我，/太近了，无法舒适地阅读。"雨季一年一度的雾气——对毕肖普来说是新鲜的，但对这座山来说很熟悉——也同样令人不安："然后山谷里涌满了/难以穿透的雾/如棉花般钻入我的耳朵。/我不知道我的年龄。"起初，山的声音听起来像一个沮丧的少年，但到最后，它就变成了絮絮叨叨爱抱怨的老人："我不是有意抱怨。/他们说这是我的错。/没人告诉我任何事。/告诉我，我有多老。"最后，当这座山最终知晓自己无法寻找到恰切的语言来表达对理解和联系的渴望时，它安静了下来，无奈地承认了自己的孤独和不确定性：

> 我正在变聋。鸟鸣声
>
> 逐渐淡弱。瀑布们未被抹去。
>
> 我多大年纪了？
>
> 告诉我，我有多老。[1]

---

1 《毕肖普诗选》，第 227—228 页。

即使受到玛丽安·摩尔等朋友的称赞，毕肖普自己仍然对
《山》这首诗不屑一顾。她几乎是央求《纽约客》不要发表这首诗，
反而是要求将它转投给《诗歌》（Poetry）杂志，这首诗最后刊登在
《诗歌》周年特刊上，毕肖普认为这仅仅是一份"投稿"。她将这首
诗收录进第二本诗集中，但将它从后来出版的各类诗集中剔除——
批评家们几乎没有对这首诗做过任何评论。然而，如果将《山》放
回毕肖普当时的现实生活中，那么它就会更加鲜明地凸显出一种非
典型的超现实主义喜剧风格，也因此更加引人注目。在这首诗中，
毕肖普幽默地将 40 年代末的《谈话》《争论》和《有人打电话时》
（"While Someone Telephones"）等诗歌中深沉而哀怨的焦虑，转移
到了一个全新的对象之上，并赋予它意识和生命。由之，她也找到
了一种声音来表达自己在一个全新的世界中感受到的既令人心安又
令人不安的不确定感，同时也与这种不确定感拉开距离。

图 17 诗作《山》中的花岗岩山峰在萨曼巴亚上方赫然耸现

毕肖普接下来的一首巴西之诗《香波》（"The Shampoo"），现在通常会被解读为她对巴西新欢隐晦而感伤的致敬。艾德里安娜·里奇在毕肖普去世五年之后发表的一篇文章中指出，这首诗是在赞美和庆祝"两个女人之间一场严肃、温柔、现实的仪式"[1]。1953 年 6 月 18 日，毕肖普将这首诗寄给了《纽约客》，两周后收到了凯瑟琳·怀特的退稿信。怀特写道："极其糟糕的是，不得不退还你的一首诗，尤其是当我们如此渴望发表一首诗的时候。不过，尽管《香波》的投票结果好坏参半，但最终还是被否决了。"对《纽约客》来说，症结出现在最后两节，这两节表达了一种强烈且几乎不加掩饰的身体亲密。《纽约客》讨论的版本中，萝塔这位未透露姓名、从未显示性别的"亲爱的朋友"，被描述为"要求苛刻，口若悬河，/看看发生了什么。因为时间 / 如果经不起考验，就什么都不是"。这一批评暗示之后，这首诗以挑逗性的诗句缓缓转向了浪漫，甚至是情色，"你黑发里的流星 / 排着闪亮的队列 / 正在蜂拥聚集那里，/ 如此笔直，如此迅捷？"诗的结尾是一个直截了当的邀约，至少对读者来说，这是一个令人惊讶的邀请："来吧，让我在这个大锡盆里洗洗它，/ 它破旧却如月亮一般闪亮。"[2]

凯瑟琳·怀特解释《纽约客》拒绝这首诗的原因时继续说道："我们反对它的一个原因是，这是一首个人化的诗，你似乎没有完全描述其中涉及的场合。至少在我们看来，你似乎并没有将一切都传达出来；例如，这位亲爱的朋友对什么要求苛刻，又对什么口若悬河？"[3]当然，毕肖普几乎无法更直接地描述这个场景，而不透露

1　里奇：《局外人之眼》，第 16 页。
2　《毕肖普诗选》，第 82 页。
3　《伊丽莎白·毕肖普与〈纽约客〉通信全集》，第 112 页。

她和那没有显露性别的"亲爱的朋友"之间的同性恋关系——《纽约客》很可能担心这种言外之意已经太过明显了。值得注意的是，怀特并没有给毕肖普修改这首诗的机会，让她将诗中的场景呈现得更加清晰。《纽约客》拒绝发表她的一篇作品时，毕肖普有时就会对它失去信心，但她仍然对这首诗充满信心。她给现在已经是《纽约客》文字编辑的珀尔·卡辛寄去了一份副本，并附上了一条辛辣的评论："这是怀特夫人无法理解的一首小诗。不过，自从她退还给我之后，我改了三个词。"[1] 毕肖普是将"要求苛刻又口若悬河"这几个字换成了"冲动又务实"——任何认识萝塔的人，都会很容易从这样的描述中认出她来。

　　尽管《香波》经过了新的修订，但也被一向对毕肖普友好的《诗歌》杂志拒之门外，之后，毕肖普把它寄给了梅·斯文森。斯文森的回信中有一段深长的沉思，一开始便说："这感觉是对的，但我要花一段时间来解释为什么。"然后很快补充道："我非常确定这是一首好诗。"斯文森使用的语言与怀特几乎相同，她承认，"感觉好像有些东西被遗漏了"。然而，她很快接着说，"但这在某种程度上让它变得更好了……一种神秘性，尽管表达十分直白"。抓住更多的细节之后，斯文森沉思道，"这是对某人的一种致敬，也是对年老的惋惜"。[2]

　　毕肖普在回信中自在地向这位女同性恋诗人同伴解释了她无法直接向编辑或读者展示的细节。毕肖普从她之前提到的对萝塔的观察开始——"又长又直的乌黑秀发"，"两侧各有两条银色条纹，相

1　毕肖普1953年致珀尔·卡辛·贝尔信，载《一种艺术》，第241页，书中的日期标记有误。
2　斯文森1953年9月14日致毕肖普信，圣路易丝华盛顿大学图书馆。

当宽"，接着说，"闪闪发光的锡盆，有大有小，很大程度上是巴西人生活的一大特色……我们用过一个很大的锡盆（用来洗头），那时候我们的浴室里还没有现在这样多多少少有点儿热的自来水"。毕肖普还为这首诗的开头提供了一个背景："岩石上寂静的爆炸／地衣，生长着／沿着蔓延的灰色同心震波。"毕肖普向斯文森解释说："我周围都是岩石和地衣。"她的诗充满幻想又自相矛盾地继续着，这些地衣"已排列整齐／以邂逅环月的光晕，尽管／在我们记忆中它们从未改变"。[1]毕肖普向斯文森解释说，这些萨曼巴亚的地衣"有时恰好显露出环绕月亮的不祥色彩——而且似乎正在向无限远处延伸，就像月亮周身的光环"[2]。她没有补充的是，这些岩石上寂静的爆炸，呼应着她内心深处对于萝塔的爱恋的不断激增与涌动，也呼应着她对时间流逝和爱情永恒的不确定感。不过，斯文森肯定也凭直觉意识到了这一点，因为当她把这首诗解读成"对老年的怅惜"时，她也从中看到了毕肖普"希望某个人能像悬崖一样缓慢地变化或衰老——或者希望这个人拥有那种永恒——或者希望通过在古老的月亮之盆里为她洗头，你可以赋予她这种希望"。[3]

1964 年 8 月，美国文学研究者阿什利·布朗以富布赖特学者的身份抵达巴西，并成为毕肖普的密友，他证实，萨曼巴亚的内部管道建成后很长一段时间内，毕肖普与萝塔的洗头仪式仍在继续："伊丽莎白和萝塔相处融洽，彼此都非常轻松。我清楚地记得伊丽莎白给萝塔洗头的样子……伊丽莎白常常把它当成一件很重要的事情来做。伊丽莎白将这种仪式写成了一首诗。"[4]

---

1 《毕肖普诗选》，第 82 页。
2 毕肖普 1953 年 9 月 19 日致斯文森信。
3 斯文森 1953 年 9 月 14 日致毕肖普信。
4 《怀念伊丽莎白·毕肖普》，第 142 页。

图 18　毕肖普在萨曼巴亚的岩石游泳池游泳
照片下方，毕肖普写道："我不知道那是谁的腿。"

　　1984 年，艾德里安娜·里奇在向毕肖普致敬，承认自己早年阅读毕肖普时说道，"我当时没有将她作品中的局外人与边缘性主题及其编码与晦涩，跟女同性恋身份关联起来。我一直在寻找一个清晰的女性传统；而我找到的传统是分散的、难以捉摸的，常常也是隐晦的"。然而，当她结合"1940 年代和 1950 年代的世风时俗"进一步阅读这位年长的诗人后，她补充说："现在在我看来，毕肖普的作品非常诚实和勇敢。"[1] 那时里奇肯定想到了《香波》这样的诗歌。

　　毕肖普首次将《香波》寄给《纽约客》两年之后，终于在 1955 年 7 月《新共和》杂志上发表。几个月后，这首诗作为收束之诗出

───────────

1　里奇：《局外人之眼》，第 16 页。

现在她的第二本诗集《寒春》中。毕肖普将会在巴西生活许多年，以局外人的眼光观察巴西的破败之美，同时也从她与萝塔共同生活所营构的局内人的视角审视着它。从这个独特的有利位置，毕肖普将会在一个她永远无法预知的世界里，找到时间和灵感来编织她的诗歌、散文和书信。

第十二章　萨曼巴亚

你不想生活在南海的一个岛上，忘记日历、教堂、地铁、医生和对数吗？

　　　　伊丽莎白·毕肖普 1927 年致路易丝·布拉德利信

　　就在毕肖普承诺与萝塔一起留在巴西 4 个月之后，1952 年 7 月，她在这位"女主人"的陪伴下前往基韦斯特和纽约，结束她在美国的事务，并将她的书籍、文件和其他财产运往巴西。8 月中旬，毕肖普回到了萨曼巴亚，萝塔继续监督那栋超现代房屋的建设，她则住进了一个已经完工的小角落。毕肖普自己也开始过上一种日常的生活，她向家乡的朋友们描述和解释说，到目前为止，"我所在的地方社交生活非常有限——只有少数几个朋友周末会上山，他们开车到来的时候，车里还喷洒着滚烫的水"。然而，大多数时候，"我们九点半上床看书，周围是油灯、狗、飞蛾、老鼠、吸血蝙蝠等"。尽管如此，她继续说道："我太喜欢它了，以至于我一直认为我已经死了，去了天堂，完全不应该。"[1]

　　毕肖普不创作诗歌或故事的时候，就经常用打字机给她在北美

1　毕肖普 1952 年 10 月 12 日致巴克夫妇，载《一种艺术》，第 249 页。

的众多朋友写信。与毕肖普频繁通信的珀尔·卡辛评价说："她是一位了不起的写信能手，文字从她的手指间流淌而出，涌动着一种无拘无束的率性，与她的诗歌和故事中的缄默和克制截然不同。"卡辛准确地指出，尽管毕肖普"在发表作品方面远非高产，但她以无限的活力和从容不迫的态度，将自己的每一天倾注在成千上万的书信中"。[1] 罗伯特·洛威尔甚至更进一步声称，"当伊丽莎白·毕肖普的信件出版时（它们会出版的），她不仅会被公认为本世纪最优秀的作家之一，而且会被公认为本世纪最高产的作家之一"[2]。毕肖普从十几岁起就是一位风趣、流畅、推心置腹的写信人，但在巴西的岁月里，她将书信表达提升到了一个全新的境界和高度。

这些书信朋友中的许多人都承认，收到毕肖普的来信对他们来说是一个特殊的时刻。据卡辛描述，她早年从巴西寄来的信件都装在薄薄的航空信封里，展示了"自由联想的大杂烩，内容包括各种家庭琐事、文学八卦和评论、政治、风景、哀思、天气和喜悦——她因自己不再孤独而感到喜悦，也因生活在一个喧闹又生机勃勃房子里而感到喜悦"[3]。毕肖普保持这种大量书信往来的同时，也翻阅着一系列令人生畏的英国和美国文学杂志的每一页。这些杂志一到达，她和萝塔就如饥似渴地阅读着，将丰富多彩的文学世界带到了她们在彼得罗波利斯郊外山区的僻静之地。毕肖普形容萝塔是一个积习难改的"书信窥探者"[4]，她经常会抓住机会津津有味地仔细读着玛丽安·摩尔、梅·斯文森和罗伯特·洛威尔寄给毕肖普的书信。毕肖普还仔细阅读每一期《时代》周刊，她向罗伯特·洛威尔

1　珀尔·卡辛·贝尔：《伊丽莎白小姐：回忆伊丽莎白·毕肖普》，第 31 页。
2　《空中的言辞》，第 xv 页。
3　珀尔·卡辛·贝尔：《伊丽莎白小姐：回忆伊丽莎白·毕肖普》，第 31 页。
4　毕肖普 1956 年 6 月 1 日致斯文森信。

描述说，这是"一本糟糕的杂志，但在这里你不得不阅读它，因为它至少首先报道新闻"[1]。然而，无论如何，就目前而言，《时代》杂志所展现的世界似乎与萨曼巴亚相去甚远。正如之前她曾在心爱的大村所经历的那样，毕肖普在20世纪中叶重新发现了一个没有电或室内管道的世界，一个马匹和油灯仍然频繁使用的世界。她向巴克夫妇坦言道："《党派评论》有时会骑马到达，真的很有趣。"她还说："来到巴西，完全回忆起新斯科舍省的经历也很有趣——地理一定比我们意识到的更神秘，甚至……但能够工作真是太美妙了，不是吗？——我已经，这么多年没有工作过了。"[2]

1952年7月，毕肖普回到萨曼巴亚；10月，她向"亲爱的小巴克们"报告说，她的"古钢琴和我的'图书馆'"现在都"在里约的码头上，下周应该就会到达这里"。安置这些宝藏的房子"现在只完成了大约三分之一"，[3]但建筑杂志已经报道过它了，毕肖普确信这将是一个奇迹。目前没有水管并没有给她带来麻烦，因为她可以在瀑布里洗头，也可以在附近的岩池里游泳。后来，毕肖普写信给斯文森说："萝塔和我都希望你今天早上能在这里，现在就去游泳，和我们一起滑进瀑布，午餐吃熟透的无花果和意大利熏火腿。"[4]没有电造成的主要不便是没有电源为唱片机供电，而"音乐是这里唯一缺少的东西"[5]。几个月后，毕肖普的货物终于通过了里约的海关（这始终是一件有风险的事情），她终于可以向波莉·汉森宣布："我现在又有了我的古钢琴……它太妙了，是一件新奇的事物，也是一种社会资产……此外，这里的夜晚极其美妙。"[6]毕肖

1　毕肖普1953年12月5日致洛威尔信，载《空中的言辞》，第147页。
2　毕肖普1952年10月12日致巴克夫妇信，载《一种艺术》，第249页。
3　毕肖普1952年10月12日致巴克夫妇信，载《一种艺术》，第250页。
4　毕肖普1956年1月5日致斯文森信。
5　毕肖普1952年10月12日致巴克夫妇信，载《一种艺术》，第249页。
6　毕肖普1953年3月25日致斯文森信。

普还重新拾起了荒废已久的竖笛技能。

　　这么多年来，毕肖普第一次手头有了自己的全部藏书——或者，正如她对波莉·汉森所说，"辗转十年后留下来的部分"——以及她所有的文件、草稿和有望完成但尚未完成的文学作品的片段。毕肖普还共享着萝塔收藏的大量书籍。现在她可以安定下来，有时间写作、阅读和思考了。谈到在巴西拥有自己的书籍时，她补充说："真的，我们必须拥有自己的书籍，真的，因为这里没有什么图书馆。"然后，她以一种典型的施加限定的方式补充道："不过，我确实一直能从英国文化协会那里得到书籍……我正在努力研究其中旅行方面的书，萝塔已经读完了所有关于堆肥的著作。"与此同时，萝塔已经确定"瀑布的水力足以安装一台涡轮机"。这意味着"我们希望有一天会通电，会有一台维克多牌留声机，等等"。[1]毕肖普以自己奇特的方式，在这个意料之外的地方，实现了自己几乎被遗忘的夙愿。

　　伊丽莎白·毕肖普16岁时，就在给路易丝·布拉德利的一封信中分享了这个夙愿：

　　　　但总有一天——这是真的——我会住在塔希提岛或其他岛屿上，那里有钢琴和成堆的书，还有大海、太阳和星星。所以你必须和我一起，带上爱尔兰竖琴，我们将一起演奏——不仅仅是音乐。你不想生活在南海的一个岛上——忘记日历、教堂、地铁、医生和对数吗？说"愿意"或者写信告诉我。[2]

1　毕肖普1953年7月13日致巴克夫妇信，载《一种艺术》，第266页。
2　毕肖普1927年4月19日致布拉德利信，印第安纳大学威利故居博物馆。

　　对于毕肖普的提议，路易丝·布拉德利从未"亲口说过愿意"，也从未写信告诉她。但现在，毕肖普年轻时的梦想的确以令人惊讶的方式实现了，尽管是在巴西的一个花岗岩山顶上，而不是在南海的某个岛屿上。在这里，她享有充足的太阳和星辰。她置身于源源不断的水流之中，还能与爱人共享一间能够俯瞰大海的里约公寓。毕肖普可能永远不会与路易丝·布拉德利在一个远离窥探的地方共同生活，但她正在一个山间隐居之地，与一位才华横溢、体贴入微、忠诚的女性伴侣分享着亲密的生活。作为一名终生哮喘患者，毕肖普永远无法忘记医生。而作为一名职业作家，她与日历关系密切，有时甚至对日历感到焦虑不安。她和萝塔现在共享着一个庞大的私人图书馆，她已经将教堂、地铁和对数远远抛在了脑后。她已经开始猜想，这个世界上或许终究还有属于她的一席之地。

图 19　毕肖普和她的猫托拜厄斯在萨曼巴亚休息

———

与此同时，萝塔负责监工的景观美化和建筑项目仍在快速进行，脾气火暴的萝塔和不断更换的建筑工人之间不时会发生激烈的争论。在萨曼巴亚度过的第一个十月的一天早上，毕肖普对她的表亲凯·奥尔·萨金特（Kay Orr Sargent）说，隔壁房间"正在进行一场关于水管的拉美式疯狂争吵"，这种干扰让她分心，除了当时正在写的那封简短的书信，她无法专心创作任何文学作品。但毕肖普承认，虽然"这些争吵在新英格兰人听来很可怕"，但它们实际上根本不是"争吵……而且最终通常以大家拥抱在一起，喝一小杯咖啡而告终"——这些小杯浓黑咖啡仍然是巴西生活的重要特征。[1] 毕肖普写信给她的英国朋友巴克夫妇时，会夸耀这里的咖啡非常美味，同时也会哀叹这里的茶叶极度匮乏。

虽然完善房屋和景观美化的工作将在接下来 5 年里稳步进行，但萝塔确实在相当短的时间内完成了另外一个项目，那就是她曾向毕肖普许诺的作家工作室，这对毕肖普来说是一个无法抗拒的诱惑。毕肖普承诺留下与萝塔待在一起一年之后，这间工作室就可以入住了。工作室坐落在花岗岩山峰的下方（现在也是如此），从主屋出发，向山坡上走一小段路就可以到达。1953 年 3 月底，毕肖普写信告诉波莉·汉森，"我已经在工作室里住了一个月了——至少所有的书和家具等都搬进来了……每天清晨当我打开房门，我真的会感到一种喜悦的震撼"。她发现这个新的隐居之地"非常幽静——除了瀑布的声音，你很快就会习惯，就像呼吸一样"。[2] 萝塔在设计工作室时考虑到了诗人的实际需求。在这里，毕肖普既可以

1　毕肖普 1952 年 10 月 4 日致萨金特信。
2　毕肖普 1953 年 3 月 25 日致汉森信。

独处与思考，也能铺展她的诗歌、翻译和散文等众多项目，这里还有一块大的公告板，她可以将各种草稿钉在上面。

工作室由两个小而舒适的房间组成。毕肖普每天早上打开的那扇门，会通向一间通风的阅览室，阅览室又通向一间写作室，写作室里"有一张长约15英尺的工作台——位于一扇长窗户下面"。毕肖普解释说，这个高而窄的窗口起初是除油灯之外唯一的光源，通过它，她可以"眺望外面一大片山脉和树木"，那里露出精致的植被和"奇怪的尖山丘"，"云层飘荡着穿过它们"。[1]毕肖普在工作室的长桌上放上一台手动打字机，周围摆满她的各种写作计划，她感到自己已经成为一名作家了，而她以前几乎从未有过这种感觉。

毕肖普听到瀑布从她工作室的窗前流过，"梦中都能听到"，这条瀑布在很多方面都对这个家庭的生存至关重要。瀑布不仅有朝一日会为电动涡轮机提供动力；而且它还是饮用水的来源，并为游泳的岩池供水，让毕肖普、萝塔和她们的朋友以及仆人们在夏天凉爽无比。毕肖普解释道："我洗完头发，然后把它放在瀑布里冲洗——非常刺激。"[2]从纽约回来以后，除《香波》中描述的洗头仪式之外，萝塔又增添了一项理发仪式，因为萝塔得到了一把精巧的打薄剪，用这把剪刀，她训练出了为毕肖普理发的技能。从切克塞特夏令营时代开始，毕肖普就被自己难以打理的头发所困扰——现在她有了一个私人理发师。她对汉森感叹道："这真是一种解脱。"她还说，她的头发现在"看起来比以往任何时候都好"，并声称尽管这似乎不太可能，但许多人都观察到"我已经不再变白了，而且

[1] 毕肖普1953年3月25日致汉森信。
[2] 毕肖普1953年3月25日致汉森信。

白头发比一年前少了很多！"[1]

图 20　毕肖普在萨曼巴亚的工作室门口，20 世纪 50 年代

　　无论毕肖普头发的颜色是否真的朝着更年轻的方向变化，毕肖普本人肯定感到焕然一新。她几乎享受着令她惊喜的新生活的方方面面。然而，这种生活确实也带来了一些特殊的挑战。例如，正如她向巴克夫妇解释的那样："我的盎格鲁－撒克逊主义真的被这里的邮递系统震惊了——在这个国家，没有人会渴望写信，这一点也不夸张。我已经试过了——从彼得罗波利斯寄到里约的信从来没有出现过。"[2] 毕肖普不仅是一位忠实而高产的书信作家，而且还是一位专业作家，需要不断地在自己的工作室与纽约或其他地方的编辑之间来回寄送手稿和校样，因此邮件往来是一件非同小可的事情。

1　毕肖普 1953 年 3 月 25 日致汉森信。
2　毕肖普 1953 年 5 月 24 日致巴克夫妇信，载《一种艺术》，第 265 页。

当梅·斯文森对这位远方朋友的各种地址的不同功能感到疑惑时，毕肖普解释说，萝塔位于乡下的地址"永远不会投入使用"，因为寄到萨曼巴亚的信件从未收到过。相反，她和萝塔依靠她们的朋友玛丽·莫尔斯维系着私人邮件的正常运转，玛丽·莫尔斯是萝塔以前的情人和现在的商业伙伴。她几乎每周都会开车去里约，她在萝塔位于安东尼奥维埃拉街 5 号的顶层房屋附近有一套自己的小公寓。1954 年，萝塔将自己的这套公寓租给了里约《纽约时报》的人"，以赚取收入。尽管如此，她们的邮件还是"由看门人代为保存，每周（通过莫尔斯）寄送一次"。[1] 多年来，毕肖普的很多书信都被"莫尔斯即将出发前往里约"这样的话打断，因此正在进行中的信必须就此停笔，这样才能随同莫尔斯一起踏上征程。

毕肖普向斯文森解释说，她和萝塔这个永远不会用到的乡下地址是："阿尔科巴辛哈镇，萨曼巴亚庄园，彼得罗波利斯"。毕肖普向她的诗文解析细节时说："'彼得罗波利斯'是一个距离里约 50 英里的度假小镇。"这个小镇位于山区，"比城市高得多，也更凉爽"。在那里，"每个人（只要有钱）都有避暑和周末度假的房屋，少数胆大的人，比如我们，现在常年都住在附近"。毕肖普补充道："我们距离彼得罗波利斯七八英里，我们会去那里的市场，等等。"她解释说，萝塔从她母亲那里继承了大片山区产业，并进一步补充道："'Fazenda'是庄园的意思——'Samambaia'（萨曼巴亚）是一种巨型蕨类植物——约 15 英尺高。"[2]

至于萝塔本人，毕肖普告诉巴克夫妇："她很讨人喜欢——极其风趣，精力充沛，而且就像她的朋友们一直告诉我的那样，她是

1　毕肖普 1955 年 3 月 17 日致斯文森信。
2　毕肖普 1955 年 3 月 17 日致斯文森信。

'巴西最聪明的女人'——据我对他们的了解，这当然是真的。"毕肖普认为，萝塔的聪明才智、独立品格和创业精神让她处于"极其艰难的境地"，因为当时的巴西，"女性甚至不能在文件上连署，等等——这会让任何人立刻成为某种女权主义者"。[1] 毕肖普这样描述莫尔斯这个有独立经济能力的美国女性："比我年轻几岁，已经在巴西生活了 10 年或 12 年，是萝塔的老朋友，是一个非常友善的、瘦骨嶙峋的高个子波士顿人。"[2] 如果说莫尔斯对毕肖普来到萨曼巴亚耿耿于怀，那么她选择了隐忍，至少目前是这样。莫尔斯很快就会开始在萨曼巴亚的土地上建造自己的房子了。毕肖普向巴克夫妇提到，莫尔斯在一次送信结束后，带着"你们所有人的另一封信"和"一罐又一罐铺设地板所需的水泥"，[3] 来到主屋吃午饭。莫尔斯并不是唯一一个在陡峭蜿蜒的山路上运送建筑材料的人。毕肖普告诉巴克夫妇，萝塔计划在建筑项目完成后立即卖掉她的路虎车，她又补充说，如果没有路虎车，萝塔就不可能建好这所房子。事实上，当一位朋友在彼得罗波利斯的一家咖啡馆寻找毕肖普和萝塔时，服务员说："哦，是的，我认识萝缇娜女士——她总是开着满载水泥的车。"[4]

　　大多数情况下，萝塔的任务是用木材、混凝土、玻璃和钢材建造房屋，而毕肖普则躲在自己的工作室里，静静地用文字建造。但1953 年 7 月，毕肖普自豪地向波莉·汉森描述了自己在打造一个铁炉子时扮演的重要角色，这是为萨曼巴亚的主屋搭建一个铁制燃木炉。毕肖普在信中解释道："现在这里是冬天，我正在我们的新

1　毕肖普 1953 年 6 月 17 日致巴克夫妇信。
2　毕肖普 1953 年 11 月 23 日致巴克夫妇信，载《一种艺术》，第 278 页。
3　毕肖普 1953 年 7 月 13 日致巴克夫妇信，载《一种艺术》，第 266 页。
4　毕肖普 1953 年 10 月 8 日致巴克夫妇信，载《一种艺术》，第 273 页。

炉子旁写信。"信中附上了正准备建造的炉子的线条画，毕肖普补充道："我们让铁工从杂志上复制了一张照片——再加上我的回忆，虽然这只是一个相当普通的小炉子，但它在这里是一个相当大的创新，我们对它非常满意。"[1]毕肖普曾经细致研究过大村布尔默家中厨房里的"小奇迹"，以及里维尔莫德姨妈家中厨房里的"马吉·艾迪尔"，现在这些终于得到了回报，因为毕肖普能够向工人详细解释柴炉的各个部件应该如何协同工作。萝塔的工匠断然宣称"这绝对行不通"，但"萝塔一直告诉他，我来自加拿大，当然对炉灶了如指掌"。尽管愤怒的金属工匠们大喊大叫，怒目而视，但毕肖普的设计还是如她坚持的那样发挥了作用。很快，"烟囱里冒出了烟，房间越来越暖和"。[2]后来，毕肖普为了纪念这座铁炉子，将它放在考尔德的挂饰旁边，并为它画了一幅水彩和水粉画，她为这幅画题词，并送给了她们的朋友罗西娜·莱奥（Rosinha Leão）。[3]

————

萝塔的全名是玛丽亚·卡萝塔·科斯塔拉特·德·马塞多·苏亚雷斯（Maria Carlota Costallat de Macedo Soares），她的超现代住宅后来获得一长串建筑奖项。她的父亲是一位富有的记者和出版商，曾在欧洲流亡多年。他旅居法国期间，萝塔就读于天主教修道院学校，那里的修女们发现她忙于恶作剧，而且难以管理。在那里，年轻的萝塔开始养成高雅的艺术品位，这将成为她日后生活的焦点与重心。回到巴西后，她所接受的欧洲教育，再加上她的聪明才智、与生俱来的艺术感，以及她的家庭财富和人脉，让她

1　毕肖普1953年7月27日致汉森信。
2　毕肖普1953年7月27日致汉森信。
3　毕肖普：《交换帽子：毕肖普的绘画》，第64—65页。

跻身里约紧密交织的知识精英阶层。萝塔在美国的密友包括雕塑家亚历山大·考尔德，她拥有这位现代主义大师的多件作品。访问纽约时，她还结识了纽约现代艺术博物馆馆长门罗·惠勒。她与巴西艺术界和文化界的许多领军人物都建立了友谊，包括画家坎迪多·波蒂纳里（Cândido Portinari）、诗人曼努埃尔·班德拉（Manuel Bandeira）、小说作家克拉丽斯·利斯佩克特（Clarice Lispector）、景观设计师罗伯托·伯勒·马克思（Roberto Burle Marx）和建筑师塞尔吉奥·贝尔纳德斯。萝塔还与卡洛斯·拉塞尔达（Carlos Lacerda）建立了深厚的友谊，后者在萨曼巴亚附近萝塔的一块土地上购置并建造了一栋房子。拉塞尔达是《新闻论坛报》（*Tribuna da Imprensa*）的编辑，一位才华横溢、雄心勃勃的记者，也是一位冉冉升起的保守派政治新星，他因直言不讳地批评巴西现任总统（也是前独裁者）盖图利奥·巴尔加斯（Getúlio Vargas）而声名鹊起。他能说会道，对艺术抱有浓厚的兴趣，对萝塔和毕肖普的独特才华都表现出由衷的欣赏。拉塞尔达将在这两位女性未来的生命中占据重要位置，但是后来的岁月里他并不总是过得幸福。

萝塔性格外向、直觉敏锐、风趣、务实、富有魅力、博学、深情、直率，她知道如何达到自己的目的，知道如何在维系广博的朋友圈的同时，过上专注且奋发努力的生活。毕肖普认为，萨曼巴亚那座令人眼花缭乱的房屋更能反映的是萝塔的愿景，而不是塞尔吉奥·贝尔纳德的愿景。贝尔纳德是一位年轻的职业建筑师，有着光明的未来，萝塔正是委托他绘制了房屋最初的建筑设计图。毕肖普告诉巴克夫妇，贝尔纳德是"我们的好朋友，但事实上，这是他唯一一栋我认为非常好的房屋，它之所以好，是因为萝塔的品位以及萝塔与他寸步不让的斗争"[1]。萝塔能迅速辨识和培养他人的才华，自 1942 年萝塔访问纽约时与毕肖普相遇以来，她就对毕肖普的诗歌才华深信不疑。1951 年毕肖普抵达里约时，萝塔清楚地看到，这位才华横溢却饱受情感困扰的诗人将从自己所能提供的生活中受益。萝塔还看到，毕肖普的机智、天赋和亲密的伴侣关系能够提升她在萨曼巴亚的生活。于是，她采取了一系列措施让毕肖普留在她身边。她会在令毕肖普着迷的环境中向毕肖普展示爱意、鼓励和安全感，也许她也可以行使某种程度的权威或掌控。萝塔为毕肖普提供了一张深入了解巴西文化的通行证，再加上毕肖普独特的观察天赋，这将对成长为更重要的诗人大有裨益。然而，萝塔的家族常常令她痛苦不已，尤其是她与强势父亲之间持续的分歧和无声的疏远，还有她与不赞同她甚至嫉妒她的妹妹之间的频繁争吵，都是她的潜在弱点，这些也将会对萝塔和毕肖普的未来产生不可预测的影响。

以前，毕肖普要么独自旅行，要么只带一位朋友或亲密伙伴。而现在，萝塔无疑成了围绕在她身边的核心伙伴。她周围的伙伴不仅包括上文已经提到的巴西文化领袖，而且还包括萨曼巴亚施工阶段的工人团队，他们的工作从爆破岩层到在水泥地基上铺设石板，都受到萝塔的严格监督，萝塔用流利、自信但并不总是准确的英语，将施工人员称为她的"男人们"[2]。

毕肖普在写给英国朋友巴克夫妇的信中形容美国"几乎没有仆人"。另一方面，萝塔依靠的是一群不断更换的家庭佣工，同时她周围也聚集着各种各样的被收养者和随从，他们几乎相当于"家

1　毕肖普 1953 年 5 月 24 日致巴克夫妇信，载《一种艺术》，第 265 页。
2　毕肖普 1958 年 4 月 1 日致洛威尔信，载《空中的言辞》，第 253 页。

人"。其中最正式的是一位名叫凯尔索的年轻人，萝塔在毕肖普到来的前几年正式收养了他。凯尔索结婚之后便开始和妻子以近乎丰产的速度生育孩子，正如毕肖普所说，起初"三年内就生了三个孩子（尽管萝塔与他们进行了各种推心置腹的科学谈话）"。凯尔索、他的妻子以及越来越多的孩子是萨曼巴亚的常客，据毕肖普说，萝塔开始把凯尔索的后代称为自己的孙子，这在彼得罗波利斯引发了"一桩小丑闻"。毕肖普告诉巴克夫妇，她会看着他们开始"喋喋不休地谈论萝塔什么时候有了孩子——在法国修道院的时候？"毕肖普不无得意地补充道："我被称作'姨妈'。"[1] 毕肖普早年在里维尔过着与世隔绝的凄凉生活，因此她显然对自己在萨曼巴亚享受到的热闹而独特的家庭生活感到欣喜。

虽然萝塔的父亲是一位知名的记者，但她和父亲曾发生过争吵，部分原因是她的性取向，因此正如毕肖普所解释的那样，"不幸的是，她已经多年没有和他说过话了"。她补充说，她现在所处的世界阶层分明，仆人、食客和贵族奇怪地混杂在一起，"生活在这样一个国家，统治阶级和知识阶级数量如此之少又彼此相识，而且通常都是亲戚关系，这让我感到非常奇怪。这当然也对'艺术'不利——太容易获得声誉而不必做任何其他事情，而且永远不需要参与竞争。好吧，这都是因为**没有中产阶级**"。[2]

萝塔一直热衷于建筑、文学、音乐和视觉艺术，但她的事业是房地产。她正在从母亲那里继承的地产上开发房产，打算出售给那些希望在里约西部山区享受凉爽气候的富裕买家。毕肖普告诉斯文森："'房地产开发'就在我们下面一英里左右的地方，靠近高速公

1 毕肖普 1956 年 1 月 26 日致巴克夫妇信。
2 毕肖普 1953 年 8 月 29 日致巴克夫妇信，载《一种艺术》，第 271 页。

路——萝塔保留了一大片阿尔科巴辛纳的土地，以保护我们免受周围邻居的影响。"[1] 另一种形式的保护则是这块地产一侧的陡峭岩山。毕肖普在信中附上了一份萨曼巴亚庄园的广告手册，它的葡萄牙语条幅标题显然是毕肖普自己翻译着玩儿的："理想的度假胜地……你可以在这里建造你的乡村家园——贵族房地产开发项目（！）"。毕肖普还在夸耀萨曼巴亚乡村俱乐部项目的一个要点下面画上了横线，并在空白处补充道："救救我们！"[2]

毕肖普向洛威尔描述自己生活的世界，称这里是一个"奇怪的三种或四种语言的大杂烩，我非常喜欢"，并补充道，"下了几个星期的雨（我想，出于某种种族错觉，这被称为'夏天'）之后，厨师离开了，大约有一个月的时间是我在做饭。我喜欢烹饪，等等，但我不习惯面对原材料，它们都没有去壳，没有焯水，没有剥皮或者没有死掉。不过，我现在可以煮山羊肉了——配上葡萄酒酱"。[3] 很快，她们就雇用了一位名叫玛丽亚的新厨师，尽管经历了一系列的解雇、辞职和重新聘用，她还是留下来工作了 10 多年。不过，毕肖普还是会继续花很多时间在厨房里，这让萝塔感到惊讶，因为在巴西像她这种贵族阶层的女性，很少知道如何使用炉灶或烤箱。毕肖普曾向巴克夫妇声称，她正在赢得"出色厨师的美誉，因为当有客人来时，我就会做饭"。[4] 例如，她自豪地谈到自己为玛丽·莫尔斯制作的生日蛋糕："亲爱的，这是一次胜利——四层，巧克力，满满的巧克力奶油，粉色薄荷糖衣，她的名字用银色糖衣丸题写。"毕肖普带着竞争获胜的口吻补充道："后来，厨师玛丽亚决定来一

1　毕肖普 1955 年 3 月 17 日致斯文森信。
2　毕肖普 1955 年 3 月 17 日致斯文森信。
3　毕肖普 1952 年 3 月 21 日致洛威尔信，载《空中的言辞》，第 134 页。
4　毕肖普 1953 年 6 月 17 日致巴克夫妇信。

个惊喜，又做了一个三层蛋糕，略微有点歪，真像一个浪漫的人造
废墟。"更糟糕（或更好）的是，厨师做的蛋糕"很沉——你几乎
可以听到它在你肚子里砰砰作响的声音——一连几天，我们都偷偷
拿蛋糕块喂狗"。[1] 的确如此，毕肖普在烹饪领域的强项是烘焙和甜
食。她很快就向萝塔的客人们献上了布朗尼蛋糕（她自称将布朗尼
"引入了巴西"[2]）和自制的蜜饯，她的姨妈格蕾丝有时会从新斯科舍
寄来一加仑枫糖浆。萝塔很快就给毕肖普起了一个亲切的绰号"甜
饼"（Cookie）。

　　毕肖普开始适应她的新生活时，罗伯特·洛威尔和他的新婚妻
子伊丽莎白·哈德威克正在欧洲各地旅行。这种人在旅途的状态暂
时减缓了两人之间通信的频率。但是，毕肖普 1953 年收到洛威尔
从爱荷华大学寄来的一封信，信中解释说洛威尔现在正在著名的
爱荷华作家工作坊任教，毕肖普则满意地宣称："现在我有了地址，
你也有了地址。我想我就可以投身其中了。"就这样，他们之间的
通信又重新恢复了熟悉的"来回流动"，洛威尔声称这种通信"似
乎总能让我敞开心扉，带来色彩与宁静"。[3] 毕肖普早期从巴西寄出
的信件中，她不厌其烦地列举她订阅的杂志，让洛威尔明白她是在
紧跟文学界的步伐。"我订阅了《党派评论》《哈德逊评论》《肯庸评
论》《暗店》《诗歌》——对，很多杂志，甚至还有《农民文摘》，萝
塔订阅了《造型艺术》，以及《埃勒里·奎因神秘杂志》——但我
有时可能确实会错过'小'杂志。"毕肖普继续说道，"也许，我并
不觉得自己'失去音讯'或'移居国外'之类，也不会因为缺乏知

1　毕肖普 1954 年 2 月 26 日致巴克夫妇信，载《一种艺术》，第 292 页。
2　毕肖普 1957 年 12 月 11 日致洛威尔信，载《空中的言辞》，第 242 页。
3　洛威尔 1963 年 3 月 10 日致毕肖普信，载《空中的言辞》，第 452 页。

识生活而感到痛苦，等等。无论如何，我在纽约总是太害羞了，没有太多'交流'，而且我在那里大部分时间都极其孤独。"现在，在她的山间隐居处，她正经历着戏剧性的变化——以一种意想不到的方式实现了毕生的夙愿。她坦言："在这里，我感到无比快乐，这是我有生以来第一次。我住在一个非常美丽的地方；我们现在总共大约有 3000 本书；通过萝塔，我已经认识了大多数巴西'知识分子'。"毕肖普曾和布尔默家族的人一样过着清教徒般守口如瓶的生活，而在这里，她发现巴西邻居"坦率得令人吃惊，直到你习惯了葡萄牙语词汇"。她补充说，他们也"非常深情，这种氛围让我只想欣然接受——不，我想我的意思是沉浸其中——在华盛顿度过了惨淡的一年，在亚多度过了更令人沮丧的冬天，当时我认为自己的日子屈指可数，却又无计可施"。[1] 直到很久以后，毕肖普才完全意识到，萝塔许多最亲密的朋友对毕肖普的出现与存在都深感嫉妒。这个害羞的美国人，学说他们的语言非常缓慢，却悄然闯入了他们中间，吸引了才华横溢的萝塔绝大部分注意力。然而，至少在这段时间里，这些心怀嫉妒或怨恨的巴西朋友都保留了自己的疑虑，没有表现出来。毕竟，显而易见的是，毕肖普让他们的萝塔非常开心，萝塔和卡洛斯·拉塞尔达以及其他人都明确表示，他们坚信毕肖普是一位天赋极高的诗人。

　　毕肖普告诉洛威尔，"这里的家族历史会让你非常着迷。里约的社会令人难以置信。普鲁斯特在热带会用桑巴舞替代梵泰蒂尔的小乐句"[2]。她喜欢自己新学的葡萄牙语，并解释说，她在这里被称作伊丽莎白女士。多年前，毕肖普一直在等待她的导师摩尔小姐邀

1　毕肖普 1953 年 7 月 28 日致洛威尔信，载《空中的言辞》，第 142—143 页。
2　毕肖普 1953 年 7 月 28 日致洛威尔信，载《空中的言辞》，第 143 页。

请她称呼摩尔的教名，但在这里，"始终都用教名。你会被叫作罗伯特阁下。不，我想如果你有学位，你就会是'罗伯特博士'"。接着，提到洛威尔的绰号"卡尔"及其令人不安的原型时，毕肖普补充道："'卡利古拉'不会让任何人感到惊讶，我认识一个塔西托（Tacito），一个阿里斯蒂德斯（Aristides），一个西奥菲利斯（Theophilis），一个普拉西特勒斯（Praxiteles）。"她接着说，"这些绰号太奇妙了——玛古（Magu）是最可爱的——一个朋友叫玛丽亚·奥古斯塔（Maria Augusta）。"[1] 洛威尔在回信中若有所思地说："我一直在想着你——你和你的工作室，还有你的巴西世界。我相信你一定像听起来那样幸福。"然后他带着十足自嘲的语气补充道："但我一点也不赞成。我就像一个患上风湿病的老阿姨，为了让你回来，我很乐意破坏你所有的乐趣。"[2] 随着时间的推移，洛威尔总是设法向毕肖普介绍发生在美国本土的诸多有趣的文学八卦和流言，尤为关注玛丽安·摩尔、兰德尔·贾雷尔和玛丽·麦卡锡这三个性格迥异的作家。洛威尔报告说，摩尔在一次文学聚会上谈到她的门生时说："可怜的伊丽莎白，她竭力忍受着，又深感欣喜。"洛威尔补充说，在这次活动中，摩尔滔滔不绝地说出了一连串犀利的俏皮话，同时"总是那么小巧、优雅、灵动和美丽。我完全深深爱上了她"。[3]

　　1953 年 11 月，毕肖普在《时代》周刊上发现了一则简短而神秘的通知，报道了酗酒的狄兰·托马斯（Dylan Thomas）在曼哈顿去世的消息。事实证明，他死于酗酒以及肺炎未经治疗而造成的脑

1　毕肖普 1953 年 7 月 28 日致洛威尔信，载《空中的言辞》，第 143 页。
2　洛威尔 1953 年 11 月 29 日致毕肖普信，载《空中的言辞》，第 145 页。
3　洛威尔 1956 年 10 月 24 日致毕肖普信，载《空中的言辞》，第 187 页。

出血。毕肖普很快写信给托马斯的前情人珀尔·卡辛，对这位年仅39岁就去世的威尔士诗人深表悲痛与惋惜。毕肖普与托马斯相识的时间很短，1950年托马斯在国会图书馆为她录制了著名的录音。但她告诉卡辛，她发现托马斯"非常富有同情心"，并补充说，她"为他感到害怕"，因为他似乎正在走上一条极端自我毁灭的道路。作为诗人，他们之间非常不同。洛威尔在1947年的一篇评论中坦言，伊丽莎白·毕肖普与托马斯"最大的不同"莫过于毕肖普"没有华丽的辞藻，冷静，构思精美"。[1]托马斯去世之后，毕肖普告诉洛威尔："与他共进午餐之后，你立刻就会完全明白，他只能再活两三年。"[2]毕肖普的诗读起来像是一个受到威胁但仍意志坚定且具有自我保护能力的幸存者的作品。毕肖普在托马斯的诗中看到了一种"不成功便成仁的绝望气质"，但这并不妨碍她问珀尔·卡辛，"为什么？啊，为什么他必须现在就死去？"她在这封信的结尾恳求卡辛尽其所能讲述托马斯死亡的细节，并补充道："我一生之中很少遇到能让我瞬间感到同情和怜悯的人。"她激动地说："狄兰让我们大多数同时代人都看起来很渺小、令人厌恶地自私自利、谨慎、虚伪和冷漠。"也许毕肖普在狄兰·托马斯身上看出了她自己人格的反面。当然，她觉得"就我自己微不足道的经验而言，我对酗酒和毁灭已经了解得足够多了"。[3]在未来的岁月里，毕肖普将经历更多这样的丧失与冲击，因为她这一代和下一代的许多诗人们将一个接一个地过早死去。毕肖普幸存了下来，后来还为罗伯特·洛威尔写下了挽歌，并默默哀悼着其他一些诗人的逝去。

1　洛威尔：《洛威尔散文选》，纽约：法勒、施特劳斯和吉鲁出版社，1987年，第76页。
2　毕肖普1953年12月5日致洛威尔信，载《空中的言辞》，第147页。
3　毕肖普1953年11月16日致珀尔·卡辛信，载《一种艺术》，第276—277页。

毕肖普在全新的环境中继续与哮喘搏斗。早在 1952 年 9 月，当她兴致勃勃地给朋友们写信讲述她在巴西的探险经历时，她就已经开始感到呼吸非常困难，以至于她别无选择，只能尝试一种新的强效抗炎药：可的松。她开始通过注射和口服两种方式摄入这种药物，起初发现效果极好。一瞬间，她就可以轻松地呼吸了，她欣喜若狂地给基韦斯特的朋友兼哮喘患者玛莎·绍尔写信，描述了这一奇迹般的效果，并惊呼道："终于，我可以养猫了！"[1] 但她很快发现，可的松虽然对她的呼吸确实有帮助，但也伴随着强烈的副作用，而且并非所有副作用都是好的。1953 年，她向罗伯特·洛威尔描述了她使用可的松的经历，这是她"第三次试药"："一开始，它绝对令人惊叹。你可以整晚坐着打字，第二天感觉好极了。我一周之内写了两个故事。如果你按时服药，这种沮丧并不严重，但有一次我没有做到，发现自己整天都无缘无故地流泪。"[2] 接下来的 10 月，她告诉巴克夫妇，过去一个月的大部分时间她都因哮喘卧床不起。她补充道："大约两周前，我终于在绝望中违背自己的意愿，再次开始服用可的松。"[3] 毕肖普的哮喘症状几乎立即得到了缓解——她又能呼吸了！——但很快可的松又引起了血压升高，几个月后，她崩溃了，这致使她除了睡觉几乎无法做其他事情。她称这种强效但难以控制的药物是"可怕又奇妙的东西"，并希望有一天她能"学会如何使用它"。她补充道："停用可的松确实会让人非常沮丧……尽管我一直告诉自己这只是药物的作用，根本不是事实。"[4] 可的松还带来了另外两个明显的副作用，那就是体重平均增

---

1 《怀念伊丽莎白·毕肖普》，第 75 页.
2 毕肖普 1953 年 12 月 5 日致洛威尔信，载《空中的言辞》，第 146 页。
3 毕肖普 1954 年 10 月 22 日致巴克夫妇信。
4 毕肖普 1955 年 2 月 28 日致巴克夫妇信。

加 30 磅和面部浮肿。只需看一眼毕肖普在巴西期间拍摄的照片，一般就足以看出她当时是否服用了可的松。在 1956 年的一封信中，毕肖普要求著名摄影师罗莉·麦肯纳（Rollie McKenna）不要发表她两年前在萨曼巴亚拍摄的照片。毕肖普觉得，这些照片虽然在大多数方面"非常好"，但让她很不开心，因为照片中她的脸"因可的松而浮肿"。[1] 当其中几张照片最终刊出时，照片上的毕肖普身着蓝色牛仔裤和男式白衬衫，舒适地躺在院子里的椅子上，神情放松，面带微笑，尽管面部有些浮肿——这些照片很快就成了这位诗人最具辨识度和最受欢迎的照片。

　　毕肖普与哮喘的搏斗，再加上她连续过山车式的试用可的松，无疑导致了她在 1954 年年中再次酗酒。同年 6 月，一轮豪饮过后，经萝塔的敦促，毕肖普同意住进里约的埃勒菲罗斯医院休养治疗。在那里，她开始接受以安塔布司（通用名：双硫仑）为基础的酒精厌恶治疗，安塔布司是当时刚上市的一种强效药，其工作原理是清除患者体内代谢酒精所需的酶。因为患者的身体无法代谢酒精，因此一旦饮酒，就会引发疼痛以及类似宿醉的中毒反应。这种疗法的目的是让饮酒变成令人不快的体验，从而让患者厌恶饮酒。开始接受安塔布司治疗的几年里，毕肖普能够摆脱长期困扰她的破坏性饮酒模式，只是偶尔会出现失误。20 世纪 60 年代初，毕肖普开始主要居住在里约，并长时间独自一人生活。而在这之前，当她还和萝塔一起住在萨曼巴亚时，毕肖普能够适度饮酒，或者完全戒酒。

　　1952 年 10 月，第一次服用可的松的毕肖普极度兴奋，仅用一周时间就写出了两个故事的草稿，这就是探索自己童年时代的

1　毕肖普 1956 年 11 月 19 日致麦肯纳信，载《一种艺术》，第 329 页。

故事《格温多琳》（"Gwendolyn"）和《在村庄》，《格温多琳》是其中最先完成的作品，讲述了她儿时的朋友格温多琳·帕特里昆［Gwendolyn Patriquin，故事中的名字是格温多琳·阿普尔特里（Gwendolyn Appletree）］死于胰岛素休克的故事。事实上，毕肖普的朋友格温多琳死于1922年9月1日，当时毕肖普11岁，正值某个夏季她去大村看望外祖父母。这个故事大部分内容都与已知的事实相符，只是细节上略有出入。

《格温多琳》的开篇聚焦于一个特殊的玩偶，这个玩偶属于她最小的姨妈——18岁的玛丽，她现在和她姐姐们此前一样，正在波士顿接受护士培训。毕肖普被玛丽的玩偶迷住了，这个玩偶一直被小心翼翼妥善保管着，她被允许玩这个玩偶只是因为她患有严重的支气管炎。外祖母已经记不清这个玩偶的名字了，它有一大堆"令人赞叹的衣服，缝制得精美漂亮"。这个特别的东西让"我经常玩的家庭玩偶显得破烂又孩子气"。[1]

毕肖普故事中的格温多琳被描绘得好像几乎也是一个玩偶。她们是朋友，"对我来说，她代表了'小女孩'这个略显反感但又迷人的字眼应该意味的一切"。除了她美丽的名字（"对我来说，这名字扬抑抑格的三音节永远回响着"），还有一个事实，那就是她"金发碧眼，又粉又白，完全就像一棵盛开的苹果树"。而且毕肖普补充道："她很'娇弱'，而我尽管患有支气管炎，但不是这样。"[2]格温多琳之所以如此娇弱，部分原因是她患有糖尿病。"人们告诉我的就这么多，我隐约觉得就是因为'糖吃得太多'，这本身就让格温多琳更加迷人，好像只要你咬她一口，她就会变成一个糖

---

1 《毕肖普散文选》，第52页。
2 《毕肖普散文选》，第54页。

块。"毕肖普回忆说，她的外祖父母不赞成格温多琳的家人给她喂太多糖，她还隐隐提道"她的父母不听医嘱，她想吃什么就给她什么"。但格温多琳去世很久之后，她幸存的一个兄弟读了毕肖普的故事，坚称他的父母根本不知道糖对糖尿病患者有危险。这似乎很有可能，因为糖对糖尿病患者的危害直到 20 世纪 20 年代初才刚刚为人所知，而有关这些危害的开创性研究是在马萨诸塞州总医院进行的，毕肖普的母亲和姨妈们曾在那里接受护士培训。似乎最有可能的是，毕肖普无意中听到了她的姨妈和外祖父母的担忧或反对意见，他们不愿将自己的观点强加给他人，即使格温多琳的父母仍然对他们的孩子所面临的风险一无所知。

一天晚上，格温多琳在毕肖普家里过夜，和毕肖普同住一间小卧室。故事讲道，那天晚上，她坦然地告诉毕肖普："我要死了。"果然，"这次拜访两天之后，格温多琳真的死了"。格温多琳的葬礼在长老会教堂举行，就在布尔默家对面，但根据毕肖普的讲述，她没有被允许参加葬礼。毕肖普写道，出于某种原因，"我甚至不应该知道"葬礼正在举行，尽管她能看到送葬者在不远处的教堂外聚集，一目了然。外祖母陪着她待在家里，独自一个人坐在厨房里透过窗户看着。毕肖普看得出来，"她自己偷看送葬者时哭了又哭"。外祖母的手帕"已经湿透了"，"她轻轻地摇晃着"。毕肖普描述说，她偷偷溜进客厅，为了在整个过程中获得观看有利位置，她注意到格温多琳的白色棺材被两名黑衣男子独自留在教堂门外，黑衣人直直靠着教堂的墙壁，这时她戏剧性地表达了自己的震惊。透过客厅的花边窗帘望去时，她震惊地发现格温多琳的尸体"被无形地关在"棺材里，"永远关在里面，在那里，完全孤零零地躺在教堂门口的草地上"。这一震惊让她"哭号着冲向后门，躲在受惊的白母鸡中间，外祖母在后面跟着我，她还在哭"。[1]

　　故事的最后一幕是伊丽莎白与表弟比利独自玩耍的场景，比利是她舅舅亚瑟的儿子（因此也是那个孩子的兄弟，毕肖普在三年后完成的诗歌《新斯科舍省的第一次死亡》中悼念了他的死，"让他永远白着"）。伊丽莎白和比利都没有被允许参加葬礼，因此他们的哀悼经历仍然不完整。不久，伊丽莎白想起了玛丽的特殊玩偶，她被禁止再碰它，于是她和表弟即兴举办了一场葬礼。然后，根据毕肖普的叙述，"我不知道是我们谁先说的，但我们中的一个人带着狂喜说了出来——这是格温多琳的葬礼，而这个玩偶真正的名字，一直都是格温多琳"。这种疯狂的喜悦肯定是源自情感上的解脱，因为他们终于能够完成被中断的哀悼，而这哀悼因两人此前被排除在村里的葬礼仪式之外而中断。"但是后来，"故事继续，"我的外祖父母开车进院子发现了我们，外祖母因我胆敢碰玛丽阿姨的玩偶而大发雷霆。比利被直接送回家，我现在都不记得我身上发生了什么可怕的事情。"[2]

　　毕肖普将《格温多琳》寄给《纽约客》后不久便被接受，随后她又将《在村庄》寄给他们，毕肖普声称这部作品是她在第一次接触可的松时匆忙完成的，尽管早在 1936 年，她就在《回忆大村》的草稿中对这一事件做了初步处理。这篇投稿让毕肖普与《纽约客》之间展开了一场更漫长的谈判，《纽约客》的编辑们认为，这篇故事对时间和观点的隐晦处理可能会让读者难以理解。面对编辑们的批评，毕肖普常常表现得缺乏自信，但这次她对这个故事的优点和重要性深信不疑。毕肖普威胁要把它寄给另一本杂志，《纽约客》终于同意不作重大修改就发表它。正如本书第二章所探讨的那

1　《毕肖普散文选》，第 59 页。
2　《毕肖普散文选》，第 61 页。

样，毕肖普讲述了母亲格特鲁德在诗人5岁时经历崩溃的高潮时刻，开篇便是她母亲尖叫的回声。故事以一种完全不同的声音——铁匠内特的铁锤声——收尾，行文如诗般在页面上铺展开来："叮当/叮当/内特正在锻造马蹄铁。"铁匠铿锵的叮当声瞬间唤起了近似狂喜的反应："哦，美丽纯粹的声音！/它让一切都变成了寂静。"锤子再一次敲响："叮当。/除了河流，一切都屏住了呼吸。"内特之锤的力量能治愈她的伤痛与丧失吗？至少在一段时间内，这声音似乎能够平息她母亲的喊叫萦绕不去的回声，因为"现在尖叫没有了。曾经有一声尖叫，在某个炎热的夏日午后，它缓缓地在大地上安顿下来；或者它向上飘起，进入了那片深邃的、太暗的蓝天之中？但可以肯定的是，它已经消失了，永远消失了"。内特之锤的力量似乎与艺术的力量不谋而合。它不能真正让毕肖普（或者我们读者）忘记那尖叫声——至少无法永远忘记。但锤子的敲击能够发出自己的声音，通过这种声音，它提出了自己不可剥夺的要求。"叮当。/听起来像钟的浮标从海上跃起。/元素们在说：土、气、火、水。"虽然铁匠的锤子与地球上最基本的事物紧密相连，但锤子的叮当声无法抹去"所有其他的一切——衣服、撕碎的明信片、破碎的瓷器；损坏的和失去的事物，让人厌恶的或被毁掉的事物"的丧失，而且它也无法真正抹除"柔弱的几近失去的尖叫"。但铁匠的艺术力量提供了自己的补偿，故事以这样的叫喊结束，

> 内特！
> 哦，美妙的声音，再敲一次！[1]

---

1 《毕肖普散文选》，第78页。

当罗伯特·洛威尔在《纽约客》上读到《在村庄》时，他被深深打动了。他回忆起自己最近在荷兰的生活，形容这个故事有"一种伟大又令人回味的荷兰风景的淡远之感"，并补充道，想到带着5岁的孩子伊丽莎白去往远方牧场的大牛伙伴奈莉，"我会为这头奶牛哭泣"。谈到这个故事和《格温多琳》时，洛威尔补充道："我觉得它们可能是新斯科舍成长小说的一部分——当然，它们都是圆满的短篇故事。"毕肖普一直将这个故事视为她最伟大的文学成就之一。后来当她想让哈佛的朋友们了解她早年的经历时，她会泪流满满地将这个故事读给他们听。几乎可以肯定的是，这个故事的问世要归功于她在萨曼巴亚的生活。

毕肖普对乡村童年时代的迷恋一直延续到她发现了《我的少女生活》[1]（ *Minha Vida de Menina* ），她刚到巴西后不久，一群朋友就向她推荐了这本书。毕肖普形容它是"一本日记，实际上是一个12岁至15岁的女孩1893—1895年间在遥远的迪亚曼蒂纳小镇写下的日记"。这本书1942年由一家小型出版社出版，作者的笔名为海伦娜·莫莉（Helena Morley），"主要是为了取悦作者的家人和朋友"。它取得了出人意料的成功，在巴西拥有了广泛的读者，并获得了小众经典的地位。毕肖普立刻被这本小书吸引住了，书中的事件丰富多彩，毕肖普觉得"奇特、遥远又久远，但又新鲜、有趣、永远真实"。这个外省小镇让她想起了自己的大村，但又有一点不同，因为她在巴西待得越久，"这本书就显得越有巴西特色"。[2]毕肖普对翻译《我的少女生活》产生了兴趣，进而她了解到作者现在就和丈

1　即《海伦娜·莫莉日记》。——译者注
2　伊丽莎白·毕肖普：《序言》，载《海伦娜·莫莉日记》，纽约：法勒、施特劳斯和吉鲁出版社，1957年，第ix—x页。

夫生活在里约。这位作者名叫爱丽丝·布兰特（Alice Brandt），出身卑微，嫁给了一位表亲，这位表亲已经成了巴西金融体系的领军人物——奥古斯托·马里奥·卡尔代拉·布兰特（Augusto Mário Caldeira Brant）已年过七十，正第二次连任巴西银行行长。毕肖普在巴西著名诗人曼努埃尔·班德拉的引荐下见到了爱丽丝，爱丽丝鼓励她继续翻译，这会有助于她磨炼葡萄牙语，并让她更深入地了解巴西文化和政治历史结构。毕肖普于 1953 年开始翻译工作，一边翻译一边向萝塔请教，并取得了稳步的进展。1954 年 8 月，她告诉巴克夫妇："我已经准备好我的译稿，打算邮寄给出版商——或者 50 页的样本；我正在复制一些照片来作为配图——至少我会先试试霍顿·米夫林出版社。我确信这是一个'发现'，但我不知道能否说服出版商。"[1] 然而，尽管毕肖普逐渐成长为一位杰出的巴西诗歌和散文译者，但她始终对讲葡萄牙语缺乏自信，即使后来在巴西生活多年之后，她对葡萄牙语口语的理解已近乎完美，她也依旧如此。许多以英语为母语的人，甚至是那些精通西班牙语或法语的人，都觉得葡萄牙语发音困难，就毕肖普而言，这种困难感又因强烈的表达焦虑而加剧，这种焦虑还让她曾想要成为音乐会钢琴家的梦想早早破灭了。

　　毕肖普的轻体诗《致曼努埃尔·班德拉，兼及果酱与果冻》（"To Manuel Bandeira, with Jam and Jelly"）探讨了这一主题，并且立即就在戏剧性方面获得了成功。这首诗凸显出一种讽刺：尽管她和班德拉都是"对方语言的翻译者"，但彼此都羞于说出对方的语言："我怎么可能忘记 / 我们几乎还没有说过话？"因此，正如毕肖普以嘲弄

1　毕肖普 1954 年 8 月 7 日致巴克夫妇信。

英雄式的夸张之语所描绘的那样，他们面临着这样的难题："两位伟
大的诗人不知所措，/无法交流一个词，/——引用（参议员乔·）麦
卡锡的话，'这是我听过的/最闻所未闻之事'。"毕肖普不得不献上
蜜饯来表达自己的感激之情，尽管她恳求班德拉"请相信，我从未
想过/'你的书很好，我很喜欢'/最好用杏子来表达"，或者"'你
让所有的对手都黯然失色'/最适合用橘子酱来暗示"。因此，如果
允许她这样表达的话，她希望"这无声的果冻"能"对你诗人的肚
子甜蜜地诉说"。[1]班德拉用他唯一知道的英语诗句做出了同样的回
应，那是一副对句："我希望我有两个肚子/因为你美味的果冻。"

　　毕肖普努力翻译《我的少女生活》，是为了与英语读者们分享
自己发现这部独特经典的喜悦，同时她也希望通过出版这本书赚取
一笔可观的收入，她发现写散文比写诗更容易实现这一目标。因为
在很短的时间内，毕肖普和萝塔的财务就交缠在一起，无法分开。
总的来说，毕肖普负责日常开支，而萝塔则负责萨曼巴亚舒适的生
活条件。但萝塔的开支巨大，她雇了大量的家庭佣工，她还有许多
被收养的孩子和随从。她喜欢设计精良的欧洲跑车和做工精细的美
国家居用品。当萝塔有了艺术理想时，就像她建造房子一样，她会
毫不妥协地将这一理想贯彻到底，不惜一切代价。她也是狂热的当
代艺术收藏家。即便是基于友谊，卡尔德斯和波蒂纳里斯的作品也
不便宜。更重要的是，当两人一起旅行时，萝塔坚持要坐头等舱。
所有这些都需要钱，而萝塔的收入经常捉襟见肘。1954年，毕肖普
在巴西第一次经历严重的通货膨胀，而这只是一连串危机中的第一
次，之后，克鲁塞罗币在世界市场上的价值暴跌，萝塔在欧洲的花

---

[1]《毕肖普诗歌、散文与书信选》，第238页。

费实际上一夜之间翻了一番，这导致这对情侣不得不取消原定的巴黎之行。当然，通货膨胀对巴西普通民众的影响要严重得多，毕肖普指出，在巴西，"食品价格高得令人难以置信，我真不知道那些可怜的穷人如何维持生计"[1]。萝塔的收入在巴西国内保留了大部分的有效价值，毕肖普的收入也是如此，但为了出国旅行，两人越来越依赖毕肖普通过写作或基金资助赚取硬通货美元。毕肖普开始感受到来自自己和萝塔的持续压力，她必须完成这首诗或者发表那篇故事或译作，这样两人才能够实施预定好的出国旅行计划。

图 21 毕肖普在萨曼巴亚，1954 年

翻译《海伦娜·莫莉日记》的同时，毕肖普也在寻求出版自己的第二本诗集，但由于与霍顿·米夫林出版社的合作一拖再拖，毕肖普深感沮丧。她的出版商担心这本诗集篇幅过少，因此希望毕肖

---

1 毕肖普 1954 年 2 月 5 日致巴克夫妇信。

普能向他们提交更多的诗。毕肖普手头有一些诗正在创作中，但都没有完全成形。到目前为止，她在巴西的大部分时间都专注于散文或翻译。最后，双方终于达成了一项决议。霍顿·米夫林提议将毕肖普预备出版的第二本诗集《寒春》，与她的第一本诗集《北与南》（此时已绝版）合成一本出版，这实际上就是她的"诗选集"。毕肖普起初很抗拒，但很快就接受了这个极为明智的提议。毕肖普建议这本诗集使用简单的总标题"诗"（Poems）。这本诗集 1955 年出版，全名为《诗：北与南——寒春》（*Poems: North & South—A Cold Spring*）。这本诗集中巴西较少出现，这表明她还没有充分消化自己在巴西的经历，无法将其转化成诗歌。只有《抵达桑托斯》《香波》和《山》三首诗出现在"寒春"的结尾部分，这些都是她抵达巴西后不久创作的，传达了这个国家令她震撼的初印象。

　　《诗》题献给安妮·鲍曼医生，是毕肖普对鲍曼在她生命中占据重要位置的认可，正是她帮助毕肖普度过了成年以来最艰难的岁月。罗伯特·洛威尔还为这本诗集撰写了一篇热情洋溢的推介语，开头是他对这位挚友的个人评价："毕肖普小姐心地善良，眼睛敏锐。"然后，他解释了"三种美德，每一种本身都足以造就一位诗人。一、她精通自己的语言。她的语调可以是威尼斯式的华丽，也可以是贵格会式的简洁；她从不落入伪善或吝啬"。洛威尔进一步补充道："二、她丰富的描写让人想起的不是诗人这种可怜的象征性的抽象生物，而是俄罗斯小说家。"最后，他提到了毕肖普的写作技艺。洛威尔本人是一位技艺精湛的工匠，他能够欣赏这样一个事实："在所有形式方面，如韵律、节奏、措辞、火候、结构等等，她都是一位大师。"

　　然而，最引人注目的评论出自兰德尔·贾雷尔之手。1955 年他为《哈珀》杂志撰写了一篇题名为《这一年的诗歌》（"The Year in Poetry"）的文章，评论了伊丽莎白·毕肖普新近出版的诗集，事实证明，这些评价在很多方面都具有预言性。他这样开头："有时，我夜不能寐，就会看到未来的家庭。他们穿着三色一次性纸质短裤和衬衫套装，坐在公寓的电视墙前，只有两只眼睛在动。"除了纸衣，贾雷尔的预测到目前为止都相当准确。他接着说："看了一会儿之后，我总是看到——否则我就会死掉——一个固执的灵魂在角落里拿着一本书；只有眼睛在动，但里面流露出一种迥异的神情。通常他拿着的是荷马——这周拿的则是伊丽莎白·毕肖普。"贾雷尔以作为批评家的先见之明而闻名，他在谈到毕肖普的新诗集时宣称，"在我看来，她的《诗》是美国诗人写过的最好的书之一：未来的人们（角落里的那些人）会阅读她，就像他们会阅读狄金森、惠特曼、史蒂文斯，或者其他仍然活在我们中间的美国经典诗人一样"。贾雷尔承认"我不知道哪位诗人好诗的比例如此之高"。他将诗集中的 31 首列为个人最爱。

他承认："这份列表长得离谱，但如果我回头再看一遍，我会将它列得更长。"贾雷尔也思考着自己是否能在这本书中找到任何缺点，他承认"后来的一些诗的描述过于纯粹——这本诗集中有 54 首诗，而不是几百首"。然而，对于贾雷尔来说，重要的是她的诗"诚实、谦逊、观察细致、技艺精湛；即使有着最复杂、最繁难或最富有想象力的外观，似乎也总是个人化的、自然的，就像马勒曲子的前几个音符以及维亚尔室内画的最初几个斑点一样准确无误（这些诗很像维亚尔，有时甚至像维米尔）"。[1]

1　兰德尔·贾雷尔：《这一年的诗歌》，1955 年 10 月首次发表于《哈珀》杂志，转引自《吉卜林，奥登与伙伴们》，纽约：法勒、施特劳斯和吉鲁出版社，1980 年，第 244—245 页。

　　毕肖普被贾雷尔的评论征服了，尤其是他将毕肖普的作品与 17
世纪伟大的画家约翰内斯·维米尔（Johannes Vermeer）相提并论。
在给贾雷尔的感谢信中，她惊呼道："一开始我简直不敢相信，老
实说，我有一种荒谬的幻想，认为这一定是印刷错误……我仍然，
发自内心地认为我配不上它。"但是，她坦言："我一直梦想着有一
天有人会想到维米尔，而不用我先说出来。"然后，她又心满意足
地补充道："因此现在我会想，我任何时候都能在一种相当平静的
心境中死去，因为我已经那样击中了最好的批评家的心。"[1]毕肖普
向《纽约客》的诗歌投稿中充斥着谦逊甚至是自我贬低的免责声
明。她向凯瑟琳·怀特寄投《在渔屋》这样的杰作时，配上了这样
的文字："恐怕，又是一首不能录用的诗。"[2]她提交《布雷顿角》时
也沮丧地说："我不知道你是否有可能对我另一篇平淡的描述感兴
趣。"[3]怀特并没有理会这些自我质疑，并准确形容《在渔屋》"美丽
又神奇"[4]。然而，毕肖普自己也梦想着有一天有人会将她的作品与
光辉夺目的维米尔相提并论，当这个时代最富洞察力的批评家真的
这么说时，她心怀敬畏又无比喜悦，这表明，隐藏在谦逊的自我保
护盔甲之下，伊丽莎白·毕肖普始终都明白自己实际上是一位多么
优秀的诗人。

1　毕肖普 1955 年 12 月 26 日致贾雷尔信，载《一种艺术》，第 312 页。
2　毕肖普 1947 年 2 月 28 日致怀特信，载《伊丽莎白·毕肖普与〈纽约客〉通信
　　全集》，第 28 页。载《一种艺术》，第 312 页。
3　毕肖普 1949 年 1 月 12 日致怀特信，载《伊丽莎白·毕肖普与〈纽约客〉通信
　　全集》，第 38 页。
4　怀特 1949 年 1 月 20 日致毕肖普信，载《伊丽莎白·毕肖普与〈纽约客〉通信
　　全集》，第 39 页。

第十三章 "啊，普利策奖！"

1956年4月，伊丽莎白·毕肖普忙于翻译《我的少女生活》，为此还前往爱丽丝·布兰特儿时生活过的村庄迪亚曼蒂纳。迪亚曼蒂纳曾因盛产钻石而闻名，它位于米纳斯吉拉斯州的中部，萨曼巴亚以北400英里，贝洛奥里藏特以北200英里处，贝洛奥里藏特是最近的大城市，也是米纳斯吉拉斯州的首府，毕肖普形容这个州"比得克萨斯州还大"[1]。

萝塔拒绝在巴西国内旅行，因此毕肖普在没有伴侣陪同的情况下第一次进入巴西内陆，此后这样的旅行会多次发生。由于道路不通，毕肖普在一位朋友的陪同下飞到了这个一英里高的小镇，但这位朋友很快就被要求返回。毕肖普独自逗留期间或许会感到孤立无援，但她很快就成了当地人好奇和关心的对象。她告诉巴克夫妇，"这个小镇对我的一举一动都极其感兴趣"，无论她走到哪里，店主们都会从门口出来陪着她同行，还有几个村民们盛情邀请她去家里。[2]

毕肖普在奥斯卡·尼迈耶（Oscar Niemeyer）[3]设计的超现代化

1　毕肖普：《序言》，载《海伦娜·莫莉日记》，第 xv 页。
2　毕肖普：《序言》，载《海伦娜·莫莉日记》，第 vii 页。
3　毕肖普：《序言》，载《海伦娜·莫莉日记》，第 xxxiii 页。这座大厦现在被命名为蒂如科旅游酒店。

旅游酒店宽敞通风的餐厅里独自享用午餐变成了公共事件——她经常是唯一的客人。每次用餐时，去修道院学校上学的小女孩儿们都会在路上排着队，将鼻子紧紧贴在餐厅的落地玻璃窗上，仔细打量着她。[1] 迪亚曼蒂纳的许多市民在回答毕肖普的询问时，都会帮助她解释并重复当地重要物品的名称。一天早上，毕肖普意外地被一位美国钻石矿主夫妇邀请去往 40 英里外的水力采矿场，显然是因为她的到来给了这对夫妇说英语的机会。毕肖普觉得水力采矿"有趣但可怕"。她向斯文森坦言："我甚至亲自操作了水力大炮或其他什么东西，击落了一些几吨重的岩石。"——毕肖普如释重负地补充道，这种采矿行为"几乎在所有其他国家都是非法的"。[2]

毕肖普发现这个村庄的文化非常值得她关注。"这是一个很小的地方，是这个国家海拔最高的小镇"，到处都是"荒野，不可思议的岩石风光，岩石的海洋"和"荒凉而令人惊叹的瀑布"。这个村庄同时痴迷于"宗教和赌博"的奇特现状也让毕肖普着迷。她发现每一座山峰上都有精心布置的十字架，还有 16 座教堂，教堂顶端耸立着一座"丑陋的主教座堂，每天傍晚日落时分，他们都会在这里播放祷文，于是整个地方都会随着万福马利亚震动起来"。至于赌博，她发现男人们"都在每一条溪流中淘金和寻找钻石"。[3] 毕肖普沉浸于这个独特地方的特殊之处，其中许多内容很快就会出现在她为《海伦娜·莫莉日记》撰写的详尽序言之中，而正当此时，另一个半球的某个事件正在徐徐展开，这件大事将对毕肖普未来几周和几年的生活产生重大影响：毕肖普因诗集《诗：北与南——寒

1　毕肖普 1956 年 6 月 5 日致巴克夫妇信。
2　毕肖普 1956 年 5 月 10 日致斯文森信。
3　毕肖普 1956 年 6 月 5 日致巴克夫妇信。

春》获得普利策诗歌奖。直到五月初回到萨曼巴亚之后,她才得知这本书获奖的消息,而与此形成鲜明对比的是,这本诗集刚出版时毕肖普显然缺乏自信。

获得普利策奖之后,毕肖普在写给朋友的信中,通常会将提及该奖项的内容都推迟到几段之后,她会以熟悉的混合着道歉、仔细观察和茫然的语调详细介绍这次获奖。她在给洛威尔的信中谈到了"这次普利策事件",她坦言:"这里非常有趣——《环球报》的一个记者在电话里对我大喊大叫,而我一直用冷静的新英格兰语气应答,'非常感谢',他又喊道,'可是伊丽莎白小姐,你不明白吗?啊,普利策奖!'"[1]毕肖普在给斯文森的一封信中补充说,当《环球报》的电话打来时,萨曼巴亚的家里只有她一个人,除了厨师玛丽亚,"恐怕她没有留下足够深刻的印象"[2]。但是很快,这个奖项就成了一个完全公开的事件,甚至成了乐趣的来源,它"彻底扰乱了我们的生活和工作大约三周"。她们的房子里挤满了"记者、广播员、电视台工作人员,天知道都是些什么人",他们"在我们白色石头地板上留下了泥巴,而萝塔则试图同时保护、解释以及取悦所有人"[3]。毕肖普准确地将新闻界对于普利策奖的痴迷与它"确实是报纸上的事"这一事实联系起来,她向詹姆斯·梅里尔解释说,普利策奖受到关注的原因之一是,"诗人与文学仍然比它们在国内更有新闻价值,地位更高贵"[4]。500美元的奖金让毕肖普大为震惊,与获奖引发的所有骚动相比,这些奖金真是少得出奇,尤其是考虑到萝塔刚刚为她们的露台订购了两万七千块砖。毕肖普最近还获得

1　毕肖普1956年6月7日致洛威尔信,载《空中的言辞》,第176页。
2　毕肖普1956年5月10日致斯文森信。
3　毕肖普1956年6月5日致巴克夫妇信。
4　毕肖普1956年6月5日致梅里尔信。

了"《党派评论》奖金"，其现金奖励超过普利策奖的五倍之多，但这个低调的奖项根本没有引起任何轰动。

毕肖普与萝塔，甚至她们的猫托弗厄斯，很快就出现在了当地的新闻短片中，"与格蕾丝·凯利争奇斗艳"[1]。毕肖普淡淡地向珀尔·卡辛补充说，她新出的"恶名"甚至传到了她的家乡伍斯特，她的姑妈弗洛伦斯·毕肖普在那里接受了当地报纸的采访。她在采访中展现出了毕肖普所说的"真正的家庭矛盾心理"，她说自己的侄女本应该成为一名更好的钢琴家而不是诗人。弗洛伦斯还补充说："当然，很多很多人都不喜欢她的诗。"[2]

新闻记者报道称，毕肖普和萝塔过着"没有收音机的俭朴生活"，毕肖普向洛威尔承认，她确实计划用普利策奖的大部分奖金购买一台"高保真维克多牌留声机"，以实现自己的夙愿。[3] 不过，这取决于机器是否能适应"我们相当不稳定的电流"[4]。《环球报》对毕肖普的采访则指出，尽管头发已经花白，但这位 45 岁的女诗人面容依旧年轻。这篇文章将毕肖普描述为一个"坚定的未婚女人"，她之所以一直未婚，或许是因为"她无法将自己巨大的情感潜能奉献给任何一个男人"。然而，这篇文章也赞许地描述了毕肖普与跟她同住的女人——"活泼聪慧的'萝缇娜小姐'"——"情感上的亲密"。读者们被告知，她的存在为毕肖普决定留在萨曼巴亚这片"迷人的高地"提供了"最后的理由"，在那里，这位女诗人被猫、鲜花，甚至一只引人注目的巨嘴鸟环绕着。或许不少精明的《环球报》读者成功读懂了字里行间的意思，并推断出年轻的伊

1　毕肖普 1956 年 6 月 5 日致巴克夫妇信。
2　毕肖普 1956 年 5 月 21 日致卡辛信，载《一种艺术》，第 318 页。
3　毕肖普 1956 年 6 月 7 日致洛威尔信，载《空中的言辞》，第 176 页。
4　毕肖普 1956 年 6 月 5 日致巴克夫妇信。

丽莎白小姐与朝气蓬勃的萝缇娜小姐之间关系的真实性质。

这篇报道的结尾是毕肖普告别采访者，沿着小路向安静的工作室走去。采访者若有所思地写道，在这些安静的房间里，毕肖普被萨曼巴亚的亚热带植物群包围着，而她会再次"在她诗中所写到的梦幻和安宁的空气中呼吸"。[1]《环球报》对她们生活的华丽描述肯定给萝塔和毕肖普带来了不少乐趣。但毕肖普向安妮·鲍曼解释道，尽管她觉得"配不上"普利策奖的荣誉，但这个奖项在巴西帮助颇大，因为"现在萝塔不必亲自向她的朋友证明我确实会写诗了"。[2]事实上，就连当地市场的农产品商也对她印象深刻。当萝塔证实伊丽莎白小姐确实就是他在报纸上看到的照片中的人物时，这位蔬菜贩子也为自己顾客们的非凡好运而惊叹不已。就在上周，另一位经常光顾的客人买了一张彩票，中了一辆自行车！[3]

1956年1月，毕肖普在《纽约客》上发表了她的诗作《旅行的问题》（"Questions of Travel"），这首诗的开头几行就隐约流露出了《环球报》的报道中提到的那种梦幻感，描绘了她从萨曼巴亚工作室看到的壮丽景观。毕肖普在创作这首诗时写给洛威尔的信中描述道："我在这里寒冷的黎明起床，带着对这个世界所有的信心开始。那时，群山看起来真的就像漂浮在玫瑰葡萄酒中，我们脚下有一碗白色牛奶。"[4]《旅行的问题》开篇就描写了她从山上俯瞰到的风景，突显出一种极少（如果有的话）会困扰新英格兰人或新斯科舍人的现象，这种现象也完全不可能让基韦斯特居民感到困惑；因为

1 《住在彼得罗波利斯的普利策奖诗人》，《环球报》，1956年5月，转引自《伊丽莎白·毕肖普谈话录》，第8—11页。
2 毕肖普1956年5月10日致鲍曼信，载《一种艺术》，第317页。
3 毕肖普1956年6月5日致巴克夫妇信。
4 毕肖普1955年7月17日致洛威尔信，载《空中的言辞》，第166页。

她发现"这里瀑布太多"。此前在毕肖普居住过的故土上，瀑布是一种孤立出现的景观，会令她感到惊奇不已，然而现在在巴西雨季的奥尔冈斯山脉的山脊和沟壑间，这些瀑布多到让人应接不暇。它们形成了"一英里长、闪亮泪痕"，毕肖普看着它们"急着奔赴大海"，诗中如此众多的瀑布和湍急的溪流，似乎是被"山顶上那么多云造成的压力"强迫形成的，让它们"以柔和的慢动作溢出两侧"，这样，经由一种神奇的变形，它们似乎"就在我们眼前变成了瀑布"。毕肖普已经超越了《抵达桑托斯》中强调的旅行观察阶段，现在她从一个训练有素的观察者长期熟稔的角度写作，但她还没有失去（也永远不会失去）她的率性，也没有失去通过局外人的眼睛来传达细节的能力，作为一个人，毕肖普身处其中又并不完全属于这里，但她仍以高度的专注书写着这里。

随后，毕肖普从这种激烈的、梦幻般的抒情转向了诗的标题所承诺的一系列旅行的问题，这些问题最终共十三个。第一个问题直接源于她自己最近的旅行："我们是否应该待在家里，想念着这里吗？"——而如果是这样，"我们今天应该在哪里？"如果毕肖普没有选择去巴西旅行，也没有和活泼的萝塔一起留在那里，那她会在哪里呢？然后，毕肖普的思索随即转向了伦理问题，并提出了一个在观察过程中频繁让自己感到震惊的问题："在这最奇怪的剧院里／观看戏中的陌生人，对吗？"那么，有人想去地球的另一个半球，"看另一面的太阳"，是否也只是一种"幼稚"？但她接着问道，如果错过了"世界上最小的绿色蜂鸟"会怎样？最后，这首诗终于找到了它的核心问题："哦，我们是否必须梦到我们的梦／还要拥有它们？"当然，这正是毕肖普在萨曼巴亚力图实现的目标。她是否还做着多年前与路易丝·布拉德利同去遥远国土的浪漫美梦？——

她是否也能在萨曼巴亚的云朵、瀑布和蜂鸟中做着这样的梦？

阐明了核心问题后，毕肖普转而为她所选择的旅行提出了自己的主张，因为"那必定是一场遗憾：/如果未曾见到这条路旁的树木，/显露出夸张之美，/未曾见到它们如高贵的哑剧演员/身穿粉红色长袍，做着手势"。如果未曾听到手工制作的不对称的木屐"在油渍斑斑的加油站地板上/漫不经心地噼啪踩过"的"悲伤的、双音符的木质音调"，岂不是很遗憾？如果错过了一只"棕色胖鸟"在一个形似"耶稣会巴洛克风格"教堂的竹笼里歌唱，——就像毕肖普在加油站坏掉的汽油泵上发现的一个鸟笼和一只鸟挂在外面那样，岂不是很遗憾？事实证明，伊丽莎白·毕肖普总是无法抗拒这种破败之美。不过，她对于旅行的沉思还是遇到了所有伟大的浪漫主义自然抒情诗会提出的一个问题，诗人以斜体字强调了它："是否缺乏想象力让我们来到/想象中的地方，而不是待在家中？"毕肖普一生都在冒险前往想象中的地方旅行，并将她在这些地方的实际经历编织进自己的诗歌中。如今，在过去的五年里，她仍然面对着新的"大陆、城市、国家和社会"，这将她推向了旅行的最后一个问题。毕肖普的选择可能"从不广泛，也从不自由"，但尽管也有不确定或犹豫不决的时刻，她还是敢于做出选择。当她的诗发表在《纽约客》上时，她在巴西的生活已经进入了第五个年头，接下来还会有更多的事情发生。人的一生必定是"在这里，或在那里"，因此，她不得不怀疑："不，我们是否本应该待在家里，无论家在何处？"

《旅行的问题》是毕肖普继《香波》之后第一首关于巴西的重要诗篇，发表在 1956 年 1 月 21 日的《纽约客》上。当时正在纽约暂时流亡的卡洛斯·拉塞尔达在牙医诊所候诊时读到了这首诗。毕肖普告诉巴克夫妇，拉塞尔达立即将诗中的几行翻译成葡萄牙语，连同一些评论，一起寄给了他在里约的报纸。毕肖普惊讶地发现，早在《纽约客》的样刊到达萨曼巴亚之前，她就读到了拉塞尔达翻译的这首诗。[1] 毕肖普曾在各个大陆、城市、国家和社会之间来来往往，这些出乎意料的漫游让她此时心中的家园感必定显得格外飘忽不定。毕肖普无疑进入了一个独特的家庭空间，这是她早年在伍斯特、大村或里维尔生活时从未想象过的。

毕肖普选择家庭生活意味着，即使是普利策奖可能也不得不竞争年度惊喜。在给梅·斯文森的一封信中，毕肖普描述了自己与朋友们一次共进午餐的热闹场面，当有人发现一条五英尺长的蛇将一只棕灶幼鸟从"像黏土烤箱一样的巨型"巢穴里拖出来时，一声尖叫打断了午餐。这只幼鸟从树上迅速滑落，它的腿在这爬行动物的嘴里"仍然无力地摇摆着"。萝塔冲向她的点22口径的卡宾枪，"说她第一枪就击中了那条蛇——也许真的打中了；她非常厉害"。[2] 不幸的是，小鸟已经死了，但窝里的其他鸟儿都得救了。这场遭遇之后，大家又回到了吃午饭的地方，继续热情洋溢的交谈。

毕肖普从为第二本诗集《寒春》积累新素材的持续压力中解脱了出来，开始在《纽约客》和其他刊物上源源不断地发表诗歌，包括以大村为题材的《教养》和《六节诗》，以及以巴西为中心的诗歌《加油站》（"Filling Station"）和《占屋者的孩子们》（"Squatter's Children"）。拉塞尔达在曼哈顿牙医候诊室读到《旅行的问题》四个月后，毕肖普的《曼努埃尔济》（"Manuelzinho"）刊登在《纽约客》5月号上。这首诗据称是"作家的一个朋友"（即萝塔）在说

---

1   毕肖普 1956 年 3 月 23 日致巴克夫妇信。
2   毕肖普 1956 年 11 月 25 日致斯文森信，载《一种艺术》，第 331 页。

话，但事实上，诗人和她朋友截然不同的声音交替出现于诗中。这首诗生动再现了萝塔的一位长期园丁，他在诗中以其真名出现，毕肖普几乎每天都能看到他并与之互动。诗的开篇几句简明扼要地描述了他的身份："半是占屋者，半是租户（没有租金）——/ 一种继承。"曼努埃尔济是"白人，/ 现在你30多岁了，应该 / 为我供应蔬菜"。然后，萝塔的声音明显出现了，说出了这样一句话："但你没有；或者你不愿；或者你无法 / 让你的大脑生出这个想法——/ 他是自该隐以来世上最糟糕的园丁。"然后，这首诗转向了毕肖普带着沉思的抒情声调，"倾斜在我上方，你的花园 / 夺走了我的眼睛。你用红色康乃馨 / 为银色甘蓝苗圃镶边，将莴苣和 / 香雪球混在一起"。随后，伞蚁和一场持续一周的雨水摧毁了这些精心布置的花园，萝塔愤懑的语气又回来了。通过交替转换视角，这首诗几乎就像毕肖普与萝塔之间一场生动又柔声的对话，它以共鸣和幽默的方式，让我们建立起了对这个贫穷、骄傲又个性十足的园丁的复杂理解。毕肖普还对巴西上流人士的某些特征提出了批评，尤其是对他们的家长式作风以及对待租户奇怪的居高临下的姿态感到困惑。然而，毕肖普也清楚在这种情况下自己就是同谋。当她看到曼努埃尔济在雨季的绵绵细雨中轻快地跑过萝塔的庄园，头和背上只遮着"一个湿透的麻袋"时，可能会心怀同情——但随后她又在火炉旁坐下，继续"阅读一本书"。萝塔的声音紧随其后，这时她的喜爱中也浸染着愤怒，因为她断言她的租户园丁偷了她的电话线，还有其他一些既庄严又诙谐的冒犯。当他把帽子涂成绿色时，他的女主人给他贴上了"叶绿素孩子"的标签，这让来访的贵宾们颇觉有趣。尽管如此，毕肖普还是拒绝为曼努埃尔济打造一座虚假尊严的石膏像。我们看到的是他不曾遮掩的缺点及其执着坚守的个性和骄傲。

　　毕肖普在诗的结尾直陈其辞：

> 你这无助、愚蠢的男人，
> 我尽我所能爱你，
> 我想。或者我会吗？

然后她做了一个私人化的姿势：

> 我摘下我的帽子，没有涂漆
> 也象征性地，向你致意。
> 我保证会再试试。

　　《曼努埃尔济》背后是毕肖普对基督教"爱你的邻居"这一根本性要求的追忆——这首诗用这样一个事实反驳了基督教的要求：尽管人们试图去爱自己的邻居，但这并不总是那么容易。《纽约客》热心地为这首 150 行的诗支付了稿费，毕肖普后来向巴克夫妇承认："我从这个可怜的小个子身上赚了很多钱，现在每当他拿着一堆大萝卜来到厨房门口时，我都会感到内疚。"[1]

　　当毕肖普 40 多岁的时候，她告诉巴克夫妇："哦，天哪。最近，每个人，现在还有你，似乎都在给我写信谈论年龄……一个朋友惊慌失措地寄给我好几页信纸，因为她的眼科医生建议她戴双光眼镜！"毕肖普的回答是："我不知道为什么，但我根本不在乎。我

1　毕肖普 1956 年 6 月 5 日致巴克夫妇信。

觉得我实际看起来比你见到我时还要年轻。"[1]事实上，1956年年中，毕肖普的情感和身体都处于极佳状态。她刚获得了普利策奖，完成并发表了一系列优秀的诗歌，还有更多的诗歌即将问世。她即将完成《我的少女生活》的翻译工作，她正享受着一段非常健康的时光。她解释说，她在里约找到了一位优秀的哮喘病医生，他甚至拒绝向她收取服务费，而且在过去的几个月里，她的哮喘几乎没有发作。1956年7月，摆脱了可的松之后，她写信给姨妈格蕾丝，说她的体重已经达到了苗条的118磅，并补充说，她正在缝制一套西装和两件连衣裙，因为她"已经四年没有新衣服穿了！所以我必须保持在118磅。如果增加了一盎司，我就穿不进去了"[2]。毕肖普再次向巴克夫妇宣称："我的头发已经不再变白了，真的（可能是没有喝酒的缘故），而且萝塔和我都希望能达到115磅。"[3]

萨曼巴亚的外墙是大片的平板玻璃，屋顶由波纹铝制成。萝塔最初的计划是在铝板上覆盖一层茅草，[4]但由于火气球过于危险，不得不放弃这个想法，这些火气球由凝胶石油提供动力，释放后会在空中飞行。我们从毕肖普的故事《幻想飞翔》（"A Flight of Fancy"）中可以了解到，早在胡桃山时，她就被热气球迷住了。毕肖普在萨曼巴亚的经历被编织进了诗歌《犰狳》（"Armadillo"）之中，这首诗的开篇便以独特的细腻描述了她在萨曼巴亚的山顶目睹的巴西景象。在这里，她看到那些"脆弱的、非法的火气球……/攀登山巅"。它们是非法的，因为它们的燃料是凝胶汽油，对森林和山下

1 毕肖普1956年6月14日致巴克夫妇信。
2 毕肖普1956年7月5日致格蕾丝·布尔默·鲍尔斯信，载《一种艺术》，第322页。
3 毕肖普1956年6月14日致巴克夫妇信。
4 毕肖普1953年5月5日致戈尔德与菲兹代尔信，载《一种艺术》，第263页。

的房屋构成了危险，但它们又因其美丽而夺人心魄，尤其是它们优雅地"在/南十字星的风筝骨架之间行驶/隐退、缩小、庄严/又稳步地抛弃我们"。这种美丽和精致一直持续到"来自山巅的下沉气流"将一个火气球猛地向下吸去，撞上了耸立在他们房子上方的花岗岩悬崖上。这只失控的火气球，燃料非常像凝固汽油弹，飞溅起来"像一个火蛋/砸在房子后面的悬崖上"。当"火焰奔涌向下"，凝固的石油附着在树上，在山下的森林中引发了一场大火。一对熟悉的筑巢猫头鹰"尖叫着消失在视线之外"，[1] 以一种明确的暴力语调直面观众和读者。这首诗的倒数第二节中，毕肖普以非凡的灵巧，甚至在一行之内，语调从非凡的温柔转变为震惊乃至惊恐，甚至几乎是狂怒，因为突然之间一只"幼兔跳出"了燃烧的森林：

> 短耳朵，令我们大吃一惊。
>
> 那么柔软！——一把无形的灰烬
>
> 连同呆滞的、被点燃的眼睛。

　　兔子的耳朵短是因为它们被烧掉了吗？这只兔子之所以看起来像"一把无形的灰烬"，是因为它毛茸茸的皮毛，还是因为它的整个身体被火焰吞噬后真的变成了灰烬？兔子"呆滞的、被点燃的眼睛"至少到目前为止还完好无损，但它们本身似乎也在燃烧，因为这眼睛（就像汽车前灯里的鹿一样）反射着毁灭它们的人为大火。这首诗以毕肖普作品中少见的直接抗议收束，它直接指责了火气球，进而指责发射它们的人，指责因他们的掉以轻心而造成的

----

1 《毕肖普诗选》，第 90 页。

毁坏：

> 太漂亮了，梦幻般的模仿！
> 啊，坠落的火焰和尖刺的呼叫
> 还有恐慌，和一只无力的盔甲拳头
> 无知地紧握着，向着天空！[1]

随着这首诗逐渐从精美走向了令人惊讶的暴力，诗的结尾也已巧妙而富有成效地蓄势开显。

罗伯特·洛威尔读到《矶鹞》的打字稿时，被深深地打动了。1957年6月10日，他写信给毕肖普，坚称这首诗"肯定是你最好的三四个作品之一"[2]。三年后，他承认："我的皮夹里放着《矶鹞》，偶尔会让别人感到惊讶。"[3]他被这首诗深深迷住了，毕肖普后来将这首诗收录在1965年出版的诗集《旅行的问题》中，并将它题献给洛威尔。洛威尔早期的风格以持续的——有时甚至是压倒性的——暴力音调而著称，毕肖普在为他的诗集《生活研究》撰写的推介语中称其为"现在已为人熟知的小号音调"[4]。洛威尔在毕肖普的《矶鹞》中找到了一种更微妙、更节制的方式将暴力元素融入作品，他承认毕肖普《矶鹞》是他自己最受欢迎的诗作《臭鼬时刻》的蓝本，这也是他献给毕肖普的一首诗。毕肖普的《矶鹞》向洛威尔展示了一种变调的技艺，这是一种在低柔的抒情或朴素的平实，与更暴力、更突然、更气势汹汹之间几无缝切换的才能。凯·杰米

1 《毕肖普诗选》，第91页。
2 洛威尔1957年6月10日致毕肖普信，载《空中的言辞》，第204页。
3 洛威尔1960年4月28日致毕肖普信，载《空中的言辞》，第324页。
4 毕肖普（1959年2月）致洛威尔信，载《空中的言辞》，第289页。

森（Kay Jamison）关于洛威尔的最新研究以"点燃河流"为标题描述洛威尔。但是，正是毕肖普的《犰狳》为洛威尔的创作锦上添花，因为洛威尔观察到毕肖普简直就是点燃了森林。

1957 年 1 月，毕肖普告诉巴克一家，她赢得了 2000 美元的艾米·洛威尔诗歌旅行奖学金。[1]几周后她又告诉了梅·斯文森，这意味着"我们真的要来纽约了。大约在 4 月 1 日，会停留六个月左右"。毕肖普提到，她正在与出售动物的邻居商讨将自己的巨嘴鸟寄养在他家，"把它的腿绑起来，这样我回来的时候就能得到同样可爱的萨米了"。[2]她还说，法勒、施特劳斯和吉鲁出版社已经拿走了她翻译的《海伦娜·莫莉日记》。在她的余生之中，罗伯特·吉鲁（Robert Giroux）一直是她钦佩的出版人，后来吉鲁承认，尽管《海伦娜·莫莉日记》是一本"精美而迷人的书"，但他的出版社之所以接受它，只是因为他们想成为毕肖普下一本诗集的出版商。他还说，"我们等了 8 年才等到伊丽莎白的新诗集《旅行的问题》，但这是值得的。"[3]毕肖普 1 月写信给霍华德·莫斯（Howard Moss），说明了她计划于 4 月初与萝塔一起去纽约。[4]这将是自毕肖普与萝塔返回基韦斯特和纽约收拾行李并安排运往巴西之后，首次前往美国。

3 月 31 日，毕肖普和萝塔一起抵达纽约，她们计划在此逗留半年。她们租下了曼哈顿东区东 67 街 115 号的一套房屋，位于公园大道和列克星敦大道之间。这个地方要比毕肖普 20 世纪 40 年代

1　毕肖普 1957 年 1 月 26 日致巴克夫妇信。
2　毕肖普 1957 年 2 月 10 日致斯文森信，载《一种艺术》，第 336 页。
3　《怀念伊丽莎白·毕肖普》，第 153—154 页。
4　毕肖普 1957 年 1 月 25 日致莫斯信，载《伊丽莎白·毕肖普与〈纽约客〉通信全集》，第 193 页。

在曼哈顿下城的国王街上租住的房子豪华得多。毕肖普和萝塔的美国之行有多重目的。毕肖普计划与法勒、施特劳斯和吉鲁出版社谈妥《海伦娜·莫莉日记》的出版事宜，并与新的文学经纪人建立联系。萝塔计划成箱成箱地购买美国货品，然后运回萨曼巴亚。她们计划在美国停留六个月的一个重要原因是，这样他们就能获得许可购买一辆美国汽车，并将其运到巴西而无须缴纳关税。然后，她们就可以在巴西出售这辆汽车，赚取可观的利润，因为巴西的美国汽车（以及其他美国商品）的价格往往是美国本土价格的两倍。销售这样一辆汽车会帮助她们抵消这次旅行花去的大部分费用。

1957 年 4 月，她们搬进了东区的一套小公寓，从一开始她们的社交生活就非常活跃。毕肖普在亚多和纽约酗酒时认识的许多朋友，包括波琳·汉森和梅·斯文森，看到毕肖普在巴西期间身体、情绪和外表都有了很大的改善，她们既高兴又欣慰。一次聚会上，其他人都在畅饮，但有人注意到毕肖普没有喝酒，她说她现在对酒精毫无兴趣。

毕肖普为自己抵达纽约三个月后才给巴克夫妇写信而向他们道歉，她说："总的来说，我们一直过得很开心。回来真有趣，我觉得五年时间刚刚好——一切都得到了宽恕，所有的激情都已消磨殆尽，但到目前为止，还没有人看起来太老，等等——而且每个人似乎都有了很大的进步。（或者只有我一个人？——这就是我时常担心的。）"他们还享受着"在康涅狄格州的现代住宅里度周末，客厅里放着考尔德的作品，餐厅里放着龙蒿，卧室里弥漫着忧心"。三天后，毕肖普又重新拾起了写给巴克夫妇的信：

萝塔带着一位学校或修道院的老朋友一起来了，随后又有大约六位巴西绅士出现了——他们两小时前刚刚抵达机场，把妻子们安顿在华尔道夫酒店后，立即赶来见萝塔——如果没有萝塔在口味、艺术、餐厅等方面提供建议，他们根本就无法生存！[1]

虽然毕肖普在纽约的任务是会见她的出版商，讨论《海伦娜·莫莉日记》相关事宜，但是萝塔来纽约也绝不仅仅是社交，还要购买完成萨曼巴亚的修建所必需的工具和装备。毕肖普向洛威尔抱怨她和萝塔在纽约第三大道上散步的情景："沿途有太多的五金店，我们根本无法向前挪动。"[2]

毕肖普不仅是1957年年末大纽约地区的观察者。她和萝塔是一对独特的情侣，美国朋友们反过来也观察着她们，尤其是目光敏锐的小说家和社会评论家玛丽·麦卡锡，她回忆起1957年经常与毕肖普交谈的情景。麦卡锡1963年出版的小说《她们》（The Group）中刻画的角色"莱姬"——埃莉诺·伊斯特莱克（Elinor Eastlake）无疑是一个合成人物，就像大多数取材于生活的虚构人物一样。但伊斯特莱克的昵称与毕肖普早年的昵称"毕希"极其相似，几乎可以肯定的是，这个人物的许多重要特征都是以伊丽莎白·毕肖普本人为原型，就像莱姬的同性恋人"男爵夫人"必定是以现实生活中贵族气派十足的萝塔为原型一样。1957年的纽约之行让麦卡锡有机会打量现实生活中真实的毕肖普和萝塔，并将她们作为自己畅销书中著名角色的蓝本。1966年的电影版《她们》中，年轻的演员坎迪斯·伯根（Candice Bergen）扮演莱姬，这是她第一

1　毕肖普1957年6月28日致巴克夫妇信。
2　毕肖普1957年8月11日致洛威尔信，载《空中的言辞》，第216页。

次出演主要角色。莱姬这个虚构的角色可能是毕肖普第一次作为重要人物出现在小说、电影或戏剧中，无论是真实的还是想象的——但这肯定不会是毕肖普最后一次。

8月2日，毕肖普和萝塔乘飞机抵达缅因州的班戈，开始与罗伯特·洛威尔、他的妻子伊丽莎白·哈德威克以及他们的小女儿哈丽特在他们位于卡斯汀的家中长住。然而，她们到来时恰逢洛威尔躁狂症发作的早期阶段。同样酗酒的洛威尔开始向毕肖普示爱，还暗示他可以不带家人去巴西看望毕肖普。毕肖普向伊丽莎白·哈德威克报告了洛威尔的言论，毕肖普和萝塔离开卡斯汀的时间远远早于她们的计划。8月9日，洛威尔给纽约的毕肖普写了一封道歉信，信中说："谢谢你向莉齐说出了你的疑虑。"洛威尔为自己"目光极其短浅"而道歉，并说他有时有一颗"无头的心"。8月11日，毕肖普从纽约给洛威尔写了一封信，这封信与洛威尔上一封寄给她的信时间上有交叠。毕肖普以欢快又从逸闻般有趣的语调开篇，仿佛什么都没发生过。开头几段文字之后，她引用了乔治·赫伯特翻译的意大利语《论节制与清醒》中的文字，并呼应了赫伯特这篇译文中的论述，她最后敦促道："亲爱的卡尔，请一定一定照顾好自己，为这个世界增添光彩（你已经是这样了），为朋友们带来慰藉。"毫无疑问，毕肖普这番劝告某种程度上也是给自己忠告，正如她接下来说的那样："你知道，还有许多充满希望的事情。清醒、快乐、耐心和坚韧真的会奏效。或者说，我希望自己如此，也希望你如此并为你祈祷。"[1]

洛威尔对毕肖普的这封信表示感谢，他说，这封信不仅让我的

1　毕肖普 1957 年 8 月 11 日致洛威尔信，载《空中的言辞》，第 217 页。

"精神获得愉悦的缓和"，还"给我带来了极大的安慰。我担心自己会永远被流放"。洛威尔在这封信中费了许多笔墨，以喜剧般的语言描述了他与理查德·埃伯哈特在缅因州海岸的一次漫长的航海探险，而所有这些都是为了陈述他最近对毕肖普的追求。最后，洛威尔以一段回顾往事的文字结尾，这段话后来变得相当有名。他承认，"向你求婚对我来说是可能发生的事，是惊天巨变，是我本可以拥有的另一种生活"。洛威尔补充道，对他来说，"这九年来，它正是这样在我心中盘旋。它深埋心底，今年春天和夏天（真的是你到来之前）它沸腾了，涌了出来。现在这不会再发生了，当然，和你在一起我总是感到快乐和轻松。这不会再发生了，我内心深处完全爱上了我的伊丽莎白又背叛了她，而你和萝塔在一起对我来说是莫大的安慰，我相信上天的旨意是一切照旧"。

这次狂躁发作，洛威尔设法避免了最糟糕的状况，至少暂时避免了，此后他写下了许多重要诗篇，后来都收入了他的代表性诗集《生活研究》之中。他还以毕肖普那首深具巴西风格的《犰狳》为蓝本，创作了他自己后来最著名的诗作《臭鼬时刻》，他曾读过《犰狳》的打字稿。这两首诗都是关于某个地方，迈向有力而富有戏剧性的结尾时都显露出洛威尔所说的"变动不居的描述"。毕肖普先是在给洛威尔的一封信中，后来是在为他撰写的推介语中，对洛威尔的《臭鼬时刻》和《生活研究》所展现出的诗学成就给予了非凡的赞扬。

毕肖普去拜访了住在基韦斯特的玛乔丽·史蒂文斯，她对巴克夫妇说："我乘飞机去基韦斯特拜访了一位老朋友，住了一周，那里也热得要命，但非常美丽，而且这个季节几乎没有人去，所以我很高兴我去了——她请了几天假（她在那里为海军工作），我们一起骑自行车。大部分时间在游泳、打电话和聊天。"这是毕肖普最后一次见到史蒂文斯，不久之后她就去世了。

离开美国的前一周，毕肖普和萝塔举行了"一场派对——一场盛大的派对"。[1] 她在 9 月 29 日告诉洛威尔："这是我们最后的狂欢，我希望你能在这里——"[2] 由于她们的公寓太小，她们的朋友菲兹代尔和戈尔德就在位于中央公园西路的大公寓里招待她们。毕肖普写道：

> 这是我举办过的最棒的派对——多亏那些"小伙子们"——他们中的一个烘肉卷，带来了一顿美味的晚餐，等等。每次我打电话为我们的名单加人，他就再订一磅牛肉——最后用了 8 磅。大约有 40 位客人，其中 20 位留下来吃晚饭，当我们终于回到家时，我才意识到我从 5:30 一直站到 1:30。除了阿列克谢·希夫和我的一位老朋友，没有人紧张，他们都很友善——我的朋友汤姆（万宁）拥抱了我，阿列克谢亲吻了我的手，仅此而已。你认识的其他人有埃莉诺·克拉克（那些小伙子都认识她）和她的丈夫罗布。佩恩·沃伦，我一直很喜欢他，虽然我根本不认识他；玛丽安·摩尔、路易丝·博根、德怀特·麦克唐纳德、门罗·惠勒和格伦威·韦斯特科特，卡明斯的妻子（卡明斯现在在医院），当然还有洛伦和她的丈夫，我的编辑吉鲁（你认识他吗？），扎贝尔刚从亚多赶来，我想他比任何人都玩得开心——我亲爱的德国医生，他大约 10 点

---

1 毕肖普 1957 年 11 月 2 日致巴克夫妇信。
2 毕肖普 1957 年 9 月 29 日致洛威尔信，载《空中的言辞》，第 233 页。

钟打扮得漂漂亮亮地来了——我邀请了凯瑟琳·安妮，但她没能去纽约——嗯，还有很多人，而且一切看起来的确都很顺利，每个人看起来都很漂亮！我真希望你们俩都在这里。[1]

毕肖普和萝塔的货轮在纽约停留了近七个月后，于 10 月 11 日离开纽约。她们乘坐"摩玛科斯塔号"轮船返回，萝塔称之为"漫长的回家之旅"，行程超过了两周。当货船沿着大西洋海岸向南航行时，毕肖普从美国的各个停靠港口给洛威尔寄去了诙谐的明信片，先是在南卡罗来纳州的查尔斯顿，然后是佐治亚州的萨凡纳，从萨凡纳寄出的明信片上署名为"你的倒退而行的——/伊丽莎白·毕肖普"，并留有附言："——下一站库拉索——"洛威尔从波士顿寄来的下一封信是写给"我亲爱的正在离去的伊丽莎白"。抵达里约后，萝塔和伊丽莎白花了几个星期的时间，慢慢从巴西海关取出了萝塔在美国购买的堆积如山的货品。在接下来的两年里，毕肖普和萝塔进入了毕肖普一生中最安定的时期。现在，房子实际上几近完工。她的健康状况基本保持良好。巴西的政治气候相对稳定。毕肖普庞大的散文写作计划已经成为过去，她正在进入最令她满意的诗歌创作期。

1958 年夏天的炎热程度创了纪录，这意味着来访者众多。卡斯汀的风波暂时已经过去了，她和洛威尔已经适应了一段更平静、更稳定的关系，至少在接下来十年里的大部分时间是这样。她喜欢洛威尔的《生活研究》，事实上这本书的形式和风格一定程度上受到

---

[1] 毕肖普 1957 年 11 月 2 日致巴克夫妇信。

了她的启发，毫无疑问，这对两人维持更加稳定的友谊有所助益。毕肖普独自陪同奥尔德斯·赫胥黎（Aldous Huxley）和他的第二任妻子劳拉·阿切拉·赫胥黎（Laura Archera Huxley），踏上了前往巴西利亚和巴西内陆的旅程，这次萝塔没有跟随他们一起。他们一行访问了巴西雨林中的一个印第安人部落，毕肖普向洛威尔描述说，这是一段"美妙而欢快的时光"，尽管她承认"一想到他们的未来就感到很沮丧"。她这样描述原住民东道主："他们赤身裸体，只戴着几颗珠子；英俊、丰满，行为举止就像被宠坏了的温顺的孩子。他们对赫胥黎非常好奇，其中一个会说一点葡萄牙语的人说他'相貌平平……相貌平平'。"然而，毕肖普一定给人留下了更美好的印象，因为部落中的一位鳏夫"邀请我留下来和他结婚——这是有些靠不住的恭维。然而，在场的其他女士还是非常嫉妒"。[1] 过了一段时间，他们又接待了一向开朗的亚历山大·考尔德和他的妻子路易莎（Louisa，亨利·詹姆斯的侄女）的拜访。毕肖普在给霍华德·莫斯的信中写道："考尔德穿着一件鲜艳的橙色衬衫，在露台上跳起了桑巴舞，就像一朵金盏花在微风中摇曳。"[2]

---

1 毕肖普 1958 年 8 月 28 日致洛威尔信，载《空中的言辞》，第 264 页。
2 毕肖普 1959 年 9 月 8 日致莫斯信，载《伊丽莎白·毕肖普与〈纽约客〉通信全集》，第 215 页。

第十四章　莱梅公寓

　　在巴西生活了 8 年之后，伊丽莎白·毕肖普已经开始对巴西文化的各个方面有了切身的了解，尽管她敏锐地意识到自己总是以局外人的身份看待这些特征。1959 年 10 月中旬，毕肖普向《纽约客》递交了两首新诗，其中更重要的一首是《巴西，1502 年 1 月 1 日》（"Brazil，January 1，1502"）。这首诗捕捉到了一个比 1951 年 11 月她与玛丽·布林共同经历的更早、更具历史意义的时刻，即外来人通过海运进入巴西的时刻。1502 年，这些来自另一个世界的闯入者没有遇到会没收他们的波旁威士忌和香烟的海关官员，那时也尚没有粘得很差的邮票会从家信上脱落。就在这一刻，来自葡萄牙的装甲入侵者抵达这里，发现了这片迥然不同但又"并不陌生"的土地。正如这首诗中所描绘的那样，这些穿着"吱吱作响的盔甲""坚硬如钉 / 细小如钉 / 又闪闪发光"[1]的基督徒遇到了这片广袤的大陆，并立即启动了夺取这块大陆控制权的计划，并且从毫无防备的原住民手中抢夺当地妇女（如果能抓到的话）。他们在"弥撒过后"开始这项议程，"或许哼唱着 / 武士歌或类似的曲调"，他们毫不停歇

---

1 《毕肖普诗选》，第 90 页。

地开始剥开并进入这片土地的"悬挂的织物"，"每个人都想为自己抓住一个印第安人"，[1] 同时他们还发现他们的宗教仪式和价值观、"骑士之爱"的崇高理想、他们对美妙音乐的品位，与性剥夺和经济剥削的新机遇之间并无明显的矛盾。

当罗伯特·洛威尔在《纽约客》上读到毕肖普的《巴西，1502年1月1日》时，立即写信给她，一封写于 1960 年 1 月 4 日的信中说："我认为，你的诗是你最美丽的——最神奇的描写之一，丛林变成了一幅画，然后变成了历史，又再次变成了丛林，对于这些基督徒来说，这是一种现实的、荒谬的、悲伤的、有趣的和恐惧的语调。"[2] 洛威尔立刻就辨认出了毕肖普将对自然、文化、艺术和政治的观察融入一个巧妙交织的叙事之中的精妙所在。

————

因为与萝塔之间的关系，毕肖普自己的生活也日益与巴西政治的紧迫处境交缠在一起。现在，她的生活场景将决定性地从萨曼巴亚的自然环境转移到萝塔位于里约莱梅区更封闭、更狭窄的公寓里。1960 年 10 月，雅尼奥·夸德罗斯（Jânio Quadros）赢得了巴西总统选举，他独立竞选的政纲是承诺肃清政治腐败（一把新扫帚是他竞选的标志）。夸德罗斯得到了最大的保守党"全国民主联盟"的支持，但他也成功地将自己定位成普通民众的候选人，反对仍然强大的瓦加斯组织内部普遍存在的贪污腐败行为。根据巴西宪法，副总统可以出自不同的政党，左派思想家若昂·古拉特（João Goulart）赢得了副总统一职，他此前曾与已故的"温和独裁者"热图利奥·瓦加斯（Getúlio Vargas）有过联系，而瓦加斯则是夸德

1　《毕肖普诗选》，第 91 页。
2　洛威尔 1960 年 1 月 4 日致毕肖普信，载《空中的言辞》，第 307 页。

罗斯的政敌。如此一来，巴西的两个最高行政职位就按党派来划分。与此同时，萝塔的密友卡洛斯·拉塞尔达当选了瓜纳巴拉州州长——这是巴西首都迁至巴西利亚后里约市及其周边地区形成的一个新州。这些政治交锋将在未来几年对毕肖普和萝塔产生重大影响。

很快，萝塔就受到拉塞尔达的邀请，到他的政府中任职。萝塔决定集中精力将里约的瓜纳巴拉湾最近建成的三英里长的垃圾填埋场改造成一个大型城市公园，即弗拉门戈公园。[1] 萝塔的目标是将这片泥地和废墟变成里约的"纽约中央公园"。毕肖普当然很高兴，因为萝塔终于获得了一项与她的干劲和天赋相匹配的任务。公园建设期间，人们经常称它为"Aterro"（垃圾填埋场），这是以公园的地基命名的。毕肖普向詹姆斯·梅里尔解释说："萝塔是一个庞大的新项目的'首席协调员'，该项目位于海滨，包括公园、高速公路、游乐场、游艇、水池、餐馆等等，到目前为止，我认为她的工作非常出色。"虽然这是一项重要而责任重大的任务，但也存在着一些复杂的问题。她告诉梅里尔："这意味着一种相当不安定的生活，每周都要往返于里约，忽略了我们真正喜欢生活的地方——山上。我们正在逐步规划，这样我们就有了两套生活必需品，主要将书、肉、饮用水和装在冰桶里的鸡蛋吃力地运到里约——然后再把洗好的衣物运回来。"[2] 毕肖普很快就发现她一点也不开心，因为她

1　葡萄牙语中的"Flamengo"不能与英语中的"flamingo"混淆，因为英语和葡萄牙语中的"flamingo"都是"火烈鸟"的意思。实际上，"Flamengo"在葡萄牙语中的意思是"Flemish"，指的是佛兰芒人或荷兰人与里约这一地区的殖民关系。此地直译应为"佛兰芒公园"（Flemish Park）。该公园也经常被称为"Aterro"或"Fill"，因为它与垃圾填埋场有关，公园建造正是建在垃圾填埋场之上。

2　毕肖普1961年4月25日致梅里尔信。

大部分时间都在里约度过。1962年3月，她在一封写给洛威尔的信中抱怨道："萨曼巴亚，改变一下吧。"[1]

萝塔很快发现，许多与她共事的人都对她履行指定职责的资格或权威深表怀疑。她可能对弗拉门戈公园有着清晰的愿景，但她缺乏园林景观或建筑方面的学位或专业证书。她是男人世界里的女人，而且，她是通过政治任命获得的权力，她的权威取决于一位可能不会永远掌权的州长。萝塔被安排与那些男性专业人士以及终身官僚共事，或被要求与他们合作，但萝塔经常发现她很难获得他们的积极配合，因此她不得不依靠自己强势的个性以及与卡洛斯·拉塞尔达的密切关系，才能稳步推进公园的建设——两人在细节问题上并不总是能达成一致。萝塔很快就意识到，她将在漫长的工作中度过许多令人痛苦的日子。

与萝塔的日常工作的巨大压力形成鲜明对比的是，家庭幸福感的新来源出现了。1961年冬，玛丽·莫尔斯绕过巴西禁止外国公民收养巴西孩子的各项规定，成功收养了一群孩子中的第一个，一个三个月大的女孩儿，名叫莫妮卡。毕肖普形容这个乖巧的孩子"太好了，是一个快乐又健康的宝宝——她的性格让我们所有人都感到羞愧"[2]，她的信中充满了对莫妮卡迷人性格和行为的描述。现如今，莫妮卡·莫尔斯自己也声称，她是在玛丽·莫尔斯、萝塔和伊丽莎白·毕肖普这三位坚强的母亲的陪伴下长大的，她还记得那时许多快乐的时光，尤其是她去往美国的一次漫长的旅行，她在毕肖普工作室的地板上玩耍，而诗人正倚在她的桌子前写作。

1　毕肖普（1962年）致洛威尔信，日期或为"3月??"，载《空中的言辞》，第392页。
2　毕肖普1961年6月20日致巴克夫妇信。

————

1961 年 8 月 25 日，刚刚当选的巴西总统雅尼奥·夸德罗斯在执政仅七个月后突然辞职，声称"可怕的力量"正联合起来反对他。这引发了一场政治危机，因为巴西副总统若昂·古拉特属于反对党，许多军方领导人和政治保守派认为这位副总统过于激进，不适合担任总统职务。古拉特当时正在访问中国，而巴西的政治前景目前暂时仍不明朗。夸德罗斯的支持者、保守的全国民主联盟党，不愿意让他们的政治对手执掌巴西政府。经历了一段紧张的不确定时期后，一项尴尬的妥协方案达成了，其中包括暂时转变成由总理统辖的议会政府，最终允许古拉特在全国公投之前以名义领导人的身份担任总统。然而，里约和巴西的政治局势仍然不稳定。

就在这些政治事态逐步展开的同时，毕肖普本人也正在为"生活世界图书馆"（Life World Library）努力创作《巴西》一书。1961年 12 月，她与萝塔一起前往纽约，与编辑们一起敲定《巴西》一书的终稿，但她对结果一点也不满意，她觉得这从根本上改变了她的著作的重点。尽管编辑工作十分繁忙，但她还是设法参加了在洛威尔夫妇的公寓里举办的晚宴，T. S. 艾略特和他的妻子瓦莱丽是晚宴上的座上宾。洛威尔和伊丽莎白·哈德威克开始计划由"文化自由大会"赞助的巴西之旅，毕肖普还参与了他们的磋商和讨论。

1962 年 6 月 25 日，在文化自由大会代理人基思·博茨福德的带领下，洛威尔与妻子伊丽莎白以及女儿哈丽特抵达里约。洛威尔一家在里约租了一套公寓，当他不参加演讲或朗诵活动时，大部分时间都和毕肖普在一起。这次旅行原计划为期六周，但访问进行得非常愉快，洛威尔和家人将他们的逗留时间延长了两周。

图 22　毕肖普和罗伯特·洛威尔在萝塔顶层公寓的阳台上俯瞰里约，
巴西，1962 年

　　洛威尔参观了毕肖普在萨曼巴亚的工作室，在那里他看到了毕肖普正在创作的许多诗歌，其中一些已经写了很多年，被固定在长书桌上方的布告板上，这些给洛威尔留下了十分深刻的印象。十多年后，洛威尔在诗集《历史》中为毕肖普献上了一首诗，他在诗中问道："你是否仍将你的词语悬在空中，十年／未完成……？"这些词语似乎在时间和地点上都悬停着，"粘在你的布告板上，留着空隙／或空白，为那些难以想象的语句"。正是这种工作方法，这种耐心等待词语的意愿——似乎很少有诗人拥有，让她成了洛威尔笔下"准确无误的缪斯，让随意之物臻于完美"。[1]

1　罗伯特·洛威尔：《致伊丽莎白·毕肖普之四》，载《洛威尔诗选》，纽约：法勒、施特劳斯和吉鲁出版社，2006 年，第 230 页。

不幸的是，待在里约的最后几周，洛威尔开始酗酒，并出现了躁狂症发作的迹象。毕肖普后来在一本打字稿的日记中重构了这一系列事件，详细记录了她观察到的洛威尔不断升级的行为，其中最早的记录可以追溯到 8 月 20 日。9 月 1 日，伊丽莎白·哈德威克和哈丽特按计划乘船返回纽约。两天后，在洛威尔的坚持下，并且不顾毕肖普的反对，洛威尔和博茨福德从里约飞往布宜诺斯艾利斯，洛威尔计划在那里继续演讲和朗诵。在布宜诺斯艾利斯，他继续酗酒，并出现躁狂症全面发作的迹象。博茨福德精疲力竭、狼狈不堪，同时也深感不安，他认为洛威尔的行为完全是过量饮酒的结果，于是 9 月 8 日独自返回了里约。他没有向毕肖普报告洛威尔的情况，毕肖普两天之后才意外得知这一情况。洛威尔现在独自一人在布宜诺斯艾利斯，可能正处于严重的危险之中，因为他的行为不稳定，还在一个当时由军事独裁统治的国家发表了疯狂的政治言论。毕肖普担心洛威尔可能会遭到殴打或监禁。9 月 11 日晚，毕肖普收到洛威尔从布宜诺斯艾利斯发来的一封令人惊恐的电报：

最亲爱的伊丽莎白过来和我一起

这是天堂！我全部的爱

卡尔[1]

毕肖普深感担忧，她找到博茨福德，并通过电话与洛威尔在纽约的医生进行沟通，让博茨福德相信洛威尔的行为不仅是酗酒，而且是狂躁症。洛威尔的医生同意毕肖普的看法，认为应当在布宜诺

---

1 洛威尔 1962 年 9 月 10 日致毕肖普信，载《空中的言辞》，第 418 页。

斯艾利斯找到洛威尔，并让他尽快返回纽约。9 月 11 日，也就是毕肖普收到洛威尔电报的当天，博茨福德动身前往布宜诺斯艾利斯接回洛威尔。第二天，博茨福德报告说，洛威尔已经住进了布宜诺斯艾利斯的伯利恒诊所，而且"平静多了"。毕肖普在日记中写道，她于 9 月 13 日给洛威尔所在的医院发去一封电报，内容是："**我们在想你。早日康复。永远爱你。伊丽莎白。**"[1] 四天后，毕肖普得知洛威尔还得在布宜诺斯艾利斯继续住院两周才能返回纽约。最终，洛威尔的朋友布莱尔·克拉克抵达布宜诺斯艾利斯，与他一起飞回纽约，伊丽莎白·哈德威克在那里与他会面，并将洛威尔转移到康涅狄格州哈特福德县的"生命研究所"。毕肖普在洛威尔返回美国后写信给他说："我真的希望你一切安好，卡尔，只要记得我们在这里做过和见过的最美好的事情。"[2]

————

与此同时，支持新总统古拉特的左派势力与州长拉塞尔达等保守派人士之间的冲突继续加剧，保守派人士如拉塞尔达声称古拉特有亲共倾向，并声称他们反对古拉特是为了支持民主制度。萝塔站在她的政治赞助人拉塞尔达一边，至少目前，毕肖普也站在萝塔的角度看待这种局面。1963 年 1 月，古拉特在全民公决中赢得了令人信服的胜利，恢复了他的总统权威。而此时，毕肖普开始怀疑拉塞尔达是不是一位政治领袖。她告诉洛威尔，她正在"彻底厌倦公共巴西，政治巴西"。然而，美国政治也正在经历一个令人深感不安的阶段，这个阶段有时可能会激发巴西人的同情。1963 年 11 月 22 日，约翰·肯尼迪（John F. Kennedy）总统遇刺身亡，同年 12 月

————————

1　参见毕肖普 1962 年 9 月［2］1 日致洛威尔信，载《空中的言辞》，第 418 页。
2　毕肖普 1962 年 12 月 19 日致洛威尔信，载《空中的言辞》，第 429 页。

毕肖普写信给詹姆斯·梅里尔说，"肯尼迪的死淹没了巴西——出租车司机和任何认出我是美国人（在这里生活了十年之后，这仍然非常容易）的人仍然会向我发表正式的'哀悼'致辞"。[1] 毕肖普对古拉特总统经常发表暴力的左倾言论和拉塞尔达的反共言论感到担忧，她认为这些近乎"麦卡锡主义"[2]。然而，尽管她逐渐厌倦了政治，但她还是宣称，她所说的巴西"潜藏的另一面"，比如人民的幽默和土著文化，"我越来越喜欢"[3]。萝塔为弗拉门戈公园全力以赴地工作，疲劳感也持续攀升。此时毕肖普也将自己的注意力转向了其他方面，并从莱梅公寓给朋友们一封又一封地写信。此外，她对萝塔的侄子弗拉维奥·苏亚雷斯·里吉斯（Flávio Soares Regis）越来越感兴趣，里吉斯对诗歌和其他艺术表现出了明显的兴趣，并展现出独特的天赋。

1964 年春天，巴西的政治局势经历了一场危机，其原因和影响只会随着时间的推移逐渐明朗。通货膨胀肆虐，货币价值仅为两年前的十分之一，左右两派的政治言论都迅速升级。3 月 13 日，古拉特总统在里约的一次大型集会上发表讲话，承诺实施包括没收土地和私营企业国有化在内的全面措施。他表示，即使遭到国民议会的反对，这些措施也将实施。反过来，他的对手指责他不仅有亲共倾向，还试图推翻宪法，甚至将自己塑造成民粹主义独裁者。古拉特领导下的民粹主义势力起初似乎方兴未艾，但突然间就被正规军推翻，正规军采取了行动，声称自己是在捍卫宪法。当巴西海军陆战队（海军燧发枪手们）哗变，反对他们的军官，威胁到军纪和权威

1　毕肖普 1964 年 1 月致梅里尔信。
2　毕肖普 1963 年 5 月 26 日致洛威尔信，载《空中的言辞》，第 460 页。
3　毕肖普 1963 年 5 月 26 日致洛威尔信，载《空中的言辞》，第 458 页。

时，古拉特支持了他们。与此同时，军方高层领导私下断定，必须通过政变将他赶下台。1964 年 3 月 31 日和 4 月 1 日，里约成了这场精心策划的军事行动的事发现场。

　　起初，萝塔和毕肖普都支持军事干预。像巴西中上层阶级的许多其他成员一样，萝塔对古拉特的煽动性言论感到惊恐。在许多巴西人看来，这场政变是军方自发的起义，目的是保护地方行政机构和捍卫巴西宪法。军方领导人在总参谋长温贝托·卡斯特洛·布兰科（Humberto Castelo Branco）将军的领导下，自称是民主制度的临时监护人，表明一旦秩序恢复，他们就会放弃权力，并按计划举行全国大选。卡洛斯·拉塞尔达积极支持军事接管。他计划 1965 年竞选巴西总统，当时被废黜的古拉特总统任期届满，大概会举行新的选举。他认为，作为古拉特的激烈反对者和巴西最著名的保守派政治家，自己将会在这次选举中得到将军们的支持。但这一切都取决于"临时"军政府是否愿意真正放弃权力。

———

　　这场政治起义之后，毕肖普设法说服萝塔和她一起去英国度假，这样她们至少可以暂时摆脱里约动荡、焦虑和不安的生活。按照计划，毕肖普和萝塔将于 1964 年 5 月中旬抵达米兰，花一个月的时间进行一次"穿过意大利北部的三角旅行"[1]，包括在托斯卡纳和威尼斯停留，然后返回米兰。毕肖普随后将独自前往英国，在那里她将见到她的朋友基特和伊尔莎·巴克，萝塔则飞回里约，毕肖普计划 7 月从英国乘船返回里约。出发的时间越来越近，身处里约的毕肖普写信对巴克夫妇感叹道："天哪，这不可能是真的。今天

---

[1] 毕肖普 1964 年 4 月 13 日致巴克夫妇信。

早上 6:30，萝塔就起床用留声机播放桑巴舞唱片，还跳起了桑巴舞——通常她在下午茶之前都不听音乐——所以我看她也很乐意去旅行。"[1] 1964 年 5 月 14 日，她们终于抵达米兰。她和萝塔在意大利的时光即将结束时，毕肖普从米兰写信洛威尔说："我们度过了美妙的四周，格外亲切，时间似乎比实际上长得多。"[2]

萝塔按计划返回里约之后，毕肖普利用她在英国的时间游览了伦敦，并拜访了她的朋友巴克夫妇迷人的家——位于苏塞克斯郡佩特沃斯的老屋。到那时为止，毕肖普已经从巴西给这两位亲爱的朋友写去了一百多封信，但已经十四年没有见到过他们了。伊尔莎·巴克回忆起毕肖普在苏塞克斯同他们待在一起的日子，说那是"非常愉快的时光。她状态极佳。她没有酗酒。1950 年至 1951 年，她在亚多真是生活在这个世界的最底处"。但这次访问，她"很放松，玩得很开心"。巴克甚至似乎认可了毕肖普自己的说法——她在巴西变得更年轻了，因为她注意到毕肖普"看起来比我们在亚多相遇时更年轻，而且非常健谈"。巴克还注意到，毕肖普对他们尚不满 2 岁的儿子托马斯很感兴趣。巴克声称毕肖普"对婴儿和小孩子有一种奇妙的感觉。与他们有关的一切都让她着迷，而且她与孩子们相处得非常融洽，毫不掩饰自己的热情"。[3]

7 月下旬，毕肖普乘坐"巴西之星号"轮船从里斯本出发前往里约，8 月初抵达巴西，这次远行让她格外开心。但当洛威尔向她询问巴西的政治状况时，她坦言："我宁愿不去想它。"[4] 1964 年 7 月 22 日，毕肖普的船仍在驶向里斯本的途中，总统卡斯特洛·布

1　毕肖普 1964 年 4 月 27 日致巴克夫妇信。
2　毕肖普 1964 年 6 月 13 日致洛威尔信，载《空中的言辞》，第 540 页。
3　《怀念伊丽莎白·毕肖普》，第 187 页。
4　毕肖普 1964 年 8 月 27 日致洛威尔信，载《空中的言辞》，第 554 页。

兰科领导的军政府宣布决定将总统选举推迟三年，这一消息让毕肖普向洛威尔坦白道："我真希望我没有返回。"[1]推迟选举引发的一个后果是，拉塞尔达也不得不推迟自己竞选巴西总统的计划。拉塞尔达、萝塔和毕肖普都没有预料到的是，将军们随后会改写巴西宪法，以确保只有指定的军方候选人才有机会赢得未来的选举。1967年卡斯特洛·布兰科去世后，镇压措施变本加厉，军政府对巴西实行的高压统治一直持续到1985年。

————

毕肖普对这些政治态势的发展感到不满，也对自己独自一人长时间待在里约的公寓里深感不悦，于是她将自己的注意力转向了美丽的巴洛克风格城市欧鲁普雷图（即黑金城）。1962年，洛威尔夫妇曾陪同她到过欧鲁普雷图；1964年安妮·鲍曼终于拜访了她，毕肖普也曾和鲍曼一同游览过这座城市。欧鲁普雷图是米纳斯吉拉斯州的一座殖民小城市，是18世纪巴西淘金热的焦点。金矿枯竭之后，这座城市就被忽视了，直到20世纪它都基本上没有变化，仍保持着原貌。它最显著的特点是一系列华丽的巴洛克式教堂，这些教堂都是用淘金热带来的财富建造而成，矗立在城市的每一座陡峭的山丘之上，顶部是非凡的阿西斯·圣弗朗西斯科教堂。毕肖普一直对巴洛克风格和建筑情有独钟。这里汇集了巴洛克艺术和建筑，新大陆无法与之匹敌，甚至旧大陆也难以超越它。随着萝塔越来越专注于弗拉门戈公园的工作，欧鲁普雷图——它多山的环境和巴西殖民历史的根基——成为毕肖普越来越重要的避风港。

在那里，她与莉莉·科雷亚·德·阿劳若（Lilli Correia de

1　毕肖普1964年7月30日致洛威尔信，载《空中的言辞》，第546页。

Araújo）建立了深厚的友谊，莉莉是一家迷人客栈的老板，她以巴西历史和神话中的传奇人物奇科·雷（Chico Rei）的名字为这家客栈命名。历史上的奇科·雷找到了对抗奴隶贸易的方法，他先是为自己赢得了自由，然后又为家人赢得了自由。最后，他收购了欧鲁普雷图的一座金矿，并用赚来的钱换取了其他奴隶的自由。1960 年，毕肖普入住莉莉的客栈时，在客人留言簿中留下了一首简短的诗，"让莎士比亚和弥尔顿 / 住在希尔顿吧——/ 我将住在 / 奇科·雷"[1]。尽管奇科·雷的规模不大，但毕肖普对巴克夫妇说，阿什利·布朗曾向她描述过这是"世界上为数不多的伟大酒店之一"。随着时间的推移，毕肖普与莉莉的友谊发展成了一段短暂却又充满激情的恋情。丈夫去世后，为了纪念他，莉莉决定只与女性发生性关系。为了向莉莉致敬，毕肖普创作了一首诗，诗的开头这样写道："亲爱的，我的罗盘 / 仍然指向北方 / 指向木屋和蓝眼睛，// 童话故事，那里 / 亚麻色头发的小儿子 / 把鹅带回家，/ 干草阁楼里的爱情，/ 新教徒，和 / 酗酒的人。"在这样一个地方，"天鹅会划动 / 冰冷的水，/ 那些蹼脚里的 / 血液如此炽热"。[2]

多次造访欧鲁普雷图之后，1965 年秋天，毕肖普决定在这座城市买下一栋漂亮的房子。她告诉巴克夫妇："我根本不需要另一栋房子……但我无法抗拒它。"毕肖普向她的朋友们声称，萝塔看到这所房子时，"她同样被迷住了"。[3]正如毕肖普所说，这所房子的历史可以追溯到 1720 年至 1740 年，它坐落在通往附近玛丽安娜村的欧鲁普雷图公路旁。从它的后窗和阳台上，可以看到这座城市的山

---

1 《埃德加·爱伦·坡与自动点唱机》，第 126 页。
2 《埃德加·爱伦·坡与自动点唱机》，第 126 页。
3 毕肖普 1965 年 11 月 24 日致巴克夫妇信。

丘和教堂的壮观景色。毕肖普将这所房子命名为"玛丽安娜之家"
（Casa Mariana），以纪念玛丽安·摩尔和沿途的村庄。这座房子需
要大规模翻修，因此毕肖普需要承担她的祖父、父亲和萝塔都曾承
担过的工作：成为监督大型建筑项目的总承包商。遗憾的是，毕肖
普并不像她的先辈和伴侣那样适合这项工作。

图 23　从毕肖普位于欧鲁普雷图的玛丽安娜之家的后门廊
看到的风景，巴西

————

　　毕肖普自 20 世纪 60 年代初开始创作，但直到生命接近尾声才
得以完成的一首里约之诗是《粉红狗》（1979），20 世纪 60 年代初
她对里约的反应和态度既激烈又复杂，这些全都融入了这首诗中。
作为反映里约令人震惊的城市贫困的一种方式，毕肖普巧妙地利用
了"可怕"这个词。然而，这首诗也混杂着令人振奋的"欢欣"。贯
穿这首诗前三节的三重韵格外严谨和精准，这种押韵与她在基韦斯
特创作的《公鸡》形成了令人不安的呼应。完美押韵的"狂犬病 /

疥疮 / 孩子"（rabies / scabies / babies）绝对是英语历史上从未出现过的三连韵；它引起的不适也正是诗意效果形成的关键所在。毕肖普既叩击读者的同情心，又探寻读者本能的胆怯。她知道自己能让读者接受这样一首诗——她在诗中直接对一只遭受痛苦又无家可归的流浪狗说话，要比对一个同样遭遇苦难的人说话更容易。当然，毕肖普是在暗示，病人和无家可归的人不禁看起来很粗鲁，她逐渐引导读者从最初的震惊走向类似的共鸣与同情。这是一只母狗，"垂挂着奶头的哺乳母亲"，诗中许多短语都暗示着人类，通过这暗示的潜台词，被侵犯的家庭生活获得了残酷又幽默的审视。当这首诗让人类的潜台词浮出地表时，诗的押韵有时会松弛下来，变得不准确；矛盾之处在于，就在人的维度变得最令人不安的时候，这首诗的韵律却让人听起来更舒服了。

> 你不知道吗？所有的报纸上都已报道，
> 为了解决这个问题，他们如何处理乞丐？
> 他们抓住乞丐，把他们扔进潮汐的河流里。[1]

　　这已经变成了一群右翼义警的做法，许多激烈地批评拉塞尔达的人声称拉塞尔达支持这些义警，尽管他自己总是极力否认。无论如何，毕肖普决定以此为主题写一首诗。诗中"傻子、瘫子、寄生虫""在退潮的污水中移动，夜晚 / 在郊区，那里没有灯光"，这样的场景可以看作她对拉塞尔达的批判日益强烈的标志。诗中的叙述者继续谈到这只无家可归的粉红狗，充满同情地劝告：

---

1 《毕肖普诗选》，第 212 页。

　　如果他们这样对待任何乞讨的人，

　　吸毒的、醉酒的，或清醒的，有腿的或无腿的，

　　他们会怎么对待生病的四条腿的狗呢？

　　毕肖普从里约流传的政治抗议歌曲中捕捉到了桑巴舞的节奏，与此相呼应的是，毕肖普在自己的诗中让辛辣讽刺与轻快的诗歌节奏形成鲜明的对比，这种节奏在上下文中变得奇怪地令人不安。这首诗严厉的讽刺锋芒，它的洞察以及痛苦的喜剧，让人想起了阿里斯托芬笔下的《吕西斯特拉忒》（Lysistrata）：

　　在咖啡馆，在人行道的角落里

　　流传着这样的笑话：负担得起它们的

　　所有的乞丐现在都穿上了救生衣。

　　这确实是一个凄凉的笑话。更令人痛苦的讽刺出现在诗的结尾处，叙述者最后建议让这只狗把自己的裸体藏在一件幻想服（fantasía）里，幻想服是里约穷人每年狂欢节庆祝活动期间精心制作和穿着的一种服装："一只褪毛的狗可能不太好看。/ 打扮起来！打扮起来然后在狂欢节上跳舞！"[1] 狂欢节的欢庆在这里表现为一种绝望的延迟策略，试图否认、推迟或用舞蹈来逃避生活中最令人不安的问题。然而，当毕肖普在前一行中说到"狂欢节总是那么美妙！"时，人们会觉得她是真心实意这样讲的。可爱与肮脏、欢乐

1　《毕肖普诗选》，第 213 页。

与悲剧、接纳与讽刺同时并存于毕肖普的诗中，她的诗既不试图证明这一点，也不试图否认它。

1964 年 10 月 29 日，伊丽莎白·毕肖普在纽约古根海姆博物馆举行的颁奖典礼上荣获美国诗人学会颁发的一个重要奖项，这是一种与众不同的庆祝活动。远在巴西的毕肖普无法出席，因此洛威尔和兰德尔·贾雷尔代替她出席领奖，洛威尔介绍了贾雷尔，贾雷尔朗诵了毕肖普诗集中的一些作品。洛威尔在开场白中说："这对我来说是一个非常珍贵的夜晚。"然后又补充道："伊丽莎白·毕肖普是我和兰德尔·贾雷尔最钦佩的当代诗人。"将讲台交给贾雷尔之前，洛威尔略微停顿了一下，接着评价毕肖普："她的诗写得很慢。你会觉得她写诗从来不是为了填满一页纸。如果这首诗不再到来，她通常会把它放在一边好几年——如果它永远不再到来，她会把它永远放在一边。我认为她几乎从未写过一首不是真正的诗的诗。"他还称赞"伊丽莎白所有的诗歌形式优美又完备"。洛威尔结束简短的讲话时总结说："我认为世上没有人比她的眼睛更敏锐，这眼睛能洞察事物，眼睛背后还有一颗善于记忆的心灵。"他又补充说："记忆中的那个人很难被描述出来，但她是一个极其宽容和幽默的人。真的，我无法概括她的个性，因为那甚至远比描述重要得多。"[1]

————

1964 年，毕肖普结交了一位新朋友——南卡罗来纳大学的文学教授阿什利·布朗，他也是弗兰纳里·奥康纳（Flannery O'Connor）的密友。布朗以富布赖特学者的身份抵达里约后，和毕

————

1 "脚注"，《空中的言辞》，第 559 页。

肖普成了亲密的朋友，并在里约花了很多时间与毕肖普一起谈论文学、政治和生活。毕肖普告诉斯文森："我们就像两位老太太一样坐在南方的门廊上聊天……说来也怪，他能温和地讲出所有的南方八卦，却一点儿也不刻薄。"[1]他们还经常一起去欧鲁普雷图。1965年，布朗与毕肖普以及萝塔一起见证了一场壮观的狂欢节——庆祝里约建城四百周年。布朗注意到，萝塔"在我在那里的那段时间里非常投入公园的工作"，而且随着各项建设工作的逐步成熟和完善，公园已经成为"一个非常受欢迎的事情"。他还补充说，萝塔对"公园的每一个收尾阶段都很感兴趣……她是一个完美主义者"。布朗通过萝塔和其他人了解到毕肖普酗酒的问题，当他参观萝塔的公寓时，她"为我备好了波旁威士忌"，但"大多数时候伊丽莎白根本不喝酒"。他回忆起有一次自己受邀赴宴，发现"伊丽莎白游刃有余"。萝塔告诉他不会有晚餐，于是布朗断定"伊丽莎白那天不过是小打小闹罢了"。[2]

毕肖普继续在她周围的环境中寻找诗歌，尽管现在她又回到了城市，而不是萨曼巴亚时期主导她作品的风景和私密肖像画。毕肖普去世前一直在创作和修改的一首诗是《莱梅公寓》（"Apartment in Leme"），这首诗和《粉红狗》一样，毕肖普明确表达了对巴西政治的反思。毕肖普与萝塔合租的公寓位于里约莱梅区的边缘。在《莱梅公寓》中，当黎明到来时，诗人发现，

> 天越来越亮。海滩上有两个男人
> 从报纸铺就的浅浅的坟墓里起身。

1　毕肖普 1964 年 11 月 5 日致斯文森信。
2　《怀念伊丽莎白·毕肖普》，第 192 页。

第三个继续睡着。他的被单

是瓦楞纸，一个压扁的盒子。

一只奔跑的狗，两个早起的游泳者，突然停在

他们的路上；绕道而行。[1]

《粉红狗》中，一只患有疥疮的"褪毛"母狗象征着城市贫民的另类，而在这里，人类游泳者和一只"奔跑的狗"都会偏离自己原来行进的方向，为了避开熟睡的流浪汉。然而，《莱梅公寓》也将海洋的力量视为一种女性存在，它与科帕卡巴纳的地理轮廓和情感氛围相接近，并对它进行定义："因为我们生活在你张开的嘴里，哦，大海，/用你冰冷的呼吸吹出温暖，你温暖的呼吸吹出寒冷。"[2]尽管这首诗在毕肖普去世时尚未完成，但其中一些诗句十分亮丽，让人不禁感到这是一首正在创作中的重要诗歌。事实上，毕肖普在 1965 年 8 月 2 日的一封信中说道，她曾打算将这首诗献给她的密友罗伯特·洛威尔，这表明毕肖普本人对这首诗的可能性给予了高度评价。事实上，她认为这首诗可能"比《犰狳》更好一些"[3]，这确实是她献给洛威尔的一首巴西之诗，而且洛威尔对这首诗分外推崇。

———

她以更快的速度完成了另一首关于巴西的诗，那就是非凡的民谣《巴比伦的盗贼》，这首诗将发生在她眼前的事件编织成了一个引人入胜的故事。这是一场广为人知的追捕逃犯米库苏的行动，米

---

1 《埃德加·爱伦·坡与自动点唱机》，第 135 页。
2 《埃德加·爱伦·坡与自动点唱机》，第 134 页。
3 毕肖普 1965 年 8 月 2 日致洛威尔信，载《空中的言辞》，第 583 页。

库苏在里约莱梅区附近的巴比伦尼亚贫民窟（或山坡贫民窟）长大，士兵和军用直升机在莱梅公寓周围的山上追捕他。站在萝塔的阳台上，通过望远镜能看到整个追捕过程，这次追捕最终导致了米库苏的死亡。玛丽安·摩尔告诉洛威尔，她认为《巴比伦的盗贼》是毕肖普最好的诗。洛威尔本人也说，这首诗"肯定是英语中最伟大的谣曲之一"，而且"奇怪的是，它比你为'生命世界图书馆'创作的那一本书更能展现巴西"。他还诙谐地说道，"我想知道卡洛斯（·拉塞尔达）会怎么看待它"。[1]一位巴西采访者称毕肖普的诗"雄伟"，并从中发现了"一种难以形容的忧郁"。《巴比伦的盗贼》一开始就阴郁地写道："在里约美丽的青山上／生长着一块可怕的污点：／那些来到里约的穷人／再也回不了家。"这些来自农村的贫困移民者如今被困在城市的贫困之中，就像"上百万只麻雀"混乱的迁徙一样，他们"不得不"在里约贫民区这些美丽的青山上"点灯和休息"，通常在瓦楞纸箱或其他废弃材料搭建的住所中栖身。

当诗歌将注意力转移到逃犯米库苏身上时，诗人将他视为一个极具人性的人。由于注定要被监禁，所以他拒绝再活下去。"他们判了我九十年，"他对把他当儿子养大的阿姨说，"谁想活那么久？／我愿意待在巴比伦山上，／度过九十个小时。"[2]余下的大部分诗句都从米库苏的角度展开讲述——他所看到的、听到的和感受到的一切。经过数天的奔跑之后，士兵们无情地逼近，他在一棵树上度过了一个焦虑的夜晚，醒来时"沾满露水，饥肠辘辘"。

米库苏从山顶向下望去，熟悉的科帕卡巴纳海滩尽收眼底。他看到沙滩上习以为常的遮阳伞和摊开的浴巾。在他眼中，"游泳者

---

1 洛威尔1964年11月（22日）致毕肖普信，载《空中的言辞》，第560页。
2 《毕肖普诗选》，第111页。

的头"就像"漂浮的椰子"。他能听到海滩上飘来的花生小贩的口哨声，几乎能听到提着篮子的妇女们的闲聊。但是，他自己的生活现在被无情地与这些熟悉的景象和声音隔绝开来。不久，一名士兵靠近，当米库苏试图冲向自己的避难所时，士兵开枪射击，米库苏"被击中，在耳朵后面"。然后，在一个非同寻常的时刻，我们进入了米库苏的内心世界，目睹了他最后的想法和念头："他听到婴儿的哭声 / 在他脑海深处遥远又遥远的地方， / 还有杂种狗吠了又吠。/ 然后米库苏死了。"[1] 这首诗像开篇一样收束，咒语般地命名了煤油山、骷髅山、惊愕山和巴比伦山。毕肖普告诉阿什利·布朗，这首诗的大部分内容"都是在一天内写就。它自然而然地以一首谣曲的形式呈现出来"。这个令人难忘的故事表明，只要贫民窟以目前的形式存在，贫困、犯罪和死亡的循环就会永无休止地持续下去。然而，尽管这首诗完成得很快，但它饱含着毕肖普多年前抵达桑托斯以来在巴西积累的全部经验。

———

就在毕肖普写作《巴比伦的盗贼》等强有力的叙事作品时，她与萝塔的关系也显现出越来越紧张的迹象。她们早年那种轻松又相互支撑的情谊，已经被萝塔对弗拉门戈公园的持续关注所侵蚀和消磨。作为一名女性和没有正式学位的天才业余爱好者，萝塔的工作困难重重，这让她感到沮丧，甚至在公园接近完工并开始显示出布朗所谓的成功迹象时，她变得越来越暴躁、易怒、心烦意乱和疲惫不堪。毕肖普更喜欢待在萨曼巴亚的家里，她也越来越厌倦里约公寓里的生活——这里面临着物资短缺、定量配给和政治动荡，而萝

---

1 《毕肖普诗选》，第 114 页。

塔大部分时间都在外面工作，回到家时总是筋疲力尽，情绪低落。毕肖普始终都面临着酗酒的风险，而现在她"重操旧业"，越来越多地转向了酒精。

1964 年 12 月，毕肖普向洛威尔提道，"我已经暂时接受了罗特克以前的教职"，前往西雅图华盛顿大学教书，"但要等到 1966 年 1 月"，她只是间接地暗示了这种越来越难以维系的局面。她正在考虑尝试"一个或两个学期。我想去看看这个世界的那一部分，我只希望我能说服萝塔也去和我同去住上一段时间"。[1]1965 年 3 月，写给洛威尔的一封信中，毕肖普对去西雅图工作的提议仍然是暂时接受，因为"萝塔反对"[2]。毕肖普仍希望萝塔能和她一起去西雅图共度至少部分学期。与此同时，萝塔不断提醒毕肖普，她以前从未教过书，并断言毕肖普不是当老师的料。毕肖普一直推迟到最后一刻才决定是否接受西雅图的教职，但她最终还是接受了，因为她急于逃离，而且觉得自己别无选择。

1965 年 4 月 3 日，弗拉门戈公园正式开放，萝塔因此受到了许多公众的喜爱和尊重，因为正是她的辛苦努力让垃圾填埋场变成一个精美的现代公园，她在这个项目中发挥了至关重要的作用。但是，她在瓜纳巴拉的官僚机构中没有获得正式职位，一直以来只能依靠州长卡洛斯·拉塞尔达的支持。现在，萝塔与拉塞尔达的关系几乎已经到了破裂的地步，而无论如何，拉塞尔达的五年任期即将结束。尽管如此，即使萝塔的权力正在逐渐消失，毕肖普告诉斯文森，萝塔"每天工作大约 18 个小时，嗓子已经哑了，受到了一些政客的猛烈攻击，今天早上一开始就牙痛和齿龈溃疡，可怜的

1　毕肖普 1964 年 12 月 11 日致洛威尔信，载《空中的言辞》，第 562 页。
2　毕肖普 1965 年 3 月 11 日致洛威尔信，载《空中的言辞》，第 574 页。

人"[1]。这些攻击甚至来自萝塔以前的密友和同事、著名的景观设计师罗伯托·伯勒·马克思，他后来遗憾地解释说，当时一时冲动写了一篇"非常激烈的文章"来反对萝塔，因此那时萝塔已经变得"有点独裁"，并做出了他认为不明智的决定，在他看来，这强加于人的决定有欠考虑。[2]毕肖普声称，她只有在萝塔吃晚饭仅有的十分钟里才能见到她，这也是毕肖普越来越多地待在欧鲁普雷图的原因之一。有一次，毕肖普在欧鲁普雷图逗留的时间格外长，萝塔在崎岖不平的道路上行驶了 9 个小时，"终于来接我了"[3]。

随着公园的正式开放，萝塔作为"女协调员"也获得了应得的荣誉，她优雅退场的时机似乎已经成熟。在这之后，萝塔本可以与毕肖普一起回到宁静的萨曼巴亚，在那里休养生息。但优雅地退出意味着将公园的控制权拱手让给瓜纳巴拉州。毕肖普无疑对这样的结果甚感快慰，但放弃控制权并不符合萝塔的本性，即使她的政治赞助人已经失势，她所在的政党也失去了民众的支持。就这样，萝塔争夺公园控制权的斗争将在未来几年里继续进行，即使保留这种控制权的概率正逐渐趋近于零。

————

与此同时，毕肖普自己的事业正在向前发展。1965 年 10 月，法勒、施特劳斯和吉鲁出版社出版了她的第三本诗集《旅行的问题》，诗集用葡萄牙语题写着"献给萝塔"，毕肖普为此选择了 16世纪著名诗人路易斯·德·卡蒙斯（Luís de Camões）一首十四行诗的最后几行：

1　毕肖普 1965 年 11 月 10 日致斯文森信。
2　《怀念伊丽莎白·毕肖普》，第 196—197 页。
3　毕肖普 1965 年 11 月 10 日致斯文森信。

因为这是如此幸福

给你我所拥有的和我所能给予的，

我给你的越多，我欠你的就越多。[1]

叙述者献出的是"我的生命，我的灵魂，我的希望，一切/我所拥有的"。然而，对于卡蒙斯的狂热情人来说，"所获得的好处只属于我一人"。[2]这首充满激情的献诗之后——不熟悉葡萄牙语的英语读者很难理解——这本诗集的第一辑题名为"巴西"。这里的 12 首诗是与阿什利·布朗协商后按顺序排列的，开篇便是她上一本诗集中的一首诗《抵达桑托斯》。接下来是一首截然不同的抵达之诗《巴西，1502 年 1 月 1 日》，接着是标题诗《旅行的问题》。随后，这一序列转向了萨曼巴亚，收录了《占屋者的孩子们》《曼努埃尔济》《雷暴》（"Electrical Storm"）、《雨季之歌》（"Song for the Rainy Season"）和《犰狳》等诗作。巴西部分以她描写亚马孙河的诗作《河人》（"The Riverman"）、描写卡波弗里奥的诗作《第十二天清晨》（"Twelfth Morning"）以及描写里约的诗作《巴比伦的盗贼》强力收束。[3]诗集的第二辑名为"别处"，以她的自传体故事《在村里》开始。这个故事之后是至关重要的新斯科舍之诗《教养》《六节诗》和《新斯科舍的第一次死亡》，还有许多其他优秀的诗歌，包括《加油站》（"Filling Station"）、《周日，凌晨 4 点》（"Sunday, 4 A.M."）、《矶鹬》（"Sandpiper"）和《探访圣伊丽莎白》（"Visits to

---

1 译文由大卫·霍克无偿提供。

2 乔治·蒙泰罗译：《卡蒙斯的神灵》，肯塔基州列克星敦：肯塔基大学出版社，1996 年，第 106 页。

3 洛威尔 1964 年 11 月 22 日致洛威尔信，载《空中的言辞》，第 560 页。

St. Elizabeths")。洛威尔在这本诗集的推介语中声称，毕肖普的作品"切入得如此之深刻"，是因为"每首诗的灵感都源自她自己的音调，一种宏大而严肃的温柔和悲伤的游戏音调"。洛威尔称她是"幽默又指挥若定的天才，善于发现未被注意的东西，时而让一些事情变得活泼又恰切，时而创造一座伟大的纪念碑"。他还说，她的诗一度"每一首都光彩夺目，但数量太少了。现在有了很多"。[1]洛威尔在写给毕肖普的一封信中，几乎将这本诗集中所有的诗都逐一列为个人最爱，并列举了每首诗的独特之处，比如《加油站》是"你最好的'可怕但欢快'的诗之一"，《河人》是"一首强有力的启始之诗，某种程度上呼应了你在桑托斯的登场"。[2]

10月27日，军事领导人卡斯特洛·布兰科代表1964年4月推翻古拉特并夺取政权的军政府发布了一项公告，取缔所有现有的政党，并强制为新政党制定了法律指导方针。实际上，只有一个得到军政府批准的反对党才能存在。1965年11月18日，毕肖普在写给洛威尔的信中出于对萝塔立场的忠诚，仍然试图迂回地辩称"这里**不是'独裁'**"[3]。洛威尔用温和责备的语气回应道："你对独裁统治的态度非常微妙。"[4]

不过，毕肖普明确表示，她对正在崛起的军政府完全不再抱有幻想。到1965年11月，毕肖普发现自己在巴西的生活真正陷入了困境。她仍然爱着萝塔，但她们在一起的生活变得越来越艰难。而随着《旅行的问题》的出版，她在美国的声誉不断攀升。她在巴西

1 洛威尔：《为毕肖普而作之推介语》，《旅行的问题》，纽约：法勒、施特劳斯和吉鲁出版社，1965年。
2 洛威尔1965年10月28日致毕肖普信，载《空中的言辞》，第591页。
3 毕肖普1965年11月18日致洛威尔信，载《空中的言辞》，第596页。
4 洛威尔1965年11月24日致毕肖普信，载《空中的言辞》，第597页。

期间继续获得资助和奖项，但除了这些，她的艺术成就本身在巴西几乎并没有给她带来直接的好处，萝塔的一些朋友仍然将她视为萝塔麻烦的附属品。她已经很难再拒绝来自美国的教学邀请。截至11月10日，毕肖普向斯文森解释说，她仍未决定是否真的要去西雅图，并倾向于退出。但最终，她在欧鲁普雷图购买的房子帮助她做出了决定。毕肖普需要西雅图的华盛顿大学提供的可观收入来帮助自己支付房屋修缮所需的费用。终于，11月19日，她在写给洛威尔的一封信中宣布自己决定接受这份工作。圣诞节后没几天，她就登上了前往西雅图的飞机，开始了担任文学和创意写作客座教授的新职业生涯。

第十五章　没有咖啡能唤醒你

1966 年 1 月，54 岁的伊丽莎白·毕肖普来到西雅图的华盛顿大学，开始了她的大学教学生涯。四个月后，她接受了年轻的汤姆·罗宾斯（Tom Robbins）的采访。五年后，罗宾斯出版了他第一部畅销小说《另一个路边景点》(*Another Roadside Attraction*)。罗宾斯在 1966 年 4 月出版的《西雅图》杂志上宣称："今年西雅图诗歌界最激动人心的事是一位诗人的到来，她是……女性、中年人，害羞，声音轻柔，面色苍白如冬月。她的名字叫伊丽莎白·毕肖普。"[1] 罗宾斯认为毕肖普的气质与举止"似乎更像一位图书管理员，而不是一个奇异意象的魔术师"。然而，他察觉到这个面色苍白、声音轻柔的女人，并不像看上去的那么简单。罗宾斯举例说，大学区的一个角落里，"一个吃着佩奥特的年轻波希米亚人""贪婪地读着毕肖普小姐最新的诗集，边读边说，'天哪，这里面可有不少绝妙的旅行'"。[2] 罗宾斯还说，最近出版的《旅行的问题》"在西雅图的书店里销售火爆"[3]。他认为这本以巴西为题材的诗集堪比保

---

1 汤姆·罗宾斯：《此刻演奏：女诗人的触碰》，载《伊丽莎白·毕肖普谈话录》，第 33 页。
2 《伊丽莎白·毕肖普谈话录》，第 33 页。
3 《伊丽莎白·毕肖普谈话录》，第 34 页。

罗·高更（Paul Gauguin）的画作。罗宾斯本人也发现毕肖普的诗"充满了永恒平静的氛围，浸润着对现实的神奇看法"[1]。

　　罗宾斯指出，毕肖普一到这里，不仅"留下了广袤巴西万花筒般的魅力"，而且还打破了"学术界令人印象深刻的长期抵制"的局面，因为她是"这个领域的杰出人物"。毕肖普承认，她可能是她这一代人中唯一一位没有靠教书为生的美国诗人，并补充道："这是我第一次教书，从某种程度上讲，我讨厌破坏这个纪录。"[2]上一代诗人从事的职业更加多样化，罗宾斯推测毕肖普远离"校园、小圈子和鸡尾酒会"，可能是"她的作品具有新鲜感和独创性的部分原因"[3]。毕肖普离开美国居留巴西期间，美国的创意写作课程稳步发展，去大学任教现在已经成了诗人、作家、艺术家和作曲家最稳定的资金来源。西雅图英语系主任罗伯特·海尔曼（Robert Heilman）指出，毕肖普此前拒绝了美国许多大学英语系的教学邀请，他不确定自己能否在1966年冬春两季获得毕肖普同意任教的授权，[4]但对毕肖普来说，尝试教学的时机已经到来。她告诉罗宾斯，她之所以接受这份工作，是因为她需要钱为她在欧鲁普雷图的房子更换一个新屋顶。不过，她也需要暂时与越来越麻烦和挑剔的伴侣萝塔保持一些距离。离开学术界几十年后重新回到大学，面对一张张充满期待的学生面孔，她感到焦虑，但这份教师工作可以让她获得收入和专业认可，这是多年来杰出的艺术成就带给她的回报。

　　毕肖普第一次以教师的身份进入课堂时，是在华盛顿大学担任

1　《伊丽莎白·毕肖普谈话录》，第36页。
2　《伊丽莎白·毕肖普谈话录》，第33—34页。
3　《伊丽莎白·毕肖普谈话录》，第34页。
4　《怀念伊丽莎白·毕肖普》，第202页。

此前曾长期由著名诗人西奥多·罗特克（Theodore Roethke）担任的职位。1963年，西奥多·罗特克因心脏病发作骤然去世。多年前，毕肖普曾向洛威尔报告说，罗特克曾形容她是一个"活泼好动的孩子"，当时毕肖普去罗特克杂乱无章的酒店房间看望他，并帮助他迅速收拾行李，以便让他能在纽约中央车站赶上一列即将出发的火车。[1] 罗特克去世后，该校英语系决定不再聘请能长期接替罗特克的人，而是每年聘请一批诗歌教师，每一位导师在一个三学期的学年里教授两个学期的课程。毕肖普是第二位填补这一职位的诗人，第一位是亨利·里德（Henry Reed），这位诙谐的英国诗人以滑稽的诗作《零件的命名》以及模仿艾略特《四个四重奏》的作品《查德·惠特洛》而闻名。风趣又嗜酒的里德回到大学担任正式教师，此后将成为毕肖普最喜爱的伙伴之一。

毕肖普花了一个月的时间兴奋地准备自己在大学的第一堂课，终于在1966年2月8日她55岁生日这天，开始给她最喜欢的两位通信者基特和伊尔莎·巴克写信。14年前，也就是1952年2月8日，毕肖普中断了自己的生日，从萨曼巴亚给巴克夫妇写了一封信，得意扬扬地宣布是蓝眼睛、金围兜的巨嘴鸟萨米，影响了她留在巴西的决定。而现在，当天晚上，毕肖普独自一人在西雅图布鲁克林大道的公寓里，再次写信给巴克夫妇，恳求他们原谅自上次写信以来长时间的耽搁和拖延："我还没有给任何人写过信，除了初到这里时，也就是说，在真正的工作开始之前，给萝塔写过几封思乡信。"然后，她承认现在的文化冲击比她1951年11月抵达桑托斯时所经历的要更加令人不安，她补充说："我想，就我而言，一

1 毕肖普1960年5月19日致洛威尔信，载《空中的言辞》，第328页。

切都让我感到完全陌生。"她出生在这片土地上，然而现在她却是这片土地上的陌生人，这样的体验是多层次的："首先，美国现在让我震惊的是——每三年就不再能跟得上我们走向死亡和地狱的步伐——然后，我以前从来没有去过西部，接着，最重要的是，我以前从来没有教过书，也没有见过一所庞然的大学。"然而，随着几周的时间的过去，毕肖普开始适应这个起初看起来完全令人不安的环境，这让她告诉巴克一家："如果我不用**工作**，我想我会过得非常愉快！"[1] 她还对安妮·鲍曼说："每个人都对我很友善，彬彬有礼，与我亲爱的萝塔相比，我简直无法适应。"她还担心萝塔变得越来越像卡洛斯·拉塞尔达："这是对他们俩的普遍抱怨——不只是我——没人能和他们说话。"[2]

　　她在大学的职责包括教授一个有 20 名学生参加的写作讲习班和一个有 18 人参加的文学讲习班。就像之前和之后无数首次担任大学教师的人一样，毕肖普对学生们的课前准备之不足感到惊讶。瓦萨时期的一位同学曾声称毕肖普是"自约翰·斯图尔特·密尔以来最博学的新生"，大学毕业后的几年里，毕肖普的圈子里囊括了三大洲的知识分子和艺术精英。因此，她对西雅图学生的期望不可能完全现实。即便如此，她还是承认："我确实喜欢他们，几乎每一个人都喜欢——只有一个年轻的荣格主义者我无法忍受。"

　　毕肖普最初的住处是一家狭窄又嘈杂的旅馆里的单人间。她遗憾地拒绝了在罗特克遗孀比阿特丽斯家住宿的邀约，因为那里离校园很远（她仍然不会开车），而且她对狗过敏，而比阿特丽斯家养了很多狗。在这家令人不满意的旅馆住了一小段时间后，毕肖普搬

1　毕肖普 1966 年 2 月 8 日致巴克夫妇信。
2　毕肖普 1966 年 3 月 19 日致鲍曼信，载《一种艺术》，第 446 页。

到了一家汽车旅馆，事实证明这家旅馆同样不适合她。然后，她惊讶地对巴克夫妇说，她的学生们主动将她为数不多的几件财产——锁、存货和酒桶——全部搬到她现在位于布鲁克林大道更舒适的公寓里。他们还提供了各种各样搜罗来的家具。她告诉巴克夫妇："我正站在厨房的水槽上写这封信——因为到目前为止，我只有一把摇椅、一张大铜床和一个书柜——还有一张沙发——但至少两个房间。"最值得注意的是，"学生们做到了——找到了地方，收拾好了家具，帮我搬了家——而我却在'城里'待了一天"。她惊讶地发现"我回来后，所有的胸罩和牙刷都已就位。我最后的家——汽车旅馆的女房东……说'那些男孩和一个女孩肯定也很喜欢感动你'"。[1]这次搬家活动的共同组织者中，有两个年轻的毕肖普的仰慕者，他们后来会在毕肖普的生活中扮演重要的角色，一位是她诗歌课上的旁听生韦斯利·威尔，另一位是"一个女孩"罗克珊·卡明（Roxanne Cumming）。

除了这些办事效率高又乐于奉献的同学，毕肖普身边很快就出现了另一位乐于助人的人，那就是多萝西·鲍伊（Dorothee Bowie），她会成为毕肖普终身的朋友，这位华盛顿大学英语系主任的助理聪明能干，将会在这个职位上一干就是 20 年。鲍伊深谙渗透学术界的许多不成文的规则、禁忌和竞争。正如毕肖普所说，鲍伊"已经救过我很多次了"。英文系现任系主任罗伯特·海尔曼是一位多产的学者，也是毕肖普的朋友，他也让毕肖普的新生活变得更加轻松。新朋友多萝西和毕肖普一样喜欢八卦和冷幽默。鲍伊很快就意识到毕肖普是一个需要帮助的人，因为她有严重的酗酒问

1　毕肖普 1966 年 2 月 8 日致巴克夫妇信。

题，但鲍伊也宣称："我觉得她值得我给予任何帮助。"鲍伊感到，这些情感上的困境与毕肖普自身的长处相去甚远。这些挑战"与我认识的这个相当了不起的人之间毫无关系。在她状态好的时候，她真的是我见过的最机智、最有趣、最了不起的人之一"。[1]

毕肖普生日那天在给巴克夫妇的信中提到，她首次因独自面对大学教室而感到恐慌。她向鲍伊吐露心声："如果我真的想离开，我想我会站起来尖声喊出**我讨厌罗特克**，这样就可以了。"然而，鲍伊风趣地说道："那是行不通的，亲爱的。太多人会赞同你的说法。"[2] 比毕肖普年长三岁的罗特克是一位才华横溢的诗人，在某些方面与毕肖普如出一辙。两人对自然的观察都异常敏锐和准确，两人都嗜酒如命。但罗特克最喜欢的诗歌形式，尤其是在他晚年，是长而全面的诗歌序列。他在观察自然方面的天赋与一种更浪漫的情感外露的风格联系在一起。罗特克的第一本诗集出版于1941年，名为《敞开之家》(Open House) ——这几乎不会是《寒春》的作者会选择的书名。毕肖普向罗伯特·洛威尔承认，她并不是真的讨厌罗特克，但"一个人讨厌感觉像他的鬼魂——我认为他的某些影响非常糟糕——尽管"，她公正地承认，"同时我认为他在这里吸引了许多有潜力的优秀诗人——我仍然在接受其中一些影响"。[3] 早些时候，洛威尔曾鼓励毕肖普接受西雅图的工作，1965年他到这所大学参加罗特克纪念朗诵会之后发现"每个人似乎都非常兴奋，渴望你的到来。在你广为人知的地方——现在已经非常广泛——你拥有所有写作中最坚定和最真实的追随者"[4]。

---

1 《怀念伊丽莎白·毕肖普》，第203页。
2 毕肖普1966年2月8日致巴克夫妇信。
3 毕肖普1966年2月23日致洛威尔信，载《空中的言辞》，第600页。
4 洛威尔1965年5月23日致毕肖普信，载《空中的言辞》，第575页。

韦斯利·威尔以前曾跟随罗特克学习，现在正在毕肖普的诗歌班旁听，他在多个方面让毕肖普觉得他与众不同。他是一位颇有天赋的画家，用毕肖普的话说，他能像毕肖普自己一样，在色彩鲜艳的小幅作品中创造出"那么大的空间，那么浓厚的氛围，那么遥远的距离和孤独"，他会将这些作品"像一副神奇的扑克牌"一样在自己面前展开。[1] 作为一名业余但有才华的古植物学家，威尔还痴迷于收集各种奇怪的物品。多年以后，罗克珊·卡明会回忆起这样一个场景：有一次，身为乘客的威尔要求停车，因为他注意到公路边的沟渠里有一块猪骨化石。司机一紧急刹车，威尔就慌忙跑向沟渠，取出了这块古老的猪骨标本，作为自己的古生物收藏品。威尔37岁，与讲习班上的大多数学生相比，年龄都更接近毕肖普本人。两人课余时间经常在一起，威尔将从这位新导师那里听到的课堂内外的一切都记了下来。毕肖普去世两年后，威尔发表了他简明扼要的博斯韦利式回忆录《伊丽莎白·毕肖普：谈话录和课堂笔记》。

威尔的课堂笔记表明，尽管毕肖普起初缺乏授课技巧，但她作为教师的最大优势在于，她决心引导学生以全新的方式看待和思考问题。威尔的课堂笔记摘录了毕肖普敦促初出茅庐的写作者们时说过的话，譬如，"在你的诗中运用更多的具体之物——那些你每天都在使用的东西"。为了鼓励她的学生写"你身边的事物"，她布置了一首关于西雅图的30行诗，并列出了可能会出现的当地物品的清单。毕肖普凭借自己对传统形式的掌握与精通，开始让学生进行节奏、形式和韵律方面的训练，并补充说，作为初出茅庐的诗人，"你们应该不停地向脑子里塞诗歌，直到它们几乎挡住了你的去

1 《毕肖普诗歌、散文与书信选》，第 469 页。

路"。她还敦促学生们说，如果他们想成长为作家，"我建议你们读一位诗人——读他的全部诗歌、信件和传记，以及他的所有一切，除了对他的评论"。[1] 作为一位曾经的年轻诗人，毕肖普自己也曾按照类似的阅读思路，如醉如迷地读过雪莱、赫伯特、霍普金斯、摩尔和其他许多类似诗人的作品。摩尔则更加特殊，毕肖普是导师摩尔的收信人，也是摩尔生活的重要观察者。

威尔生动详细地回忆起了一个更私密的时刻。当毕肖普在新公寓的厨房里为他们两人准备午餐时，威尔对她喊道："伊丽莎白，我需要你给我一些爱情方面的建议。"这时，毕肖普站在厨房门口，直直地盯着他，然后对他说道："你想问我一个**什么**问题？你是说关于爱情吗？你怎么会从所有人中选出我来，认为我知道这样的问题呢？"毕肖普接着说，如果威尔"对我的个人生活了解得更多的话，你肯定不会想来找我寻求任何有关爱情的明智建议"。她悲伤地补充道："我通常和我认识的任何人一样对此感到困惑。"她转而指给威尔看 W. H. 奥登（W. H. Auden）的作品："如果他不懂爱情，我就不知道还有谁懂了。"然而，当天下午晚些时候，她为自己的失态向威尔道歉，并大胆地提出了一个建议："既然你问了我……我要说的是，如果任何幸福降临你的面前，**抓住它！**"[2]

当然，毕肖普此时的爱情生活已经到了相当混乱的程度。回到里约的萝塔让毕肖普的生活变得愈发艰难。毕肖普最近还在欧鲁普雷图与莉莉·科雷亚经历了一段短暂而热烈的恋情。就在她说出这些话的时候，毕肖普正与罗克珊·卡明开始一段新的恋情。卡明在 50 多年后的一次采访中回忆说，威尔曾提议"我们去听听伊丽

1 《伊丽莎白·毕肖普谈话录》，第 40 页。
2 《伊丽莎白·毕肖普谈话录》，第 40 页。

莎白·毕肖普（朗诵她的诗歌）吧”[1]。罗克珊·卡明（毕肖普的早期传记中化名为苏珊娜·鲍文）当时 24 岁，那时她已经与画家威廉·卡明（William Cumming）结婚 4 年了，后者是西北画派的领军人物。威廉·卡明比罗克珊大 25 岁，卡明是他七任妻子中的第五个，而且她还怀了他的第一个孩子。在后来的几年里，威廉·卡明形容他们之间的关系是"狂风暴雨"[2]。

　　不久之后，罗克珊和丈夫参加了在一家日本餐馆为毕肖普举行的晚宴，与诗人卡罗琳·基泽（Carolyn Kizer）、西北画派的画家利奥·肯尼（Leo Kenny）和理查德·吉尔基（Richard Gilkey）以及作家汤姆·罗宾斯一起围坐在一张矮桌旁。第二天，毕肖普邀请罗克珊·卡明一起去她那家不如人意的汽车旅馆，就在那时，卡明认定这样的住宿条件不好。在威尔的支持下，他们招募自己的同学，为毕肖普挑选了一套新公寓，并协调毕肖普的物品和家具的搬运。卡明后来回忆说，毕肖普在给巴克夫妇的信中提到的那张大铜床就是她提供的，这是她最近与韦斯利·威尔交换的一件二手家具（这种家具在 20 世纪 60 年代令人垂涎欲滴），以换取两顿自制的炖肉晚餐。卡明注意到，毕肖普与他人交流时，会静静地观察她的对话者，同时暗暗问自己一个问题："这个人值得信任吗？"然后再问一个问题："这个人能帮助我吗？"[3] 毕肖普到达西雅图不到一个月，就找到了鲍伊、威尔和卡明这样的帮手。在卡明那里，毕肖普还找到了一个爱人。卡明回忆说，她被毕肖普身上的"尖刻的幽默和奇思妙想"所吸引，这些品质促成了她们之间"深厚而奇特

---

1 《罗克珊·卡明访谈录》，2019 年 1 月 19 日。
2 德洛雷斯·特尔赞·阿门特："威廉·卡明（1917—2010，画家）"，2003 年 2 月 15 日。网页，访问时间：2018 年 11 月 10 日。
3 《罗克珊·卡明访谈录》，2019 年 1 月 19 日。

的感情"[1]

虽然毕肖普一直抗拒来到西雅图，并几乎是惊慌失措地逃离，但当她的第二个任期即将结束时，她开始极不情愿离开这里，部分原因是她对巴西政治状况感到焦虑，也担心自己到达巴西时萝塔的身体和情绪状态不稳。她曾一度考虑经由巴拿马运河来一次漫长的航海归家之旅，这样她就可以集中精力整理思绪，并在长时间的中断之后重新开始自己的诗歌创作。尽管她对教学不太确定，有时也采用非正统的教学方法，但她在课堂上的努力可能会成为未来就业的有用凭证。她在美国的六个月已经表明，如果她愿意，她可以在美国过上自己的生活。现在，毕肖普正要返回巴西，回到她早先与萝塔在一起的生活，但她不确定自己到达时会发现什么。

6月23日，毕肖普写信告诉摩尔，回到巴西后她发现"萝塔为公园过度劳累，状态很糟糕"。自从瓜纳巴拉新上任了一位敌对政党的州长以来，萝塔正在逐渐失去对自己曾投入大量精力和时间的公园项目的控制。作为即将离任的州长，卡洛斯·拉塞尔达曾试图通过为公园创建一个由萝塔担任负责人的基金会来保护萝塔的权力，但法院拒绝接受该基金会的权威。其他人可能已经意识到，在萝塔的领导下，弗拉门戈公园已经成为里约城市结构的重要组成部分，而随着她的政治赞助人失去权力，公园几乎已经完工，现在可能是时候放手了。但萝塔完全无法放弃她最珍视的东西。

7月31日，卡明给毕肖普发去一封电报，宣布一个名叫休的男婴出生。8月中旬，毕肖普告诉鲍伊："这足以说明萝塔真的病得很重，差点心脏病发作，最后被迫暂停工作——我们五年来一直都在

1　卡明2018年11月22日致笔者电子邮件。

告诉她这件事，但没用。"[1] 她向鲍曼医生承认"我欺骗了她"，但毕肖普也对萝塔一再声称自己"在美国'喝了6个月的酒'"表示失望。[2] 此外，还让她感到沮丧的是，萝塔对自己在西雅图就职一事始终耿耿于怀，甚至拒绝提起这所大学，也拒绝谈论毕肖普在那里的工作。毕肖普向她的朋友们明确表示，她已经收到了其他的工作邀约，她可以选择留在美国工作，并获得高薪。毕肖普甚至得到了一个惊人的报价——一个为期六周的巡回朗诵会可以获得1.2万美元的报酬。她也找到了一个更年轻的爱人——罗克珊·卡明。毕肖普放弃了这一切，因为她希望回到巴西，重建与萝塔的关系。

虽然她向鲍曼承认，她与萝塔之间的许多问题都是她自己的过错——尤其是她的酗酒——但她告诉鲍曼，她回到巴西之后，萝塔拒绝承认"过去15年里，我或许已经成长了许多（！——关于时间），我确实能靠自己应付得很好"[3]。她的成长，尤其是20世纪50年代的成长，无疑很大程度上要归功于萝塔创造的自由和支持性的环境。但在接下来岁月里，她大部分的成长都是依靠自己，她在这段时间里被迫靠自己的努力实现独立。在过去几年里，毕肖普展示了她在美国独立赚钱的能力和文学地位，这些都是她作为职业作家通过自己的努力取得的成就。萝塔曾经热情地鼓励过这些发展和进步，但现在她认为这些成了自己的威胁。毕肖普一回到巴西，就沮丧地发现这位曾经完全支持自己的爱人，现在却不断地斥责、奚落和贬低自己，而这个爱人现在已经被双重执迷所俘虏：保持对公园的控制和对毕肖普本人的控制。

1　毕肖普1966年8月13日致鲍伊信。
2　毕肖普1966年9月1日致鲍曼信，载《一种艺术》，第449页。
3　毕肖普1966年9月1日致鲍曼信，载《一种艺术》，第449页。

也许她和萝塔一起去欧洲度个长假，远离里约的争斗，共度一段美好的时光，才是解决之道。1966 年深秋，两人出发前往英国和荷兰。但就在这次旅程有了一个充满希望的开端之后，萝塔迫不及待地离开了，她要回到里约重新开始她的斗争。萝塔回到巴西后，不得不立即住院治疗。

萝塔还因为发现毕肖普的不忠而感到自己受到了威胁。多年前，毕肖普就曾幽默地形容萝塔是一个"书信窥探者"。现在，萝塔发现了卡明写给毕肖普的信。可以理解的是，她感到自己遭遇了背叛，这也导致她们之间产生了严重的裂痕。萝塔患有动脉硬化和高血压，公园的工作对她和毕肖普本人都造成了伤害。1967 年 1月，毕肖普写信给巴克夫妇和多萝西·鲍伊，当时她正从重压和酗酒中恢复过来。后来，毕肖普因哮喘和酗酒在博塔福加诊所住了两周。她向朋友们解释说，当她自己在疗养院时，萝塔正在接受德西奥·苏亚雷斯·德索萨（Decio Soares de Souza）的心理分析治疗。毕肖普仍然声称自己与萝塔之间有着牢固的感情和承诺，但与她生活在一起变得越来越艰难。1967 年 7 月，萝塔的心理医生建议她们两个人分居。他建议毕肖普和萝塔继续分开几个月，因为他担心任何过早的会面都可能危及萝塔的健康。

她们被要求暂时分居，一直要到 1967 年 12 月，届时萝塔的健康状况可能会有所好转。遵从德索萨的指令，毕肖普于 7 月 3 日飞往纽约，住进了佩里街 61 号一套空置的公寓里，公寓的主人是正在欧洲旅行的洛伦·麦基弗和劳埃德·弗兰肯伯格夫妇。萝塔从巴西给身在纽约的毕肖普写了一连串长信，这些信件的主要目的是寻求与毕肖普和解，并继续二人的关系。在这些书信中，萝塔的语气时而深情，时而指责，变幻不定。毕肖普的回信大都让萝塔非常感激。然而不幸的是，据玛丽·莫尔斯的女儿莫妮卡说，毕肖普写给萝塔的信被玛丽·莫尔斯销毁了。[1] 萝塔在写给毕肖普的信中，痴迷地想要与毕肖普相互披露遗嘱。但毕肖普拒绝与萝塔分享自己遗嘱的内容，而萝塔似乎怀疑卡明可能是毕肖普遗嘱的受益人，这一怀疑后来被证明是有事实依据的。

8 月 27 日，毕肖普告诉她的巴西朋友罗西娜·莱奥和玛古·莱奥（Magú Leão）姐妹："萝塔在信中表现很棒，但我非常担心她——请告诉我，她在你们眼中怎么样。德西奥现在认为她不应该在 12 月之前来这里，这日期似乎还很遥远，但我想我能够忍受。"[2] 但萝塔无法忍受这么晚才见到毕肖普，她在信中开始坚持说她必须尽快动身前往纽约。莫妮卡·莫尔斯后来回忆说，玛丽·莫尔斯几年后告诉她，萝塔试图在 9 月初就擅自前往纽约。萝塔的女仆乔安娜·多斯·桑托斯·达科斯塔（Joanna Dos Santos da Costa）向玛丽·莫尔斯通报了萝塔试图离开的消息，莫尔斯跟随萝塔赶到机场，将她从飞机上拉了下来。这一说法似乎与 1967 年 9 月 7 日萝塔匆忙发给毕肖普的一封电报相吻合，电报写道："**请不要担心，相信我，很高兴很快见到你。**"[3] 尽管如此，在医疗顾问批准的出发日期之前，萝塔曾一度企图前往纽约，但都遭遇了挫败。于是她又去劝说德索萨医生和玛丽·莫尔斯，终于赢得了他们极不情愿的同意。德西奥·德索萨后来写信给毕肖普说，萝塔不止一次地说："我知道我不应该去，但我必须去。"他补充说，他理解萝塔的"必须"指的是"阿南刻"（Ananke），这是一个来自希腊悲剧的术语，

1 《莫妮卡·莫尔斯访谈录》，2019 年 1 月 12 日。
2 毕肖普 1967 年 8 月 27 日致玛古·莱奥与罗西娜·莱奥信。
3 萝塔 1967 年 9 月 7 日致毕肖普信，瓦萨学院图书馆，档案编号 118.28。

正如德西奥解释的那样，"人被描绘成了一个对命运暗中操纵毫无知觉的奴隶"。[1]

9月16日，萝塔发来电报，报告说她"**将于17日周日抵达**"[2]。毕肖普后来告诉她的朋友罗西娜·莱奥，当她在机场见到萝塔时，"我一看到她就意识到她确实病得很重，让她来的德西奥是个该死的傻瓜"[3]。她还说，萝塔"紧紧抓住我，仿佛我是她在世上最后的希望"。那天天气很好，他们步行穿过格林威治村，然后出去吃晚饭，晚上8点回到佩里街的寓所。她对罗西娜回忆说，两人都喝了"一小杯荷兰啤酒"，两人服用了"一片戊巴比妥"来助眠。萝塔抗议说到纽约的第一晚九点半就入睡，实在太早了，话音未落就睡着了。毕肖普也闭上了眼睛，后来毕肖普补充说："我多么恨自己竟然睡着了。"第二天一早，毕肖普被楼上厨房的嘈杂声惊醒，她急忙朝那个方向冲了过去，发现萝塔"踉踉跄跄地走下台阶，手里拿着一小瓶戊巴比妥"。当毕肖普反复询问萝塔服用了多少片戊巴比妥（一种强效巴比妥类药物）时，萝塔回答说，"10片或12片"。毕肖普悲伤地说道："这是我听到她说的最后一句话。"给安妮·鲍曼医生打过电话后，毕肖普叫来了住在佩里街对面的朋友哈罗德·利兹和惠顿·加伦廷。他们一起匆忙将萝塔抬上出租车，送到两个街区外的圣文森特医院，她被送进了重症监护室，9月23日，毕肖普写信告诉罗西娜，萝塔一直在昏迷中。毕肖普坚持对她的朋友说，"我们没有吵架"，并补充说，她觉得萝塔只是极度抑郁。她还满怀希望地补充说，医生们"非常确信她现在还活着……一切都

1　德西奥·苏亚雷斯·德索萨1967年10月18日致毕肖普信。瓦萨学院图书馆，档案编号118.28。
2　萝塔1967年9月15日致毕肖普信。
3　毕肖普1967年9月23日致罗西娜·莱奥信。

取决于她的心脏"。但不幸的是，两天之后，也就是 9 月 25 日，萝塔撒手人寰。在圣文森特医院的 8 天里，萝塔一直没有恢复意识。由于鲍曼医生坚持不让任何人探望，所以萝塔进入医院大门之后，毕肖普再也没能见到这位相恋 15 年的爱人，尽管她对罗西娜说，"如果他们允许我进去"，她"每分钟都会"在那里。[1] 毕肖普现在不得不给罗西娜发出一封凄凉的电报，宣布萝塔"**今天死了，试着打电话给你，伊丽莎白**"[2]。

这一刻以及随后的几个月里，毕肖普极度悲痛和内疚。她给巴西的朋友们写了许多封信，描述了萝塔的死和她自己的经历。安妮·鲍曼耐心地回答了毕肖普反复提出的有关萝塔死亡前后的医疗情况的问题。鲍曼医生在回答毕肖普的反复提问时强调，萝塔血液中发现的唯一的药物是安定。

萝塔之死引发的问题远多于它所能回答的问题，这也都是毕肖普此后多年会一直全力与之缠斗的问题。为什么萝塔会罔顾医生德西奥·德索萨和她的伴侣伊丽莎白·毕肖普的意愿和建议，且在健康严重受损的情况下于 9 月 17 日飞往纽约？萝塔在动身前往纽约的前几天，为什么毕肖普对她来纽约是否明智表示担忧之后，她会发电报告诉毕肖普"**请不要担心，相信我**"[3]？为什么萝塔要带着 12 磅咖啡——萝塔死后毕肖普这样告诉巴克夫妇——还有"那么多礼物，她所有的好衣服，还有为别人做的差事清单"[4]？为什么她在抵达当晚要服用大量的安定，而毕肖普一直形容那是一个非常深情的夜晚？萝塔是否意识到即使服用大剂量的安定也绝少致命，因此安

1　毕肖普 1967 年 9 月 23 日致罗西娜·莱奥信。
2　毕肖普 1967 年 9 月 25 日致罗西娜·莱奥信，载《一种艺术》，第 469 页。
3　萝塔 1967 年 9 月 7 日致毕肖普信。瓦萨学院图书馆，档案编号 118.28。
4　毕肖普 1967 年 10 月 18 日致巴克夫妇信。

定并非能自杀成功的常见药物？如果萝塔知道这一点并希望在带给毕肖普强有力的震惊之后活下来，那么萝塔是否忽视了这样一个事实：她的健康受损，再加上洲际飞行对一个血压极高的人的影响，可能会导致意外昏迷甚至死亡？

毕肖普长期以来一直都想知道，为什么萝塔会在她的遗嘱中那长达几页的葡萄牙语法律条文间插入一句法语："Si le bon Dieu existe il me pardonnera，c'est son métier"？（"如果上帝存在，他会宽恕我，这是他的工作。"）毕肖普对巴克夫妇推测道："恐怕，这看起来有点像预谋——当然几个月前曾有过一次可怕的自杀行为。"[1] 既然萝塔如此执迷于想知道毕肖普的遗嘱内容，那她为什么要以这种方式制造自己的死亡，从而为她的妹妹玛丽埃塔·纳西门托（Marietta Nascimento）提供借口，以萝塔精神错乱为由质疑她的遗嘱？萝塔是否预料到了她将会给她的共同继承人毕肖普和玛丽·莫尔斯带来法律纠纷？莫尔斯自己的大部分钱都被绑定在萨曼巴亚庄园，这就是萝塔会把庄园留给她的原因。据莫尔斯的女儿莫妮卡说，玛丽·莫尔斯和她收养的许多孩子几乎一贫如洗，直到玛丽在哥哥的帮助下，才最终克服了玛丽埃塔对遗嘱发起的挑战。[2]

所有这些问题的核心是一系列最终的不确定性。萝塔抵达纽约时，是否有结束自己生命的明确意图？如果她确有此意，那么千里迢迢来到与毕肖普同住的屋子里自杀，或许就会被视为一种报复或攻击行为。毕肖普后来告诉朋友们："我永远不知道那是故意还是失误，抑或是什么。"[3] 她余生都将生活在这种不确定性之中，萝塔

1　毕肖普 1967 年 10 月 18 日致巴克夫妇信。
2　莫妮卡·莫尔斯 2016 年 5 月 11 日在瓦萨学院的演讲。
3　毕肖普 1967 年 10 月 18 日致巴克夫妇信。

的去世让毕肖普失去了亲人，这给她带来了前所未有的震惊，她补充说："我再也不知道我的生活该怎么办了。"[1]多年以后，毕肖普痛苦地回忆起萝塔随身携带的那些咖啡时，她会在自己未完成的诗歌《晨曲与挽歌》（"Aubade and Elegy"）草稿的开头添上一行没有标点的诗句："没有咖啡能唤醒你没有咖啡能唤醒你没有咖啡。"[2]

————

毕肖普收到了许多巴西朋友的慰问信，其中许多人都让她"不要责怪自己"，但毕肖普觉得这很难做到。10月18日，萝塔的医生德西奥·德索萨写信给毕肖普，说他理解毕肖普可能会责怪他，因为正是他让萝塔在健康状况极度糟糕的情况下前往纽约。但德西奥不得不承认，面对像萝塔这样个性的人的一再坚持，"我并非无所不能"。他还在一封声明中补充说："我们不是神。"[3]这句话似乎在很多方面适用于他自己和毕肖普都极力想争取的不同结果。

毕肖普将萝塔的遗体送回巴西，并在那里为她举行国葬。她的死见诸报端，成为公众哀悼的对象。鲍曼医生建议毕肖普在抓住机会恢复情绪之前，不适合再返回巴西。随后，毕肖普摔了一跤，摔断了左肩和左臂，她花了几周时间恢复，在洛威尔夫妇空置的曼哈顿公寓里住了一段时间。甚至在她启程前往巴西的前一天，她还在用大写字母打字写信，因为她的手臂打着石膏，无法使用打字机的切换键。[4]

11月15日，也就是萝塔去世七周后，毕肖普终于飞抵里约，她发现除玛古·莱奥和斯特拉·佩雷拉（Stella Pereira）等少数几

1　毕肖普1967年9月28日致巴克夫妇信，载《一种艺术》，第470页。
2　《埃德加·爱伦·坡与自动点唱机》，第149页。
3　德西奥·苏亚雷斯·德索萨1967年10月18日致毕肖普信。
4　毕肖普1967年11月10日与14日致鲍伊信。

个人之外，几乎所有萝塔的朋友都与她反目，其中包括玛丽·莫尔斯，正如毕肖普自己当时的说法以及莫妮卡·莫尔斯后来证实的那样，[1] 玛丽烧毁了毕肖普写给萝塔的信。根据萝塔遗嘱的条款，莫尔斯将继承萨曼巴亚，毕肖普将继承里约的公寓和那里的几间出租办公室，萝塔希望毕肖普可以随时卖掉这些公寓，转换成现金。随着萝塔的妹妹玛丽埃塔对遗嘱提出异议，莫尔斯和毕肖普在最终达成有利于她们的和解之前，都将面临持续不断的法律纠纷。毕肖普本以为她会和莫尔斯联手击败萝塔的妹妹对遗嘱的质疑和争夺，但由于毕肖普和玛丽之间关系的意外破裂，面对萝塔妹妹的挑战，两人都被迫单打独斗。玛丽埃塔的儿子弗拉维奥仍然是毕肖普忠实的朋友，毕肖普启程前往里约之前，用大写字母给鲍伊写了一封信，因为她的胳膊和肩膀骨折了，她在信中说，弗拉维奥**"对他妈妈的行为感到非常尴尬"**。[2]

　　1968 年 1 月，毕肖普给她的巴西朋友玛丽亚·奥瑟（玛雅·奥瑟）[Maria（"Maya"）Osser] 写去一封长信，表达了她对自己在里约和萨曼巴亚所遭遇的状况感到失望。她形容自己在巴西的六周是"我记忆中经历过的最糟糕的一段时间"。毕肖普指出，她在美国收到了许多巴西朋友寄来的友好信件，但当到达里约时，她发现"我曾认为是我在那里最好朋友的大多数人中间涌动着真正的敌意"。谈到她在萨曼巴亚的艰难时光，毕肖普认为本应属于她的许多家具，其中许多是她自己购买的或者别人赠予的礼物，但在萝塔的遗嘱中，这些家具都被遗赠给了其他人。毕肖普不在那里的时候，这些物品被人从萨曼巴亚带走了。她问玛雅·奥瑟："你能想象当我

---

1 《莫妮卡·莫尔斯访谈录》，2018 年 1 月 12 日。
2 毕肖普 1967 年 11 月 14 日致鲍伊信。

来到我在这个世界唯一的家（原谅我的陈词滥调，但这是事实），却发现它不仅不是我的——我已经同意了所有这一切——而且几乎被扒得干干净净吗？"根据遗嘱的条款，虽然莫尔斯将继承萨曼巴亚，但庄园里毕肖普的个人财产当然仍归她所有。然而，正如毕肖普在萝塔死后告诉奥瑟的那样，"朋友们从里约赶来——我不知道是葬礼过后多久——拿走了所有东西。玛丽只给我留下了床单、两条毛巾、两个盘子、刀、叉等。这里曾是我的家，玛雅。大家以为我没有感情吗？"[1] 毕肖普告诉洛威尔，她觉得自己"被当成了替罪羊"，因为"萝塔的死让每个人都感到有些内疚，然后我出现了，不知不觉就被这样利用了"[2]。

莫妮卡·莫尔斯说，萝塔去世后，毕肖普返回里约，她的养母玛丽禁止两人此后再有任何会面。不过她补充道，"伊丽莎白从未忘记过我"。莫尔斯收养的孩子中，毕肖普最喜欢莫妮卡，只要毕肖普在世一天，她就会一直给莫妮卡寄去生日贺卡和礼物。莫妮卡进一步回忆说，由于军政府很快就下令，禁止对萝塔在弗拉门戈公园的工作进行任何表彰，而且玛丽·莫尔斯对毕肖普的评价也不高，所以她在20世纪80年代初去英国求学时才知道自己的"三位坚强的母亲"中的另外两位是著名的历史人物。莫妮卡补充说，20世纪70年代她想去往美国学习，但玛丽不允许，在莫妮卡看来，这或许是因为玛丽担心莫妮卡可能会在美国找到毕肖普，然后也许永远不会再回到巴西。[3]

毕肖普从旧金山写信给奥瑟，她和罗克珊·卡明在安妮·鲍曼

1 毕肖普1968年1月4日致奥瑟信，载《一种艺术》，第488—491页。
2 毕肖普1968年1月9日致洛威尔信，载《空中的言辞》，第635页。
3 《莫妮卡·莫尔斯访谈录》，2018年1月12日。

的敦促之下同意重聚，因为鲍曼担心毕肖普会因感到自己失去了亲人而无比失落。她们在考虑了纽约和波多黎各等地之后，最终决定定居旧金山，部分原因是当时住在西雅图的威廉·卡明离旧金山足够近，罗克珊可以带着 2 岁的儿子休去看望他。毕肖普是在一家酒店写信给奥瑟，之后她就搬到了旧金山的公寓与卡明合住。1968 年 1 月 4 日，她写信给弗兰妮·布劳·穆瑟，解释道："我似乎无法立即开始独自生活，而且我现在也无法忍受纽约。"[1] 毕肖普向奥瑟承认，"我怀着异常沉重的心情离开了巴西，"并补充道，"我现在感觉自己一直生活在一个完全虚假的世界里"。她接着说，几乎所有萝塔的朋友"完全误解了萝塔和我之间情感的力量——或者，现在她已经死了，他们想要这样误解"。毕肖普坚持说："只要萝塔安然无恙地回来，我愿意付出世界上的一切——这种说法很愚蠢，但我想不出我能付出什么，当然是'一切'。"坦率地说出这些之后，为了努力维系自己与玛雅的关系，毕肖普又说，"我非常喜欢你，不希望我们不再是朋友，"但她也承认，"我的心碎了——最后那几年太糟糕了，太让人筋疲力尽了"。她承认，"我经常没有按照我希望的那样行事，但当我说我们彼此相爱时，你一定要相信我。其他人无权评判这一点"。[2]

　　毕肖普告诉弗兰妮，她在巴西度过了艰难的六周，其间她在"里约—彼得罗波利斯—里约—欧鲁普雷图—里约"之间来回穿梭，她收集了自己在萨曼巴亚的文件和书籍，花了六个星期把里约公寓的文件打包，她把它们运往"各个地方"，她会"尽快"卖掉她

1　毕肖普 1968 年 1 月 4 日致穆瑟信，载《一种艺术》，第 487 页。
2　毕肖普 1968 年 1 月 4 日致奥瑟信，载《一种艺术》，第 488—491 页。

和萝塔在幸福的日子里合租的里约公寓。[1]她告诉弗兰妮,逗留奇科雷期间,她与莉莉以及诗人维尼修斯·德·莫赖斯(Vinicius de Moraes)一起度过了许多个漫长而多雨的下午。毕肖普谈到维尼修斯时说:"我以前就认识他,但这次我们几乎是住在一起,变得非常友好,他非常和蔼和慷慨。"这里的"非常友好"是加上去的手写字。[2]毕肖普后来告诉她的朋友劳埃德·施瓦茨,一些晚上,几杯酒下肚后,她和她的朋友维尼修斯在奇科雷旅馆的一个房间里同床共眠。

罗克珊·卡明后来回忆起毕肖普和莫赖斯时说,"她们真的彼此相爱"[3],但无论毕肖普与经常结婚的维尼修斯建立了怎样的关系,她们之间都是非独占性的。莫赖斯鼓励毕肖普到旧金山定居,称旧金山是美国最具吸引力的城市。1968年1月4日,毕肖普在写给弗兰妮·布劳·穆瑟和玛雅·奥瑟的信中谈及自己最近的巴西之行,这两封信表达了她对这个国家持续的感情,她长期以来一直都将这个国度视为家乡。有鉴于这两封信的篇幅与自省的深度,想必毕肖普肯定是花了一整天的时间疯狂打字。尽管毕肖普未来几年还会继续返回巴西,但从这一刻起,她在巴西的生活将完全转向玛丽安娜之家以及她在欧鲁普雷图为自己创造的社交圈。

———

1月4日,毕肖普完成了写给玛雅·奥瑟和弗兰妮·布劳·穆瑟的信,五天后,她就和卡明搬进了位于太平洋大道1559号的公寓。当时,毕肖普还在筹备她的诗全集,计划交由法勒、施特劳斯

1　毕肖普1968年1月4日致穆瑟信,《一种艺术》省略的内容。
2　毕肖普1968年1月4日致穆瑟信,《一种艺术》省略的内容。
3　《卡明访谈录》,2019年1月18日。

和吉鲁出版社出版。

在旧金山，卡明采取了简单的权宜之计，邀请旧金山所有著名诗人到太平洋大道公寓里参加派对，其中包括罗伯特·邓肯（Robert Duncan）、丹尼斯·莱维托夫（Denise Levertov）、肯尼斯·雷克斯洛斯（Kenneth Rexroth）、托姆·冈恩（Thom Gunn）等人。之后，毕肖普开始熟悉旧金山的诗歌界。旧金山诗坛的许多人都认为毕肖普是一个老派的东方人，有时会采用一些过时的文学惯例，如一些韵律和韵脚，但总的来说，毕肖普很享受那里几乎毫无压力的文学友谊，她与旅居美国的英国诗人托姆·冈恩等人成了朋友。1969 年 3 月，毕肖普写信给巴克夫妇，谈到了一个包括罗伯特·邓肯等作家在内的聚会："每个人都喝醉了（除了我——我已经好几个月没喝酒了）——而且很喜欢说长道短。"[1]那时的毕肖普，即使完全清醒，也能一整晚都沉浸于当地文坛的畅谈之中。毕肖普坦言，当她作为十二位"大多是野生"的诗人之一参加为旧金山州立教师罢工而举办的诗歌朗诵会时，她拒绝了后台传来传去的"几罐非常廉价的酒"，但她"确实吸了几口'大麻'——香烟用亮红色樱桃味卷烟纸包着"。当丹尼斯·莱维托夫得知卡明正在担任毕肖普的秘书时，她决定也要为自己聘任一位秘书，并雇用卡明每周为她工作一天。卡明回忆说，毕肖普不愿意和她分开，当这位年轻的伴侣处理莱维托夫的文件时，她会坐在旁边的扶手椅上看书。[2]

1969 年 4 月，毕肖普在卡明的陪同下多次在东海岸举办朗诵会，其中一次是在哈佛大学，她在那里得到了罗伯特·洛威尔的引

1　毕肖普 1969 年 3 月 31 日致巴克夫妇信。
2　《卡明访谈录》，2019 年 1 月 18 日。

荐，并首次见到了诗人弗兰克·毕达特，毕达特后来会成为她的门生。当时的计划是将这些朗诵会赚来的钱"装进我们的腰包，然后 5 月 15 日启程前往巴西"。1969 年 5 月，她们抵达欧鲁普雷图，在毕肖普的家中安顿下来。毕肖普的朋友罗伯特·菲兹代尔和亚瑟·戈尔德来欧鲁普雷图拜访了她。1969 年 8 月，毕肖普从欧鲁普雷图写信给巴克夫妇，暗示卡明出现了心理不稳定的迹象，她说："这个夏天（冬天）实在是太糟糕了，不适合写作，因此我将跳过整件事，专注于现在。"因为玛丽安娜之家的重建工作仍在进行当中，她和卡明"**不**住在我的房子里，而是住在街对面莉莉的房子里。这是一个摇摇欲坠的、宏伟的方舟，总是让我哮喘，因为这里太冷、太潮湿了，而且大部分地方都发霉了……**我的**房子是一个美丽的梦，真的，也许有一天你会来参观它"。但为了完成重建工作，她将大部分时间都花在"与工人、邻居和律师争吵"[1]。她坦言自己曾想把这所房子命名为"毕肖普之蠢"，但最终还是决定叫"玛丽安娜之家"，"主要是为了纪念玛丽安·摩尔，也因为它位于通向玛丽安娜的路上，而玛丽安娜是一个充斥着教会遗迹的小镇"，那里有令人印象深刻的巴洛克教堂。[2]她解释说："因为这里还不适合居住，罗克珊和我度过了一个相当不舒服和痛苦的夏天……不过，现在情况似乎逐渐好转了，我真的希望过几天就能搬过去，至少在那里扎营，开始整理书籍，终于，终于，重新开始工作。"[3]

　　1969 年 10 月，毕肖普向巴克夫妇解释说："我们早在房子还没准备好之前就搬来了，但即使如此，这也是一种解脱——尽管有

1　毕肖普 1969 年 8 月 10 日致巴克夫妇信。
2　毕肖普 1969 年 8 月 25 日致巴克夫妇信。
3　毕肖普 1969 年 8 月 25 日致巴克夫妇信。

许多东西和成千上万的书还只是**堆积着**，但它还是很漂亮。"她补充道："我们很幸运找到了一个很棒的女仆，名叫奥莉亚——她是当地一个特别聪明的黑人大家庭的成员，是当地年轻的'修复师'的表亲，我在这里经常见到这位修复师，他曾获得过去法国、比利时、哈佛等地学习的奖学金——他是一个可爱又谦逊的人，回到这里结婚后，成了这个州的官方'固定资产'（类似于全国托管协会）一样的男人。"[1] 当毕肖普在巴西经历这些挑战和冒险时，她的《诗全集》在纽约出版了。毕肖普后来告诉米尔德丽德·纳什（Mildred Nash），这个书名是她与出版商之间的一个误会。"诗选集"应该是一个更准确的书名。《诗全集》汇集了《北与南》《寒春》和《旅行的问题》三本诗集，以及大量新作或以前未曾收集的作品。

　　卡明暂时回到了旧金山，留下毕肖普一个人。1969 年 12 月，毕肖普写信给洛威尔，表达了她现在所面临的危机。洛威尔告诉毕肖普，她的美国诗人同行，"每个人都如此热爱和尊敬你"，但巴西的情况绝非如此。[2] 毕肖普告诉洛威尔："这是一段完全虚度的时光——在此之前的很长一段时间也是如此。哦，也许其中某些时候显得很滑稽，但如果我留在纽约或旧金山，我想我可能会写关于巴西的书，甚至会设法说一些好话……现在我忘了它们是什么了！我想，这么长时间以来我都拥有着萝塔，她横亘在我的生命里，至少在彼得罗波利斯是这样——我在那里真的开心地过了很多年。现在我觉得她的国家真的杀死了她——而且会杀死任何一个诚实的、坚持高标准的、想做点好事的人……我唯一的愿望就是离开。但是该如何**活下去**呢？"[3] 几天前，毕肖普曾写信给巴克夫妇，谈到玛丽安娜

1　毕肖普 1969 年 10 月 3 日致巴克夫妇信。
2　洛威尔 1969 年 12 月 6 日致毕肖普信，载《空中的言辞》，第 656 页。
3　毕肖普 1969 年 12 月 15 日或 16 日致洛威尔信，载《空中的言辞》，第 661 页。

之家时说："这是这座城市里——或者是这世上——最美丽、最古老的房子——但现在我想卖掉它。"[1]

———

1970 年伊始，毕肖普怀着真正的愤怒写信给巴克夫妇，表达了对缓慢的重建工作的失望和挫败，现在已经是第五个年头了："**还有**里约正在进行的血腥诉讼。"在这种情况下，她补充说，"我唯一能想到的就是活着离开。事实上，每天早上我都很惊讶自己还活着。"她对那些她认为是朋友的人的背叛感到沮丧，她补充说："我现在明白了，我这一生都非常愚蠢或天真。直到我 58 岁时，我才真正意识到，一个人真正相识的人会有多残忍和恶毒。"[2]

卡明回到了欧鲁普雷图，但在毕肖普看来，她的精神状态日益不稳。与此同时，毕肖普卷入了涉及萝塔遗产的没完没了的法律诉讼。1970 年 3 月，她告诉巴克夫妇，"我觉得太难过了，除了给不认识的人和出版商等人写信，很长一段时间我什么都写不了——现在情况似乎好了一些，即使所有的问题都还没有解决——或者，也许我只是感觉身体好了一些，并且已经下定决心如何处理它们，而这让人略微有一种超越一切的感觉……或者这就是我们常说的老年的'遥远'吗？"[3]

毕肖普在欧鲁普雷图的电话交换台，听到她的出版人罗伯特·吉鲁的声音通过电话线从另一位接线员的办公桌上传来，才知道自己的《诗全集》获得了国家图书奖。毕肖普认为她无法安排前往美国领奖的行程，因为颁奖要在很短的时间内完成，于是罗伯

———

1 毕肖普 1969 年 12 月 1 日致巴克夫妇信。
2 毕肖普 1970 年 1 月 2 日致巴克夫妇信。
3 毕肖普 1970 年 3 月 7 日致巴克夫妇信。

特·洛威尔代替她在纽约领奖。

　　尽管毕肖普之前曾极力否认这一点，但她最终确信卡明当时的精神状态已经变得非常不稳定。5月13日，她在给巴克夫妇的信中写道："我一直过得非常艰难，还没有完全走出困境。"她还说："罗克珊和我应该在很久很久以前就意识到她病了，大约三个月以前确实就意识到——精神崩溃得异常厉害。我不想详述那些悲伤又真正可怕的细节，可怜的孩子——可怜的、可怜的孩子——但无论如何，在贝洛的一家医院住了10来天之后，她终于能够出院，带着布吉（她儿子休的昵称）一起于11日去了美国。"毕肖普还补充说，她自己也一直很焦虑，因为她还没有从西雅图得到任何关于卡明安全抵达的确认消息，"至少，我希望她能做到——一个朋友（何塞·阿尔贝托·内默）和她一起飞到了里约，把她送上飞往旧金山的飞机"。毕肖普继续说道："当然，最让我感到难过的人是布吉——他非常沮丧和困惑。我只希望这不会对他造成太大的伤害。这一切都太像我自己早年的生活了。"[1] 两周之后，毕肖普写信给多萝西·鲍伊，说她起初没能察觉到这些迹象，因为她的伴侣可能"太令人信服了，以至于几乎演变成了二联性精神病"[2]。

　　这些事件发生后，毕肖普开始给鲍伊写一系列长信，鲍伊熟悉卡明，因为她们在西雅图的艺术圈子里有交集。6月14日，毕肖普在写给鲍伊的一封信中，提到了她自己的处境以及多萝西与丈夫泰勒面临的困难，毕肖普写道，这"让我走上了一条艰难的路……去发现我自己——**为什么我会让别人如此可恶地对待我，而我却一如既往，友善和宽容，一次又一次，一次又一次，就像一个完美的傻**

1　毕肖普1970年5月13日致巴克夫妇信。
2　毕肖普1970年5月28日致鲍伊信。

瓜……（在认为这是我的错之后）"[1]。经历了这艰难的顿悟，毕肖普五天后写信给鲍伊说："我发现我感觉好多了——就像从一辆失事的汽车或其他什么下面爬出来一样——也许我很快也会开始更好地思考了。"[2] 就在给鲍伊写这封信的四天前，毕肖普显现出感觉好多了的迹象。她完成了自己最杰出的诗歌之一《在候诊室》，并将其提交给了《纽约客》。就在卡明离开几天后，毕肖普又向《纽约客》提交了另一首引人入胜的诗作，即自传体的《克鲁索在英格兰》（"Crusoe in England"）。这些作品都经过了漫长的酝酿，最后在自我强迫与压力之下迅速完成，并很快就被编辑霍华德·莫斯热情地接受。为了继续这一过渡阶段，她最近接受了哈佛大学 1970 年秋季学期的全职教席。罗伯特·洛威尔在他的朋友威廉·阿尔弗雷德（William Alfred）和诗人罗伯特·菲茨杰拉德（Robert Fitzgerald）的帮助下，说服了哈佛大学英语系聘请毕肖普授课一学期，在洛威尔与新欢卡罗琳·布莱克伍德（Caroline Blackwood）留居英国期间接替他授课。

毕肖普与罗克珊·卡明之间的关系出现危机后，就立即完成了《在候诊室》，这首诗探讨的是另外一种不同的危机：毕肖普展示了自己作为一个将近 7 岁的女孩所经历的身份危机。这首诗的开篇实事求是地描述，洛威尔称这种语调与毕肖普许多诗歌的开篇类似，是一种典型的"贵格会式的简洁"。诗中的康苏埃洛姑妈是现实中毕肖普的姑妈弗洛伦斯·毕肖普的化名，据此传记背景，这首诗与她的故事《乡村老鼠》的结尾相似，她从大村的布尔默家搬到伍斯特的祖父母那阴森且并不温馨的家，之后身体与情绪濒临崩

1　毕肖普 1970 年 6 月 14 日致鲍伊信。
2　毕肖普 1970 年 6 月 19 日致鲍伊信。

溃。短暂地在候诊室等待期间，毕肖普开始了她日后最喜爱的消遣活动——在书籍和插图杂志（这首诗中指的是 1918 年 2 月号的《国家地理》杂志）的世界里旅行。事实证明，这个孩子所看到的一切都相当令人迷惑，并且极大地跃出了冬日伍斯特所在的空间和语境。这些图片包括"一座火山的内部，/ 漆黑，充满灰烬；/ 然后它溢出 / 火焰的溪流"。《国家地理》的页面上到处都是令人吃惊的人物，包括一对当时广为人知的夫妇，他们是美国探险家的典型代表，"奥萨和马丁·约翰逊 / 穿着马裤，/ 花边靴子，戴着木髓制太阳帽"。接下来是一组可能更令人不安的图片，因为它们指向了一系列强烈的文化差异。"长猪"指的是一具即将被食人部落的成员吃掉的人类尸体。

这个孩子试图把自己拉回现实世界，提醒自己只是在牙医候诊室里看杂志，然而，孩子无意中听到了姑妈的痛苦呻吟，姑妈即便再蠢笨、再胆小，也是比伍斯特家族更广阔的群族中的一员。突然间，孩子似乎迷失了自我，她试图紧紧抓住熟悉的现实。成为"一个伊丽莎白"，同时又是"他们中的一员"，这可能是最令人不安的事情。在她周围，这个孩子面临着似乎无法回答的身份问题。在过分闷热的候诊室里，这些想法和感觉产生了一种眩晕效果。突然，眩晕感过去了，孩子发现自己又回到了熟悉的世界，而这个世界也许已经永久地改变了。

1966 年 1 月，55 岁的毕肖普来到华盛顿州的西雅图，开始在大学任教，自那时起，她经历了一系列令人难以承受的事件。她深爱的女人精神崩溃，然后自杀，她曾和这个女人一起度过了生命中最快乐的时光。无论对或错，她都被一座满是她曾视为朋友的人所在的城市排斥。她曾在巴西一个偏远的山城里面对另一个爱人的精神崩溃，而当时她住的房子还在修建之中。现在，她正在完成一首诗，探索她自己六七岁时经历的身份危机。这些令人不安的经历促使她发问，是什么"将我们聚在一起，/或将我们变成一个人？"《在候诊室》并没有试图回答这个问题。

———

1970年7月，詹姆斯·梅里尔来访。毕肖普发现，他的陪伴为自己带来了巨大的解脱。她在给菲兹代尔和戈尔德的信中写道："吉姆·梅里尔是完美的客人，而我却远非完美的东道主，我相信，我正处于精神崩溃（或其他什么）之中。"然而，正是这次访问，让梅里尔得出了这样的结论："正是在伊丽莎白的小屋里……我看到了令我心驰神往的日常生活……它有着随意的契诃夫式的样态，对琐事和有趣的惊喜敞开自我，甚至对令人痛苦的惊喜也保持敞开，今天是一阵哭泣，明天是一顿野餐。"梅里尔当时就认定，"伊丽莎白比我认识的任何人都更有生活的天赋和诗歌的天赋，这一直是我追寻的理想"。[1]有一次，毕肖普的一位朋友进屋时，毕肖普正泪流满面地向梅里尔讲述她最近经历的诸多磨难。当这位朋友表现出惊愕时，毕肖普用葡萄牙语说："没关系，何塞·阿尔贝托。我只是在用英语哭泣。"梅里尔后来回忆说，欧鲁普雷图下了"整整一周的雨"，之后，毕肖普提议乘出租车去附近的一个城镇游览。出租车在乡间颠簸行进，"突然从一道彩虹——就像山头上的光晕下"驶过。毕肖普用葡萄牙语对司机说了几句话后，司机"开始笑得直发抖"。毕肖普解释说，在巴西北部，"他们有这样的迷信——如果你从彩虹下面经过，你就会改变性别"。梅里尔诙谐地补充说：

———

1　梅里尔：《诗歌领航员》。

"我们可不止一次从它下面经过。"[1]

　　当然，1970年的头10个月，事实证明又是艰难的一年。随着即将前往哈佛任教的时间逐渐临近，毕肖普给巴克一家写信说："这么长时间以来，生活一直非常艰难，但我想我已经看到了一点前进的方向。"[2]毕肖普当时正致力于将一本巴西诗歌翻译成英文，她与朋友伊曼纽尔·巴西尔（Emanuel Brasil）共同编辑这本书。巴西尔和她在欧鲁普雷图住了几天，他们在那里一起紧张地工作。这本引人注目的诗集将会在1972年出版，书名是《二十世纪巴西诗选》（Anthology of Twentieth-Century Brazilian Poetry）。这本书收录了毕肖普本人翻译的14首诗，其中包括备受推崇的卡洛斯·德拉蒙德·德·安德拉德（Carlos Drummond de Andrade）的7首诗，他的作品和毕肖普的作品一样，往往是对记忆和家庭的深入探索。这本诗选集还收录了许多美国诗人的独特译作，包括保罗·布莱克本（Paul Blackburn）、理查德·埃伯哈特、芭芭拉·豪斯（Barbara Howes）、戈尔韦·金内尔（Galway Kinnell）、詹姆斯·梅里尔、W. S. 默温（W. S. Merwin）、路易丝·辛普森（Louis Simpson）、马克·斯特兰德（Mark Strand）、吉恩·瓦伦汀（Jean Valentine）和詹姆斯·赖特（James Wright）。这本书仍然是将20世纪巴西诗歌引入英语世界的最著名的尝试之一。

　　毕肖普承认，自詹姆斯·梅里尔令人振奋的拜访之后，"我几乎放弃了两周左右——简直什么都做不了，我太累了，而且所有的烦恼似乎都找上了我"。但就在这一轮疲惫之后不久，准备动身前往波士顿的时间到了，毕肖普在哈佛的课程将于1970年9月28日

1　梅里尔：《诗歌领航员》。
2　毕肖普1970年8月28日或29日致巴克夫妇信。

开始。毕肖普很高兴能找到一对负责任的夫妇，能在她离开时住进
自己的房子，她淡淡地称这是"几年来我最大的幸运"。这对夫妇
中的丈夫唐纳德·拉莫斯是"美国人，葡萄牙后裔，靠福特公司的
资助等在这里做研究——非常朴素、聪明，我想，还很负责任"。
拉莫斯同意在毕肖普离开期间整理她的大量文件。一如往常，毕肖
普现在面临的一个问题是："如何处理珍贵的信件和手稿……?"离
开欧鲁普雷图之后，毕肖普预计"在飞往波士顿之前，将在里约度
过阴郁又孤独的一周，做做衣服，见见律师"。[1]

　　1970 年 9 月 15 日，毕肖普在里约的塞拉多酒店给多萝西·鲍
伊写了一封信，内容与此类似，说"在这座本应迷人的城市里，现
在和将来在此停留会是一段非常阴郁的时光"。因为萝塔的朋友们
现在几乎都背叛了她，毕肖普承认说："我在这里已经没有任何朋
友，我再也不愿去探望他们了。"尽管如此，她在里约还有很多事
情要做，因为她觉得自己不能只带着几条蓝色牛仔裤就去哈佛教
书，否则就太破破烂烂了。"我得去找世界上我唯一喜欢的裁缝做
几件衣服，去见这里的两位律师（她一直在波士顿和旧金山咨询其
他律师），如果可能的话，去缴纳我在巴西的税款"，还要"重新办
理过期已久的护照"。她讲了一个充满矛盾的故事逗鲍伊开心。她
选择了一家"大型的市中心旅行推销员的旅馆"，成了其中唯一的
女性顾客，因为这家旅馆离她的裁缝店很近。毕肖普的计划是出席
她的诗歌朗诵会时"穿着黑色丝绸长裤套装和粉红色衬衫……哇"。
但是，当那位裁缝的丈夫把布料样品带到毕肖普在塞拉多尔酒店的
房间时，"他被不光彩地赶出了我的房间。这种事绝不会发生在海

---

[1]　毕肖普 1970 年 8 月 28 日或 29 日致巴克夫妇信。

滩酒店，在那里你可以尽情地不道德"。她还挪揄地说："可怜又**年老**的我，可怜的更年老的、完全耳聋的劳罗先生，这一定看起来非常邪恶。"[1] 无论毕肖普是否真的邪恶，她现在的计划是于 9 月 24 日搭乘飞机直飞波士顿——距哈佛大学的课程开始只有两天了。欧鲁普雷图和玛丽安娜之家在她心中仍然占有一席之地，在接下来的几年里，她每年春天都会回到她在巴西的家。但在前往波士顿的旅途中，她将携带着自己对里约的破败之美寥寥无几的美好回忆。

---

1   毕肖普 1970 年 9 月 15 日致鲍伊信。

第十六章　早餐之歌

　　1970 年感恩节临近之际，爱丽丝·梅斯费塞尔（Alice Methfessel），这位日后将成为伊丽莎白·毕肖普晚年浪漫伴侣和缪斯女神的年轻女子，用哈佛大学柯克兰楼的信笺写了一张简短的便条，毕肖普当时就住在克兰楼，梅斯费塞尔在那里担任房屋秘书。她在这张便条中详细描述了她在毕肖普身上发现的许多令自己心存感激的品质。这些品质包括善良、慈爱、信任、慷慨、率性和周到的措辞，当然还有毕肖普的幽默感。梅斯费塞尔在便条的结尾处用她那粗大而圆润的手签下了自己的名——"爱丽丝"[1]，并献上了许多的爱。

　　圣诞节后三天，梅斯费塞尔从她父母位于宾夕法尼亚州巴克希尔瀑布地区的波科诺山脉度假区的家中写来了下一封信，寄给她最亲爱的伊丽莎白。信中谈到了令人惊叹的滑雪运动，并期待着不久后与毕肖普在马萨诸塞州剑桥重聚。梅斯费塞尔还补充了一段附言，提到了她随身携带着一份圣诞礼物，那是毕肖普送给她的一只漂亮手镯。她还说，当她戴上它时，感觉相当特别——因为它时刻

1　梅斯费塞尔 1970 年 11 月 24 日致毕肖普信。

提醒着毕肖普对她的爱。[1] 爱丽丝的小侄子加里认为她是"来自波士顿的酷姑姑"，他非常珍视爱丽丝，因为这位姑姑在与家人度假时总是对他和他的兄弟姐妹给予同情和关注，后来他回忆说，他的姑姑从未在他面前提起过毕肖普。[2] 毕肖普去世之后，他才知道自己的姑姑和这位著名诗人之间的关系。但加里·梅斯费塞尔的姑姑显然很喜欢带着这个无声的信物参加家庭聚会，这几乎是她与新情人在短短几个月内结下特殊情谊的秘密护身符。

毕肖普在曼哈顿的"世界主义俱乐部"回复了梅斯费塞尔圣诞节后寄来的问候信，当时她正在那里看望老朋友。她承认："我想念那个洪亮、欢快的声音，我想，如果没有它每天好几次指引，我就无法保持高度振奋的精神状态。"[3] 短短数月，毕肖普就已经开始依赖这位 27 岁的伴侣，离不开她的专注、关爱、务实和活泼。1971 年 2 月初，就在毕肖普结束在哈佛大学第一个秋季学期的教学任务后，即将按计划飞回欧鲁普雷图时，梅斯费塞尔写下了一封短信，想要知道毕肖普离开后自己会感到多么孤独，并承认自己这颗小小的心已经准备好为这位年长伴侣的爱而爆开。毕肖普在飞机上度过了自己的 60 岁生日，她乘坐瓦列格航空公司的一架喷气式飞机从波士顿飞往巴西。就在毕肖普起飞后，梅斯费塞尔紧接着匆匆写下了一封生动的信，信纸上一处污痕（据梅斯费塞尔描述是一滴眼泪）的下方，她承认自己从未感到如此孤独或漂泊。梅斯费塞尔也承认，毕肖普现在似乎不太可能正坐在一个银色的太空舱里，以令人难以置信的速度从她身边疾驰飞走。

1　梅斯费塞尔 1970 年 12 月 28 日致毕肖普信。
2　《加里·梅斯费塞尔访谈录》，2018 年 12 月。
3　毕肖普（1970 年）（12 月）29 日致梅斯费塞尔信。

接下来的几周，梅斯费塞尔向毕肖普位于欧鲁普雷图的家中寄去了超过 25 封手写的或打字稿的书信、卡片和航空信件。即使是书信往来，也能从中听到梅斯费塞尔洪亮而欢快的声音，因为这些大量的信件的主旨归纳起来只有三个简单的词：**我爱你！**事实上，这三个大写的单词经常出现在寄往玛丽安娜之家的书信之中。前不久，毕肖普刚刚经历了与萝塔以及与罗克珊·卡明之间紧张又矛盾的关系，而现在，她与年轻的爱丽丝·梅斯费塞尔之间这种崭新、温暖又深情的亲密关系不仅让她如释重负，也让她惊喜万分。

————

当毕肖普抵达剑桥开始她在哈佛大学的第一个学期的教学任务时，她刚刚从最近的一系列个人灾难（或近乎灾难）中幸存下来。然而，作为一名诗人，毕肖普正处于她最后也是最伟大的创作阶段。哈佛大学英语系三位重要的支持者促成了她目前的教职任命。最资深的支持者是罗伯特·洛威尔，他 1963 年开始到哈佛大学任教，毕肖普原本希望能与洛威尔并肩作战。但在 1970 年秋天，洛威尔开始从哈佛休长假，去往英国与贵族出身的英国作家卡罗琳·布莱克伍德交往，后者有朝一日会成为他的第三任妻子。此时对于毕肖普而言，近在咫尺的是威廉·阿尔弗雷德和罗伯特·菲茨杰拉德。威廉·阿尔弗雷德是多才多艺的爱尔兰裔美国教授和剧作家，1965 年他因获奖的戏剧《霍根的山羊》(*Hogan's Goat*) 而闻名于世，而罗伯特·菲茨杰拉德是一位优秀的诗人，也是索福克勒斯、荷马、欧里庇得斯和维吉尔的著名翻译家。1968 年，毕肖普在哈佛大学成功举办了朗诵会之后，这三人齐心协力，鼓励哈佛大学英语系聘请毕肖普担任定期教职。不过，阿尔弗雷德回忆说，事实证明这一努力并不困难，因为系里的成员"说他们会竭尽全力让她来"[1]。毕肖普到达哈佛之后，首先就被暂时安置在哈佛的沃伦楼。毕肖普告诉她的朋友弗兰妮，她在那里和阿尔弗雷德度过了第一个晚上，"第二天他极其友善——花了一整天的时间帮助我通过了繁文缛节"[2]。毕肖普在给其他人的信中经常表达她对阿尔弗雷德的感激之情，因为阿尔弗雷德的帮助让她在哈佛大学错综复杂的官僚机构和棘手的部门政治中游刃有余。而阿尔弗雷德则回忆道，"我们的友谊很愉快"。他说："我觉得能聘用她是莫大的恩赐，这是我的荣幸。"他还说，"伊丽莎白在自己的友谊中充满了无限的活力"，"她有一种天赋，能让你觉得你是她的亲密伙伴"[3]。

毕肖普抵达剑桥后不久，就准备从沃伦楼搬到"柯克兰楼的套房——两个房间和一个真正的厨房"。这是阿尔弗雷德本人曾经住过的套房，毕肖普每学期只需支付 500 美元。毕肖普也会偶尔与住在这里的"男孩们"一起共进晚餐。但是，她以前生活中至少还遗留了一件事有待解决。在欧鲁普雷图度过了心神不宁的几个月后，毕肖普又要手忙脚乱地为即将到来的大学课程做准备，在此期间，毕肖普不得不腾出时间飞往旧金山，完成一项令人沮丧的工作——清理她以前在太平洋大道租下的公寓，因为这座楼即将出售。一向乐于助人的多萝西·鲍伊专程从西雅图赶来，就是为了帮助她搬家。

————

从旧金山返回剑桥后，毕肖普从柯克兰楼写信给洛伦·麦基弗，她觉得自己"作为一个惶恐不安的老年业余'教授'""做得还不错"[4]。她的教学安排包括两次三小时的研讨课，一次在周三下午，

1 《怀念伊丽莎白·毕肖普》，第 270 页。
2 毕肖普 1970 年 10 月 1 日致穆瑟信，载《一种艺术》，第 532 页。
3 《怀念伊丽莎白·毕肖普》，第 270 页。
4 毕肖普 1970 年 10 月 6 日致麦基弗信，载《一种艺术》，第 535 页。

另一次在周四。这样，她就有五天的时间来恢复和准备下一周的课，能够留出时间来处理信件，甚至能创作一些自己的诗歌。从此时起，毕肖普写给各种朋友的信中都会简短而小心谨慎地提到爱丽丝·梅斯费塞尔。例如，她告诉斯文森，"柯克兰楼的秘书，一个非常友好的女孩儿，正准备向我介绍这里地下室里洗衣房的奥秘，我得买一些杂货"。她写给鲍伊的信中也有一连串简短而隐晦的信息提及梅斯费塞尔，她很快就描述了梅斯费塞尔白天把她位于昌西大街 16 号的公寓借给自己，作为一个安静的工作场所。有了这位新的安慰者、柯克兰楼的爱丽丝·梅斯费塞尔的帮助，以及哈佛大学阿尔弗雷德和菲茨杰拉德教授的指导和支持，毕肖普正在适应着剑桥的新生活。

然而，毕肖普并没有把过去的一切都抛诸脑后。甚至就在她开始在哈佛感到更自在、更宾至如归的时候，毕肖普也向鲍伊和其他人表示她为可能会遭遇罗克珊·卡明的公开对峙而深感担忧，她知道卡明就在波士顿地区。随后，毕肖普在 11 月 2 日给鲍伊的一封信中写道："罗克珊已经出现了。就在我开始有些放松的时候——周三的研讨课进行得很顺利，接着周四又好了很多，在我看来是这样。"然而，就在周四这节课结束时，一个身影出现在了门口，与她对峙：是卡明。毕肖普向鲍伊描述说，当自己从昏暗的教室出来，走进漆黑的走廊时，"我真的以为我生平第一次看到了鬼；我简直不敢相信。但这个身影并没有消失，果不其然是罗克珊"。当天早些时候，卡明出现在柯克兰楼，寻找毕肖普。"爱丽丝和另一位秘书猜到事情很不对劲，但又不知道是什么原因。"毕肖普向鲍伊解释说，卡明要求毕肖普为她提供推荐信，以支持她的大学入学申请。她还指控毕肖普的朋友和欧鲁普雷图的医务人员虐待她。毕肖普向鲍伊道歉，因为给她寄去了一封"令人愉快的信，让你开始了你休假的一周……而我还有很多工作要做！上帝保佑我"。[1]毕肖普在波士顿的律师罗伯特·鲍迪奇（Robert Bowditch）的帮助下，采取了一些措施与卡明保持距离，并向鲍伊解释说，"我不能让她在这里制造丑闻"[2]。也许就在这一天，当阿尔弗雷德去柯克兰楼看望毕肖普时，毕肖普告诉他，"我很沮丧"。阿尔弗雷德回忆说，那一次，"她酒瘾复发（我认识她的大部分时间，她都在服用安塔布司），我也酒瘾复发。我们都喝得酩酊大醉"[3]。卡明再也没有在哈佛露面，但一个月后，在芝加哥的一次诗歌研讨会上，卡明再次现身。这次活动中，毕肖普巧妙地躲过了卡明的追踪，但她仍然对未来可能会出现的种种意外遭遇感到紧张。

卡明向毕肖普和她的律师明确表示，她认为自己应该得到补偿，因为她在旧金山和欧鲁普雷图为毕肖普付出了太多时间和精力，包括担任毕肖普的私人秘书。几个月后，两人达成和解。卡明已经在波士顿地区一所顶尖大学就读。1971年2月，毕肖普在给鲍伊的一封信中解释说，她将为卡明的春季学期支付一半学费（450美元），以及接下来一学期的一半学费——这一安排将为她们曾经的亲密关系画上句号。后来的某些时刻，毕肖普会内疚地向朋友们哀叹，她不仅毁了萝塔的生活，也毁了卡明的生活。但事实上，根据毕肖普的说法，卡明曾"说她会'让我拭目以待'"[4]，她是可以成功的，她很好地利用了毕肖普给她的学费补贴。卡明展示了自己的天赋和坚韧，获得了本科学位，学习了医学，成了一名医生，并

1　毕肖普1970年11月2日致鲍伊信。
2　毕肖普1970年11月7日致鲍伊信。
3　《怀念伊丽莎白·毕肖普》，第270页。
4　毕肖普1971年2月23日致鲍伊信。

在马萨诸塞州和其他地方成功行医多年，直到退休。

———

诗人弗兰克·毕达特多年来一直是洛威尔的挚友和门生，很快也成了毕肖普亲密而重要的朋友。毕达特回忆说，他第一次见到伊丽莎白·毕肖普是在1969年洛威尔周二上午的一次办公时间。毕达特注意到毕肖普披着貂皮披肩，"她看起来像斯卡斯代尔的女护士长。她看起来不像一位诗人"。毕达特觉得，"用梅里尔的妙语来说"，毕肖普是"在扮演一个普通女性"。毕达特回忆说，那天下午她的朗诵非常精彩，毕肖普对卡洛斯·德拉蒙德·德·安德拉德的《在家庭中旅行》的出色翻译尤为出彩。1970年，洛威尔去了英国，毕肖普来到哈佛，洛威尔写信给毕达特说："她来的时候，我应该见见她，没有人像伊丽莎白·毕肖普那样有趣。"当毕肖普和毕达特真的见面后，毕达特说："我们真的相处融洽。我们之间的关系非常直接。"当被问及是否真的没有人比伊丽莎白·毕肖普更有趣时，毕达特回答说，"'有趣'是一个复杂的词"。他指出，毕肖普非常吸引人，"而且非常亲切。她不难相处，也不棘手。她非常努力地让社交场合变得生动、有趣和好玩"。但毕达特补充道："这其中的有趣很有深度。它不是逗乐和游戏。"毕达特还觉得，由于现在与洛威尔相距甚远，他则成了两位诗人之间的桥梁。他指出，毕肖普和洛威尔"彼此不常见面。我见到洛威尔的次数要多得多。所以在某种程度上，和我成为朋友是与他保持联系的一种方式。我认为她渴望与他保持这种亲密关系"。当被问及洛威尔是否希望他在剑桥照顾毕肖普时，毕达特回答说："非常希望。我也想尽可能地照顾她。她是一个让我想要帮助和保护的人。"[1]

———

1 《毕达特访谈录》，2015年5月20日。

　　1971年2月，毕肖普飞离波士顿，留下了泪眼汪汪的爱丽丝·梅斯费塞尔。这年春天，她住进了欧鲁普雷图尚未完工的房子，在那里，她源源不断地收到新伴侣寄来的情书。在玛丽安娜之家待了两周后，毕肖普写给多萝西·鲍伊说："对，我现在很好。只是太孤独了，尤其是搬到剑桥之后。"并补充道："我不确定我是否能在这个小镇上做一份兼职——真的太孤独了——不过，也许如果我有一两位客人，我或许会振作起来。"一想到现在统治巴西的军政府如此令人窒息，她指出，至少她的女仆很快乐，"而这正是我在这个悲伤的国家最需要的，因为我根本不确定自己是否属于这个国家"。[1] 4月，毕肖普在玛丽安娜之家愉快地招待了弗兰妮·布劳·穆瑟，之后穆瑟踏上了亚马孙之旅。但在5月，毕肖普住进了贝洛奥里藏特的一家医院，因为疏于接种疫苗，她在那里被诊断为伤寒症。出院后，她于6月初返回剑桥，在那里她与梅斯费塞尔共度了几个夜晚，同时决定住进爱丽丝为她在布拉特街60号找到的五楼公寓，该公寓位于哈佛广场东北方向的几个街区，交通十分便利。虽然她的伤寒在巴西已经治愈，但当她抵达美国时，身体仍然感到非常不适。前往纽约看望安妮·鲍曼时，毕肖普像以往一样接受了一次彻底的检查，做完鲍曼要求的种种检查之后，鲍曼这位毕肖普信任的医生做出了准确诊断。毕肖普得知自己患上了一种特别"可怕"的阿米巴痢疾，以及"其他三种"痢疾，她承认"难怪我一直感觉不舒服"，并坦言："当然，当我感到疲惫和沮丧时，我总是责怪自己缺乏坚定的意志。"[2] 她回到剑桥，在那里接受了漫长的治疗。当这些致人衰弱

1　毕肖普1971年2月23日致鲍伊信。
2　毕肖普1971年6月25日致巴克夫妇信。

的疾病终于治愈后，毕肖普以她一贯的顽强与韧性于 7 月回到欧
鲁普雷图。在那里，她的年轻艺术家朋友何塞·阿尔贝托·内默
（José Alberto Nemer）在玛丽安娜之家住了一个月，"这样就不那么
孤独了"。

　　6 月在剑桥期间，毕肖普和梅斯费塞尔制订了一项计划，决定
将于 8 月 1 日在厄瓜多尔基多会面。然后，她们将结伴前往加拉帕
戈斯群岛，前往秘鲁朝圣，丈量马丘比丘的高度，最后结束为期一
个月的假期。然后，她们在 9 月 2 日前返回剑桥，以便毕肖普有时
间为 1971 年秋季的哈佛课程做准备。回来一周后，毕肖普在梅斯
费塞尔位于昌西大街的公寓写给安妮·鲍曼，当时她正在等待自
己在布拉特尔街的新公寓的最后装修。她宣称自己与梅斯费塞尔一
起前往秘鲁和加拉帕戈斯群岛的旅程是"一次美妙的旅行"，尽管
她怀疑自己从群岛寄给鲍曼的几张明信片被当地年轻的邮政局局长
仔细阅览后丢弃了。她心爱的达尔文曾经如此仔细地研究过的加拉
帕戈斯群岛"绝对奇妙——有点儿像人们心中的天堂"。岛上的鸟类
和动物都不害怕人类，"径直走到你面前，站在你身上，或者啄你
的运动鞋"。[1] 母海豹会向岛上的游客炫耀自己的幼崽，然后懒洋洋
地躺在沙滩上观察人类游泳者。1947 年，毕肖普曾在诗歌《在渔
屋》中声称，一只栖息在新斯科舍省附近"清澈冰冷的灰色水"域
中的海豹对她非常好奇，以至于她和这只海豹每天晚上都会无声地
交谈。现在，在这片温暖得多的水域里，毕肖普享受着与一整群赤
道母海豹及其幼崽随意共享海滩的乐趣。

　　她们从加拉帕戈斯回来后不久，毕肖普在梅斯费塞尔的公寓里

1　毕肖普 1971 年 9 月 9 日致鲍曼信，载《一种艺术》，第 547 页。

留下了一张字条，日期仅为"下午4点"，她在字条上宣称，"和你在一起时，我总是感到很安全"。然后，谈到这位年轻伴侣的骑摩托车嗜好时，她补充道，"可能除了在一辆本田上"。毕肖普简短的文字随后转向了致敬，这既反映了她对梅斯费塞尔深深的依恋，也反映了她长期以来背负的焦虑之沉重。谈到爱丽丝的公寓时——毕肖普有时独自一人在那里写作，并经常在那里过夜，她说："我喜欢这个地方，因为我在这里似乎也感到安全，或者说比在家更安全……可怕的事情**不会**发生——你能够治愈它们，或者让我看到事情的真实面目，而不是我开始酗酒时对它们的病态想象。"[1] 毕肖普一生中有多少地方会让她感到不安全？

————

除了一门标准的诗歌写作课，毕肖普秋季的课程表还包括另一门获得英语系同事认可的课程，正如她对一位朋友所描述的那样，这门课的重点"正好是书信，作为一种艺术形式或其他什么"[2]。这门课吸引了众多潜力不凡的学生，以至于她被要求将课程注册人数减少一半。在那个时代，这几乎是一门非标准类型的文学研讨课，经由开设这样的课程，毕肖普公开了自己对书信体的喜爱。她告诉同为作家的伊尔莎·巴克，她认为她们俩都喜欢写信，因为"这有点像工作，但又没有真的在工作"[3]。但毕肖普去世后的几年里，事实证明她的信件远非她次要的艺术遗产。1994年，她的朋友兼出版人罗伯特·吉鲁编辑出版了《一种艺术：伊丽莎白·毕肖普书信

1　毕肖普致梅斯费塞尔信，是一张打字便条，上面写着给"我亲爱的亲爱的"，日期仅为"下午四点"。
2　毕肖普1971年7月8日致戈尔德与菲兹代尔信，载《一种艺术》，第544页。
3　毕肖普1953年8月29日致巴克夫妇信，载《一种艺术》，第273页。

选》，这本书长达 600 多页，内容引人入胜。诗人汤姆·波林（Tom Paulin）在《泰晤士报文学增刊》上对这本书进行了富有见地和洞察力的评论，他指出，在毕肖普给洛威尔的一封信中，一段生动的文字"跃然纸上，仿佛她是一名演员或舞者，被她的观众的智慧和专注所激发。因为书信艺术中存在着一种敏锐的表演元素——这一点几乎无须强调"[1]。毕肖普并没有将表演的方式带入教学或公开的诗歌朗诵中，但她确实将书信视为一种表演的艺术。2008 年出版的《空中的言辞：伊丽莎白·毕肖普与罗伯特·洛威尔通信全集》被《纽约客》的一位评论家称为"此前从未出版过的一类书籍：两位天才艺术家之间的终生通信"。但与《伊丽莎白·毕肖普与〈纽约客〉》（2011 年）稍有不同的是，《空中的言辞》为一种全新而独特的文学体裁提供了先例：毕肖普与一位才华横溢的同行通信人之间的书信。此外，毕肖普与玛丽安·摩尔以及与梅·斯文森终生的书信往来也即将出版。剧作家莎拉·鲁尔（Sarah Ruhl）看到了《空中的言辞》的戏剧潜力，于是将其改编成了戏剧《亲爱的伊丽莎白》。而早在 1963 年，斯文森就开玩笑地对毕肖普说："当我准备为你写传记时，我会从你的书信中得到绝妙的材料。"《空中的言辞》的一位评论者引用了另一种久负盛名的文学体裁来描述这种书信体，认为这"就像一部关于两个人的小说，作者是上帝，而'叙事线就是生活本身'"[2]。新近出版了一本名为《诗人间的书信写作：从威廉·华兹华斯到伊丽莎白·毕肖普》（*Letter Writing Among Poets: From William Wordsworth to Elizabeth Bishop, 2015*）的论文集，书名

1　汤姆·波林：《崭新与当下：伊丽莎白·毕肖普书信的非凡才华》，《泰晤士报文学增刊》1994 年 4 月 29 日，第 3 页。
2　2008 年 11 月 7 日《周刊》上的评论。

也表明，毕肖普的书信写作在促使学术界承认文学通信是一种艺术形式方面发挥了历史性的作用。[1] 因此，1971年，毕肖普在哈佛大学教授一门"正好是书信，作为一种艺术形式或其他什么"的课程时，就预见到了一种历史的趋势。

毕肖普的老朋友 U. T. 萨默斯坦言，通过阅读毕肖普写给他人的书信，她了解了很多关于毕肖普的事情。萨默斯在1994年发表的评论文章《惊异于〈一种艺术〉》中指出，这位诗人经常谈论害羞和孤独，这让她的丈夫约瑟夫·萨默斯和她自己都认为"她只有几个精选的朋友，我们是其中两个"。但当他们沉浸于毕肖普的书信选集之时，发现"她写给我们的只是海量书信中的一小部分，这些信不仅是给朋友的，也是给好朋友的"。萨默斯补充道："作为一个孤儿，她对朋友的投入以及朋友对她的投入，都比我们大多数人的投入要多得多。"萨默斯和毕肖普同为哮喘患者，萨默斯承认，在她成长过程中，她一直觉得"我'不能做'的事情似乎无穷无尽"。萨默斯惊讶地发现，哮喘比自己严重得多且持续时间也长得多的毕肖普，年轻时就参加钓鱼、帆船、骑自行车、徒步旅行和登山等体育活动。她还惊讶地得知，她的朋友晚年还学会了越野滑雪。

对于萨默斯来说，毕肖普的旅行是令人震惊的，因为她去了"偏远和难以置信的地方……只带着注射器和药用肾上腺素，相当肯定她将会需要它们"，她去了摩洛哥，沿着亚马孙顺流而下，去了里约圣弗朗西斯科的定居点，并在60岁出头时去了加拉帕戈斯群岛。萨默斯还惊讶地发现，毕肖普的书信中，自嘲的外衣之下

1　乔纳森·埃利斯编：《诗人间的书信写作：从威廉·华兹华斯到伊丽莎白·毕肖普》，英国爱丁堡：爱丁堡大学出版社，2015年。

随处都流露着她的艺术自信，这自信甚至可以追溯到毕肖普作为诗人、小说作家、散文家和编辑所表现出的早熟的技巧、胆识和多才多艺，当时她还是他们共同的母校瓦萨学院的学生。[1]

───────

相对而言，毕肖普在哈佛大学的第一年没有发作过哮喘，但1971年秋天，毕肖普参加瓦萨学院的一次活动时，哮喘发作，病况严重，持续时间很长。这段插曲由东道主车里的一件羊皮外套引起。这次发作让毕肖普住进了医院，先是在波基普西，然后又回到了哈佛大学的医务室，并因此耽误了几节课。尽管如此，她还是成功完成了第二个秋季学期的教学工作。1972年1月8日，毕肖普在给弗兰妮的一封信中说，一名学生"告诉爱丽丝，我的课程是他上过的最难的课程！我很惊讶——这对我来说似乎太容易了"[2]。此外，毕肖普还谈到了在课堂上朗读她最喜欢的赫伯特的诗《未知的爱》，她让一名学生朗读。但这名学生不明白毕肖普带到课堂上的旧版诗集（洛威尔送的礼物）中一些 f 应该读作 s，结果造成了令人难以置信的混乱。毕肖普自己不得不接手朗诵，她顺利读完了整首诗，没有出现任何意外。当月晚些时候，她高兴地向阿什利·布朗宣布，她的哮喘已经完全康复。尽管她的骨骼还很脆弱，但她依旧和她的伴侣爱丽丝一起享受着越野滑雪的乐趣。谈到她在布拉特尔街的新家，她说："这间公寓很舒适，我希望能再高一点，但除此之外我很喜欢，我需要更多的家具。我的第一场正式招待就是邀请罗伯特·菲茨杰拉德夫妇在乒乓球桌上共进晚餐。"[3]

─────────

1　U. T. 萨默斯：《惊异于〈一种艺术〉》，《伊丽莎白·毕肖普简报》，1994年夏季，第2—4页。
2　毕肖普1972年1月8日致穆瑟信，载《一种艺术》，第553页。
3　毕肖普1972年1月25日致布朗信，载《一种艺术》，第556页。

　　搬入布拉特尔街 60 号两周后，毕肖普的《克鲁索在英格兰》终于刊登在 1971 年 11 月 6 日的《纽约客》上，这首诗将近 18 个月前就被录用了，当时毕肖普独自一人远在欧鲁普雷图。毕肖普重新塑造了鲁滨逊·克鲁索（"从来没有一本书将它写对过"），并赋予了他所在的世界以非凡的生机与活力。当梅·斯文森在《纽约客》上读到《克鲁索在英格兰》时，她告诉毕肖普，她觉得这首诗"美妙、悲伤、荒诞、真实"。斯文森称这首诗是"一首伟大而非凡的诗，从各个层面来看都是如此"，斯文森认为克鲁索是"独一无二的、被放逐的、没有伙伴的探险家"的代表，"他选择了独一无二，创造了让自己生存下去的装备，生活在自己的世界里——但最后发现自己与所有从未冒险过的人的命运相同，概莫能外"。[1] 毕肖普高兴地回应说，斯文森"敏锐地抓住了这首诗的要点"，历史地看，这首诗与她的《在候诊室》一起，定义了毕肖普晚期自我探索风格的突破。这首诗中克鲁索的小岛远比笛福笔下的小岛更加荒凉和贫瘠，岛上只有山羊、海鸥和鸟粪，还有死火山和覆盖着熔岩的海滩。令人痛苦的事实突显了这个地方本质上的不毛与贫瘠——"岛上每样东西都有一种"：一个"紫蓝色"的树蜗牛，一种树（"一颗乌黑的灌木"），[2] 还有一种鲜红色的浆果，克鲁索将其酿造成一种可怕的、起泡的酒类饮品。当他喝下这种自酿的酒时，酒劲直冲脑门，醉得一塌糊涂，于是他吹起了自制的笛子，那"一定有世界上最古怪的音域"，而且"头晕目眩"的他会"在山羊中呐喊和起舞"。[3] 他对食物和爱情的美梦变成了噩梦。站在他"命名为埃斯

1　斯文森 1971 年 12 月 2 日致毕肖普信。
2　《毕肖普诗选》，第 184 页。
3　《毕肖普诗选》，第 184 页。

波伊山或绝望之山"的火山旁，他沉思着自己对"我最小的岛屿工业"的热爱，尽管他悲伤地承认，最小的工业，也是他最不喜欢的工业，是"一种悲惨的哲学"，[1] 最后，他奇迹般地从与世隔绝的状态中解脱出来，"星期五来了……/ 星期五很好。/ 星期五很好，我们是朋友"。克鲁索羡慕"星期五"美好的身体，沉思着自言自语地说："如果他是个女人就好了。"[2] 他梦想着传宗接代——这在这个荒凉的地方是一种痛苦的现实需要。当克鲁索和星期五终于突然"离开"他们的岛屿时，克鲁索发现，他回来后非但没有感到快乐，反而感到无聊，"喝着我真正的茶，/ 被无趣的木材包围"。他最大的遗憾是，回到英国后（"另一座岛屿，/ 那看起来不像一座岛，但谁又能裁定？"），他失去了那个让他摆脱孤独的朋友，因为"星期五，我亲爱的星期五，死于麻疹 / 在十七年前的三月"。[3]

洛威尔认为《克鲁索在英格兰》"也许是你最好的诗，是你生活的模拟，或者是一首《沮丧颂》"。他补充道，"你写过的任何诗都没有像这首一般将幽默和绝望如此完美融合"，"它表达了我过去两个月来的感受……一切都如此接近"。[4] 洛威尔并不是唯一一个在这首诗中发现自我探索元素的人。弗兰克·毕达特回忆说，当他告诉毕肖普，他认为《克鲁索在英格兰》是"她自己与巴西以及与萝塔生活的一种自传体隐喻"，毕肖普听到这样的说法大为"震惊"。然而，毕达特表示，毕肖普写作中的自传体元素仍然"相当前后矛盾"，因为毕肖普同时"完全率直"地表示，这首诗确实与她自己

1 《毕肖普诗选》，第 184 页。
2 《毕肖普诗选》，第 185 页。
3 《毕肖普诗选》，第 186 页。
4 洛威尔 1973 年 7 月 31 日致毕肖普信，载《空中的言辞》，第 754 页。

的生活直接相关。[1] 值得指出的是，尽管认识她的人很自然地会认为"星期五之死"是对萝塔之死的寓言式处理，但另一方面，毕肖普与《纽约客》的通信清楚地表明，她在 1965 年就完成了这首诗的草稿，其中就已经包含了"星期五之死"的内容，这比萝塔自杀整整早了两年。毕肖普当时曾萌生过将这首诗提交给《纽约客》的念头，但最终还是认为这首诗还没有完全准备好而作罢。[2] 尽管如此，1965 年毕肖普与萝塔的关系就已经深陷困境，当时她已经起草了这首诗，而早期的爱情诗，如《香波》和《雨季之歌》中也包含了对未来丧失的预感。《克鲁索在英格兰》的创作和完成时间，暗示了毕肖普与克鲁索之间以及萝塔与星期五之间的自传式关系。随着岁月的流逝，这首诗以一种奇怪的方式，变得更加真实地贴近毕肖普自己的生活。

———

毕肖普另一首摇撼人心的诗《麋鹿》（"The Moose"）终于完成、表演并发表，它甚至比《克鲁索在英格兰》花费了更长的时间才找到最终的形式。事实上，这首诗从构思到完成耗费了四分之一个世纪的时间，还要加上最近毕肖普为自己施加的压力——她同意将在 1972 年 6 月 13 日哈佛大学举行的"大学优秀生联谊会"（Phi Beta Kappa）的仪式上朗诵这首诗，这是她给自己规定的最后期限。

《克鲁索在英格兰》是一首与世隔绝和颠沛流离之诗，而献给格蕾丝·布尔默·鲍尔斯的《麋鹿》则是一首社群之诗，甚至可以说是一首交流共融之诗，它唤起了毕肖普生命中最令人心安的四个

1　《怀念伊丽莎白·毕肖普》，第 333 页。
2　参见《克鲁索在英格兰》的讨论，载《伊丽莎白·毕肖普与〈纽约客〉通信全集》，第 273—280 页。

人。这四个人物没有一个直接出现在诗中，但都清楚地映现在毕肖普的脑海中，他们是诗要献给的人：毕肖普的姨妈格蕾丝、毕肖普的外祖父母，还有她的心理医生露丝·福斯特。诗中的事件可以追溯到 1946 年夏天，当时毕肖普正在大村郊外看望姨妈格蕾丝。毕肖普收到传唤，要求她立即返回纽约，以便签署文件出售她位于基韦斯特怀特街 624 号房子。毕肖普在通往鲍尔斯农场的入口处登上了一辆向西行驶的巴士，这段旅程在她的想象中徘徊了四分之一个世纪，最终在《麋鹿》中得到了表达和转化。拜访格蕾丝六个月之后，1947 年 2 月，毕肖普在为露丝·福斯特提交的第三封自我剖白信中，描述了这一段成为她诗作核心的经历，尽管毕肖普 1947 年的叙述中提到的人物在 1972 年诗作的最终完成版中已然发生了重大转变。《麋鹿》开篇便极尽优美，徐徐展开，描绘了芬迪湾潮汐盆地沿岸的生活：那些"从鱼、面包和茶 / 狭窄的省份"，这里是"长长潮汐的家园 / 那里海湾每天两次 / 离开大海，带着鲱鱼 / 去长途旅行"。在这个长句中，毕肖普几乎毫不费力地在一系列六行六韵的诗节中展现了新斯科舍世界的壮丽与精彩。这个长句向前延展的过程中，"一个孤独的旅行者"（毕肖普）和她的"七个亲戚"（格蕾丝和她的家人）在等候着向他们驶来的巴士，而"一只牧羊犬监视着"。[1]

毕肖普在给福斯特的信中提到，在她登上向西行驶的巴士前往波士顿和纽约之前，姨妈格蕾丝请她喝一杯朗姆酒。然后，上了公共汽车，她吃了一片安眠药。午夜过后，当她醒来时，充其量只是半醒状态，她听到了坐在她身后很远处两个女人的声音，而且这些

---

1 《毕肖普诗选》，第 189—190 页。

声音似乎整晚都在说话。她告诉福斯特医生，其中一个声音比另一个声音大一点，"语调很像我的姨妈格蕾丝——比她的声音更像新斯科舍的语调，但同样是那种惺惺相惜的语调"[1]。

毕肖普仍是半睡半醒，对她来说，"另一个我听不太清楚的声音……是你"，也就是露丝·福斯特。当然，尽管这两个让毕肖普感到心安的人都没有出现，但毕肖普觉得自己听到了"你和格蕾丝姨妈之间无休止的对话"。她虽然听不清确切的词语，但她"似乎像动物般，透过语调感觉到"。对她来说，这种无休止的交谈似乎"有点像乔伊斯笔下的洗衣女工"。[2]多年后的诗作中，毕肖普依然保留了那一晚夜色中她身后公交车上两个交谈之人的声音特征，但它们已不再是格蕾丝姨妈和福斯特医生的声音。现在，它们已经变成了"外祖父母的声音 // 不间断地 / 交谈着，在永恒中"。《麋鹿》中的这些声音变得更加清晰，她听到了"一些名字被提及，/ 一些事情终于澄清；/ 他说了什么，她说了什么 / 谁拿到了退休金"。外祖父母的谈话包括了一系列"死、死亡和疾病"，以及"他再婚的年份"等更多充满希望的细节。随着许多诗节和一系列长句的展开，我们听不到专有名词，只有性别名词和代词。

因此，我们听到"她死于分娩。/ 那就是纵帆船沉没时 / 失去的儿子。// 他开始酗酒。是的。/ 她变得很坏"。当我们终于听到一个专有名词时，那就是这样一个时刻："阿摩司开始祈祷 / 甚至在商店里也一样 / 最后家人不得不 / 将他送走。"外祖父母的声音被唤起，好似在"谈着，像从前他们谈的那样 / 在旧的羽绒床上，/ 平静地谈下去"。毕肖普在这段对话中将姨妈和心理医生的声音抹除，

1　毕肖普 1947 年 2 月致福斯特信。瓦萨学院图书馆。
2　毕肖普 1947 年 2 月致福斯特信。

转而将这些声音与布尔默外祖父母的声音联系起来，并与她作为一个孤儿在大村的家中度过一个又一个夏天时无意中听到的对话关联起来。

当司机猛地停下巴士并关掉车灯，这首诗达到了高潮，因为"一只麋鹿／从难以穿透的树林里／走出来，站在那里，赫然耸现，更确切地说／立在路中间"。这只麋鹿被证明是"一只母鹿！"，它走近巴士，嗅了嗅炽热的引擎盖，麋鹿久久地凝视着巴士（"细细地／她打量着巴士"），而乘客们也在凝视着麋鹿。她"高耸，无角，／高耸如一座教堂，／朴素如一栋房屋／（或安全如房屋）"。一个男人的声音让他们安心——"完全无害"——而其他人则说"肯定是个大家伙"，"这太明显了"。在这场对话中，诗人问道："为什么？为什么我们会感觉到／（我们全都感觉到）这种甜蜜／喜悦的激动？"最后，司机一边说着"奇特的生灵"，拖着清脆悦耳的卷舌音 r，一边将公交车挂上挡，但还是有那么一瞬间，"向后伸长脖子／就能看到麋鹿／在月光下的碎石路上"。然后，驼鹿的身影消失了，剩下的是"一股淡淡的／麋鹿的气味，一阵刺鼻的／汽油味"。毕肖普在漫长的酝酿和专注中，成功地将自己多层面的复杂经验压缩到了一首诗之中，而这首诗的起点是四分之一个世纪前就已开始的一段巴士之旅。

毕肖普曾承诺在哈佛大学毕业周期间在大学优秀生联谊会典礼上朗诵这首诗，毕达特回忆道："完成《麋鹿》是一场危机。"毕肖普不得不向数百人朗读这首"冗长而复杂"的诗，但这首诗还没有准备好。据毕达特回忆："伊丽莎白、爱丽丝和我都计划去百慕大度周末；她们两人都坚持一定要去。伊丽莎白带上了这首诗。"当毕达特在飞机上看到这首诗时，他觉得"除了一些连接词和一些短语"，这首诗已经在那里了。毕达特发现，通过充当读者，让毕肖普"讲出在叙事框架内填补空缺的小节需要完成的内容，她填上了那些空缺"。尽管后来很多语句都进行了修改，但"当飞机到达百慕大时，她已经有了一个连贯的整体草稿"[1]。毕肖普在大学优秀生联谊会上朗读《麋鹿》获得了成功。让毕肖普感到尤为高兴的是，爱丽丝向毕肖普报告说，柯克兰楼的一名学生在不知道爱丽丝与毕肖普关系的情况下，主动说"就诗歌而言——它还不错"[2]。毕肖普认为这是最高的赞扬。

————

1972 年，当洛威尔寄给毕肖普一本名为《海豚》的无韵十四行诗的打字稿时，毕肖普与罗伯特·洛威尔的关系进入了一个麻烦的阶段。《海豚》这首长诗探讨了他与卡罗琳·布莱克伍德的新生活，以及他与前妻伊丽莎白·哈德威克旧生活的结束。正如洛威尔一贯的风格一样，这本诗集中收录的诗歌是洛威尔本人对布莱克伍德和哈德威克信件的改写与再创作。毕肖普对洛威尔使用已经与其分居的妻子哈德威克的信件表示强烈担忧。早在 1948 年 6 月 30 日，毕肖普就在一封信中反对威廉·卡洛斯·威廉斯在他的《帕特森Ⅱ》中使用一位女性诗人的书信。她那时曾说："也许在某些比较歇斯底里的时刻，我和那个女人的感受有点太像了。没有经历过长时间绝对孤独的人，根本不可能与这种孤独共鸣。"[3]关于洛威尔使用前妻哈德威克的信，毕肖普在一封写给洛威尔的信中说："我相信我的观点已经很清楚了……莉齐并没有去世，等等——但这是'事实

1 《怀念伊丽莎白·毕肖普》，第 291 页。
2 布莱特·米利尔：《伊丽莎白·毕肖普：人生与记忆》，第 466 页。
3 毕肖普 1948 年 6 月 30 日致洛威尔信，载《空中的言辞》，第 39 页。

和虚构的混合'，你改变了她的信。我认为这是'无限的恶作剧'。"
毕肖普坦言："一个作家可以用自己的生活作为素材——无论如何，
他都会这样做——但这些信件——你不是违反了一种信任吗？**如果**
你得到了许可，如果你没有改变它们，等等。但艺术根本不值得付
出那样的代价。"[1]洛威尔对《海豚》做了重大修改，以满足毕肖普
的担忧与关切，但他还是在1973年出版了这首长诗，但毕肖普也
没有因为他的修改而完全释怀。她认为自己是在努力保护洛威尔和
哈德威克，让他们避免遭受因出版此类作品可能带来的负面影响。
《海豚》获得了普利策奖，但它也因洛威尔处理前妻信件的方式而
收到了许多严厉的批评，其中就包括艾德里安娜·里奇一篇尤其尖
锐的文章，而在此之前里奇一直是洛威尔亲密的好友。

　　从洛威尔的来信中，毕肖普得知哈德威克因《海豚》的评论以
及人们对她与洛威尔婚姻破裂的关注而心烦意乱，毕肖普写信给
哈德威克说："我只想向你表达我所能给予的一切同情。"毕肖普
补充道："尽管这很糟糕，但我确信每个人的同情都会完全与你同
在。你一直都非常勇敢和坚强，所以我希望这些品质能再次拯救
你——（愚蠢的评论——甚至是残酷的书——也会很快消失）。"毕
肖普又说："我想你可能知道，我尽了最大的努力阻止卡尔写出很
多这样的东西——事实上，在我写了那些信（写得太糟糕了）之
后，他确实做了一些修改，使之变得更好……但是——显然，没
有什么能阻止他。请相信，我真的为你感到悲痛，我真的希望事
情很快会好起来。"——署名是："忠实地，伊丽莎白。"[2]早在1948
年，毕肖普曾试图保护洛威尔免受哈德威克的伤害，当时她认为哈

1　毕肖普1972年1月10日致洛威尔信，载《空中的言辞》，第708页。
2　哈德威克1978年8月16日致毕肖普信。瓦萨学院图书馆。

德威克已经看上了洛威尔，因此让洛威尔"当心"哈德威克，现在毕肖普保护并支持哈德威克。但毕肖普与洛威尔的关系出现了紧张，洛威尔本人会向毕肖普总结道："我的罪过（错误？）是出版。我无法忍受让我的书（我的生命）像一个死去的孩子一般隐藏在我心里。"[1]

毕肖普和洛威尔的关系将会恢复，他们将继续成为朋友——这证明了他们之间的情感是多么牢固。

————

1972 年 12 月，毕肖普在哈佛大学任教的第三个秋季即将接近尾声，一定程度上得益于比尔·阿尔弗雷德和罗伯特·菲茨杰拉德的极力争取，经英语系全体教师的一致投票同意，毕肖普最终获得了该大学的长期聘任，任期将持续到她 65 岁退休。毕肖普还收到过其他的聘请，包括弗吉尼亚大学的工作邀请，J. C. 莱文森（J. C. Levenson）、欧文·埃伦普里斯（Irvin Ehrenpreis）以及洛威尔的密友、小说家彼得·泰勒（Peter Taylor）等英语系的追随者都极力敦促她接受这些聘请，这些无疑为她在哈佛获得更稳定可靠的职位增加了筹码。弗吉尼亚大学或许会为她提供更高的报酬，但毕肖普在哈佛大学任教期间可以免费使用哈佛医务室，还能享受其他医疗保险福利，这些因素都影响了她最终的决定。爱丽丝·梅斯费塞尔的出现进一步影响了她最终留在哈佛。毕肖普还收到了华盛顿大学的邀请，希望她能再次在那里教授三个学期的课程。因此，1973 年 3 月，毕肖普回到了西雅图，那是她七年前初次执教的地方。在那里，她重新认识了一些老朋友，尤其是她坚定的支持者多萝西·鲍

1　洛威尔 1973 年 7 月 12 日致毕肖普信，载《空中的言辞》，第 752 页。

伊。毕肖普在哈佛大学获得了长期教职，并在其他地方担任客座教授，这位"惶恐不安的老年业余'教授'"正在将自己变成专业人士。

就身体健康而言，1972 年是充满挑战的一年，但就创作最高质量的诗歌而言，这一年则是相当富有成效的一年。除了《麋鹿》，《纽约客》这一年还发表了毕肖普另外两部作品：《诗》（"Poem"）和《夜城》（"Night City"）。霍华德·莫斯在录用前一首诗的回信的开头写道："《诗》真是太美了！我喜欢它，这里所有读过它的人也都喜欢。我希望余生的每天我都能读到一首这样的诗。"[1] 毕肖普的《诗》以她在新斯科舍省的舅外公乔治·哈钦森的一幅小画（"约一张旧式美钞大小"）为起点，这是某位姨妈送给她的，她称之为"一件小小的家族遗物"，哈钦森的作品也是毕肖普一首更早的诗《大而糟的画》的主题。

这幅技法拙劣的糟糕画作是哈钦森的早期作品。但这位颇有艺术天赋的舅外公后来定居伦敦，并在那里成为一名专业的书籍插画家。哈钦森是毕肖普的舅外公，但毕肖普从未有机会见到他，当哈钦森偶尔回到大村探亲时，他会画一些当地的风景素描。毕肖普的《诗》问世之后，来到毕肖普公寓的访客们描述了挂在她家墙上那幅她舅外公的微型画，他们开始将其称为"小而好的画"。哈钦森的画展示了印象派画家的功力，他善于运用对比鲜明的色彩以及大胆、富有暗示性的笔触，赋予一个场景暗藏因果复杂性的生命力。毕肖普形容这幅画"无用又自由"（在毕肖普的个人词典中，这两个词都是赞美之语）。这是一件对我们没有提出任何要求的作品，

1　莫斯 1972 年 3 月 28 日致毕肖普信，载《伊丽莎白·毕肖普与〈纽约客〉通信全集》，第 339 页。

它"一生中从未赚到钱"，同时"被传递给旁系拥有者们 / 他们有时会看看它，或者不愿费心"。但现在毕肖普确实开始关注它，她注意到的是他们在新斯科特省共同的历史与过去所留下的熟悉的痕迹。

毕肖普本人也是一名水彩画家，她描绘出这幅画的潇洒、绘画技巧，时而赞叹，时而又消遣，同时迅速勾勒出了画面的各种特征，包括"榆树林、低矮的山丘、一座细的教堂尖塔，/——那灰蓝色的一缕——是吗？"在前景中，她发现"一片水草地上，有几头小奶牛，/ 每只两笔勾成，但肯定是奶牛；/ 两只微小的白鹅在湛蓝的水中，/ 背靠背，觅着食"。我们总是注意到画布上的颜料："靠近高处，一朵野生的鸢尾花，白黄相间，/ 刚从茎管中歪歪扭扭地冒出来。"

然后，毕肖普猛然发现，这幅画不仅是一件艺术作品，而且是她自己过去的再现：

> 天哪，我认得这个地方，我知道它！
> 就隐在后面——我几乎还记起那个农夫的名字。
> 他的谷仓背靠着那片草地。就在那里，
> 钛白色，轻轻一擦。尖塔的影迹，
> 刷毛的细丝，微弱不可见，
> 一定是长老会教堂。[1]

这座位于大村的长老会教堂的尖塔，也就是她自家房子对面的

---

1 《毕肖普诗选》，第196页。

那一座。毕肖普在故事《在村庄》中再现它时，那塔尖上仍萦绕着
她母亲的尖叫声。如果仔细观察这幅画本身，就会发现在画作的天
际线上，没有一丝尖塔的痕迹，甚至连毛发的细丝都找不到。在这
首诗最戏剧性的地方，毕肖普插入了她个人过去经历的一个关键意
象和她自己写作的一个关键主题，以戏剧化的方式表现她舅外公的
画作和她自己之间的联系。

现在，《诗》进入了一种顿悟的状态，她回忆起舅外公时说：
"我从来都不认识他。我们都知道这个地方，/ 显然，这名副其实的
一小片死水。"每个人都注视着它，"久到直至记住它，/ 我们相隔
的岁月。多么奇怪"。她还发现，一个她以为自己已经忘记的地方，
"它仍然被爱着，/ 或者它的记忆（它一定改变了许多）"。现在毕
肖普发现"生活以及对生活的记忆被如此压缩 / 它们已经变成了彼
此。哪个是哪个？"在毕肖普的整个创作生涯中，她一直都在处理
生活、艺术和记忆这个三位一体的问题。现在，在这幅小画中，她
发现"生活以及对生活的记忆缩窄，/ 在一块布里斯托纸板上，/ 黯
淡，但多么鲜活，细节多么动人"。这意味着什么？这个一生中从
未赚过一分钱的物品代表了什么？对毕肖普来说，它代表着"我们
免费得到的一点点，/ 我们世俗信任的一点点。不多"。不多，但也
许足够了。这件小东西已经有了自己的生命，而在这个过程中，它
看起来不仅"约一张老式美钞大小"，而且"大约是我们，与他们
共同 / 恪守的尺度"。那与我们共同恪守的是谁？只是"正在咀嚼
的奶牛，/ 那鸢尾，脆嫩又摇颤着，那水 / 仍然立在春天的洪水之
外，/ 那尚未被拆除的榆树，那鹅群"。毕肖普以顿悟收尾的诗作
并不多，但当她的一首诗以顿悟收尾时，这种顿悟似乎总会获得成
功，就像这首诗一样。记忆的财富无法颠覆时间的毁坏，但一个失

落的世界依然存在于那里，"暗淡，在一块布里斯托木纸板上"。[1]

———

毕肖普在哈佛最狂热的年轻崇拜者之一是诗人兼评论家劳埃德·施瓦茨，他后来编辑了几本重要的毕肖普诗选、散文集和书信集。1960 年，施瓦茨的大学老师玛丽·库兰（Mary Curran）为他和一群同学朗读了毕肖普的诗歌《人蛾》，当时他们正坐在她位于华盛顿广场附近公寓的地板上。施瓦茨回忆说，当他听到这首诗时，"这首诗深深震撼了我。让我感动得热泪盈眶。这是一首如此独创而强大的作品，完全令人惊讶，引人入胜"。从那时起，他一直密切关注毕肖普的创作。他现在是哈佛大学的一名研究生，正在攻读博士学位，博士论文与 W. B. 叶芝（W. B. Yeats）相关，他通过自己的密友弗兰克·毕达特对毕肖普略有了解。1973 年 12 月，他终于鼓起勇气邀请毕肖普在哈佛广场的一家小酒馆共进午餐，毕肖普欣然应允。席间，他们为两人都将独自在剑桥度过圣诞节假期而互表同情。施瓦茨的所有朋友都不在城里，而爱丽丝·梅斯费塞尔也远在瑞士滑雪。他们模糊地计划着或许会在休息期间见面，并交换了电话号码。紧接着，毕肖普知道施瓦茨是一个贫穷的研究生，因此她坚持要为这顿午餐买单。

1 月初，施瓦茨接到毕肖普的电话，她摔断了肩膀，当时正在哈佛的医务室。毕肖普非常抱歉地询问施瓦茨是否愿意来医务室取她的钥匙，然后进入她在布拉特尔街的公寓。他需要在那里取她的邮件、手提包和她放在咖啡桌上的速记簿，然后把它们带回医务室。施瓦茨觉得能够以任何方式帮助一位他如此钦佩的诗人是令人

———

1 《毕肖普诗选》，第 197 页。

激动的事情。无论如何，他自己的公寓、校医务室和毕肖普的公寓都离得不远，所以这次帮忙实际上没有给他带来任何麻烦。施瓦茨后来得出结论，他实际上热衷于提供帮助，但毕肖普的语气带有挺深的歉意，这可能是因为毕肖普因自己喝酒时摔倒而感到内疚。她从哈佛广场一家名为卡萨布兰卡的餐厅的二楼下来时，从外面的楼梯上摔了下来（酒吧就在这一层，下面有一家餐厅）。毕肖普经常在因自己酗酒而引起他人不快时深感歉疚。但现在，在医务室毕肖普的房间里，施瓦茨觉得自己有机会与这位诗人共度一段难得的时光。那天，他在毕肖普的病房里陪着她，一起谈论电影、唱片、校园和文学八卦、最喜欢的歌手和其他共同感兴趣的话题，度过了一整天。以前，他认为毕肖普很有戒心，但现在他发现他们之间的交流毫不费力。唯一被禁止的话题就是对毕肖普诗歌的赞扬或讨论。从那天起，毕肖普在医务室就医期间，施瓦茨每天都来，他们一天中的大部分时间都在交谈。

有一次，毕肖普被推出房间接受治疗时，施瓦茨后来承认，"我忍不住偷看了笔记本。前几页看起来像是一首新诗《早餐之歌》（"Breakfast Song"）的草稿"。他补充说："我被它打动了——也被它震撼了。我从来没有见过一首她如此直接地处理性爱和死亡恐惧的诗作。"施瓦茨觉得"我必须要有一个副本。我想一遍又一遍地读它"。他还担心毕肖普永远不会发表这首诗，甚至可能最终会毁掉它。"所以我复印了它，希望有一天它会被公之于众。"多年来，毕肖普还发表了其他几首与性有关的诗歌，包括《一起醒来多么美妙》，但从未见完整版的《早餐之歌》面世，尽管在一些笔记本中已经出现过这首诗开篇的草稿。施瓦茨指出："如果它不存在，那将是一个巨大的损失。"他补充道："我仍然对自己得到它的方式感到有些内疚。"2002 年，毕肖普去世 23 年之后，也就是施瓦茨在哈佛大学医务室里毕肖普的笔记本上第一次读到这首诗近 30 年之后，《早餐之歌》终于发表在了《纽约客》上。

这首诗的主题是爱丽丝·梅斯费塞尔，诗的开篇就以"我的爱，我的拯救之神恩"称呼她。这拯救之神恩鲜明的特征是一件不值一提的东西中唯一有价值的地方，而毕肖普在这里似乎暗示着，那拯救她的唯一神恩不在于她自己，而在于她的伴侣爱丽丝。接下来的几行诗是对这位伴侣的描述："你的眼睛蓝得可怕。/ 我亲吻你滑稽的脸，/ 你咖啡味的嘴唇。"诗人足够抒情地继续写道："昨晚我和你同眠。"但随后诗出现了意想不到的转折，走向了一种截然不同的睡眠方式："今天我如此爱你 / 我怎么能忍受去 /（我知道，我必须尽快去）/ 与丑陋的死亡同眠 / 在那寒冷、肮脏之地，/ 睡在那里而身旁没有你。"在那里，她将不得不"没有那我早已习惯的 / 轻松的呼吸 / 和整夜的、与肢体同长的温暖？"这首诗用简单而直接的语言直指人类生存问题的核心。

因为，正如这首诗继续写道的那样：

> ——没有人想死；
> 告诉我这是个谎言！
> 但是不，我知道这是真的。
> 这只是常见的事情；
> 人无能为力。

最后，诗人又返回到诗的开头——但最后一行出现了令人震惊的转折。

> 我的爱，我的拯救之神恩，
>
> 你的眼睛蓝得可怕
>
> 起初的、瞬间的蓝。

多年之后，当施瓦茨向梅斯费塞尔问及《早餐之歌》的情况时，她说："哦，那首诗。"所以她一定很熟悉这首诗。《早餐之歌》仍然是一首只有毕肖普才能写出的诗。

毕肖普与哈佛大学签订了协议，将她的教学合同延长至退休，这促使她开始考虑寻找一个更长久的居住地，很快她的注意力就被刘易斯码头吸引住了，这是一栋伸向波士顿港的石质仓库建筑，正在被改造成公寓。毕肖普仔细查看了这处房产，认为自己可以买到一套宽敞的上层公寓，从那里能够将波士顿港的全景尽收眼底。她当机立断签下合同，确保自己在刘易斯码头的首选权，现在只需等待建筑项目完工。1974 年春天，毕肖普返回了欧鲁普雷图，并安排将自己在巴西的所有财产运往波士顿。她仍然希望能卖掉玛丽安娜之家，如果不出售，购买刘易斯码头的公寓就将面临财务风险。但她已经做出了承诺，1974 年春天的欧鲁普雷图之行标志着她最后一次访问巴西，尽管这个地方将会永远萦绕在她的记忆和艺术作品之中。

第十七章　彩虹鸟

　　1973 年 3 月，伊丽莎白·毕肖普签署了购房契约，正式买下了波士顿刘易斯码头新装修的四楼公寓。[1] 然而刘易斯码头的施工进程一拖再拖，毕肖普入住公寓的时间比预期的晚了很多。"我是（1974年）8 月 8 日搬家的……尼克松辞职的那天——都是令人难忘的事。"[2] 她终于能告诉多萝西·鲍伊了。

　　毕肖普幼年生活在新斯科舍省，从那时起她就一直向往水边的生活。吸引她来到波士顿大西洋大道旁这栋特殊建筑的原因是，这里可以看到波士顿港和神秘河的美景，于是她买下了一套楼上公寓。她告诉巴克夫妇："这里的景色很美，那些船只——拖船、货船、（主要是）油轮——但也有很多帆船——离得那么近，这是一种持续的乐趣——和消遣。"[3] 爱丽丝·梅斯费塞尔正在接手毕肖普位于哈佛广场北边布拉特尔街小而方便的公寓，她们有时会在这里同睡一张床。爱丽丝还带走了毕肖普的许多家具："乒乓球桌、厨房餐桌、书桌、书柜——红色摇椅等，这一切都对我帮助很

1　梅根·马歇尔：《伊丽莎白·毕肖普：早餐奇迹》，纽约：霍顿·米夫林·哈考特出版社，2017 年，第 261 页。
2　毕肖普 1974 年 9 月 11 日致鲍伊信。
3　毕肖普 1974 年 9 月 11 日致巴克夫妇信。

大。"[1]霍华德·莫斯曾希望毕肖普能留下乒乓球桌，因为"我的光荣梦想就是回到剑桥，击败所有人"[2]。布拉特尔街公寓的地址距离爱丽丝正在攻读商学研究生学位的波士顿大学只有一小段车程。

22 年前，毕肖普曾与萝塔一起从巴西前往美国，从那里的仓库中取回自己的物品，并将它们运到萨曼巴亚。现在，这些物品，再加上 20 年来的进一步积累，将被安排运到毕肖普在北美的新家。上一年 4 月的第一周，毕肖普在玛丽安娜之家度过，她辛勤地打包了 40 箱书，[3]以及数量众多的手稿、信件和工作手册，这些东西有朝一日会成为一个研究型图书馆的核心藏品，此外还有许多独特的家具、当代艺术家（其中大多数是私人朋友）的作品、一些传家宝、她自己的水彩画，多尔梅奇古钢琴，以及精心挑选的巴西民间艺术作品。毕肖普告诉多萝西·鲍伊，她"已经完成了这么多的工作，我仍然不敢相信"[4]。她欣喜地告诉朋友，她把这批私人货物委托给了"芬克运输公司"[5]。她渴望在一个属于自己的地方重新开始。但她将不得不等待很长一段时间，这些"货物和财产"才能从巴西通过货轮运抵波士顿。

1974 年 11 月，搬进新公寓三个月之后，毕肖普告诉巴克夫妇："我爱我的公寓——如果我能把它修好的话。"就在前一个周六晚上，她观看了"伊丽莎白女王 2 号"驶出波士顿港。为了获得更好的视野，她和几个朋友跋涉而上，来到刘易斯码头最顶层的洗衣房，在那里与刘易斯码头上层阶级的居民们一起倚着窗户，这些人

1　毕肖普 1743 年 8 月 5 日致巴克夫妇信。
2　莫斯 1975 年 1 月 4 日致毕肖普信，载《伊丽莎白·毕肖普与〈纽约客〉通信全集》，第 356 页。
3　毕肖普 1975 年 4 月 7 日致巴克夫妇信。
4　毕肖普 1974 年 4 月 27 日致鲍伊信。
5　毕肖普 1974 年 4 月 27 日致鲍伊信。

也同样在目送"伊丽莎白女王 2 号"离开，这艘船准备开始跨大西洋航行。毕肖普发现这是一个奇怪的场景，因为那时，日落之后，"周围都是洗衣机和烘干机，……女士们和先生们——其中一些人还拿着小的观剧望远镜"，他们并排站着，"所有人都在看着"这艘巨型邮轮"巨大的尾部"，借助"每侧三艘拖船——小小的红灯线"在黑暗中缓缓转弯。那时，一艘消防拖船在附近突突作响，"打开了所有的水龙带——像凡尔赛宫一样"，毕肖普总结道："住在这里确实有简单的乐趣。"在同一封信中，毕肖普还忧心忡忡地写道："我的货物还没有从巴西运来——我担心死了，真的，还梦见现在所有的东西都在各个古董店出售。"[1]1975 年 4 月，毕肖普终于能如释重负地向巴克夫妇宣布："10 个月之后，或将近 11 个月？我的物品**真的**终于从巴西运来了……"[2]

毕肖普花了不少时间把自己过去的这些物品放进新家，在接下来的几个月甚至几年里，她的屋里堆满了成箱的没有放上书架的书。但到了 1978 年，当诗人伊丽莎白·斯皮尔斯，一位年轻的瓦萨校友，来到刘易斯码头为《瓦萨季刊》采访毕肖普时，她有幸见到了一间宽敞的客厅，"宽敞又光亮的木质地板，两面砖墙和一整面墙的书，天花板吊着横梁，玻璃门通向阳台"。斯皮尔斯还注意到了一些物品，它们似乎是毕肖普漂泊一生的记录："一面巴洛克风格的威尼斯镜子，一张蓝花楹木摇椅和其他来自巴西的旧物，两幅洛伦·麦基弗的画作，一只来自基韦斯特的巨型马海螺，以及一个同样来自巴西的富兰克林炉子。"[3]著名批评家海伦·文德

1　毕肖普 1974 年 11 月 11 日致巴克夫妇信。

2　毕肖普 1975 年 4 月 7 日致巴克夫妇信。

3　伊丽莎白·斯皮尔斯：《与伊丽莎白·毕肖普在一起的午后》，《瓦萨季刊》，1979 年冬季，第 5 页。

勒（Helen Vendler）是毕肖普家的常客，她回忆说："玻璃柜里有一座圣人像，墙上挂着一艘船的艏饰像，还有一个木制鸟笼。就像她在《旅行的问题》中写到的那样。"[1] 评论家大卫·卡尔斯通认为，参观毕肖普的公寓"就像阅读她的诗一样。这取决于你是否能沉浸在这些细节中。你不会得到任何指示"[2]。毕肖普的朋友保拉·迪茨（Paula Dietz）认为刘易斯码头现在是一个别致的地址，但当时并非如此——"这是一个相当有胆识的居住地。住在那里需要超高的天赋……内部都是原砖"。对迪茨来说，毕肖普选择的住所"一点也不精致"。"像这样的地方需要一种直率的独立性。"[3]

毕肖普在刘易斯码头安顿下来，现在她就住在离里维尔剑桥街55 号公寓五英里的地方，约合 15 分钟的车程。正是在那里，她在姨妈莫德和姨父乔治的注视下度过了多年与世隔绝的童年时光。现在驱车一小时，她就能到达伍斯特的希望公墓，她的父母就安息在那里，共享着同一块墓碑。毕肖普绕了一大圈又回到了原处，但现在她住在一个属于自己的地方。

————

就在毕肖普入住刘易斯码头寓所的一个月前，她和爱丽丝·梅斯费塞尔在弗兰克·毕达特的陪伴下，找到了另一个特别的地方。她们租下了位于缅因州海岸外北黑文岛的一处名为萨宾农场的房产。它靠近邻近的鹿岛和龙虾小镇斯托宁顿，罗伯特·洛威尔的诗歌《水》正是以此地为背景，这是一首追念 1948 年的怀旧诗，那时他还没有向毕肖普求婚。对于毕肖普来说，这座位于佩诺布斯科

———

1 《怀念伊丽莎白·毕肖普》，第 322 页。
2 《怀念伊丽莎白·毕肖普》，第 322 页。
3 《怀念伊丽莎白·毕肖普》，第 322 页。

特湾中部长达五英里的岛屿，看起来"美得令人难以置信——这座房子也美妙得令人难以置信"。就像刘易斯码头一样，萨宾农场也有水上美景。但这景色并不是一个工作港口，而是能看到"一片风光，有岛屿、岛屿、陆地上的山丘，还有驶过的船帆"。就像她记下从刘易斯码头窗户下经过的船只的名字一样，她也在这里记录下"27种不同的野花"。毕肖普、毕达特和梅斯费塞尔第一次在北黑文停留时，过得很开心，"缅因州的天气好得令人难以置信——每天都阳光明媚，除了最后三天，因为雾确实来了（但我也很喜欢）"。毕肖普发现这个岛上有杂货店、树林、田野、鸟类，当然还有野花，"非常像新斯科舍"。[1]用她的瓦萨朋友哈莉·汤普金斯的话来说，北黑文是"纯粹的毕肖普地形"[2]。

图 24　弗兰克·毕达特和毕肖普登上前往缅因州北黑文的渡轮，20世纪70年代

　　萨宾农场为客人提供了充足的空间，今后也将成为毕肖普朋友们定期聚会的场所。毕肖普提前预订了次年8月的萨宾农场，她会在余生的每年夏天返回那里。1975年，作家、记者、前法国抵抗运动战士塞莉亚·贝尔廷（Célia Bertin）来到岛上拜访毕肖

1　毕肖普1974年7月30日致麦基弗与弗兰肯伯格，载《一种艺术》，第587页。
2　《怀念伊丽莎白·毕肖普》，第63页。

普，她后来回忆道，"我喜欢看到伊丽莎白在北黑文的厨房里。她做饭的方式，她谈论小事的方式，以及她买东西的方式"，比如从当地捕虾人那里购买渔获，"都让这里成了一个充满诗意的地方"。谈到毕肖普与这些人以及其他常年住在此地的坚毅的居民们之间的关系时，贝尔廷补充道，"她喜欢真实的人"。贝尔廷认为，虽然从表面上看，毕肖普似乎只是"一个头发花白的小老太太"，但在她内心深处，"她非常特别……那小小的身体里有那么多东西。你能感觉得到"。在北黑文，"能和她单独相处真是太棒了，因为她喜欢一切——鲜花、小散步、新地方"。[1] 贝尔廷的丈夫杰瑞·赖希（Jerry Reich）补充说："伊丽莎白有一种活在当下这一天的天赋，将这一天变成一次庆祝。"[2] 贝尔廷熟悉萝塔在里约圈子的成员，他回忆说："伊丽莎白向我提起萝塔时，几乎就好像萝塔还活着一样。"毕肖普自 1974 年前往巴西收拾和运回她的"货物和财产"之后，再也没有去过巴西，但这个国家将会继续栖息在她的诗歌之中，就像萨宾农场的世界将重新激发她的诗歌灵感一样。

1974 年 7 月，毕肖普完成了诗作《三月末，达克斯伯里——给约翰·马尔科姆·布林宁和比尔·里德》["The End of March, Duxbury"（for John Malcolm Brinnin and Bill Read）]，刊登在次年的《纽约客》上，发表时间看起来相当应季。毕肖普经常和爱丽丝·梅斯费塞尔一起驱车前往波士顿东南 35 英里处历史悠久的海滨小镇达克斯伯里，拜访她亲切的朋友、诗人约翰·马尔科姆·布林宁及其伴侣比尔·里德。他们会住在劳埃德·施瓦茨所说的"休闲又优雅的海滨

1　《怀念伊丽莎白·毕肖普》，第 319—320 页。
2　《怀念伊丽莎白·毕肖普》，第 320 页。

小屋"[1]，每当布林宁和里德不在家时，布林宁会邀请她们住在自己的房子里。3月末一个寒冷多风的日子，毕肖普和梅斯费塞尔（诗中未透露姓名的另一个人）[2]出发，沿着海滩散步，她们一侧的脸被"喧闹、冰冷、近海的风"吹得麻木。她们希望到达毕肖普所说的"我的原梦之屋，/我的秘梦之屋，那歪扭的盒子/建在木桩上，覆着绿色瓦片"。她们在寒冷之中要探索的目标是"一种洋蓟的房子，但更绿一些"。毕肖普饶有兴致地对洛威尔说，创作这首诗的一个动机是"当我说我想要将那间丑陋的绿色小棚屋作为我的夏日居所时，约翰·B感到非常震惊！（恐怕他不像我一样喜欢糟糕的东西）"。[3]

毕肖普在哈佛的岁月，她需要上课、评估学生的诗歌和论文、举行朗诵会、出席仪式接受源源不断的荣誉学位（她说："我可以用它们贴满我的墙壁。"），还要尽职尽责地处理成堆的不请自来的诗歌手稿，毕肖普经常感叹自己讨厌这么忙碌！毕肖普的《三月末》沉浸于一种并非完全是幻想的渴望——想要在这座破烂不堪的梦幻之屋安顿下来，"那里一定有一个火炉"，因为"那里有一个烟囱"，在这样的地方，她可以自由地"什么也不做/或者不做太多，永远待在两间空屋里"，透过双筒望远镜（她在刘易斯码头最喜欢做的事）和阅读无聊的书籍（近40年前的诗作《在监狱里》中的叙述者也表达了相同的渴望）来打发一天的时间。在这样一个梦屋里，她可以"和自己说话，还有，在雾蒙蒙的日子里，/看着水滴滑落，带

1　施瓦茨2019年2月26日致笔者电子邮件。

2　毕肖普在给《纽约客》的一封信中指出，布林宁和里德都没有去往她在诗中描述的那条路上散步（参见《伊丽莎白·毕肖普与〈纽约客〉通信全集》，第361页），因此她的同伴一定是梅斯费塞尔。

3　毕肖普1974年9月3日致洛威尔信，载《空中的言辞》，第767页。

着光的重负"。她可以用"一杯美式格洛格酒。/我会用厨房里的火柴点燃它。/可爱的半透明蓝色火焰/会在窗户里摇曳，成双"，来结束这近乎无所事事的日间活动。如果这样一个梦屋能点亮"一盏可供阅读的灯"，那它最终可能会被证明是"完美！但——不可能"。而事实证明，即使到达这梦屋也变得不可能，至少那一天不可能，因为正如她承认的那样，"风太冷了/甚至走不了那么远，/当然房子一定封上了木板"。[1]毕肖普向《纽约客》递交《三月末》时，毕肖普对霍华德·莫斯打趣地说道，这首长诗是她对叶芝的十二行诗《因尼斯弗里湖岛》的回应。[2]事实上，毕肖普诗中这座可疑的房子，确实与叶芝所想象的小木屋有某种亲缘关系，叶芝的小木屋用黏土和瓦砾建造，位于斯莱戈郡一个名为"因尼斯弗里"的岛上，那里无人居住。哈罗德·布鲁姆认为毕肖普的《三月末》让人联想到更广阔的景象，他宣称这是"美国海岸线上又一首伟大的诗，与爱默生的《海滨》、惠特曼的《走出摇篮》……以及《当我退潮……》、史蒂文斯的《基韦斯特的秩序观》和克莱恩的《航行Ⅰ》并驾齐驱"[3]。《三月末》凭借冷静的轻描淡写、自嘲的幽默、对话的语调以及蕴藏着的巨大的力量感，在这些同样伟大的作品中独树一帜。这种力量在诗歌的冥想沉思之中稳步积累，最终在诗歌的结尾几行中，以一种炫目的顿悟形式释放出来。强有力的结尾几乎是毕肖普所有诗作的一个特点，而在这首诗中，她创造了最神奇、最具变革性的一个诗的结尾。

　　诗中沿着海岸线的两个步行者离开了他们的梦屋，返回布林宁

1　《毕肖普诗选》，第 200 页。

2　毕肖普 1974 年 7 月 18 日致莫斯信，载《伊丽莎白·毕肖普与〈纽约客〉通信全集》，第 360 页。

3　哈罗德·布鲁姆：《地理学Ⅲ》，《新共和》，1977 年 2 月 5 日，第 29 页。

位于达克斯伯里的家。"回来的路上，我们的另一侧脸也冻僵了。"
紧接着，突然间，"太阳出来了片刻"，同时，凄凉的景象顿时焕然
一新，这时：

> 只片刻，嵌入沙子里
> 单调、潮湿、散落的石头
> 变得五彩斑斓，
> 所有这些足够高的石头都投下长长的阴影

毕肖普强调了这一启示的短暂，但它转瞬即逝的本质只会增强
和提升它的神奇。那些最高的岩石的长长的"单独的阴影"衬托着
色彩鲜艳的石头。这首诗的结尾将开篇中散落的一系列谜团串联在
一起，俏皮而又充满积累之力地暗示着这些阴影"可能一直在戏弄
狮子太阳，/只是现在他在它们身后"。早些时候，一只大狗缓缓消
退的爪印被开玩笑地想象成"狮子的脚印"，现在太阳被视为狮子
本身：

> ——最后一次退潮时漫步海滩的太阳，
> 留下这些巨大又庄严的爪印，
> 这狮子或许曾从天上拍下一只风筝来玩耍。[1]

尽管《纽约客》的政策是不鼓励献诗，但毕肖普还是敦促《纽
约客》允许她将这首新诗献给布林宁和里德，"作为一封感谢信，

---

1 《纽约客》遗失了毕肖普寄给他们的修订版结尾，但后来书出版时又恢复了
原样。

感谢他们对我的盛情款待"[1]，编辑们同意了她的请求。《三月末》构思于达克斯伯里，完成于她在北黑文停留的第一个夏天，巧合的是，也正是在布林宁和里德来访之前。但这首诗与苦涩的《克鲁索在英格兰》或《在候诊室》截然不同，1970 年 6 月，毕肖普在欧罗普雷图经历了一段绝望的震惊和孤立期后，完成并提交了这两首诗作。4 年后完成的《三月末》一定程度上则可以视作对毕肖普精神状态恢复的庆祝，因为她在波士顿新社区的生活正蒸蒸日上，周围环绕着乐于帮助和扶持她的朋友。

———

1975 年 7 月，霍华德·莫斯紧张地写信给毕肖普说，尽管经验不足，但他还是计划秋季在巴纳德学院教授一门诗歌课，次年春天在哥伦比亚大学教授另一门诗歌课，"我开始对这两门课都望而却步。你要说什么呢？你该做什么呢？"他补充道，"欢迎任何建议。"[2] 毕肖普 59 岁时开始了她的哈佛教书生涯，当时她是一名"惶恐不安的老年业余'教授'"[3]。现在，毕肖普在哈佛已经有了 5 年的教学经验，像莫斯这样惊慌失措的作家同行们在第一次面对大学课堂的考验和折磨时，都纷纷向她求助。

与她的朋友贾雷尔和洛威尔不同，毕肖普并不觉得教书是自己真正的职业。她非常清楚，有时甚至可能是不明智地清楚，她教书主要是因为她需要钱。然而，她踏踏实实、兢兢业业地做好这份工作，强调将个人的所见所知转化为准确的语言。毕肖普从未

1　毕肖普 1974 年 8 月 15 日致亨德森，载《伊丽莎白·毕肖普与〈纽约客〉通信全集》，第 361 页。

2　莫斯 1975 年 7 月 28 日致毕肖普信，载《伊丽莎白·毕肖普与〈纽约客〉通信全集》，第 372 页。

3　毕肖普 1970 年 10 月 6 日致麦基弗明信片，载《一种艺术》，第 535 页。

塑造或从未努力塑造一个光鲜亮丽的课堂教师形象。布拉德·雷斯奥瑟（Brad Leithauser）认为毕肖普"不是一个能力卓越的老师。整件事都是一件苦差事。她尽职尽责"[1]。乔纳森·加拉西承认她"不是一名专业的教师。她不是一群人的管理者"。尽管如此，他还是觉得"她是我遇到过的最好的老师，因为她和她的自我呈现之间没有不连贯的地方"。她的一些学生抱怨被要求背诵诗歌，但达娜·乔亚（Dana Gioia）认为毕肖普"抓住了诗歌感性的本质，而我几乎遗忘了这一点"。[2]毕肖普经常告诉学生们，她的姨妈们年轻时背诵的诗歌有时似乎成了她们晚年唯一能讲出的明智的语言。[3]

罗伯特·布舍龙（Robert Boucheron）回忆起毕肖普讨论六节诗时设置的一次有趣的练习。她要求每个学生在一张纸片上写下一个单词，然后递给她。"然后她将这些单词读出来，这些单词将成为每行诗句的最后一个词。"六节诗共六节，每节六行，其中最后一个词按照规定的顺序变化，最后一节共三行，每行包含六个结尾词中的两个。布舍龙回忆道："其他学生选择了'灰色'或'石头'之类的单词，而我选了'血管'。毕肖普摇了摇头，然后也把它放了进去。"随后，每个学生都要用同一组随机选择的六个单词来创造自己的六节诗。1975年秋天，埃里克·M. 范（Eric M.Van）参加了毕肖普教授的中级诗歌讲习班，当时洛威尔教授教授的是高级班。他说，至少在哈佛大学，毕肖普那时作为一名教师的风头与星光已经盖过了洛威尔，"都认为她的课更令人向往，注册时竞争更

1　《怀念伊丽莎白·毕肖普》，第280页。
2　《怀念伊丽莎白·毕肖普》，第298页。
3　米尔德丽德·纳什与笔者分享之笔记。

激烈"。他知道毕肖普更偏爱通晓传统诗歌形式的学生，于是他说："我本质上是通过一个噱头赢来（注册资格）：用押韵的亚历山大对句写了一首歌词。"范认为，当他参加毕肖普的诗歌讲习班时，毕肖普已经是一位高效而有吸引力的老师。范回忆说，毕肖普坚持让有抱负的诗人学生阅读霍普金斯和刘易斯·卡罗尔（Lewis Carroll）这两位楷模的作品，尤其是后者的《猎鲨记》。她的课堂上一种重复的练习是，每次都要将弗兰纳里·奥康纳的短篇小说《启示录》结尾部分的段落改写成不同形式的诗句，那个段落便是："然后，如同一尊复活的纪念碑一样，她缓缓地低下头，凝视着，仿佛穿过神秘的心脏，向下走进猪群的客厅。"毕肖普肯定非常喜爱盛大而正式的开场白如何经由语言变成猪群聚集的"客厅"。当范发现毕肖普更喜欢他创作的摇滚歌曲的歌词，而不是更正式的诗歌习作时，他很高兴。[1]

有时，毕肖普对自己艺术的讨论变得更加个人化，比如，据布舍龙说，她谈到酗酒是写作行业的职业危害。正如布舍龙回忆的那样，毕肖普宣称："很多诗人都遭受了这种折磨，这对他们的健康造成了巨大的损害。"布舍龙补充道："她只字未提自己的饮酒，但她暗示了自己已经从过去的困境中恢复过来。"一学期的研讨课结束时，布舍龙在毕肖普的布拉特街公寓里与她展开了长达一个小时的会谈。搬到刘易斯码头后，毕肖普就放弃了这种学期末的会谈，尤其是在得知她的同事们没有举办这样的会议之后。布舍龙认为毕肖普展现了"一位处境艰难的维多利亚时代的女士"形象。[2] 卡莎·波利特（Katha Pollitt）非常欣赏毕肖普的教学，她指出："毕

---

1 《埃里克·M. 范访谈录》，2019 年 1 月 13 日。
2 布舍龙：《伊丽莎白·毕肖普在哈佛》，网页，访问日期：2018 年 3 月 3 日。

肖普小姐某个方面的表现会让人觉得她感性、热情又深情。"[1] 当然，现实情况大不相同。学生达娜·乔亚以自己独特的方式回应了毕肖普的自我呈现："她将波希米亚文化的自由与某些中产阶级传统的礼仪结合在一起。这种综合让她在这个世界上感到舒适，而不必承担所有传统的负担。"[2] 毕肖普在教学和艺术中都展现出了一种多层面的人物形象，而如何来解释这个人物，则完全取决于个人及其所采用的方式。正如大卫·卡尔斯通所说，在毕肖普的课上，学生们不是被教导。

安妮·赫西（Anne Hussey）申请进入毕肖普的讲习班时已经发表过很多作品，毕肖普欣然接受了她的写作样稿。但艺术研究生院的一位管理人员声称，赫西是一名非传统学生（她已婚并育有孩子），因此她必须克服一系列行政障碍，才能进入毕肖普的班级。最后，她亲自向毕肖普求情，这个问题才得以解决。当赫西向她心目中的导师宣读了行政长官关于这一问题的信时，毕肖普回答说："哦，看在上帝的份儿上！"这句话"立刻让我喜欢上了她。她给艺术与科学研究生院打去电话，事情就这样结束了。我修了这门课"。赫西对她的导师充满敬畏。"我从来没有遇到过伊丽莎白这样博大的心灵。她的思想涵盖了哲学、文学、艺术、音乐、医学、生物学和自然史等等。她的记忆力令人惊叹。"赫西回忆道，毕肖普可以凭借记忆背诵一首又一首诗，她认为，"如果一个人想掌握伊丽莎白在课堂上讲过的内容，那么下课后就得做 16 个小时的功课"。[3] 毕肖普可能缺乏传统的课堂教学方式，但她显然有一种天赋，那就是

---

1 《怀念伊丽莎白·毕肖普》，第 327 页。
2 《怀念伊丽莎白·毕肖普》，第 298 页。
3 《怀念伊丽莎白·毕肖普》，第 311 页。

能够用自己广博的生活和学识激发学生的想象力。

————

　　毕肖普的一些学生成了她的私人朋友。米尔德丽德·纳什就是其中之一，她也是一位母亲，带着年幼的孩子，毕肖普在哈佛的最后一学期，她终于选修了毕肖普的课程"英语285：现代诗歌研究"。纳什当时正预备成为一名高中教师，之所以选择哈佛教育学院，是因为这个学院允许学生在其他地方选修一半的课程。和赫西一样，纳什有时也会因为被教育学院录取而感到高人一等。根据纳什的说法，毕肖普也认为"哈佛大学存在某种特权心态，她不喜欢这种心态"。纳什还说，毕肖普身为一名诗人，也许也是作为一名女性，永远不会被考虑授予终身教职，而且她总是"感到自己在哈佛处于边缘地位"，尽管她的名气越来越大，但这种地位从未改变过。

　　纳什有两个女儿，她有时会带着9岁的女儿贝卡一起上课，这让她的老师也感到格外高兴。纳什回忆说，毕肖普非常宠爱孩子，当她和毕肖普开始交流时，毕肖普"把孩子们和我同样都纳入了谈话中"。纳什特别回忆起毕肖普和贝卡之间关于酸橙派的一次长谈。纳什回忆起毕肖普的幽默感时说，她"完全是一脸正经地说着有趣的事情"。1977年秋天，当她们第一次去刘易斯码头时，纳什劝阻她的女儿们不要穿蓝色牛仔裤；她们需要盛装打扮去见这位伟大的诗人。但当毕肖普在门口迎接她们时，光着脚，穿着牛仔裤。纳什的女儿们取得了一个小小的胜利。纳什还回忆起毕肖普曾给她讲过的一个让她感到惊讶的故事。毕肖普有一次乘飞机，邻座的女人询问她的职业，她承认自己是一位诗人。然后，这位邻座的乘客向她背诵了一首毕肖普的诗，这迫使毕肖普承认："那首诗是我写的。"[1]

1978 年，毕肖普请纳什帮她重新整理书房。从前厅开始，她们整理了毕肖普大量的旅行书、一排 20 英尺长的艺术书和 6 英尺长的哲学书。客厅剩下的大部分空间都被小说占据，其中不仅有备受期待的经典作品，还包括"许多厚重、陌生的书"，不过没有最近的畅销书。纳什回忆道，"任何一排书的整理都会引发对这一类书的讨论"，纳什发现毕肖普外出办事时自己的进展最快。毕肖普书房里几乎有一整面墙的书都是诗歌。毕肖普在谈到一本诗集的作者时说："他是唯一一个被我赶出课堂的学生，只因为他一直不停地说话——现在他甚至在里面为我写了一首诗！"[2] 纳什指出，经过"漫长又飞逝的四天之后，任务完成了"。两人商定，纳什这次的劳动报酬将采用复印毕肖普书籍的形式来支付，然后她带着九个购物袋离开了，里面装满了毕肖普藏书的复印本，从一本多余的韵律词典到叶芝和奥登的诗集、一本高山花卉书，还有一本毕肖普亲笔签名的《毕肖普全集》，[3] 后来，当纳什教授一个"天才班"时，她会以自己在毕肖普的课堂和书屋的经历为蓝本，来锻造自己的教学方法和教学风格。[4]

除了扔掉几大袋重复的书，毕肖普还试图通过扔掉其他东西来腾开自己的公寓。1975 年，霍华德·莫斯表示有兴趣买下毕肖普的古钢琴。显然，毕肖普觉得自己玩键盘的日子已经过去了。她在一封信中向莫斯解释说，这件乐器是"**多尔梅奇**"制作的，他花了好

---

1 《米尔德丽德·纳什访谈录》，2015 年 4 月 30 日。
2 米尔德丽德·纳什：《伊丽莎白·毕肖普的书房：一种回忆》，《马萨诸塞评论（24）》，1983 年第 2 期，第 436 页。
3 米尔德丽德·纳什：《伊丽莎白·毕肖普的书房：一种回忆》，第 437 页。
4 《米尔德丽德·纳什访谈录》，2015 年 4 月 30 日。

几个月的时间才完成，而且由多尔梅奇夫人亲自绘制图画。她一丝不苟地描述了这幅画（是以拉尔夫·柯克帕特里克的画作为原型），以及现在被视为艺术品的古钢琴的琴盒。她同意以市场价（1970年代中期约为1000美元）出售这架古钢琴，并提出赠送"许多早期键盘音乐作品"。

毕肖普刚从瓦萨学院毕业时就订购了这架古钢琴。她在巴黎的第一年拿到了它，并把它带回了纽约；之后，这架琴跟随它一起去了基韦斯特，然后又回到了纽约，在那里它曾一度被借给了伟大的巴赫音乐演奏家罗莎琳·图雷克（Rosalyn Tureck）。这架钢琴和她一起去了亚多，然后，1953年抵达巴西之后，毕肖普欣喜地与它重逢。有一次，菲兹代尔和戈尔德这对钢琴二人组还在游泳池边弹奏它。后来，它又被运到了旧金山，在那里毕肖普喜欢和罗克珊·卡明一起弹奏它，这架钢琴也在那里经历了最后一次大修。毕肖普随后又将它从旧金山运至欧罗普雷图，最后又运回刘易斯码头，经过11个月的延误之后，它终于到达了这里。毕肖普解释说，这架古钢琴太昂贵了，她购买时是每月分期付款，整整一年的时间才付完全部的款项。莫斯也以分期付款的方式购买了这架乐器，当他付清最后一笔尾款时，他说："现在这架古钢琴是我的了，等你来的时候，我会给你演奏一些非常简单的曲子。"

———

20世纪60年代，在里约，毕肖普生活在巴西政治动荡时代的震中附近，那个时期起初充满希望，但以国家被专制的军事独裁者掌控而告终。毕肖普用强有力的诗歌回应了这种政治境遇，如《巴西，1502年1月1日》《巴比伦的盗贼》，以及很多年后才完成的《粉红狗》。20世纪70年代，在哈佛大学，毕肖普也身处错综复杂的文化政治之中，这样的政治非常强调性别认同和文化定位，这些问题在毕肖普眼中异常复杂。当时正访问哈佛的墨西哥诗人奥克塔维奥·帕斯（Octavio Paz）成了毕肖普的好朋友。据毕肖普的同事罗伯特·B. 肖（Robert B. Shaw）说，帕斯宣称毕肖普的政治"是 20 世纪 30 年代的政治。就她的政治或社会利益而言，伊丽莎白关心的是社会正义，即人们能够吃饱饭"[1]。如果说毕肖普在 20 世纪 30 年代就形成了这样的政治关切，那么她在巴西的岁月里，这政治关切无疑得到了进一步加强，因为在巴西，社会正义和营养不良是每天都要面临的问题。

诗人兼编辑弗雷德里克·摩根（Frederick Morgan）表示，他喜欢毕肖普的原因在于"她是非意识形态的"。不过，正如弗兰克·毕达特所宣称的那样，尽管毕肖普对当代女权主义运动的某些方面持怀疑态度——最具争议的是她拒绝出现在纯粹的女性选集中，但是毕肖普"是一位热情的女权主义者，她可能会因为自己是女性而对世界对待她的方式感到愤懑"[2]。根据劳埃德·施瓦茨的说法，毕肖普拒绝出现在女性选集中，是因为她觉得这是"一种隔离"。这是她在 20 世纪 30 年代的观点，"那么，为什么她现在要改变自己的立场呢？"[3]当毕肖普觉得因自己是女性而受到轻视时，她会做出相当有力的回应。有时即使看似对她有利的评论，也往往隐含着居高临下的意味。当洛威尔和其他人称她为最伟大的女性诗人时，毕肖普勃然大怒。1969 年，一位男性批评家在《生活》杂志上发表了一篇文章，将毕肖普比作"一个备受珍视、直言不讳、极其特立独行的未婚姨妈"，文章的标题是《小诗人有大爱》[4]，这位评论

1　《怀念伊丽莎白·毕肖普》，第 326 页。
2　《怀念伊丽莎白·毕肖普》，第 327 页。
3　《怀念伊丽莎白·毕肖普》，第 330 页。
4　查尔斯·P. 艾略特：《小诗人有大爱》，《生活》，1969 年 7 月 4 日，第 13 页。

家显然是想称赞毕肖普。毕肖普在 1979 年的一封信中解释说，每当有人形容她长得像别人的祖母或某人的姨妈时，她的愤怒"让我的女权主义面目凸显出来"[1]。她尖锐地向纳什指出："罗伯特·菲茨杰拉德年龄比我大，但没有人对他说'你看起来像谁的祖父'。"[2]

毕肖普有时会受到艾德里安娜·里奇等公开的女同性恋诗人所施加的压力，要求她更加明确表达自己的性别身份。理查德·霍华德有一次也在场，他观察到毕肖普"对这项事业不以为然"。里奇来访过后，毕肖普带霍华德参观她在刘易斯码头公寓的设施，这时她惊呼道："理查德，你知道我想要什么吗？我想要壁橱、壁橱和更多的壁橱。"然后她就大笑起来。[3]毕达特认为，毕肖普拒绝披露自己的性取向是因为"她不信任异性恋世界"。她觉得自己和其他人迟早会因为公开同性恋身份而受到惩罚。毕肖普比里奇、霍华德或毕达特年长一代，这一事实无疑影响了她的观点。毕肖普对自己的性取向和其他个人问题沉默寡言，要理解这一点，或许更重要的是要理解她从小就在沉默的氛围中长大。

毕肖普去世 4 年后，里奇于 1983 年发表了影响深远的评论文章《局外人之眼》，对《毕肖普诗全集：1927—1979》进行了评述，她对毕肖普的文化位置进行了重新评估。里奇提请人们"密切"注意毕肖普的"局外人处境——尽管并非唯一的——与女同性恋身份本质上的局外人处境之间的关联"。她尤其关注"局外人之眼如何让毕肖普感知到其他的局外人，从而认同或试图认同他们"。[4]10 年后，玛丽莲·梅·隆巴迪（Marilyn May Lombardi）断言，毕

1　毕肖普 1979 年 3 月 1 日致萨默斯信。
2　米尔德丽德·纳什：《伊丽莎白·毕肖普的书房：一种回忆》。
3　《怀念伊丽莎白·毕肖普》，第 330 页。
4　里奇：《局外人之眼》，第 16 页。

肖普的艺术"扩展了我们对'女性诗人'或'女性诗歌'的狭隘定义，因此她对女权主义正统观念提出了可能比早期读者愿意承认的更大的挑战"[1]，从那时起，女权主义对毕肖普的解读已经向各个方向延伸，它们都从当今多样化的女权主义的角度重新定义了毕肖普的遗产及其重要价值和意义。毕肖普或许生来就不是为了领导一场运动，甚至不是为了成为一场运动的一部分，但她微妙的目光、移情的能力以及强烈的同情感往往让她处于或接近文化研究话语的最前沿，这或许会让她在哈佛的同时代人感到惊讶。

————

毕肖普在哈佛的生活总是充满激情，她努力跟上她年轻又热爱运动的伴侣爱丽丝·梅斯费塞尔的步伐。相比而言，1974 年 12 月，罗伯特·洛威尔在更年轻的卡罗琳·布莱克伍德位于肯特郡梅德斯通附近的米尔盖特之家写信给毕肖普，则透露出自己正在与严重的抑郁症搏斗，也表达了他对老年来临的厌倦。这些忧虑在他的脑海中交织，让他担心自己的作品可能永远无法画上令人满意的句号："我们似乎已经接近终点，那么接近，以至于决赛和完美都禁止我们进入，甚至禁止我们加入这场比赛。"[2] 比洛威尔年长 6 岁的毕肖普以她特有的力量做出回应，也许也掺杂着她自己对衰老的潜在焦虑："我现在要变得非常无礼和咄咄逼人了。拜托，请不要大谈特谈老年，我亲爱的老朋友！你让我毛骨悚然。"她还说："萝塔最钦佩我们北美人的年轻和活力，我们的'永不言败'——而我觉得她是对的！"为了证明这一点，她引用了自己最近访问佛罗里达州的

1　玛丽琳·梅·隆巴迪编：《伊丽莎白·毕肖普：性别地理学》，弗吉尼亚州夏洛茨维尔：弗吉尼亚大学出版社，1993 年，第 5 页。
2　洛威尔 1974 年 12 月 18 日致毕肖普信，载《空中的言辞》，第 776 页。

经历，她描述一位朋友"又结婚了，这是第三次——她第二次结婚是 67 岁——她和她的丈夫现在都 76 岁了，每天手牵着手在海滩上走几英里，显然幸福得像蛤蜊，我很喜欢他们这样"。[1]然而，1975 年 1 月毕肖普对洛威尔做出"无礼"回应之后的一年里，她自己也陷入了深深的抑郁和情绪崩溃。1974 年 12 月，毕肖普和爱丽丝·梅斯费塞尔一起来到迈尔斯堡海滩，住在路易丝·克莱恩的冬日居所之中，离她基韦斯特时代的老朋友瑞德和夏洛特·拉塞尔很近。而与这次令人怀念的旅行形成鲜明对比的是，1975 年 12 月，当她再次来到迈尔斯堡时，爱丽丝不在身边，毕肖普此时正经历一场情感危机，这让她和她的朋友们都感到震惊。毕肖普的身体健康出现了持续而严重的问题，这需要安妮·鲍曼施展所有的诊断技能来解决。同时，她又开始酗酒，并且相当严重。最糟糕的是，她正面临着一个可怕的未来：她可能会失去心爱的伴侣爱丽丝·梅斯费塞尔。

图 25　毕肖普在路易丝·克莱恩的海滨住宅"浮木"，
马萨诸塞州伍兹霍尔，20 世纪 70 年代

1　毕肖普 1975 年 1 月 16 日致洛威尔信，载《空中的言辞》，第 778 页。

迈尔斯堡海滩危机发生的几个月前，毕肖普需要整理抵达刘易斯码头的货物，这是一项艰巨的任务。爱丽丝正在波士顿大学攻读商学研究生课程，也不得不腾出时间来帮忙，毕肖普非常感激梅斯费塞尔帮助她把事情理顺。毕肖普告诉巴克夫妇："我很幸运身边有可爱、开朗的爱丽丝（尽管她确实对'统计学'这门课程感到沮丧——但她**喜欢**'税务'，而且很快就会负责大家的税务！！！）。"[1] 弗兰克·毕达特认为梅斯费塞尔是一个务实的人，不会把自己看得太重，他还回忆说，虽然梅斯费塞尔自己喜欢喝酒，但毕肖普"比爱丽丝喝得多得多"，而且"爱丽丝讨厌伊丽莎白有时一开始喝酒就停不下来"。正如毕达特解释的那样，毕肖普的饮酒模式完全不可预测。"有时她可以在社交场合喝酒，有时她只喝一杯就醉了。"毕达特回忆起与大卫以及安·费里（Ann Ferry）的一次晚宴，当时"伊丽莎白喝了一杯就醉了，而且还不停地重复讲同一个故事"。毕达特补充道："这太糟了。在我看来，她什么时候能喝上几杯同时玩得开心，什么时候又不能喝，这无法预料。"[2] 诗人格雷戈里·奥尔回忆起70年代中期的一段插曲，表明了情况的复杂性。奥尔回忆说，毕肖普为纽约美国诗人学会的一群艺术硕士生做了一场"精彩的演讲"，内容有关她最喜欢的诗歌（赫伯特、摩尔、刘易斯·卡罗尔和一首赞美诗），演讲结束后，该学会的执行主任贝蒂·克雷（Betty Kray）请他将毕肖普安全送回公寓。当毕肖普提议下车去一家酒吧稍做停留时，他们照做了。奥尔回忆说，毕肖普喝了两三杯波旁威士忌，而他则喝了一杯可乐。喝了这些酒之后，毕肖普

1　毕肖普1975年4月7日致巴克夫妇信。
2　《毕达特访谈录》，2015年5月20日。

放松了一些，开始讲关于诗人的搞笑故事。她轻松、风趣、淘气、讨人喜欢。当然我也听得津津有味，觉得她的故事引人入胜，妙不可言。不知怎么，我们就继续剩下的行程，然后我就回到了学会。

奥尔回来后，克雷对他相当不满。因为奥尔没有意识到，他这次任务最重要的部分是确保毕肖普在回家的路上不喝任何东西。奥尔回忆说，至少这一次，"在我看来，这似乎并没有造成任何伤害，我认识了一个人和诗人，她与那个在校园里小心翼翼、自我保护意识极强且沉默的人截然不同"。对奥尔来说，与毕肖普独处的那段时间是"我作为诗人的年轻时光里值得珍视的一部分"。[1]

另一方面，梅斯费塞尔差不多需要一直面对毕肖普酗酒时的情绪波动。她从不知道一两杯酒下肚，毕肖普的哪一面会显现：是"放松、风趣、淘气、讨人喜欢"，是忘我地重复讲述，还是无法控制和绝望。喝酒可能会帮助毕肖普从奥尔所说的"小心翼翼、自我保护意识极强且沉默"中放松下来，劳埃德·施瓦茨回忆说，唯有喝酒时，她才觉得自己能够卸下所承受的种种悲伤。但毕肖普周期性地无法控制自己的饮酒量，这对她身边最亲近的人以及对她自己的身体和精神都极为不利。根据毕达特的说法，毕肖普总是担心，一旦她无法控制自己的饮酒，"就会破坏她与爱丽丝的关系。她一直生活在蛋壳上"。[2]

————

毕肖普在哈佛大学的早些年，只承担秋季学期的课程，但自

1　格雷戈里·奥尔 2013 年 6 月 16 日致作者电子邮件。
2　《毕达特访谈录》，2015 年 5 月 20 日。

1975 年春季开始开始全职任教。她正在完成了一本诗集，即后来的《地理学Ⅲ》。与此同时，梅斯费塞尔正在努力学习税务和统计等商业课程，而且她对毕肖普公寓地板上堆满的成箱的书越来越不耐烦。春末夏初，随着毕肖普大量饮酒，梅斯费塞尔开始出现情感上的退缩。她还对自己商科研究生课程班的一个年轻人产生了兴趣，甚至开始考虑结婚。毕达特回忆说，毕肖普 1970 年来到哈佛之前，梅斯费塞尔曾与一位住在柯克兰楼的著名英国传记作家有过一段恋情。毕肖普知晓爱丽丝此前的这段感情，而爱丽丝正在考虑的婚姻似乎极有可能变成现实。而且，结婚几乎是爱丽丝的家人希望看到的结果，他们从未欢迎过毕肖普到他们家做客。然而，梅斯费塞尔仍然犹豫不决，她与毕肖普的关系也在不确定中萎靡不振。罗伯特的妻子佩内洛普·劳伦斯·菲茨杰拉德（Penelope Laurens Fitzgerald）后来回忆道："有一天，我们在刘易斯码头，伊丽莎白情绪很低落，罗伯特留下来听她倾诉，在爱丽丝和我出去买食物时安慰她。"她们离开的那段时间，毕肖普开始意识到："爱丽丝遇到伊丽莎白时还很年轻，她不得不为自己的生活担忧。爱丽丝需要保持独立并考虑自己的未来，这是可以理解的。伊丽莎白则非常依赖爱丽丝，需要得到她全部的关注和时间，这两者之间总是存在着某种紧张关系。"[1]

　　1975 年夏天，梅斯费塞尔要参加商学院的课程，这意味着她无法在整个 7 月与毕肖普去北黑文共度时光，这也是毕肖普会邀请塞利娅·贝尔廷和她的丈夫杰里·赖希留下来居住更长时间的原因之一。正是这次逗留期间，毕肖普必定因为自己可能会失去爱丽丝而

---

1 《伊丽莎白·毕肖普谈话录》，第 329 页。

感到极度沮丧，赖希观察到，"伊丽莎白有一种活在当下这一天的
天赋，将这一天变成一次庆祝"[1]。

毕肖普春季在哈佛大学任教，7月逃到北黑文，之后又在秋季
任教。直到这个学期，她才意识到，1971年折磨过她的多菌株痢
疾再次发作，其中包括一种特别"可怕的"阿米巴变种痢疾。毫无
疑问，这种顽固的疾病是她之前某次前往巴西内陆旅行时感染的。
1971年，只有安妮·鲍曼能够诊断出毕肖普肠道疾病的全部病情及
其严重程度，而巴西和波士顿的医生都没能做到，1975年的情形再
次证明了这一点。毕肖普对可能会失去爱丽丝感到异常痛苦，再加
上酗酒的影响以及顽固的痢疾，这些因素的共同作用消耗了毕肖普
大量的体力和情感。她应对这些压力的方法之一是创作了诗歌《一
种艺术》，这或许是她最著名的诗歌之一。

毕肖普开始创作《一种艺术》时，还去拜访了胡桃山和瓦萨时
代的老朋友罗达·惠勒·希恩，她发现希恩在波士顿以南一小时车
程的布里斯托社区学院教授英语。毕肖普偶尔会在BCC朗诵诗歌，
有时也会在爱丽丝的陪伴下，去罗达的"红翼农场"看望她，那里
靠近毕肖普所说的"非常美丽"的象岩海滩，位于马萨诸塞州海岸
西港海滨村庄。[2]拜访罗达时，毕肖普喜欢住在较小的"飓风之屋"，
它就矗立在海岸线上，因为毕肖普对主屋里的狗过敏。这座海滨寓
所之所以得名，是因为它在20世纪30年代的一场飓风中被冲上了
岸。毫无疑问，这座房子让毕肖普想起了她在《三月末》中生动描
绘的"秘梦之屋"。罗达的女儿艾琳和玛丽昂回忆说，毕肖普在某
次或多次造访飓风之屋时，对《一种艺术》"修修补补"。她们还坦

---

1 《怀念伊丽莎白·毕肖普》，第320页。
2 毕肖普1976年4月19日致巴克夫妇信。

言，当时她们还担心已年过六旬的毕肖普可能会在飓风之屋与母亲相处时"腐蚀"她们的母亲，让她变成女同性恋。现在回想起来，她们为自己的母亲那时愿意接受伊丽莎白·毕肖普的身份——这在20世纪70年代中期绝不普遍——感到自豪。

———

经过反复大量的重写，包括她在飓风之屋所做的工作，[1]1975年11月4日，《一种艺术》被《纽约客》接受，当时正值毕肖普在哈佛大学的秋季学期任教。霍华德·莫斯在录用这首诗的信中称它"精美——令人心烦意乱，也悲伤。但一切都处理得如此娴熟，感情充沛，距离感恰到好处，让人惊叹不已"[2]。毕肖普向《纽约客》提交《一种艺术》时，她与梅斯费塞尔间的关系的未来仍然极不确定，这种不确定的状态还将持续数月之久。

这是一首维拉内拉诗，开头的三行诗节设定了这首诗其余部分应遵循的韵律模式。毕肖普的《一种艺术》以否认或商讨的语气开篇，谈论一个人该如何应对失去：

> 失去的艺术不难掌握；
> 这么多事情似乎都有意
> 消失，失去它们并非灾祸。

作为一种传统的诗歌形式，维拉内拉诗引发了一种心理效果，因为"掌握"和"灾难"这两个词在每个三行诗节的结尾交替出

1　2019年2月24日与菲奥娜·希恩的电子邮件交流。
2　莫斯1975年11月4日致毕肖普信，载《伊丽莎白·毕肖普与〈纽约客〉通信全集》，第373页。

现，让我们在整首诗中随时都能读到它们。诗的第二节几乎采用了
"自助手册"一样的语言，聚焦于全神贯注的作家几乎每天都会遭
遇的恼人的损失：

> 每天都会失去一些东西。接受门钥匙
> 丢失时的慌错，接受荒废的时光。
> 失去的艺术不难掌握。

有些失去似乎也是衰老的结果，衰老可能会蚕食一个人的记忆
力或理解力：

> 然后练习失去得更多，失去得更快：
> 地点，姓名，以及你想要去
> 旅行的地方。这些都不会带来灾祸。[1]

自此，这首诗中失去的内容就变得更加具体，也更加个人化。
1967 年，萝塔从巴西启程飞往纽约，这是一次致命的旅行，尚未抵
达之时萝塔就注意到，毕肖普真正在意的只有她的手稿和一块属于
她母亲的金怀表。失去母亲的金怀表一定让毕肖普感到痛苦不安。
她一生都在寻找家，她失去了基韦斯特怀特街的房子，失去了萨曼
巴亚的心爱居所，她也放弃了经过精心翻修的玛丽安娜之家，这些
至多都是她只能努力避免的失去：

> 我失去了母亲的表。看！我心爱的三栋房子中

---

[1]《毕肖普诗选》，第 198 页。

最末一栋，或倒数第二栋没了。

失去的艺术不难掌握。

她还剩下一个家，那就是她在刘易斯码头的公寓（因此是失去的是"倒数第二栋"）。但毕肖普失去了巴西，她再也看不到了，她也失去了里约和欧鲁普雷图（除了记忆中的），还失去了亚马孙、里约的圣弗朗西斯科以及更多的地方：

> 我失去了两个城市，可爱的城市。还有，更广阔的
> 我曾拥有的一些地域，两条河流，一片大陆。
> 我想念它们，但这不是一场灾祸。

她失去了其中一个城市，也失去了她在巴西心爱的房子，这一切都源于爱人萝塔的自杀。新的伴侣爱丽丝·梅斯费塞尔终于开始填补这个空缺。爱丽丝惯以滑稽的戏谑对待生命中的荒谬，这帮助毕肖普保持乐观。然而，现在毕肖普可能也会失去爱丽丝，对于毕肖普而言，这种潜在的失去似乎真的很可怕。尽管如此，自我说服的努力虽然疲软无力，但也一直持续到诗的最后一个四行诗节，在最后一行精彩又令人心碎的自我对抗的诗句中全面崩溃了：

> ——即使失去你（戏谑的声音，我爱的
> 一种姿廓）我不该撒谎。显然
> 失去的艺术不太难掌握
> 尽管它看起来（写下来！）像一场灾祸。[1]

---

1 《毕肖普诗选》，第 198 页。

多年来，毕肖普的《鱼》一直被认为是她最杰出、最具特色的一首诗；事实上，这首诗似乎已经成为她的代表作，以至于她最后宣布，除非这首诗与她另外的诗作相伴出现，否则她不会允许它再次被收入任何一本选集中。批评家们援引《鱼》来证明毕肖普的长处是精确与客观的描写，几乎排除了其他一切品质。但是《一种艺术》一经发表，几乎立即取代了《鱼》，成了毕肖普标志性的诗作。现在，选本家、批评家和读者开始将毕肖普诗歌的主题视为"失去"，并发现这主题深深贯穿于毕肖普所有诗作之中，甚至包括《鱼》这样的诗歌。

完成《一种艺术》后，毕肖普结束了她艰难的学期，并于12月21日返回迈尔斯堡海滩——梅斯费塞尔在呼啸的暴风雪中开车送她去机场。毕肖普与老朋友瑞德和夏洛特·拉塞尔待在一起，圣诞节后不久（爱丽丝和她的家人在巴克斯县），毕肖普的朋友罗达·惠勒·希恩前来拜访，留居了10天。罗达回忆说，他们"度过了一些美好的时光"，但正如她后来写给毕肖普的信中所说，她的朋友酗酒严重。她还记得，"当我不得不回去的时候，伊丽莎白非常焦虑……她恳求我不要走——但我有工作和家庭"。除了酗酒，毕肖普还服用了一系列强效药物来治疗哮喘、贫血、痢疾和抑郁症。罗达离开后不久，毕肖普就服药过量。当罗达听说这件事时，她说："这让我感觉糟透了。"[1]

毕肖普的举动究竟有多蓄意，现在已经很难确切断定。她决不承认自己是有意识地想要结束自己的生命，她在给安妮·鲍曼的信

---

1 《怀念伊丽莎白·毕肖普》，第334页。

中态度强硬地否认了这种可能性，称她自己经历的事情让她非常清楚自杀的后果，不会将这些后果强加给他人。而且她过量服药的后果似乎并不是特别危险。曾受雇于克莱恩家族的 A. L. 弗朗西斯（A. L. Francis）回忆说，当时他正在附近工作，夏洛特·拉塞尔跑过来告诉他伊丽莎白摔倒在地板上，需要他帮忙将毕肖普扶回床上。"于是我径直走了过去，经过一番挣扎——伊丽莎白失去了知觉，就在床边——她白天穿着平常的衣服。"弗朗西斯继续说道，"伊丽莎白就这样躺在那里睡了一觉。如果我认为她有任何危险，夏洛特或我都会打电话给救援队。从来没有人提到过自杀。"弗朗西斯的观点是，毕肖普是一个酒鬼，她把酒和"药片混在一起，想让自己入睡，但她没能爬上床"。[1]毕肖普这次经历以及她的意图，很可能与 1967 年萝塔的致命冒险截然不同，但即便如此，两者的相似之处仍然令人不安。

————

1976 年 1 月初，毕肖普返回时，弗兰克·毕达特在机场迎接了她。她的抑郁一直持续到 2 月份，哈佛大学批准她在春季学期休病假。在纽约会见鲍曼医生后，她的精神几乎立即振作起来。在那里，毕肖普咨询一位热带疾病专家，之后找到了治疗多发性痢疾的方法，并获得了成功。她还得知自己获得了享有盛誉的纽斯塔特国际文学奖，这个奖项由俄克拉荷马大学的《今日世界文学》杂志颁发。毕肖普是第一位获得该奖项的美国人，也是第一位获此殊荣的女性。评奖委员会中支持她的是法裔加拿大小说家、诗人和剧作家玛丽-克莱尔·布莱斯（Marie-Claire Blais）和诗人约翰·阿什贝

----

1 《怀念伊丽莎白·毕肖普》，第 334 页。

利，后者长期以来都很崇拜她。布莱斯的伴侣玛丽·梅格斯是毕肖普的老朋友，和毕肖普本人一样，梅格斯也是路易丝·克莱恩的前情人。

1976年4月，《一种艺术》在《纽约客》上发表时，毕肖普和梅斯费塞尔又复合了。显然，经历了一段时间的相互考验和不确定性之后，毕肖普和梅斯费塞尔都认识到了自己是多么爱对方，也多么需要对方。毕达特回忆说，和解之前，梅斯费塞尔从未对伊丽莎白·毕肖普做出过完全的承诺，但在和解之后，"我认为她确实做出了承诺"[1]。

《一种艺术》是诗集《地理学Ⅲ》中最后发表的诗作，这本诗集将毕肖普的文学声誉从一个谦逊、低调、擅长精确描写的大师提升为一个视野广博、大胆创新的诗人。哈罗德·布鲁姆在一篇评论中指出："那里毕肖普几乎不曾提到过个人丧失的语言，但现在它开始篡夺沉思的声音。"布鲁姆在这篇评论中补充道："一种间接的力量已经被一种更直接的力量所取代，被一种节制的感伤所取代，因为它被如此长久而高尚地'延迟'，所以更加感人至深。"[2]

事实证明，《地理学Ⅲ》在评论界和读者中都取得了巨大的成功，这本诗集出版后，毕肖普继续创作高质量的诗歌，其中最先发表的是《圣塔伦》，这首诗讲述了毕肖普沿亚马孙河旅行，途中抵达一个地方，在那里，浩瀚亚马孙河与塔帕若斯河汇合，两河之水相遇，只是慢慢地融合在一起。在这样一个地方，她获得了一种完成感和满足感："那个金色的傍晚，我真的不想再走得更远；/我只

---

1 《毕达特访谈录》，2015年5月20日。
2 哈罗德·布鲁姆：《伊丽莎白·毕肖普的〈地理学Ⅲ〉》，《新共和》，1977年2月5日，第29—30页。

想待一会儿 / 在两条大河的交汇处，亚马孙河，塔帕若斯河，/ 壮丽地、静静地流淌，向东奔去。"在亚马孙河上，她看到"混血的 / 河船来回掠过"。这是一幅梦幻般的风景——或者更确切地说，是河流景观——而那些混血的河船上的景象足以让整个场景看起来"明亮、欢欣、随意——或者至少看起来如此"。

也许毕肖普在圣塔伦获得了一些近乎天堂般的感觉，但话说回来，也不完全是："我喜欢这个地方；我喜欢这里的观念。"这里有"两条河。两条河不是发源于 / 伊甸园吗？不，那是四条河，/ 而且它们已经分叉。这里只有两条，/ 并且汇聚在一起"。这种汇聚让毕肖普罕见地参与了哈佛同事们常采用那种学术话语所进行的讨论。对她来说，这种"文学解释"往往看起来像是简单的二元论，"比如：生 / 死，对 / 错，男 / 女"。两条化学成分不同的河流逐渐交融，以至于它们只是非常缓慢地结合在一起，以此来隐喻毕肖普眼中的世界里这种二元论观念是如何"分解、消融，直接 / 进入那水波炫目的辩证法中"。毕达特回忆道，毕肖普在《圣塔伦》中苦苦挣扎，想知道如何在诗句中加入一定数量的"抽象的、学术的语言"，同时又不让它"吞没、扁平化、平庸化这首诗"。[1] 在这里，毕肖普成功地通过戏仿的方式呈现了这种语言，然后直接转向她自己喜欢的阳光光谱的意象，这种意象拒绝用二元论术语理解这世界。从初始体验到诗作完成，毕肖普花了近 20 年的时间，《纽约客》紧接着赶在一期周年纪念特刊上登载了《圣塔伦》。或许是毕肖普接触到了哈佛大学盛行的"学术行话"，才推动这首诗的写作走向了最终的完成。

---

1 《怀念伊丽莎白·毕肖普》，第 290 页。

———

　　1977 年 8 月初，洛威尔希望能在玛丽·麦卡锡的陪同下去往北黑文拜访毕肖普，麦卡锡现在是洛威尔在缅因州卡斯汀的邻居。但是，毕肖普仍在为小说《她们》而生麦卡锡的气，她不希望麦卡锡小说家的眼光落到自己的家庭生活上。毕肖普表示希望很快能在剑桥或纽约再次见到洛威尔，然而，1977 年 9 月 12 日，洛威尔因心力衰竭在纽约的一辆出租车上骤然去世，那时他正欲返回与之分居的妻子伊丽莎白·哈德威克身边。毕肖普的朋友伊尔莎·巴克回忆道："洛威尔去世后的第二天早上，伊丽莎白给我打电话，她那里的时间是四点钟，只是想和我聊聊天。我对卡尔·洛威尔一无所知。那不是我的缘故。我能够想象她整晚都情绪不安，打电话给别人。"[1] 劳埃德·施瓦茨回忆道："洛威尔去世时，伊丽莎白非常难过，部分原因是他们之间友谊中日益紧张的问题尚未真正得到解决。"[2] 第二年夏天，巴克去毕肖普最喜欢的岛上拜访她，正值毕肖普即将完成诗作《北黑文——悼念罗伯特·洛威尔》。巴克后来回忆道："我们去了图书馆，她想在那里查找资料、诗句或《圣经》中的一些内容。"很明显，巴克想到的诗节是这首诗的第三节，它描述了毕肖普与洛威尔一起游览的一个沿海小岛。但是，毕肖普所用的术语不是《圣经》里的内容，而是出自莎士比亚的作品：

　　　　这个月，我们最喜欢的岛鲜花尽放：

　　　　毛茛、红三叶草、紫野豌豆，

　　　　山柳菊仍在燃烧，雏菊斑驳，小米草，

---

1 《怀念伊丽莎白·毕肖普》，第 341 页。
2 《怀念伊丽莎白·毕肖普》，第 341 页。

> 芬芳的蓬子菜的炽热星辰
>
> 还有更多，回来了，为草地染上喜悦。[1]

毕肖普此处引用典故界定了她自己与学识渊博又书生气十足的洛威尔之间的共同点，洛威尔倾向于从自然本身和自己广泛的阅读的双重角度看待自然。毕肖普特别引用了《爱的徒劳》中那首著名的歌。在莎士比亚的歌中，"杂色的雏菊开遍牧场，蓝的紫罗兰，/白的美人衫，还有那杜鹃花吐蕾娇黄"为"草地染上喜悦"，除了"雏菊斑驳"，莎士比亚笔下的花与毕肖普在北黑文日志中仔细记录的花大多不同，不同的还有诗歌中弥散的声音。在莎士比亚的作品中，人们会听到杜鹃的歌声："啊，恐惧之词，/让已婚之人的耳朵不悦。"毕肖普笔下的鸟土生土长于她所在的缅因州沿海岛屿，它们虽然各不相同，但同样也有自己的可爱和令人不安：

> 金翅雀回来了，或者其他类似的鸟，
>
> 还有白喉麻雀的五音之歌，
>
> 恳求又恳求，让人热泪盈眶。
>
> 自然重复自身，或者几乎是这样：
>
> 重复，重复，重复；修改，修改，修改。

巴克回忆起毕肖普努力创作这首挽歌时的样子，她指出，无论毕肖普与洛威尔最近有何分歧，她对这位挚友都怀有深深的挥之不去的眷恋，因为巴克发现她和毕肖普在岛上的时候，

---

1 《毕肖普诗选》，第 210 页。

　　她努力完成了《北黑文》，这是一首为洛威尔写的诗。她读给我们听，手里拿着它走来走去。令我非常感动的是，她觉得她几乎舍不得放下它，那是她生命的一部分。晚餐时，她把它放在盘子旁边……你会觉得那真的是她生命的一部分，她一度喜欢把它带在身边。[1]

　　洛威尔因痴迷于修改自己已经出版的作品而闻名，他尤其钟爱反复重写《笔记本》中的无韵十四行诗，这些作品最终变成了1973年出版的诗集《历史》与《给莉齐和哈丽特》。也许人类面临的终极修改是死亡本身，正是基于这个严峻的现实，毕肖普在这首挽歌中写下了动人的结尾：

> 你离开了北黑文，在它的岩石上锚定，
> 漂浮在神秘的蓝色之中……而现在——你已经
> 永远离开了。你不会再次打乱，或重新编排
> 你的诗。（可麻雀能唱它们的歌。）
> 词语不会再变。悲伤的朋友，你不能再改。[2]

　　当毕肖普在这座岛上完成与该岛同名的诗作时，伊丽莎白·哈德威克正在不远处卡斯汀的洛威尔家中度夏。此前她与洛威尔协议离婚，她得到了这所房子，但洛威尔在试图回到她身边时去世了。1978年8月16日，哈德威克在给毕肖普的信中写道："我正眺望

1 《怀念伊丽莎白·毕肖普》，第344页。
2 《毕肖普诗选》，第211页。

着港口，想象着我看到了北黑文，但今天这该死的雾让我可能看不到那么远。"哈德威克解释说，弗兰克·毕达特在电话中为她朗读了毕肖普为洛威尔写的挽歌，并补充道："当我坐在外面回想这首诗时，我哭了。哦，北黑文的神奇细节，以及你怎样将这逼真的自然与情感融入人类景观，献给卡尔。"哈德威克说："你的艺术总是能够做到这一点——还有真诚、松弛和事物的真相。"虽然她在电话里只听过一次《北黑文》，但她坦言："这首诗让我感动得难以承受。"最后，她希望"弗兰克很快就会给我寄来一份"[1]。

————

伊丽莎白·毕肖普在收到哈德威克的信后不到一年，就意外去世了。此前，毕肖普获得了古根海姆学术奖励，这让她在1978—1979学年不再承担教学任务。1978年秋天，她与爱丽丝·梅斯费塞尔一起巡回朗诵，其中包括11月在弗吉尼亚大学的一次，她在最近翻新的托马斯·杰斐逊圆形大厅的圆顶室里与大批读者分享了自己的作品。1979年夏天，她与爱丽丝·梅斯费塞尔一起前往新斯科舍省，还乘坐天鹅探索邮轮公司的一艘轮船去了希腊。许多朋友都注意到她正在与健康问题搏斗，但这些问题似乎都没有危及生命，毕肖普也很少抱怨。正如安妮·赫西所观察到的那样，"伊丽莎白被好奇心和决心所驱使。她不喜欢那些抱怨自己健康或抱怨任何事情的人。她不想听到疾病的消息，她想战胜它们"[2]。

1979年秋天，毕肖普在麻省理工学院开始了新学期的教学工作。1979年9月30日和10月1日，她因贫血住院，没能去上课，无法与班上的学生见面，这是反复发作的老毛病，所以她留下了作

1　哈德威1978年8月16日克致哈德威克信。
2　《怀念伊丽莎白·毕肖普》，第346页。

业——亲自用大写字母写在黑板上，说她将在 10 月 7 日和 8 日与他们见面。10 月 6 日，她将要与弗兰克·毕达特等人一起参加在海伦·文德勒家中举办的晚宴。这一天中的大部分时间她都和爱丽丝·梅斯费塞尔待在一起，随后回到刘易斯码头为晚宴着装。根据文德勒的说法，当梅斯费塞尔来到刘易斯码头接毕肖普时，发现她死在了地板上，还没有穿好参加派对的衣服。爱丽丝打电话给文德勒，已经到达文德勒公寓的毕达特立即驱车前往刘易斯码头。验尸官到达后暂时关闭了公寓，以此证明这是一起无人在场的死亡事件。死因被认定是脑动脉瘤。

———

毕肖普原定于 10 月 7 日，也就是她去世的第二天，与爱尔兰作家玛丽·拉文（Mary Lavin）在桑德斯剧院一起朗诵，以造福波士顿的《犁头》(*Ploughshares*) 杂志。劳埃德·施瓦茨和其他组织者同伴认为，取消活动对拉文来说并不公平，因此毕肖普的五个朋友将代替毕肖普本人朗读她的诗歌。罗伯特·泰勒（Robert Taylor）在《波士顿环球报》上撰文指出："尽管伊丽莎白·毕肖普……意外去世的消息已经传开了，但仍有 750 名观众前来聆听她的诗歌朗诵。迎接他们的是一个牌子，上面写着，'今晚将由毕肖普的朋友们朗诵她的诗歌，以示纪念'。"[1] 显然，许多观众还没有得知毕肖普已经去世的消息，也没有看到这个标示牌，或者没有理解它的真正含义。劳埃德·施瓦茨回忆说，当德维特·亨利（DeWitt Henry）"在朗诵开始时走出来宣布（毕肖普）已经于前一天晚上去世"时，"大部分观众都发出了震惊的深吸气声，那声音清晰可闻"。《波士

---

1 罗伯特·泰勒："图书制作"，《波士顿环球报》，1979 年 10 月 14 日。米尔德丽德·纳什收藏的剪报。

顿环球报》注意到，弗兰克·毕达特也在观众席中，但他"心烦意乱而无法朗诵"，爱丽丝·梅斯费塞尔也在现场。施瓦茨后来将这次毕肖普诗歌朗诵会描述为"一种宣泄"，另一位朗诵人罗伯特·平斯基（Robert Pinsky）则认为这个夜晚"非常感人，因为它是非纪念性质的，没有葬礼的氛围"。相反，毕肖普的崇拜者们"只是读了这些非常美丽又有趣的诗歌"。[1] 尽管观众们以及舞台上的许多人"仍然很沮丧"，但还是有很多读者听这些"非常美妙的诗歌"时发出了笑声。《波士顿环球报》援引施瓦茨的话说："当然，伊丽莎白工作非常考究；有时她会花数年时间思考一个短语或一个词。所以可能没有大量的诗作等待着被发现。"[2] 具有讽刺意味的是，施瓦茨本人在一次前往巴西的旅途中就发现了毕肖普四首以前不为人知的诗作，他会将这些诗歌写进一篇文章里，然后发表在1991年的《纽约客》上。[3] 早些时候，罗莉·戈登松在巴西发现了《一起醒来多么美妙》。当然，还有1974年施瓦茨在哈佛大学的医务室发现的毕肖普的《早餐之歌》。其他学者也在瓦萨学院的档案中发现了更多有趣的东西，2006年，爱丽丝·奎恩编辑出版了《埃德加·爱伦·坡与自动点唱机：未收集的诗、草稿和片段》，其中收录了一百多首不为人知的诗歌，它们有长有短，都处于不同的完成阶段。

———

10月21日，就在桑德斯剧院朗诵会结束两周之后，剑桥的阿加西楼举行了追悼会。众多发言的人之中，爱丽丝·梅斯费尔是

---

1 《怀念伊丽莎白·毕肖普》，第350页。

2 罗伯特·泰勒："图书制作"。

3 劳埃德·施瓦茨：《诗歌纪事：伊丽莎白·毕肖普与巴西》，《纽约客》，1991年9月30日，第85—97页。

第一个，她的发言也最简短。她引用了 E. B. 怀特《夏洛特的网》的结尾："威尔伯从未忘记夏洛特。虽然他深爱着她的儿孙，但没有一只新蜘蛛能取代她在他心中的位置。她是独一无二的。既是真正的朋友又是优秀作家的人少见。夏洛特两者并兼。"她总结说，伊丽莎白和夏洛特一样，两者并兼。海伦·文德勒朗读了毕肖普最喜欢的乔治·赫伯特的诗《未知的爱》。劳埃德·施瓦茨在活动结束时读了《十四行诗》，这是毕肖普同意发表的最后一首诗。

一年多以前，即 1978 年 10 月 12 日，《纽约客》接受了《十四行诗》，但它到现在都尚未被登载出来。施瓦茨回忆说，尽管毕肖普喜欢该杂志的诗歌编辑霍华德·莫斯，但她还是非常恼火，于是迅速就写出了一首小小的四行诗："我们所有的诗 / 都被束之高阁，/ 而霍华德出版 / 他自己。"[1]

梅斯费塞尔请施瓦茨在追悼会上朗读《十四行诗》，但波士顿没人能找到这首诗的副本。最后，莫斯不得不通过电话向施瓦茨朗读这首诗，而施瓦茨在追悼会上分享的正是电话转录本。梅·斯文森为自己逝去的朋友写下了挽歌《在词的躯壳里》，诗中断言："视线永存，伊丽莎白。/ 你的视线倍增 / 在词的躯壳里被放大。没有消失，从眼睛到眼睛你的视线永存，/ 从嘴唇到嘴唇你的词不朽。"[2]《十四行诗》的确"从嘴唇到嘴唇"流传着，8 天后，它终于出现在 10 月 29 日号的《纽约客》上。

毕肖普的《十四行诗》优美而有趣，以崭新的方式处理了她曾反复写到的几个主题，其中最令人惊讶的是它处理十四行诗体的方

---

1 劳埃德·施瓦茨：《伊丽莎白·毕肖普的〈十四行诗〉》，《大西洋月刊》，2000
  年 3 月 29 日。
2 斯文森：《在文字的躯壳里：为伊丽莎白·毕肖普（1911—1979）而作》。

式。首先，它看起来或听起来都不像一首十四行诗：

> 被俘获——那气泡
>
> 在水平仪中，
>
> 一个分裂的生物；
>
> 和罗盘的指针
>
> 摇摆又晃动，
>
> 悬而未决。
>
> 自由——那破碎的
>
> 温度计中的水银
>
> 逃走；
>
> 而那彩虹鸟
>
> 从空镜子
>
> 狭窄的斜面上，
>
> 飞往
>
> 任何它想去之地，欢快！

　　传统的十四行诗以十四个抑扬格五音步诗行庄严又流畅地铺展开来，每行十个韵律音节。但毕肖普的诗行很短，而且参差不齐，第六行只有一个词"悬而未决"。如果有韵脚的话，押韵也完全不规则，而且押韵是如此歪扭，以至于人们经常不太确定是哪个词与哪个词押韵。"气泡"（bubble）是与"水平"（level）、"针"（needle）、"斜面"（bevel）押韵吗？——或者与这三个词都不押韵？毕肖普还将传统彼特拉克十四行诗的前八行和后六行的设定颠倒了过来，以六行诗节开始，以八行诗节收束。诗歌被毕肖普词典中的两个关键词标记："被俘获"和"自由"。被困在木匠的水平仪中，仅仅一个气泡就成了人类境况的象征，甚至可能是毕肖普本人的隐喻："一个分裂的生物。"指南针同样具有人类的特征："摇摆又晃动，/悬而未决。"第一个获得自由的意象展现了看似随意的逃离禁锢的过程："那破碎的/温度计中的水银/逃走。"这首诗的最后一个意象最为复杂，坐落在"纯粹的毕肖普地形"之中。镜子的斜面是嵌入镜框之中的斜边，如果阳光能恰到好处地照射到这块斜面玻璃上，玻璃就变成了棱镜，折射出的光线就像一只"彩虹鸟/从空镜子/狭窄的斜面上/飞往/任何它想去之地，欢快！"施瓦茨回忆说，毕肖普曾对他说，她在这里试图重新启用"gay"（欢快）这个词更传统和原始的含义。但在这种语境中，这样一个词显得生机勃勃，就像彩虹的光弧。毕肖普经常声称："诗歌应该尽可能地无意识。"那么，毕肖普在写下最后一行诗时，是否也可能是在不知不觉中将诗中的"自由""彩虹"和"欢快"等词，与吉尔伯特·贝克（Gilbert Baker）在1978年夏天"旧金山同性恋自由日游行"活动中展开的彩虹旗联系在一起？这场游行就在毕肖普向《纽约客》提交《十四行诗》前不久进行。

　　伊丽莎白·毕肖普是一代作家中的一员——这一代作家还包括西奥多·罗特克、约翰·贝里曼（John Berryman）、兰德尔·贾雷尔、罗伯特·洛威尔和德尔莫尔·施瓦茨（Delmore Schwartz），他们所处的时代对诗人来说无疑是相当危险的，而他们正是在这样的时代中写作和工作。除开洛威尔，这些朋友和同龄人没有一个活过60岁，而毕肖普一直活到68岁，她去世时正值自己诗歌创作的巅峰。15岁时，毕肖普曾向她的第一位书信好友路易丝·布拉德利宣称："我们的生命只有一次，而我要去活！"此后的53年里，毕肖普信一直守着这份诺言。

毕肖普的童年和青春期饱受疾病、孤独和情绪抑郁的困扰。至少在一定程度上，正是早年的这些痛苦和创伤，才使得毕肖普在成年后一直与自身免疫性疾病、抑郁症和周期性酗酒搏斗。面对慢性哮喘，毕肖普起初只是为了能呼吸，后来又给自己注射了无数针肾上腺素。自 20 世纪 50 年代以来，她还接受了多次改变情绪的强效抗炎药物的治疗，如可的松和泼尼松。几十年来，这些药物无疑对她"生铁打的"身体造成了持续的伤害。

在《旅行的问题》中，毕肖普对"大陆、城市、国家、社会"进行了沉思，最后得出结论："选择从不广泛，也从不自由。"但在毕肖普的一生中，为了在各种向她敞开的选择中尽可能多地寻求自由，毕肖普总是心甘情愿地接受风险。毫无疑问，在她生命中的许多时刻，她感觉自己就像水平仪中的气泡，或者像摇摆不定的指南针。但通过她自己的艺术，并经由词的躯壳，她终于变成了自由的彩虹鸟。

尾声　所有乱糟糟的活动继续

　　伊丽莎白·毕肖普去世时，是一位受人敬仰的诗人，拥有一批数量较小但激情狂热的忠实信徒。也许那时只有这部分热情的拥趸将她视为一位重要的诗人。但在整个 20 世纪 80 年代，毕肖普的声誉稳步上升，到了 20 世纪 90 年代初，关于伊丽莎白·毕肖普的长篇研究著作开始如雨后春笋——每一部都有自己独特的故事要讲述，每一部都展示了令人信服的新方法来解读这位曾被许多人认为过于难以捉摸的诗人。到 20 世纪 90 年代中期，诗歌读者之间形成了一种共识：毕肖普不仅是一位重要的诗人，而且是一位真正能力卓绝又辉煌无比的伟大诗人。与此同时，一个又一个地方通过举办研讨会，努力证明自己这块地域与毕肖普的生活密切相关，并主张将自己所在的地域确立为造就毕肖普的重要领土。

　　1993 年 1 月，第 11 届基韦斯特年度文学研讨会专门为毕肖普举办，由此拉开了回望毕肖普的序幕。毕肖普生前的朋友、同事和门生都参加了这次活动，其中包括奥克塔维奥·帕斯、詹姆斯·梅里尔、弗兰克·毕达特、劳埃德·施瓦茨、理查德·威尔伯、安东尼·赫克特（Anthony Hecht）、伊丽莎白·哈德威克和爱丽丝·梅斯费塞尔。毕肖普的朋友、同为诗人的约翰·马尔科姆·布林宁在开场白中指出："大多数诗人去世后，他们的声誉一度会跌入低谷，以至无人问津。但是，在伊丽莎白·毕肖普这里，我们看到的恰恰是这种现象的反面。从她去世的那一刻起，她的声誉似乎一直在攀升。"[1] 基韦斯特研讨会过去六周后，布莱特·米利尔撰写的《伊丽莎白·毕肖普：人生与记忆》问世，这是第一部全面而完整的毕肖普传记。米利尔在这本书的结尾处写道，

> 像大多数其他诗人一样，（毕肖普）在她的作品中讲述了她人生的故事。她带着悲伤、幽默以及对自身优势与失败近乎完美的理解，讲述这故事。她请爱丽丝·梅斯费塞尔在伍斯特毕肖普家族墓地里她的墓碑上题词："可怕但欢欣"。[2]

我认为米利尔的最后几句话尤其令人欣慰，因为新成立的伊丽莎白·毕肖普协会创办了时事通讯《伊丽莎白·毕肖普简报》，作为简报的编辑，我选择了"所有乱糟糟的活动继续"这句诗作为协会新闻工作的座右铭。这句座右铭似乎体现了这项事业的精神。而且，这一句话也是毕肖普的诗作《海湾》[3]倒数第二行的内容，并直接转入最后一行——"可怕但欢欣"，我觉得在选择座右铭时，我可能做对了一些事情。

1994 年秋天，毕肖普的另一个世界——她的母校瓦萨学院——

1　约翰·马尔科姆·布林宁的录音，基韦斯特文学研讨会，1993 年 1 月。
2　布莱特·米利尔：《伊丽莎白·毕肖普：人生与记忆》，第 550 页。米利尔在 2013 年 8 月 23 日给笔者的电子邮件中解释说："我在书中的措辞很谨慎——因为爱丽丝告诉我，伊丽莎白曾要求她为这块墓碑题词，但爱丽丝决定不这么做。"
3　《毕肖普诗选》，第 59 页。

也举办了一次重要的学术会议。哥伦比亚广播公司《周日早间新闻》的记者带着摄像机赶来这里报道这次会议，因为该节目认为毕肖普文学声誉的上升是一个值得关注的事件。和与会的几位同事一样，我惊讶地发现毕肖普父母墓碑上毕肖普这一侧从未刻过字。墓碑上仍是一片空白。当杰弗里·哈里森（Jeffrey Harrison）、罗伯特·科丁（Robert Cording）和彼得·施密特（Peter Schmitt）这三位年轻诗人和毕肖普的忠实拥趸受到米利尔传记结尾句子的启发，前往伍斯特市毕肖普的墓地朝圣时，真相大白了。在那里，他们不安地发现，她的坟墓上仍没有字迹，这一事件被施密特写进了诗作《希望公墓——伍斯特，1994 年》之中。出席这次瓦萨会议的传记作家米利尔向其他研究毕肖普的学者们解释说，她用这句措辞谨慎的话来作为自己传记的结尾，是希望能推动梅斯费塞尔遵循毕肖普的意愿，为她题刻墓志铭。米利尔不清楚这其中的原因，但她知道毕肖普的请求中有些内容让梅斯费塞尔犹豫不决。哈里森询问詹姆斯·梅里尔，梅里尔将询问转达给弗兰克·毕达特。当毕达特打电话给梅斯费塞尔询问原因时，她承认自己"被逮个正着"[1]，但不愿进一步解释自己的动机，因此墓碑上仍然没有刻上字。

———

1996 年 5 月，我应邀前往马萨诸塞州伍斯特，与劳拉·梅尼德斯（Laura Menides）、卡尔·约翰逊（Carle Johnson）和安吉拉·多伦坎普（Angela Dorenkamp）就 1997 年 10 月在伍斯特举办伊丽莎白·毕肖普会议和诗歌节一事进行商讨。多伦坎普教授的任务是与毕肖普的遗嘱执行人爱丽丝·梅斯费塞尔确定会议日程安排的细

---

1 梅里尔 1994 年 7 月 25 日致杰弗里·哈里森信，内容由哈里森在 2013 年 3 月 14 日的一封电子邮件中为笔者转录。

节。会议组织者们自然要计划前往附近希望公墓的毕肖普墓碑朝圣。如果墓碑上毕肖普这一侧继续保持空白，这可能会引发一场小小的丑闻。多伦坎普解释说，她费了好大的劲才为这一僵局找到了解释；在梅斯费塞尔的心中，毕肖普所要求的墓志铭，即"可怕但欢欣"这几个词似乎太过赤裸或原始。梅斯费塞尔不忍心将这三个词写在毕肖普的名字和生卒日期下方。然而，她也认为，如果只是刻上毕肖普的名字而不刻写墓志铭，会让人感觉很不舒服，所以这么多年来墓碑一直空着。

《毕肖普简报》的座右铭时时在我脑海中浮现，我建议在"可怕但欢欣"之前插入诗句"所有乱糟糟的活动继续"。这样或许就能削减毕肖普这句话的锋芒，将它变成对生活的一种有吸引力又富有特色的评论。组委会认可了这一建议，当多伦坎普将其转达给梅斯费塞尔时，她也立即接受了这一提议，并授权在毕肖普的墓碑上刻下毕肖普《海湾》的最后两行诗。[1] 雕刻师的工作很快就完成了，1996 年夏季的《毕肖普简报》报道称，毕肖普的墓碑现在是"新刻的"。多伦坎普对这个故事进行了压缩，撰写了《刻石：关于伍斯特希望公墓的笔记》一文，刊登在 1996 年冬季的《简报》上。现在去毕肖普墓碑朝圣的计划无疑将会一切顺利。

但情况并不尽如人意。当这次朝圣之旅终于在 1997 年 10 月成行时，不止一位目光敏锐的观察者发现，"所有乱糟糟的活动继续"这一行的末尾省略了一个逗号。这在某些朝圣者中引起了不小的骚动和不安，他们向会议组织者们提出强烈抗议。即便如此——一个逗号引起的骚动！《纽约客》也会为此感到骄傲。

1　2014 年 6 月 11 日作者与卡尔·约翰逊的邮件交流。

最后，就连这个不和谐的音符也得到了妥善解决，多伦坎普在1998年夏季号的《毕肖普简报》上发表了一篇题为《毕肖普的逗号》的短文，宣称，"静待适当的天气和石匠的到来之后，逗号已经恢复了它在标点符号万神殿中应有的位置。请放心！"诗人墓碑上现在的题词是：

伊丽莎白·毕肖普

1911—1979

"所有乱糟糟的活动继续，

可怕但欢欣"

就这样，在毕肖普出生的城市，她墓碑上的墓志铭经历了修改、扩充和编修，现在伊丽莎白·毕肖普的骨灰就安息在这墓碑之下，与她很久以前就已逝去的父母团聚了。

致　谢

　　过去 30 年来，如果没有伊丽莎白·毕肖普学会的朋友和同事们一直以来的支持和鼓励，这本传记不可能完成。关于毕肖普的大部分学术研究都发生了"传记转向"，虽然我无法在这本传记中广泛征引以前的学术研究成果，但这并不意味着我对同行们的工作不重视。近年来，我从事传记研究的过程中遇到了许多挑战性的时刻，正是学会成员不懈的支持让我坚持了下来，我只希望《未知的爱》能证明我的努力无愧于这始终如一的支持。我也常常从布莱特·米利尔、加里·方丹和梅根·马歇尔此前的传记作品中获得灵感、激励和启发。

　　桑德拉·巴里对毕肖普早年在新斯科舍省的经历的研究是无与伦比的，她慷慨地与我以及其他人分享了她丰富的知识。弗兰克·毕达特同样分享了他对导师伊丽莎白·毕肖普晚年的认识和理解，当时伊丽莎白·毕肖普正在哈佛任教，并激励着年轻一代诗人投身于文学创作。尼尔·贝斯纳与我分享了他对巴西文化以及毕肖普在巴西生活的了解。他还阅读了本书有关巴西的几个章节，并提供了宝贵的评论和意见。罗莉·戈登松阅读了我的全部手稿，并提供了许多重要的建议、见解和修改意见。大卫·霍克也阅读了我的全部手稿，包括一些章节的草稿。写作本书时，我的思想不断发展和变化，而他始终是我的重要参谋，为我提供了许多卓有成效的研究线索，并鼓励我更仔细地探究毕肖普与梅·斯文森之间的重要关系。劳拉·梅尼德斯分享了毕肖普早年在其出生地马萨诸塞州伍斯特市的经历。莫妮卡·斯特恩斯·莫尔斯对毕肖普在里约和萨曼巴亚的岁月、毕肖普与莫妮卡的养母玛丽·莫尔斯的关系以及毕肖普与萝塔之间的关系提供了重要的观点。米尔德丽德·纳什分享了她作为毕肖普学生的经历，还分享了她个人收藏的毕肖普在哈佛期间的剪报。瓦萨学院特藏部主任罗恩·帕特库斯和特藏部助理迪恩·罗杰斯为我不断探索毕肖普的档案藏品提供了不懈的支持。我以前的学生丹妮尔·佩洛金在胡桃山艺术学校担任档案管理员，她为我提供了记录毕肖普在胡桃山时期生活的重要手稿材料。弗朗西斯科·罗格诺尼提请我注意毕肖普与伊尔莎以及基特·巴克之间通信的重要价值，并与我分享了这些通信的抄本。毕肖普的朋友兼编辑劳埃德·施瓦茨接受了我的一系列采访，他在过去30多年的时间里持续与我分享他对毕肖普的性格及其哈佛岁月的深刻了解。菲奥娜·希恩提供了能阐明毕肖普与其祖母罗达·惠勒·希恩之间友谊的重要的见解和手稿材料。我的经纪人温迪·斯特罗斯曼帮我完善了出版计划，并为我的传记找到了理想的出版商——维京/企鹅出版社。企鹅出版社的出版人凯瑟琳·考特得到了这份手稿，与维多利亚·萨凡一起对手稿进行了编辑，并帮助我将文本打磨成现在的样子。我的传记写作还得到了古根海姆奖金、美国国家人文学科基金会的夏季助学金、富兰克林研究基金和基韦斯特文学研讨会驻地的进一步支持。哈特威克学院为我提供了万德希驻校学者奖励、提前公休假和多项教职工研究补助金，这些都为我的旅行和研究提供了资金支持，并让我从繁重的教学工作中解脱出来，专注于研究与写作。

其他鼓励和帮助过我的人包括：琳达·安德森、史蒂文·古尔德·阿克塞尔罗德、杰奎琳·沃特·布罗根、布鲁斯特·张伯林、安格斯·克莱霍恩、邦妮·科斯特洛、罗克珊·卡明、乔纳森·埃利斯、理查德·弗林、加里·方丹、戴夫·冈萨雷斯、肯尼斯·戈登、安·格里法尔科尼、萨斯基亚·汉密尔顿、杰弗里·哈里森、阿尔洛·哈斯凯尔、贝瑟尼·希科克、卡罗尔·约翰逊、贝塞尔·范德考克、布莱恩·拉夫林、梅根·马歇尔、加里·梅斯费塞尔、布莱特·米利尔、乔治·蒙泰罗、卡门·奥利维拉、格雷戈里·奥尔、芭芭拉·佩奇、罗伯特·平斯基、苏珊·罗森鲍姆、简·肖尔、凯瑟琳·斯皮瓦克、大卫·斯坦尼斯、琼·汤普森、朱莱卡·托雷瑞巴、米歇尔·特拉维萨诺、艾米莉·特拉维萨诺、海瑟·特雷瑟尔、埃里克·M.范和贝西·韦斯。

言语无法表达我对妻子艾尔莎的感激，写作这本传记的 6 年里，她始终耐心陪伴着我，而且，在我 30 多年来探索伊丽莎白·毕肖普的人生和作品的过程中，她给予过我无限的帮助和支持。最重要的是，艾尔莎的倾听、敏锐的编辑眼光，以及她作为计算机专业人员对所有与苹果电子设备相关事务的掌握和精通，都一如既往地不可或缺。

文本和插图出处说明

Hardwick Estate.

Letter from Elizabeth Hardwick to Elizabeth Bishop by Elizabeth Hardwick. Copyright © 1978 by Elizabeth Hardwick, used by permission of The Wylie Agency LLC.

Letters from Elizabeth Bishop to Louise Bradley, courtesy of the Louise Bradley and Elizabeth Bishop Correspondence Collection, Wylie House Museum, Indiana University Libraries, Bloomington.

Letter from May Swenson to Pauline Hanson, courtesy of The Literary Estate of May Swenson.

Letters from Louise Crane to Josephine Crane, courtesy of the Crane Foundation and the Louise Crane and Victoria Kent papers, Yale Collection of American Literature, Beinecke Rare Book and Manuscript Library.

除以下特别注明外，本书所有插图均由瓦萨学院图书馆档案与特藏部免费提供。

图 1：Courtesy of Esther Clark Wright Archives, Acadia University.

图 10：Courtesy of Louise Crane and Victoria Kent Papers; Yale Collection of American Literature, Beinecke Rare Book and Manuscript Library.

图 12：Courtesy of DeWolfe and Wood Collection, Florida Keys Public Libraries.

图 13：Photograph by Josef Breitenbach © The Josef and Yaye Breitenbach Charitable Foundation.

图 14：Courtesy of The Literary Estate of May Swenson.

图 15：Courtesy of Monica Stearns Morse.

图 19：J. L. Castel, courtesy of Archives and Special Collections, Vassar College Library.

图 23：Courtesy of the author's private collection.

托马斯·特拉维萨诺 | 作者
Thomas Travisano

"伊丽莎白·毕肖普学会"创始主席,现为哈特威克学院英语系名誉教授。著有《伊丽莎白·毕肖普:艺术历程》和《20世纪中叶四重奏:毕肖普、洛威尔、贾雷尔与贝里曼》,编辑《空中的言辞:伊丽莎白·毕肖普与罗伯特·洛威尔通信全集》《21世纪的伊丽莎白·毕肖普》以及三卷本《美国新诗选》(合编),专著《未知的爱:伊丽莎白·毕肖普传》获得古根海姆奖金、美国国家人文基金会奖金以及美国哲学学会的支持。

杨东伟 | 译者

译者,诗歌研究者,译有《十扇窗:伟大的诗歌如何改变世界》《未知的爱:伊丽莎白·毕肖普传》《最后的凝望,最后的诗章》(即出)。

图书在版编目（CIP）数据

未知的爱：伊丽莎白·毕肖普传／（美）托马斯·
特拉维萨诺著；杨东伟译．—南京：南京大学出版社，
2024.10.— ISBN 978-7-305-28301-7

Ⅰ．K837.125.6

中国国家版本馆 CIP 数据核字第 2024MU1207 号

LOVE UNKNOWN: The Life and Worlds of Elizabeth Bishop by Thomas Travisano
Copyright © 2019 by Thomas Travisano
Simplified Chinese translation copyright © 2024
by Shanghai Elegance Books Co., Ltd.
Published by arrangement with Aevitas Creative Management
through Bardon-Chinese Media Agency
Photographs courtesy of Special Collections at Vassar College
ALL RIGHTS RESERVED

江苏省版权局著作权合同登记　图字：10-2024-263号

出版发行　南京大学出版社
社　　址　南京市汉口路 22 号　　邮　编　210093

WEIZHI DE AI : YILISHABAI · BIXIAOPU ZHUAN
书　　名　未知的爱：伊丽莎白·毕肖普传
著　　者　［美］托马斯·特拉维萨诺
译　　者　杨东伟
责任编辑　张倩倩
特约编辑　拓　野　胡　琳
策 划 人　方雨辰

印　　刷　山东临沂新华印刷物流集团有限责任公司
开　　本　889mm×1194mm　1/32　印张 15.25　字数 354 千字
版　　次　2024 年 10 月第 1 版　2024 年 10 月第 1 次印刷
ISBN 978-7-305-28301-7
定　　价　98.00 元

网　　址：http://www.njupco.com
官方微博：http://weibo.com/njupress
官方微信：njupress
销售咨询：（025）83594756